# 禅 的 历 史

〔日〕伊吹敦 著

张文良 译

中央民族大学东亚佛教研究中心系列成果

国际文化出版公司

·北京·

**图书在版编目（CIP）数据**

禅的历史 /（日）伊吹敦著；张文良译 .—北京：
国际文化出版公司 , 2016.12
ISBN 978-7-5125-0893-4

I. ①禅… II. ①伊… ②张… III. ①禅宗—佛教史
—研究—日本 IV. ① B946.5

中国版本图书馆 CIP 数据核字（2016）第 253084 号

著作权登记号　图字：01-2016-8278 号

## 禅的历史

| | | |
|---|---|---|
| 作　　者 | ［日］伊吹敦 | |
| 译　　者 | 张文良 | |
| 责任编辑 | 潘建农 | |
| 统筹监制 | 别　飞　张　奇 | |
| 装帧设计 | 李方磊 | |
| 出版发行 | 国际文化出版公司 | |
| 经　　销 | 全国新华书店 | |
| 印　　刷 | 阳谷毕升印务有限公司 | |
| 开　　本 | 710 毫米 ×1000 毫米 | 16 开 |
| | 19.5 印张 | 363 千字 |
| 版　　次 | 2016 年 12 月第 1 版 | |
| | 2020 年 1 月第 2 次印刷 | |
| 书　　号 | ISBN 978-7-5125-0893-4 | |
| 定　　价 | 81.00 元 | |

国际文化出版公司
北京朝阳区东土城路乙 9 号　　　　邮编：100013
总编室：（010）64271551　　　　传真：（010）64271578
销售热线：（010）64271187
传真：（010）64271187-800
E-mail：icpc@95777.sina.net
http://www.sinoread.com

# 前言

　　"禅"的语源是梵文的 dhyana（中国语音译为"禅那"），意思是冥想。在佛教中，自古以来，与"yoga"（瑜伽）、"sanmadhi"（三昧）等几乎不加区别地被使用，也与"定"并用，称为"禅定"。

　　禅或定这一起源于印度的概念，它所表示的冥想体验，在佛教创立之初，就被赋予重要意义。例如乔达摩·悉达多据说就是在禅定中获得开悟的。在部派佛教中，"定"为"三学"（戒、定、慧）之一，在大乘佛教中，"禅定"为"六波罗蜜"（布施、持戒、忍辱、精进、禅定、智慧）之一，是不可或缺的修行项目。

　　但我在本书中所要讨论的"禅"，并不是源于印度的这一"禅定"的传统。当然也不是完全没有关系。本书所说的"禅"是源于印度，而又在吸收中国传统的思想要素基础上重新组织起来、影响到整个东亚地区的思想运动。

　　这种意义上的"禅"，具体地可以定义为"禅宗"中人——即以南北朝时代到中国来的菩提达摩的子孙自居的人们——的一切活动。如果从"禅"原义看，本书的用法是极不严谨的。实际上，禅宗中人从很早的时期就认为"禅"的说法背离佛教的传统，他们更倾向用"悟"及生活规范来表现自己的修道体系。

　　不难想象，"禅"这一概念之所以会有这么大的语义变化，其背后经历了漫长的思想演变。而正是禅宗独特的修行法、禅问答、顿悟思想等印度佛教中所没有的要素，才是禅宗即使在今日仍然拥有不衰魅力的源泉。

"禅"在唐代曾达到极盛，这也意味着"最中国化的佛教"的诞生，同时也昭示了佛教非凡的适应能力。但"禅"的历史并没有到此终结。其后，随着社会形势的变化，禅宗在发生种种思想变迁的同时，还影响到中国社会思想文化的各个方面。并且，禅宗还传到越南、朝鲜、日本等周边国家，并形成各自独特的"禅"。

"禅"不只是"禅僧"的东西。"禅"以其能动的性格，积极与社会相交涉。在此过程中，"禅"超出教团的藩篱，对朱子学、阳明学等哲学，汉诗、连歌、俳谐等文学，水墨画、庭院等艺术，能乐、茶道、武道等种种文化形态产生了广泛的影响。到近代，因为铃木大拙等的努力，世界开始关注禅，由此促进了禅与哲学、神学、宗教学、心理学、精神医学、生理学等学科的交流，并对以上各领域带来了程度不同的影响。

我在本书中力图尽可能客观地对这一具有独特内容的"禅"做一概括性的论述。当然这是一项艰巨的任务，因为这不仅需要对"禅"的深刻理解，需要关于东亚的思想、历史、文化的全面知识，还需要对现代社会状况的把握以及对问题的本质进行思考的哲学视野。

这些条件当然不是我等年轻之辈所能具备。所以，要写这样的一部书，我深知还有许多比我更合适的人选。尽管如此，我还是下决心写这部书。因为我发现缺少一本帮助一般知识分子理解禅的合适的参考书。

不错，现在书店的书架上与"禅"有关系的书并不少。但这些书或只是作者的参禅经验之谈，或只是普及性入门书，其内容只是对已有禅宗观念的再确认而已。因此，这些书很难拓宽现代知识人关于"禅"的视野。

另一方面，学术界的研究又越来越细化，普及性书籍与研究性书籍之间的鸿沟越来越大。因此，关心"禅"的人们欲深入了解"禅"就面临很大困难。现在最需要的是一部既立足于专门的研究又通俗易懂的关于"禅"的解说书。

当初，我曾计划写一部包括禅的历史、思想、文化三方面的综合性的著作，但实际动笔以后才发现，如果按原计划写下去的话，那将是一部超过七百页的巨著。于是变更原计划，先完成和出版"禅的历史"部分。

本书虽然名为《禅的历史》，但内容却是思想史。我在写作过程中，一直关注每个禅僧或禅宗教团是如何在与社会的互动中形成自己的禅思想、进而影响到社会的。为此，本书在叙述"禅"之前，必先说明当时的社会状况。这一点与禅僧、禅宗内部的学者出于确定自己的信念而研究禅的历史，以及历史学者以禅宗教团史为中心撰写的禅宗史完全不同。在日本，完全从思想史的视角撰写的禅宗史本来就很少，而内容横跨中国和日本禅宗史、同时涵盖禅的现状的著作，本书恐怕是第一本。

本书在内容上有独特的性格，在形式上为了便于读者理解相关内容也做了一些努力。如对正文中出现的重要内容，设立相关链接，做进一步说明；为明确书中出场人物的谱系和地理位置，每章的末尾附上了"禅的谱系"和"禅关系地图"，而且列出尽可能多的参考文献。相信通过这些努力，不仅能为读者提供相对全面的禅宗史的基础知识，而且对那些意欲进一步深入理解禅的人也会有所助益。

最后，对本书各部分的内容做一说明。本书是由以下三篇组成：

第一篇　禅的足迹（中国）

第二篇　禅的足迹（日本）

第三篇　禅的现状

这种体例是其他禅宗史书所少见的，但我认为禅宗史本来就应当以这种构架来描述。

日本的禅从它诞生之日起就受到中国禅宗的绝大影响。镰仓和室町时代的禅僧，致力于模仿渡日僧和留学僧传来的中国的丛林生活，而后来的日本禅也经常与中国禅的情势发生联动。日本禅僧日常所学，主要是中国撰述的种种禅籍，而当他们要表达自己的立场时则以汉文写作。

如此以来，中国禅与日本禅的性质就有很大不同。因为"禅"本身就是佛教在中国本土化的结果，所以中国禅是自成体系的。而日本禅因为一开始就受到中国禅的持续影响，所以它不是一个自我完满的体系，即要了解日本的禅宗史就必须以了解中国禅为前提。

因为中国禅自成体系，所以本书的写作也可以集中于中国的禅宗思想史。而且我到现在为止一直以中国禅宗史为主要研究对象，但并没有局限于中国禅宗史。人们研究历史的终极目的是以史为鉴，更好地理解现在，进而开拓更好的未来。对"禅"的研究也是如此。我们考察"禅"的历史，是为了更好地理解现在的"禅"，为了更好地把握其现代意义。这也是我们作为日本人（接受了日本禅的欧美人也是如此）在考虑日本禅的种种问题时的出发点。本书论述的范围之所以在中国禅之外增加了日本禅，进而论及现在日本的禅宗教团，原因就在这里。在把握我们眼下的禅是如何形成的基础上思考现在的禅有哪些发展的可能性。

本书在写作过程中，得到了灌川纪、中岛广两人的帮助，在此特别表示感谢。此外，我参考了"参考文献"中所列举的大量著作和有关论文，对原作者一并表示感谢。如前所述，本书的题目远远超出了我的能力，所以错误、纰漏在所难免，尚望有识者批评指正。

平成十三年九月一日

伊吹敦

再版之际，对注意到的错误做了订正，并补充了有关内容。在此谨对热忱指出初版中的错误的诸位方家，表示由衷的感谢！

平成十六年七月三十一日

伊吹敦

禅的历史

# 目录
CONTENTS

禅的历史

第Ⅰ篇

禅的足迹（中国）

# 第一章
# 禅的形成——东山法门的成立

## 第一节　达摩以前的禅

### 一、佛教的传入与习禅的流行

佛教传入中国的确切年月虽然不可考，但一般认为应该是公元前后。虽然相较于中国传统思想，佛教是完全异质的存在，但佛教却在中国被广泛地接受。其原因在于中国人从中国固有的思想脉络出发来理解佛教。在当时的上层社会里，将老子视为神来顶礼膜拜的、神秘主义的"黄老思想"流行，佛也像老子一样被视为一种神格化的存在，从而在中国社会找到了立足点。因而，最初接受佛教的中国人似乎是帝室和王公贵族等，中国佛教当初是因为受到当政者的扶持才得到发展的。

但到后汉的安世高（2世纪中叶）、支娄迦谶（2世纪中叶），开始了佛教经典的翻译，中国的佛教信徒对佛教的教义本身越来越关注。其中，在印度佛教中被视为修行基础的禅定特别引人注目。传承小乘佛教的安世高翻译了阿含经典和阿毗达磨文献，而传承大乘佛教的支娄迦谶则翻译了《道行般若》等般若经典。但同时二人都翻译了关于禅定的经典，如安世高翻译了《安般守意经》，支娄迦谶则翻译了《般舟三昧经》。吴（229–280）代的陈慧（生卒年月不详）和康僧会（？–280）等研究《安般守意经》，五胡十六国时代（304–439）的前秦（351–394）的道安（312–385）还为此经作注。另外，《安般守意经》所说的"数息观"和"随息观"作为修行法被天台智者大师（538–597）所吸收。在禅宗中，直到今日，这些修行法仍然流行。而道安的弟子、东晋（317–420）时期活跃在庐山的慧远（334–416）则依据《般舟三昧经》建立莲社,被后世尊为"莲宗"之祖。

应该注意的是,禅定之所以广受注目,其中一个很重要的原因是中国传统思想的影响。如在《抱朴子》(317年)中所看到的那样,中国古代就存在调气法的传统,《庄子》中也说到"坐亡"的修行法。可见,从先秦时代起,为得到神秘体验就存在各种精神修养法。

在此之后,中国僧人对禅定的关心持续不衰。后秦(384-417)的鸠摩罗什(344-413)翻译了《禅秘要法经》和《坐禅三昧经》,东晋的佛驮跋陀罗(觉贤350-429)翻译了《达摩多罗禅经》。到南北朝(420-589)初期的宋代(420-479),陆续翻译出了《观佛三昧海经》《观普贤菩萨行法经》《观虚空藏菩萨经》《观弥勒菩萨上生兜率天经》《观无量寿经》等。因为这些观佛类经典的梵文原典迄今还没有发现,所以这些经典很可能原本就是在中国编纂的伪经。而从这些伪经的大量出现可以想见当时社会对禅定的强烈关注。

总之,禅定这一印度特有的修行形态,在佛教传入中国不久就引起了中国人的注目,并逐渐被中国僧人普遍接受。正是在这一历史背景下,后世的"禅宗"人物才登上历史舞台。


### 二、禅宗成立的历史意义

所谓的"佛教思想"有多种多样,而其中的禅思想尤其显得独特。这一点,只要我们随便看一则无比难解的禅问答就明白了。当然,这是禅宗确立以后的东西,在最初的阶段,禅宗本来也是平易的。不难想象,在禅宗独特的思想和实践体系的形成过程中,中国式的思想传统的影响发挥了很大作用。

中国人的出家得到公认,应该是在公元4世纪前半叶。特别是在佛图澄(232-348)的努力下,后赵(319-352)王石虎(334-349)于公元335年承认僧人出家。这是历史上有名的事件。此后,逐渐形成了以中国人为主体的佛教教团,在以翻译经典为指导原理的教团内部,中国的传统思想逐渐渗透进来。

在漫长的历史时期,虽然随着北方游牧民族的盛衰以及中央对西域地区控制情况的不同,印度传来的佛教思想与中国古代的传统思想影响中国佛教的程度不同,但两种影响一直并存。禅思想也是如此。南北朝时期,受到从西域来到中国的菩提达摩(6世纪前半叶)的活动的刺激和启发,中国的僧人将自己的佛教思想以独特的形式重新组织,成为禅思想的滥觞。

这种情况不限于禅宗,在当时的北朝处于支配地位的地论宗也是如此。地论宗的思想，是新从印度传来的世亲系的唯识思想与原有的涅槃学和成实学相结合而形成的。这一思想体系也只有在当时的佛教界的思想背景下才能出现。

在地论宗中，为实际证得其独特的唯识思想，修行者非常重视禅定的实践。初期的禅宗就是以地论宗为中心，在北朝的佛教界中成长起来。从这种意义上说，初期禅宗的思想可以看作是当时禅观思想的一种特殊形态。一个不可忽视的事实是，据推测为地论宗南道派所撰的《大乘起信论》，在初期禅宗中极受重视。

另一个不可忽视的现象，是从南北朝末期到隋唐初期出现的《心王经》《法王经》《法句经》《楞严经》《圆觉经》等伪经的存在。这些伪经的内容虽然都以禅定体验为基础，因而可以看作是禅经的一种，但和以前的观佛类经典相比较，思想更加自由，而且吸收了像如来藏思想等较发达的佛教思想。这些伪经虽然未必是禅宗僧人所作，但为初期禅宗僧人大量引用却是不争的事实。

后面我们还会提到，初期禅宗僧人与三论宗、天台宗僧人之间有各种各样的交流。可以说，这些几乎同时出现的佛教的新型宗派都是为适应当时的社会形势、解答时代的课题而应运而生。

总之，禅宗成立的根本原因并不在于菩提达摩这一印度人来到中国这一偶发事件，而在于南北朝时期中国的佛教思想和实践变革的需要。


# 第二节　达摩与慧可


## 一、达摩、慧可与后代禅宗的关系

一般认为，南北朝时代，菩提达摩从印度来到中国是中国"禅"的开始。但这只是后来成立的中国禅宗的一种说法而已，而禅宗所主张的祖师谱系，即初祖达摩—二祖慧可— 三祖僧璨—四祖道信—五祖弘忍，作为一种历史事实，从现有材料看并没有得到确认。当然，也不能排除作为历史事实的可能。

这一谱系中值得探讨的是，作为慧可（6世纪中叶）弟子的僧璨是否真实存在。这是因为，虽然《续高僧传》（7世纪中叶）的"法冲传"中记载，慧可的弟子中有"璨法师"其人（《续高僧传》的辨义（541–606）的传记中也提到"僧璨禅师"，疑为同一人），后代的禅宗史书（一般称为"灯史"），如《楞伽师资记》（715年左右）

和《传法宝纪》（720年左右）等记载，道信为此"粲禅师"（《传法宝纪》作"僧璨"）的继承人，但《续高僧传》的编者道宣（596-667）在谈到道信的修学时，仅言："二僧现皖公山修神业。道信闻而趋之，修学十年。"其中并没有提到僧璨的名字。

▷ 少林寺

后来，虽然有人解释说，其中的二僧之一就是僧璨，但这很可能是后人为了不使谱系断绝而附会出来的。初期的"灯史"所见的道信或弘忍的传记，其内容几乎全部沿袭《续高僧传》的说法，这说明当时的禅宗中人还没有整理出独自的传记资料，这也是让人对其谱系的连续性产生怀疑之处（现在所见的《信心铭》被认为是僧璨的著作，但这种说法未见于唐百丈怀海〈749-814〉之前的史籍，其可信度极低）。

至少在弘忍的弟子的时代，他们就已经自认为是达摩的儿孙。为了确立这种观念，他们当然要将从达摩到弘忍的谱系接续起来。因为弘忍完全有可能直接从道信那里听到道信求师的情景，所以道信所师事的二僧，有可能就是承袭达摩—慧可一系的人物。不过，这是否意味着"粲禅师"＝"僧璨"，仍是值得怀疑的。

确实，达摩、慧可在师承的谱系上是否与后代的禅宗相关联是一个很大问题。但由于后代的禅宗中人皆追认他们为自己的祖师，所以无论上述谱系有多大问题，在考察禅的历史时，他们的生平和思想就是一个绕不开的问题。

这里有一个很大的难题，即关于达摩、慧可的传承，有大量后代混入的要素，所以我们几乎分辨不出哪些是真实的事实。当然，出现这种情况也有禅宗内部的特殊原因。


## 二、达摩、慧可的真实与虚构


至今为止，我们尚不能确定，在传承谱系上，达摩、慧可是否与后来的禅宗有直接的关系。而且即使这种关系存在，也并不意味着今天我们所说的"禅思想"在达摩那里已经存在。实际上，被视为"达摩的著作"而流传下来的禅籍（总称为《达摩论》）中，连最有可能是真撰的《二入四行论》，其思想也与后来的禅宗相去甚远，以至于后世许多人拒绝承认它们是达摩的著作。

也就是说，即使承认禅宗肇始于达摩，禅思想也在漫长的历史时期里经历了飞跃的发展。如果我们忽略这种历史的发展，以后来的禅宗思想来理解达摩的思想就会产生很大问题。

而且，问题还不仅仅限于思想的方面。因为在禅宗中，自古以来，思想就与当事人的人格联系在一起，思想的问题往往与历史的事实（祖师的事迹、传记）纠缠在一起。而且，禅宗非常重视传法的谱系（所谓"祖统"），主张通过"以心传心"传承开悟的体验，所以对祖师之间思想的差异有一种强烈拒斥的倾向。因为这一原因，关于古代的祖师的事迹、传记等，往往为了与那个时代的禅思想相一致而有意加以增删。

所以我们进行研究时，有必要将出于思想的需求而做的创作与历史的事实区分开来。特别是在研究达摩、慧可时尤其应该注意这一点。因为被后世视为历史事实的说法几乎全是出于后人的创作。当然，这从一个侧面也反映出这中间禅思想变化的剧烈程度。现有的史籍虽然数量很少，但毕竟也透露出禅宗确立之前的传承的信息，为了把握禅思想发展的历史过程，我们还需要根据这些史籍，分析达摩、慧可活动的实际情景。在此之前，我们还需要了解他们所生活的时代状况。

### 二入四行论

据说是弟子昙淋（生卒年不详）记录下来的达摩的教说。除了道宣的《续高僧传》引用外，尚有敦煌本和朝鲜本流传。其内容为以重理论之"理入"与重实践之"行入"总括觉悟之道，又将后者分为四种类型加以说明。所谓"理入"，即"人性本净，客尘覆之，以壁观法，令其显现"的信念。"行入"的四种，即视现世的苦为过去业的果报而忍受的"报怨行"；视现世的乐为过去的因缘所致而着意的"随缘行"；一切不加执著的"无所求行"；依清净理法而行六波罗蜜的"称法行"。这些思想虽然与后世的禅有相当的差异，但其中表现出的如来藏思想和对实践的极端重视的态度已经昭然可见。后来，出现了尊达摩为师的人据此敷衍而成的《长卷子》，以及糅进了二入四行思想的伪经《金刚三昧经》（7世纪中叶）。禅宗确立之后，又为《景德传灯录》所收录，对后世产生了很大影响。

### 三、达摩与慧可的时代

如前所述，所谓中国禅肇始于菩提达摩东来的说法只是后世的创作。不错，达摩能够得到慧可、道育（6世纪中叶）等弟子的服膺，说明他的教说有其他人所没有的独特魅力。但这终究不过是一小部分人的认识，从整个佛教界来看，或许人们并不认为他的活动有什么重要意义。也就是说，在达摩与慧可的时代，他们并没有成为当时佛教的主流派别。那么当时佛教界又是怎样的状况呢？

达摩主要的活动都在南北朝的北魏（386-534）时期。在北魏，先有太武帝（423-452在位）的灭佛，在其死后即位的文成帝（452-465在位）又推动佛教的复兴。孝文帝（471-499在位）时，魏都从大同迁到了洛阳。之后的宣武帝（499-515在位）和孝明帝（515-528在位）皆崇信佛教，佛教盛极一时。在首都洛阳，以永宁寺为首，寺院林立。郊外的龙门石窟，作为一项国家推进的事业，也开凿于这一时期。

在佛教教理方面，之前就备受重视的《涅槃经》《维摩经》《华严经》《智度论》《成实论》《阿毗达磨心论》等，继续得到关注和研究。宣武帝时代，菩提流支（？-527）和勒那摩提（生卒年不详）译出《十地经论》，求学于菩提流支和勒那摩提的慧光（光统律师，468-537）弘扬此论，一时成为显学，这一学派被称为"地论宗"。

此后，北魏分裂为东魏（534-550）和西魏（535-557），分别以邺和长安为中心。不久，东魏被北齐（550-577）、西魏被北周（557-581）所取代。其中，北齐政权尤其尊崇、保护佛教，其都城邺也取代洛阳成为北朝佛教的中心。

活跃于北齐时期的僧侣众多，最著名的则是慧光门下的道凭（488-559）、昙遵（480-564？）、安廪（507-583）、法上（495-580）等地论宗的僧众。因此地论宗成为北朝处于支配地位的佛教宗派。但北周的武帝（560-578在位）在除掉势力强大的宇文泰（505-556）掌握实权以后，致力于富国强兵、统一天下，为此实行灭佛政策。在灭掉北齐以后，在其故地也断然推行灭佛，致使华北地区的佛教陷于毁灭。

在南朝，佛教被贵族阶层所广泛接受。加之有宋文帝（424-453在位）和梁武帝（502-549在位）等崇佛皇帝的保护，所以佛教至少表面上极一时之盛。以光宅寺法云（467-529）、庄严寺僧旻（467-527）、开善寺智藏（458-522）所谓"梁三大师"为中心，《涅槃经》和《成实论》的研究很盛，特别在教理研究方面成果颇丰。但讲坛佛教的性格突出，缺乏实践性。

到陈代，真谛三藏（499-569）经海路来到中国，翻译出《摄大乘论》（《摄论》）等大量唯识系的著作。但因为当时南朝佛教界的风潮以及战乱的影响，真谛的翻译并没有引起当时佛教界的广泛关注。随着北方地论宗僧众为了躲避北周的灭佛而南迁，真谛的翻译才渐渐受到他们的重视并被吸收到他们的思想中，其结果是招致地论宗的摄论化。

以上是达摩与慧可生活的 6 世纪前期和中叶北朝佛教界的概要。这一时期，慧可遭遇了北周的灭佛，这一状况给他们的活动带来了很大的影响。

### 四、关于达摩与慧可的历史记载

关于历史上的达摩的记载，最可信的是杨玄之（5 世纪中叶）的《洛阳伽蓝记》（547 年）。而其中的内容包括：出生于波斯国；称赞永宁寺塔（516 年建立，534 年烧毁）；自称百五十岁等。

此后的记载，则有据说为昙琳撰的《二入四行论序》。其中记载：达摩出生于南印度；有道育、慧可等弟子；其教义受到诽谤；《二入四行论》记载了其教义等。

《续高僧传》的"菩提达摩传"的内容大多沿袭《洛阳伽蓝记》和《二入四行论序》的内容，了无新意。但"僧可传"却为我们提供了关于慧可传记的许多事实。根据其记载，慧可（僧可）俗姓姬氏，虎牢人。四十岁出家，遇到在中原弘化的菩提达摩，成为其弟子。在其座下六年（"菩提达摩传"称四五年间），学习一乘。在此期间，从达摩处接受作为"真法"的《二入四行论》，并接受四卷本《楞伽经》（求那跋陀罗译）以为弘法度众之助。达摩死后，一时潜隐。太平年间（534—537），慧可现身于北齐的都城邺，弘法并收那禅师（生卒年不详）、向居士（生卒年不详）等弟子。但由于遭到周围的妒嫉，处境危险，遂离开邺，佯装疯狂，继续弘法。后遭遇灭佛，与著名的《胜鬘经》学者林法师（很可能与笔录《二入四行论》的昙琳为同一人）一起勉力维持佛法。在此期间，据说二人都被强盗砍断一臂。但后来的事迹不得而知，生卒年月亦不详。

以上的传记都是根据禅宗成立以前的资料写成的。但正像以下要说明的那样，当时已经存在许多敬仰他们的僧众，所以这些传记也许受到这些僧众的影响而存在对达摩与慧可的理想化成分。但比之达摩与慧可到底是何等人物，更重要的是敬仰他们的僧众大量存在这一事实。这一事实足以证明他们在那个时代有着一定的影响力。

▷ 雪舟笔：慧可断臂图（齐年寺藏）

**达摩传与慧可传的增广**

如上所述，在比较古的文献中关于菩提达摩的记述很少。但随着禅思想的发展，各个时期关于祖师的理想化塑造层出不穷，关于达摩在印度和中国的事迹遂在禅宗内部流传开来。这些传记，作为历史事实完全没有任何价值，但因为它反映出各个时代禅思想嬗变的轨迹，所以又非常重要。达摩传的不断增广，经历了一个很长的历史时期。最初，北宗系的灯史《楞伽师资记》和《传法宝纪》，强调了达摩与嵩山少林寺之间的关系。之后，荷泽神会（684-758）及其门下提出西天八祖说、西天二十九祖说、西天二十八祖说。在增加了达摩在印度的祖统说的同时，也创造出了达摩传承袈裟的传衣说，以及达摩与梁武帝之间的问答等情节。之后，洪州宗系的《宝林传》（801年）在大幅修改西天二十八祖说、确立祖统说的同时，增加了达摩在印度的事迹以及与魏、梁帝室之间的因缘，还出现了达摩渡来及迁化的时间等。这些说法都是为了树立禅宗的权威而创作出来，完全没有历史的根据。但随着洪州宗势力的扩张，逐渐被人们接受。《景德传灯录》（1004年）、《传法正宗记》（1061年）等沿袭这些说法，几成为定说。与这些达摩传记的增广并行，假托达摩之名而做的著作（总称"达摩论"）陆续出现，代表性的著作有北宗系的《悟性论》和南宗系的《血脉论》等。这些著作皆反映了各派的禅思想。这些假托达摩的著作，随着思想的发展，难免遭到被弃舍的命运，而且随着语录的出现它们作为禅思想的表现手段的历史使命也告完成，所以逐渐绝迹。另一方面，关于慧可的传记，虽然后世也有各种增广，但大多与禅的传承问题相关联，如在成为达摩弟子时，为表示决心而自断手臂的"慧可断臂"说以及传法给继承者僧璨等。而慧可自身所独有的历史意义在增广过程中反倒说被弱化了。

## 五、达摩、慧可系统的信众

如前所述，达摩与慧可在当时已经有相当的影响力，他们的弟子也形成独立的一派。但即使这些都是事实，他们与后来所说的"禅宗"中人是不是同一类人，从现有史料来看也不能得出明确结论。而且，引人注目的是，达摩系的信众团体似乎不止一个。记载达摩、慧可一系活动的《续高僧传》的有关记述明显分为两部分：一部分是将达摩、慧可与《二入四行论》相联系的部分，包括"菩提达摩传"以及"僧可传"的古层部分；另一部分是将达摩、慧可视为《楞伽经》传持者的部分，包括"菩提达摩传""僧可传"的新层部分以及"法冲传"。需要指出的是，这两个部分并没有紧密的关系，两部分出场的人物也不尽相同。

首先，关于第一部分，达摩说《二入四行论》的对象是慧可和道育二人。另外，做笔录的昙琳也可以列入达摩弟子。此外还有通过信函往来向慧可请教的向居士。而在第二部分的"僧可传"中，除了言及在灭佛之际与慧可一起行动的林法师（昙琳）、慧可弟子那禅师以及那禅师弟子慧满之外，"法冲传"还提到关于《楞伽经》传持者的如下谱系：

> 达摩禅师后，有慧可、慧育二人。可禅师后，璨禅师、惠禅师、盛禅师、那老师、端禅师、长藏师、真法师、玉法师。已上并口说玄理，不出文记。善禅师（出《抄》四卷）、丰禅师（出《疏》五卷）、明禅师（出《疏》五卷）、胡明师（出《疏》五卷）。远乘可师后，大聪师（出《疏》五卷）、道荫师（《抄》四卷）、冲法师（《疏》五卷）、岸法师（《疏》五卷）、庞法师（《疏》八卷）、大明师（《疏》十卷）。那老师后，实禅师、惠禅师、旷法师、弘智师，住京师四明寺，身亡法绝。明禅师后，伽法师、宝瑜师、宝迎师、道莹师。并次第传灯，于今扬化。

由此可见，在重视达摩、慧可与《楞伽经》关系的信众当中也有许多系统，而且其思想倾向也各自不同。在这些记载中，在传记第一部分出场的向居士与道育（慧育）和昙琳等变得无足轻重。

达摩和慧可同时被各种信众作为"先达"而敬仰，说明在当时，他们声名赫赫，形象崇高。著名的佛教史家道宣在《续高僧传》的习禅篇的"论"中，特别强调了达摩思想的前卫性，认为达摩的思想在当时具有极大的思想冲击力。从这一点看，后世禅宗中人皆利用达摩来树立禅宗的权威也就不足为怪了。

### 楞伽宗

《续高僧传》的"僧可传"中有达摩授慧可《楞伽经》（四卷本）的记载，而且附有慧可弟子那禅师、再传弟子慧满等《楞伽经》传持者的传记。而"法冲传"中还记载有始于达摩和慧可的《楞伽经》传持、研究者的谱系。一般称这些《楞伽经》的奉持者为"楞伽宗"。在"楞伽宗"的谱系中，虽然不包括禅宗系的人物，但因为北宗禅的初期文献中有许多关于《楞伽经》的记述，所以也有人认为"楞伽宗"就是初期的禅宗。但，初期禅宗文献中出现的《楞伽经》并不是绝对的存在。而且考虑到禅宗中人为了标榜自己为正统而可能有意利用权威性的《续高僧传》的记述，所以还是应该将"楞伽宗"与初期的禅宗区分开来比较妥当。另外，后世的神会系统强调"知"（般若智之用），开始重视《金刚般若经》（《金刚经》），于是出现达摩向慧可所授非《楞伽经》而是《金刚经》的说法。

**慧可与《涅槃论》**

如上所述，遵奉达摩和慧可的人当中，有《二入四行论》系的信众，有所谓"楞伽宗"的信众，有后来建立禅宗的东山法门的信众等众多系统。此外，还有一系传承《涅槃论》的信众，或许也可以归入达摩和慧可的追随者之中。据《续高僧传》"法泰传"的附传"智敫传"记载，真谛三藏的弟子智敫（？ -601），曾聆听为避灭佛而从北地来到陈的慧哿（？ -582？）的《涅槃论》讲义。慧哿死后，智敫自己也致力于弘扬此论。这里所说的慧哿，与上述的慧可有许多类似之处。如二者的活动时期一致；传记中的共同点很多；他所讲说的《涅槃论》的译者为北魏"达摩菩提"等，所以不能完全否认他们是同一个人的可能性。如果二者是同一人，则达摩、慧可师弟的影响就远不止我们现在所熟知的禅的领域。《涅槃论》是阐发《涅槃经》的著作，而《涅槃经》为地论宗南道派所极端重视，这一点也是引人注目之处。

## 六、慧可的存在意义与禅的起源

值得注意的是，无论哪种类型的信众团体都公认达摩的思想是通过慧可而传下来的。这说明慧可在达摩思想的传承上发挥了决定性的作用。因此，虽然说不能否认慧可从达摩处得到了某种灵感和启发，但如果我们追本溯源，那么尊奉达摩、慧可一派的思想，与其说源于达摩，不如说源于慧可。所以，在理解禅宗时，如果我们将重点放在"印度传来"这一点上，就很可能出现偏差。实际上，初期禅宗所重视的《楞伽经》也是慧可所生活的北朝占主流的地论宗最重视的经典。《二入四行论》以及后来成为禅宗思想基础的如来藏思想也是地论宗南道派的核心学说。另外，奈良时代传到日本的文献中有广为人知的"菩提达摩撰"《楞伽经疏》。近年的研究已经证明其内容与地论宗南道派的思想有密切的关系。

以地论宗为代表的南北朝时期的佛教思想，可以说是在经过长期的接受和吸收印度传入的佛教思想的基础上，由中国人首度进行创造性阐发而形成的。地论宗可以说是后世的天台宗、三论宗、华严宗、净土教等中国佛教的母胎。而遵奉达摩、慧可一派的"心"思想源流也应该追溯到地论宗。

"禅宗"的直接源流是下节将要叙述的东山法门的僧众。他们与遵奉达摩、慧可的其他派别之间的关系并不是很明确。需要引起注意的是，与《二入四行论》一脉相承的"长卷子"中有许多与后来的禅宗思想相通之处。

# 第三节 东山法门的形成

## 一、东山法门的出现

581年，接受北周静帝（579-581在位）的禅让而登帝位的隋文帝（581-604在位）征服了南朝的陈，完成了国家的统一。文帝以佛教为统一后的国家的意识形态，大力支持佛教的发展。在北朝佛教中，佛教教理在受到重视的同时，禅定实践也非常受重视。隋代也继承了这一传统，在首都的大兴城（长安）建立了大禅定寺，从各地召集来有名的习禅者。文帝之后继位的炀帝（604-618在位）也推崇天台宗的智顗（538-597）和三论宗的嘉祥吉藏（549-623），在此背景下，佛教在隋代很快走向隆盛。

在隋代佛教界中，虽然三阶教的信行（540-594）和智顗、吉藏等新佛教的人物崭露头角，但影响最大的仍然是南北朝时代以来的地论、摄论系的人物，如净影寺慧远（523-592）、志念（535-608）、昙迁（542-607）等。如果《续高僧传》的"法冲传"的记载属实的话，被称为"楞伽宗"的达摩—慧可一系的禅僧的活动也很活跃。只是根据现有材料，其实际状况无从把握。史籍中没有达摩系的习禅者被招到大禅定寺的记载，据此可以推测，像达摩和慧可一样或行脚四方或隐居山林的禅修者在在多有。

但随着隋灭而唐兴，情势丕变。随着道信（580-651）、弘忍（601-674）师徒出世，并以湖北省的蕲州为中心大力弘法，其禅法一跃成为佛教界注目的中心。此即一般所说的"东山法门"。从师承和思想的连续性来看，他们的禅法才是后来禅宗的直接来源。

### 道信和弘忍

据《续高僧传》的"道信传"的记载，道信姓司马，出身地不明（一说河内人）。七岁从一禅师修习五年，后从皖公山（安徽省）的两位僧人学禅十年。据说此二僧离开此地到罗浮山（广东省）时，没有允许道信同行。后出家于吉州的寺院，据说当强盗包围吉州的村庄时，道信让大家诵念《般若》，免除了灾难。其后，他欲到南岳，但途中被道俗所劝阻，于是首先入住庐山的大林寺，在此生活十年。后迁居蕲州（湖北省）的双峰山（后来的史籍记载入山的时间为624年），在此指导学徒，凡三十余年，于651年入寂，享年七十二岁。《楞伽师资记》载，道信著有《入道安心要方便法门》，并引用了其内容。但因为其他史籍中皆无相关记载，故其可信度不高。至于弘忍，其

▷ 双峰山·毗卢塔

名字最初也出现于《续高僧传》的"道信传"。在为道信建墓塔的弟子中，弘忍是唯一出现的名字。直到《楞伽师资记》和《传法宝纪》，才出现了弘忍的详细传记。据《传法宝纪》的记载，弘忍为黄梅人，俗姓周。弱岁出家，十二岁（《楞伽师资记》记载为七岁）师从道信。后遵师嘱，于凭茂山（东山）行化，得法如、神秀、慧能等诸多弟子，于675年以74岁入寂（一般用《楞伽师资记》等说，即没于674年）。据传著有《修心要论》，但后面还要提到，此说缺乏根据。

### 东山法门

"东山"，即弘忍所居的蕲州黄梅县的凭茂山（五祖山），是相对于同一地区的道信所居的"西山"即双峰山（四祖山）而言的。所以"东山法门"最初是指因为弟子们的活动而广为天下所知的弘忍的禅法和派系。据《楞伽师资记》记载，则天武后曾言"若论修行，无出东山法门者"。此处的"东山法门"就是此意。但现在所说的"东山法门"，一般也包括确实有师徒关系且活动区域非常接近的道信在内。

## 二、东山法门出现的意义

道信和弘忍等生活的初唐时代（618-712）正是佛教的变革期。先有窥基法师（632-664）基于玄奘（602-664）所译《成唯识论》而成立的法相宗，由此带来地论宗和摄论宗的衰亡。而智俨（602-668）和法藏（643-712）创立的华严宗，又可以看作是地论宗和摄论宗人对法相宗的反攻。几乎与此同时，有道绰（562-645）和善导（613-681）所创净土宗的隆盛，以及道宣（596-667）所创南山律宗的大成。伴随着各宗的出现，再加上更早出现的天台宗，中国式的佛教各宗派大体成型。

到唐代初期，佛教已经完全融入中国人的血肉，中国人依据自己对佛教的感受和理解，重新将其组织整理，从而才有以上现象的出现。最能说明这一点的，是初期禅宗文献中常常依用的大量中国人撰述的经典即"伪经"的出现，其中包括《佛说法句经》《佛说禅门经》《佛说法王经》《佛为心王菩萨说头陀经》《大方广圆觉修多罗了义经》《大佛顶如来密因修证了义诸菩萨万行首楞严经》等。这些经典，除最后两部经典之外，都是通过敦煌文书才得以睹其全貌。不过在同时期的天台宗和华严宗的文献中也能看到对上述文献的引用。可见，这些"伪经"虽然是匿名的禅观修行者所撰述，但因为它们适应了当时佛教界的普遍需求，所以被各家各派普遍接受。也就是说，"禅"是作为对时代的课题的一种解答而出现的。

另外，在隋代备受瞩目的三论宗，到唐代已宗风不振，一般认为这是因为它已经消解于新兴的禅宗之中的缘故。

### 初期禅宗所用的伪经

《佛说法句经》是形成于公元 650 年前后的伪经，是与阿含经类中的《法句经》完全不同的经典。全经由十四品（章）构成，其中第十一品有五言四句构成的二十四偈文"法句"，此即经名的由来。特别是"森罗及万象。一法之所印"一偈，经常被引用。《佛说禅门经》出现于 7 世纪末到 8 世纪初，开头附有慧光的序文。其强调"顿悟"的内容，曾被保唐宗的《历代法宝记》（8 世纪后半叶）和大珠慧海（生卒年月不详）的《顿悟入道要门论》（8-9 世纪）所引用。《佛说法王经》以"佛性"为中心内容，出现的时期不明，但因为百丈怀海（749-814）的《百丈广录》有引用，所以其成立不晚于 8 世纪。此经还有藏文译本。《佛为心王菩萨说头陀经》也称《心王经》或《头陀经》《修心要论》《导凡趣圣心诀》（敦煌本，7 世纪末）、《曹溪大师传》（781）、圭峰宗密（780-841）的《华严经行愿品疏钞》等有引用或言及。《五阴山室寺惠辩禅师注》（敦煌本附）是对此书的部分内容所做的注释。此经重视"头陀"，但关于"头陀"的解释与后来北宗文献中所见的"观心释"相类似。此经有粟特语翻译。《大方广圆觉修多罗了义经》，简称《圆觉经》，出现于 7 世纪末到 8 世纪初，内容是解说获得"大圆觉心"的途径，最初为最早的灯史之一《传法宝纪》所言及，后为圭峰宗密所弘扬而影响日炽。《大佛顶如来密因修证了义诸菩萨万行首楞严经》，又称《楞严经》《佛顶经》，全经十卷，是出现于 8 世纪的伪经（与鸠摩罗什所译的真经《首楞严三昧经》完全不同）。此经在说明"圆通无碍"之理的同时，列举了诸多禅病及克服禅病的方法。在这些伪经中，许多只是在禅宗初期受到重视，唯有《楞严经》和《圆觉经》被视为弘扬教禅一致的经典，在宋、元、明以后仍然受到重视。众所周知，对教禅一致说持批判态度的日本的道元（1200-1253）否定此二经的价值。另外，现在的禅院仍然作为日课的"楞严咒"，也是出于七卷本《楞严经》。

### 三论宗与禅宗

三论宗在隋代隆盛一时，端赖著述宏富、确立了三论宗思想体系的吉藏受到隋炀帝的推重。三论宗原本是以实践为中心的宗派，吉藏以教理为中心的体系毋宁说是例外。三论宗的实践性格，还可以在三论宗与达摩—慧可一系之间的交流中看出。例如，师从南岳慧思的三论宗的慧布（？ -587）也曾于慧可处参禅。弘忍的弟子法如（638-689）最初也师从三论宗的惠明（青布明，生卒年不详）。另外，与吉藏一起从学于三论宗法朗（507-581）的大明法师（生卒年不详），在《续高僧传》的"法冲传"被归入楞伽宗的系谱（大明法师也是后来牛头宗的牛头法融〈594-657〉之师）。因为三论宗的教理在吉藏处发展到了极致，其后的发展只能是朝原来的实践中心路线的复归。不过，相对于已经确立了独自的修行方法、势力在不断扩展的东山法门来说，三论宗因为没有确保其宗派独特性的思想和实践，所以只能与强势的禅宗合流。

## 三、东山法门的反响

与道信、弘忍同时代的道宣在《续高僧传》中，已经为道信立传，称在其门下有以弘忍为首的五百余弟子。另外，在法显（577-653）、善伏（？ -660）、玄爽（？ -652）等传记中，提到他们师从道信。可见，在道信的时期，其活动就已经引起佛教界的关注。

继承发展了道信的思想和实践的是弘忍。据早期禅宗文献记载，在弘忍众多的弟子中，受到付嘱的主要弟子有十人，他们在中国各地努力传扬弘忍的禅法。"弘忍十大弟子"的说法以及这种说法得以传扬开来本身就说明弘忍的名声极高，其影响已遍及于全国。

与弘忍和道宣同时代的人中，有奠定了华严学基础的智俨。他将佛教分为小乘（阿含、阿毗达磨）、大乘初教（唯识思想）、大乘终教（如来藏思想）、顿教、一乘（华严思想）等五教，此即"五教教判"。其中的"顿教"概念，有研究者认为就是指当时影响日隆的东山法门。智俨对新兴的三阶教也给予积极的评价。他对新兴事物很敏感，而且和道宣一样住在终南山。由此可以推测，东山法门僧人的活动范围到达长安南郊，并对智俨的思想产生了影响。

### 弘忍的十大弟子

据《楞伽师资记》记载，弘忍在入灭之际，将自己的法付嘱十人，特别是其中的神秀和玄赜（7-8世纪）。弘忍十大弟子说见于保唐宗的灯史《历代法宝记》和标榜"荷泽宗"的圭峰宗密的《圆觉经大疏抄》（822左右），但十大弟子具体是指哪些人，两书的说法不同。这恐怕是因为先有"弘忍十大弟子"之说，后人才选择十人附会的结果。但因为法如（638-689）、神秀、慧安（老安，582-709）、慧能（638-713）、智诜（539-618）等人物在两书中皆出现，说明各派公认他们是最有代表性的弟子。特别是《楞伽师资记》提到慧能的名字，这说明即使在"北宗禅"中，也很早就注意到活动在岭南偏僻之地的慧能的存在。慧能以及活动在四川的智诜、宣什（生卒年不详）的活动，说明东山法门的影响扩大到了中国全土。

### 四、东山法门的思想

东山法门的僧人的生活与达摩、慧可等的生活有迥异之处。即相对于达摩、慧可游行四方的生活，他们则定居一处。这使得他们有可能培养出大批弟子。东山法门引起广泛瞩目，其主要原因在此。

定居生活带来的更大影响在于给禅思想自身带来的变化。后来的禅宗文献《六祖坛经》记载，慧能入弘忍之门后曾从事舂米劳动。他们虽然隐居山间修行，但因为集聚的人太多，不可能像原来那样靠托钵乞食为生，不得不参加农业劳动，过自给自足的生活。这样，禅修行与生产活动交替或者同时进行，促进了"农禅并重""禅与日常生活合一"思想的形成，并成为中国禅的重要特征。

要了解东山法门的思想，可依靠《修心要论》等纲要书和《楞伽师资记》《传法宝纪》等初期的灯史。据这些资料的说法，东山法门有其独特的、有组织的、集团性的修行方法存在，此修行方法及由此方法而得的"开悟"的境界总称为"守心"（这一概念也用于同一时期的道教中，但两者的关系并不明确）。其理论根据是《文殊说般若经》的"一行三昧"说。此修行法的独特之处还在于，与"念佛"结合在一起，以求达到调整呼吸和精神集中的效果（但从现有材料看，其间没有西方往生的思想）。

另一引人注目、且与后来禅宗相关连的是，当时已有"入室""付法""印可"等思想的存在。通过集团修行达到一定境界的僧人到师父那里，向师父汇报自己的心得，如果得到赞许，即为得到"印可"。

#### 《修心要论》

全称为《导凡趣圣悟解脱宗修心要论》，有敦煌本和朝鲜本存世，皆被认为是弘忍的著作（朝鲜本名为"最上乘论"）。实际上，此书与名称类似的《导凡趣圣心诀》一样，是法如系统传承的该派的纲要书。《楞伽师资记》虽然引用此书，但没有明确指出其作者，这或许是该书作者基于对法如一系的对抗意识而有意而为。法如是最早将东山法门传到中原的人物，而本书作为神秀门下的"北宗禅"的权威确立之前的文献，可以说最忠实地传达了东山法门的思想。该书主张"自心"本来清净、不生不灭，此即"真心""净心"，应该"守"此"心"。此"守心"法为一切修行的核心，为"涅槃之根本""入道之要门""十二部经之宗""三世诸佛之祖"。

### 《楞伽师资记》与《传法宝纪》

　　皆为从敦煌文献中发现的北宗系的灯史。《楞伽师资记》（715年左右）由净觉（683-750？）所撰，记载了从求那跋陀罗（394-468）、达摩到神秀弟子八代禅师的事迹。《传法宝纪》（720年左右）为杜朏（生卒年不详）所撰，记载从达摩到法如、神秀七代禅师的事迹。当时，神秀作为"帝师"受到皇室的推崇，这两部著作就是在此背景下为了向内外宣示北宗作为禅宗之一派的地位而出现。因为它们是后来陆续出现的《师资血脉传》《宝林传》《景德传灯录》等灯史的源头，因而在禅宗史上有重要意义。两书虽然是几乎同时出现的北宗禅的灯史，但在许多方面立场迥异，如对求那跋陀罗、法如、《二入四行论》的处理，对语言的看法等。在荷泽神会之后，虽然皆称"北宗禅"，但在此名下的人们的思想实际上多种多样，这是饶有兴味的。特别是《楞伽师资记》某种意义上是一种资料汇编，其中汇集了净觉之师玄赜《楞伽人法传》等多种相关史料，在帮助我们了解初期禅宗及其周边的禅师的思想和修行方法方面具有极高的资料价值。


## 参考文献

石井公成　《新罗的华严思想》（《华严思想的研究》春秋社，1996年）

伊吹敦　《关于〈心王经〉——恩古特语译禅宗系伪经》（《驹泽大学禅研究所年报》4，1993年）

伊吹敦　《再论〈心王经〉的成立》（《东洋学论丛》22，1997年）

伊吹敦　《关于菩提达摩的〈楞伽经疏〉》（《东洋学论丛》23-24，1998-1999年）

伊吹敦　《地论宗北道派的心识说》（《佛教学》40，1999年）

伊吹敦　《慧可与〈涅槃论〉》（《东洋学研究》37-38号，2000-2001年）

印顺，伊吹敦 译 《中国禅宗史 —— 禅思想的诞生》（山喜房佛书林，1997 年）

宇井伯寿 《禅宗史研究》（《印度哲学研究》9，岩波书店，1935 年）

横超慧日 《初期中国佛教者禅观的实态》（宫本正尊编《佛教的根本真理 ——
佛教根本真理在历史上的诸形态》三省堂，1956 年）

冲本克己 《关于禅宗史上的伪经 ——〈法王经〉》（《禅文化研究所纪要》10，
1987 年）

筱原寿雄，田中良昭 编 《敦煌佛典与禅》（讲座敦煌 8，大东出版社，1980 年）

铃木大拙 《禅思想史研究第二 —— 从达摩到慧能》（《铃木大拙全集》2，岩波
书店，1968 年）

铃木哲雄 《初期禅宗与三论》（平井俊荣监修《三论教学研究》春秋社，1990 年）

关口真大 《达摩大师的研究》（彰国社，1957 年）

关口真大 《禅宗思想史》（山喜房佛书林，1964 年）

关口真大 《达摩研究》（岩波书店，1967 年）

田中良昭 《敦煌禅宗文献研究》（大东出版社，1983 年）

田中良昭，冲本克己 译 《敦煌Ⅱ》（《大乘佛典 中国·日本篇》11，中央公论
社，1989 年）

平井俊荣 《中国般若思想史研究 —— 吉藏与三论学派》（春秋社，1976 年）

水野弘元 《菩提达摩的二入四行说与金刚三昧经》（《驹泽大学佛教学部研究纪
要》13，1955 年）

水野弘元 《禅宗成立以前的中国禅定思想史序说》（《驹泽大学佛教学部研究纪
要》15，1957 年）

水野弘元 《关于伪作〈法句经〉》（《驹泽大学佛教学部研究纪要》19，1961 年）

望月信亨 《如来藏系与密教有关疑伪经》（《佛教经典成立史论》，法藏馆，
1946 年）

柳田圣山 《初期禅宗史书的研究》（《柳田圣山集》6，法藏馆，2000 年，1967
年初版）

柳田圣山 《达摩的语录 —— 二入四行论》（《禅的语录》1，筑摩书房，1969 年）

柳田圣山 《初期禅史Ⅰ —— 楞伽师资记·传法宝记》（《禅的语录》2，筑摩书
房，1971 年）

柳田圣山 《语录的历史 —— 禅文献的成立史的研究》（《东方学报》57,1985 年）

柳田圣山 《禅佛教的研究》（《柳田圣山集》1，法藏馆，1999 年）

# ［禅的系谱1］

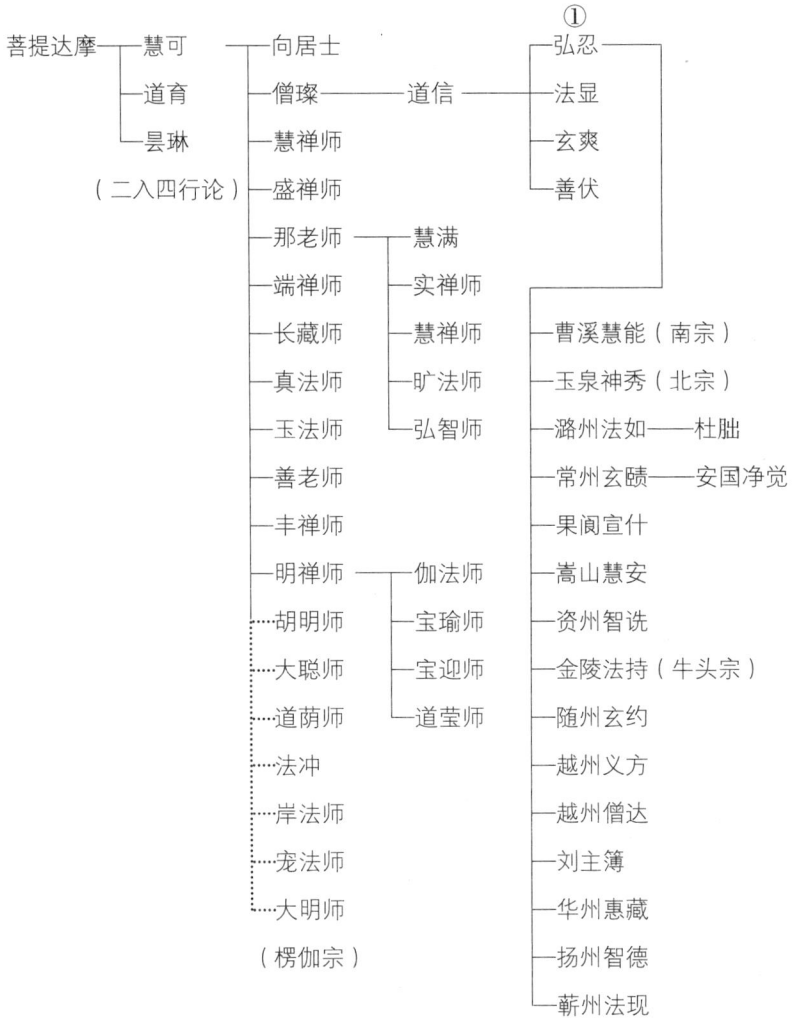

菩提达摩———慧可————向居士              ①弘忍———
　　　　　├道育　　　├僧璨————道信————法显
　　　　　└昙琳　　　├慧禅师　　　　　　├玄爽
　　　　（二入四行论）├盛禅师　　　　　　└善伏
　　　　　　　　　　　├那老师————慧满
　　　　　　　　　　　├端禅师　　├实禅师
　　　　　　　　　　　├长藏师　　├慧禅师　　　├曹溪慧能（南宗）
　　　　　　　　　　　├真法师　　├旷法师　　　├玉泉神秀（北宗）
　　　　　　　　　　　├玉法师　　└弘智师　　　├潞州法如————杜朏
　　　　　　　　　　　├善老师　　　　　　　　　├常州玄赜————安国净觉
　　　　　　　　　　　├丰禅师　　　　　　　　　├果阆宣什
　　　　　　　　　　　├明禅师————伽法师　　　├嵩山慧安
　　　　　　　　　　　┊胡明师　　├宝瑜师　　　├资州智诜
　　　　　　　　　　　┊大聪师　　├宝迎师　　　├金陵法持（牛头宗）
　　　　　　　　　　　┊道荫师　　└道莹师　　　├随州玄约
　　　　　　　　　　　┊法冲　　　　　　　　　　├越州义方
　　　　　　　　　　　┊岸法师　　　　　　　　　├越州僧达
　　　　　　　　　　　┊宠法师　　　　　　　　　├刘主簿
　　　　　　　　　　　┊大明师　　　　　　　　　├华州惠藏
　　　　　　　　　　（楞伽宗）　　　　　　　　　├扬州智德
　　　　　　　　　　　　　　　　　　　　　　　　└蕲州法现

　　　　　　　　禅的历史

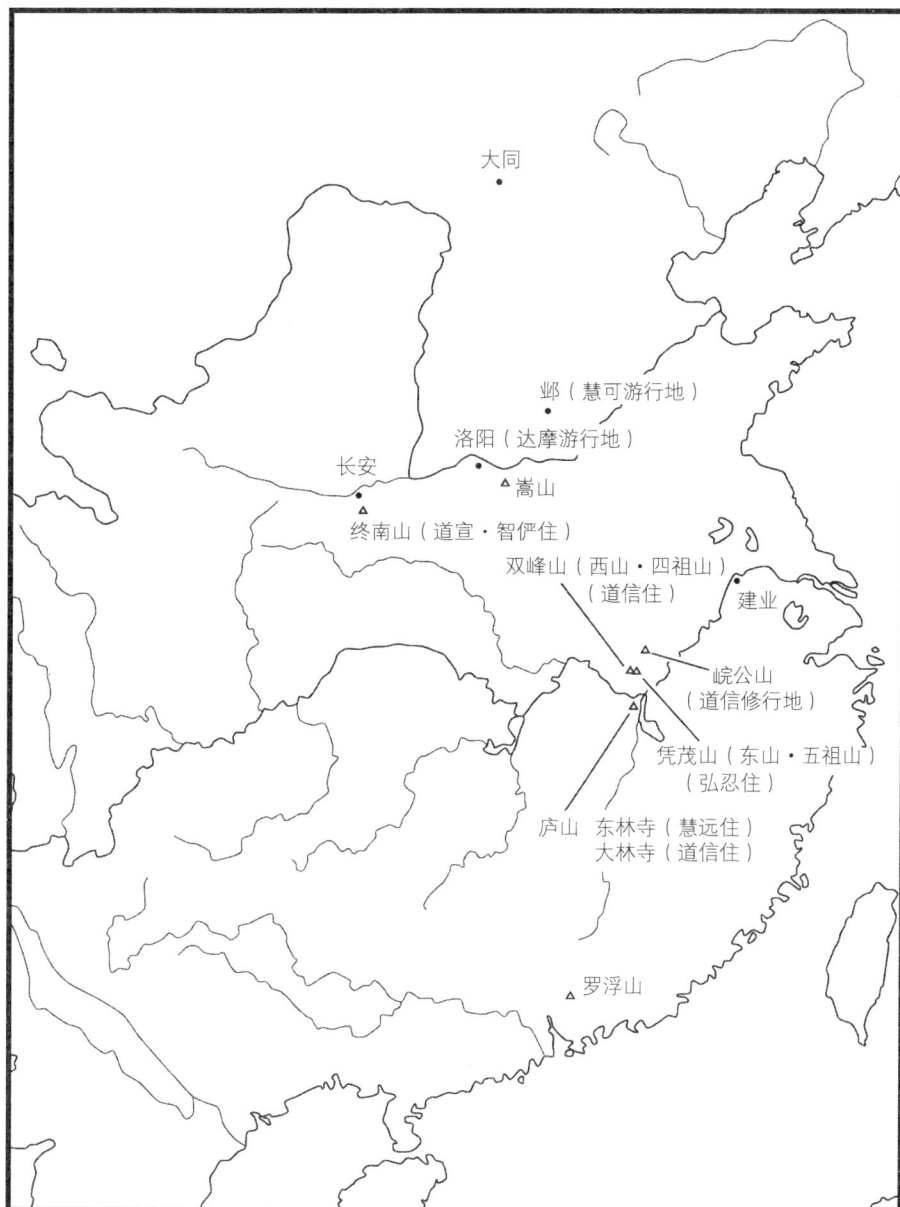

# [ 禅关系地图 1 ]

大同 •

邺（慧可游行地）•

洛阳（达摩游行地）•

长安 •
△ 嵩山

终南山（道宣·智俨住）

双峰山（西山·四祖山）
（道信住）

建业

皖公山
（道信修行地）

凭茂山（东山·五祖山）
（弘忍住）

庐山　东林寺（慧远住）
　　　大林寺（道信住）

罗浮山 △

第二章
# 禅的扩大与分派——北宗、南宗、牛头宗

## 第一节　东山法门的发展

### 一、向中原地区发展

由道信和弘忍的活动而引人注目的东山法门，之后因法如（638-689）等的活动而流入中原。此时正值利用佛教登上帝位的则天武后（624-705，684-705在位），东山法门赢得皇室和贵族等上层阶级的青睐，神秀（？-706）和慧安（老安、582-709）被接到皇室接受供养。以此为契机，普寂（大照禅师、651-739）和义福（大智禅师、658-763）等神秀门下（一般相对于慧能的"南宗"称为"北宗"）迎来最盛期。

则天武后以后的中宗（684-710在位）、睿宗（710-712在位）、玄宗（712-756在位）的盛唐（713-770）时代，是北宗禅的全盛期。特别是被称为"两京法主、三帝国师"（《菩提达摩南宗定是非论》的说法，"两京"指长安和洛阳，"三帝"指中宗、睿宗、玄宗）的普寂，成为神秀之后中原地区禅的代表人物。

**玉泉神秀**

陈留尉氏（河南省）人，俗姓李。年少即通诸学。625年出家，后成东山五祖弘忍的弟子。弘忍没后，神秀住荆州的玉泉寺，大行其化，声名远播中原。701年，被则天武后招至洛阳，接受供养。后来，作为武后、中宗、睿宗"三帝国师"在两京弘法。706年于洛阳的天宝寺入寂，据说世寿超过百岁。中宗赐谥号"大通禅师"，并于荆州建立度门寺，以彰显其德。张说撰有"唐玉泉大通禅师碑铭并序"。东山法门传入中

原，此前有法如、慧安的活动，但神秀成为帝师，影响非同一般。之后，神秀的门下在中原颇为活跃，就连被称为"弘忍十大弟子"的诸禅师也不能不承认其权威。

### 南宗与北宗

"南宗"一语，最初是继承达摩—慧可一系禅法的人们的自称。根据《续高僧传》"法冲传"的"南天竺一乘宗"的说法，其原初的含义是指"南印度一乘教义"。所以，如《菩提达摩南宗定是非论》所说，神秀门下的"北宗"僧人以南宗自居也就不足为奇了。但荷泽神会（684-758）出现以后，"南宗"的含义发生了很大变化。在批判普寂等神秀门下的过程中，神会以"南宗"指称"中国南部的禅教"，即只有活跃于南方岭南的慧能的禅才可以称为"南宗"，而活跃于北方两京的神秀一派没有资格称为"南宗"。这一说法随着慧能系统的隆盛而被人们广泛接受。此后，慧能一系称为"南宗"，而神秀一系称为"北宗"，这种说法几成通说。由此可见，"北宗"是"南宗"人对神秀一系的贬称，现在为叙述方便，仍然沿用这一说法。并且，不只是神秀系统，慧能以及法持等"牛头宗"以外的弘忍弟子也多被通称为"北宗"。本书也沿用此意，狭义的"北宗"称为"神秀—普寂系的北宗"。

## 二、北宗禅的反响

北宗禅被中原地区的贵族社会广泛接受的原因之一，或许是由于他们的思想与一直以来占据主流的教理佛教有许多相通之处的缘故。但北宗禅的这一特征，与其说是东山法门固有的，毋宁说是神秀门下对东山法门加以变革的结果。这其中的偶然因素是北宗禅的领袖神秀所居的荆州玉泉寺因为弘景（634-712）和慧真（673-751）的活跃而成为天台宗的一大根据地（被称为"玉泉天台"。弘景的弟子鉴真〈688-763〉作为律学大师被邀请到日本传法，可见，在玉泉天台中，戒律的研究非常兴盛）。因此，普寂从学于弘景，作为密教和天台的学者一行（683-727）和守真（700-770）从师于普寂。神秀的门下和弘景的门下多有交流，其间的思想交流也不难想象。

### 北宗与其他宗派的交流

一行和守真既是普寂的弟子，也跟从慧真学天台和律，从善无畏（637-737）学密教。慧真的弟子中还有一位乘远，在师从慈恩三藏慧日的同时，也从处寂（665-737）学禅。在记述善无畏的禅法的《善无畏三藏禅要》（8世纪前半叶）中，有神秀的弟子登场。引人注目的是，为传播戒律，和鉴真一起被招请到日本的道璿（701-

760）也是普寂的弟子。显而易见，北宗禅与密教、天台、律宗之间有着密切的交流。在敦煌文书中，有《南天竺国菩提达摩禅师观门》这样杂糅了禅与密教思想的文献，这些文献应该是这种宗派间交流的产物。另外，据说日本天台宗祖师、有名的最澄（767-822）所传承的圆、密、禅、戒四种即天台、密教、禅宗（北宗、牛头宗）、圆顿戒。这一思想与中国的诸宗融合的思想倾向相一致，或者说最澄的"四种相承"思想正是对当时中国最新思想动向的继承和发展。此外值得一提的是，后来嗣法六祖慧能的南岳怀让（677-744）也是在弘景（634-713，慧真之师）处出家、修学。

北宗禅被广泛接受，得益于北宗禅僧人积极的弘法活动。其中，北宗引入当时很流行的菩萨戒受戒仪式有着重要意义。宣扬神秀—普寂系北宗禅思想的《大乘无生方便门》的序章部分就是以类似"授菩萨戒仪"的形式写成的。另外，南宗系的《六祖坛经》（8世纪）和《南阳和上顿教解脱禅门直了性坛语》（8世纪前半叶）的内容，以及荷泽神会、净众寺无相、保唐寺无住等的活动也说明在初期禅宗中这种修行方法确实很普遍。菩萨戒的授予并不限于禅宗，但禅宗被广泛接受，应该是其自身独特的魅力使然。

引人注目的是，如以下所见，神秀—普寂系北宗禅特异的思想、修行法以及思想的表铨法。这一切对中原的王公贵族来说显得耳目一新。东山法门在两京受到热烈追捧，应该就有这些人的好奇心发挥作用。当时与北宗人有交涉的著名人物，有为神秀写碑文的张说（667-730）、师事普寂的王缙（699-781）、为普寂写碑文的李邕（687-747）、皈依义福并为之写碑文的严挺之（673-742）等。

这一情势，给因为善导（613-681）的活动而隆盛的净土宗人以极大刺激。这是因为，东山法门以来，禅宗的人虽然也"念佛"，但这只是为获得"净心"的方便手段。他们认为往生极乐的教说只是劝导愚人的手段而已，对其价值则完全否认。所以禅宗势力的扩大，对善导系的净土教来说决不是什么好事。

在此背景下，净土教开始对禅宗进行抗辩。在善导弟子的怀感（生卒年不详）所著

▷ "大智禅师（义福）碑阴记"（741年，阳伯成撰·史惟则隶书）拓本（北京图书馆藏）

《释净土群疑论》（7世纪末）中可以看到这种努力，而特别引人瞩目的是慈愍三藏慧日（680–748）所著的《净土慈悲集》。此书除了净土宗的内容之外，对作为批判对象的禅宗也多有提及，这些珍贵的记述，为我们把握禅宗初期的实态提供了有价值的线索。

### 慈愍三藏慧日与《净土慈悲集》

慧日于680年出生于山东省的莱州，俗姓辛氏。702年，追慕游历印度归朝的义净三藏（635–713），由海路到印度留学，踏访各地的佛迹。在经陆路回国途中，在健驮罗国王城东北的大山，见观音现像。719年回到长安，将带回的经典献于玄宗（712–756在位），得慈愍三藏的赐号。此后，以长安、洛阳为中心传播净土信仰。不过据记载，承远（712–802）师事慧日是在广州，所以慧日的足迹曾远及广东。748年以69岁入寂。其著作，除《略诸经论念佛法门往生净土集》（《净土慈悲集》）之外，还有《般舟三昧赞》《般舟赞》《厌此娑婆愿生净土赞》《西方赞》等。《净土慈悲集》的版本，现存的只有1925年小野玄妙在朝鲜的桐华寺发现的残缺本。其祖本为宋代的元照（1048–1116）开版印刷本，但在中国，此书甫问世，其内容就遭到大梅山法英禅师（？ –1131）的抗议，被官方下令毁版，所以没有流传下来。但在此之前，有一本送给了高丽的义天（1055–1101），在朝鲜开版，才留存下来。根据此书的序文，本书由三卷组成：上卷，列举当时错误的观点，就其问题点做出质疑；中卷，引用诸经论，证明净土念佛的正统性；下卷，则回答针对净土信仰的种种疑问，明示净土念佛的优越性。现在留存下来的只是上卷，而且有许多缺漏。尽管如此，仍能从中发现许多关于禅宗的珍贵记述。

## 三、神秀—普寂系的北宗禅思想

北宗系的主流、神秀—普寂系的思想资料，主要有《观心论》《大乘无生方便门》《大乘五方便北宗》等纲要书（皆成书于8世纪中叶），前面提及的《楞伽师资记》（715年左右）、《传法宝记》（720年左右）等灯史以及北宗系禅僧的碑铭等。

根据这些史料记载，北宗禅强调"观心"作为修行法的绝对价值，认为其他所有的修行方法都可以消融于"观心"。因而强烈要求修行者通过"观心"而获得觉悟的体验，这一过程称为"顿超菩提"。由此可见，与后来人们的看法不同，在北宗禅的阶段就存在"顿悟"的思想。此"观心"法门，明显是继承东山法门的"守心"，而且与后者一样，"念佛"也构成其中的重要要素（但也不见西方往生的思想）。

在北宗禅中还有一种特异的经典注释法（称为"观心释"或"心观释"）非常受重视。此即在解释经典的字句时，完全对应于自己内心的事象来理解。例如，在《大乘无生方便门》中，有如下解释：

妙法莲华经。是没（什么）是妙法，心是妙法。莲华是色，心如是智，色如是慧，是智慧经。

北宗禅之所以重视这一注释方法，是因为一方面要绝对肯定通过"观心"而获得"觉悟"的体验，另一方面又不能否定经典的权威，于是试图通过从"觉悟"的视点对经典做出全新的解释的方式将二者协调起来。在禅宗中，这种解释方法越来越盛行，而且逐渐趋向内证化、神秘化。其实这种做法在以前的天台宗中也能见到。北宗禅的这种做法有可能是通过禅师与天台宗人的交流而受到天台宗的影响所致，但更根本的原因可能是禅与天台肩负共同的时代课题，二者之间有共通的思想基础。

此外，在北宗禅的思想中，《楞伽师资记》中记载的"指事问义"也引人注目。此即禅师就具体事物向弟子发问，并诱导弟子超越常识性的理解，趋向觉悟的境地。如在"神秀章"中，有如下的例子：神秀看到鸟飞，问弟子曰："什么？"并进一步追问弟子："汝可于树梢坐禅么？""汝可穿壁否？"这些内容与后来的"公案"非常相似。但在当时，这些问答有何功用，现在还不甚明了。

以上，对作为北宗禅主流的神秀—普寂系的思想做了概观。但在反映该派思想、统称为《大乘五方便》的诸文献中，各系统的思想倾向又各不相同。可见，虽同是北宗禅，但其思想内容也有严重分歧。而且在神秀之外，弘忍还有众多弟子，虽然笼统称为"北宗禅"，但可以想见其思想是纷纭复杂的。

### 神秀—普寂系的北宗文献

《观心论》有敦煌本、朝鲜本、日本传本（日本传本称为"观心破相论"或"破相论"）。此书虽然冠名"达摩撰"或"神秀撰"，但实际上是神秀门下假托此派祖师之名创作的纲要书。归名于达摩，应该是相当晚的事情。其内容是对北宗禅所重视的修行法"观心"的意义，以问答的形式详细加以解说。而《大乘无生方便门》《大乘五方便北宗》，皆属总称为《大乘五方便》的一组文献（皆为敦煌本），内容类似。只是前者保留较原始的形态，而后者则有许多思想的发展。这些文献皆由五章构成：序章、总彰佛体、开智慧门、显不思议门、明诸法正性、自然无碍解脱道等。虽然其中引述了《大乘起信论》《维摩经》《思益经》等经典，但却以"观心释"的独特手法，对其含义做了与原意相当不同的解释。《大乘五方便》的思想大纲，已经见于神秀，但以现在的形式加以整理的却是普寂系的人。另外，《楞伽师资记》的著者净觉所著《注般若波罗蜜多心经》，以及被称为"金刚藏菩萨注"的《金刚般若经注》《观世音经赞》（以观心释所做的注释）皆是与北宗禅主流有密切关系的文献。

## 四、北宗禅的多样性

在弘忍的弟子中，其思想最具革新性的当推后世被称为"六祖"的曹溪慧能（慧能自身的教说的实像，大部分并不清楚）。而同样受到则天武后推崇的慧安的思想也与神秀的思想倾向有相当的差异，某种意义上可以说与慧能相通之处颇多。

在禅宗史中占有重要位置的南岳怀让就是遵慧安之命投入慧能门下的。据说，慧安临终还曾指示弟子净藏往慧能处修行。另外，慧安的再传弟子保唐寺无住（从学于居士陈楚章）曾在慧能的弟子太原自在（生卒年不详）处修行，并在此出家。种种事实表明，慧安和慧能的禅法之间有许多共通点，双方关系密切，相互信赖。

另外，近年引起研究者关注的侯莫陈琰（660–714），虽然在师承上属于北宗禅，但其思想却与荷泽神会有着明显的类似性。他与神秀一起从学于慧安，其开创性思想或许受到慧安的深刻影响。

饶有兴味的是，从侯莫陈琰和陈楚章的例子可以看出，在当时，已经出现了达到很高的境地，甚至可以指导出家者的居士。由此可以看出，禅一登场，便引起普通人的强烈关注。

### 侯莫陈琰

随着其著作《顿悟真宗金刚般若修行达彼岸法门要决》（712年，有敦煌本和藏译本片段）和《侯莫陈大师寿塔铭》（金石文）的问世，从来不为人所知的陈琰的思想和传记逐渐明朗。根据以上资料，陈琰出生于长安，在嵩山修行二十余年，从学于慧安和神秀，嗣法神秀，并得"智达"的法名。后于长安、洛阳、山西、河北等地，以居士和尼僧为中心弘法。虽然比神会早一个时代，但他强调"顿悟"，信奉《金刚经》，并以问答形式著述，思想上与神会有许多共通之处。近年，其在禅思想史上的重要性越来越被人们所认识。

与慧能、慧安同样引人注目的是，在四川活动的弘忍的门下智诜（609–702）和宣什（生卒年不详）一派。特别是智诜系统的处寂（665–732）和无相（684–762）在此地非常活跃。无相为新罗王族出身，姓金，被称为"金和尚"，甚至在西藏也很知名。因无相居成都的净众寺，此派被称为"净众宗"。无相的弟子中，净众寺神会（720–794）和著有《北山录》（806年）的慧义寺神清（生卒年不详）最为知名。净众寺神会之后的传承如下：

净众寺神会—益州南印（唯忠，?–821？）┬遂州道圆（?–807–822–？）
　　　　　　　　　　　　　　　　　　└东京神照（776–838）

净众寺的著作有假托智诜所著的《般若心经疏》（敦煌本，8 世纪中叶）等。圭峰宗密（780-841）的《圆觉经大疏钞》（822 年前后）、保唐宗的灯史《历代法宝记》（8 世纪后半叶），对净众宗的思想都有言及。据此，此宗每年在一定的日子设立道场，会集出家和在家的信徒，在念佛和坐禅的同时举行授法仪式，并据此指导信徒达到"无忆、无念、莫妄"的境地，称为"三句语"。此三句分别对应于戒、定、慧三学（其中心思想仍是"无念"）。此三句似乎是无相的独创，也是此派的特征所在。据宗密记载，宣什一派也举行同样的仪式，只是在宣什的系统里举行此仪式时须燃香。

另外，活跃在四川的禅宗，特别是在初期，非常重视念佛。慈愍三藏慧日的弟子南岳承远（712-802）在年轻时也曾参于处寂，其门下的法照（生卒年不详）以倡导五会念佛而闻名。我们虽然对宣什一派所知不多，但宗密称此派为"南山念佛禅宗"，并言及利用念佛传法的仪式，可见此派也非常重视念佛。念佛法门原本就是东山法门的重要修行方法之一，所以此派的做法直接承袭了东山法门。

除了与净土教的关系引人注目之外，活跃在四川的净众宗，还与其他佛教各派有着千丝万缕的联系。后面还会提到，力图综合华严和禅的圭峰宗密，与南印以后的禅师保持着密切的关系，这种关系对宗密思想的形成产生了极为重要的影响。另外，我们不能忘记年轻时的马祖道一（709-788）也曾师事处寂。

另外，弘忍的门下中，除以上诸派，还有以江苏的牛头山为基地的法持一派（牛头宗）。此派在禅宗史上有着极端重要的意义。关于此宗，留待后述。

### 般若心经疏

现有敦煌本存世。虽有"智诜撰"的字眼，但内容与纪国寺慧净（578-？）的思想很接近，很可能是慧净的东西被改编、假托智诜而流传下来的。改编者应该是认智诜为祖的净众宗的人。不过此文献的成立很复杂，在现在的版本之前，就有其他版本存在。现在日本所传的慧净疏（续藏本）的末尾，接续了《修心要论》的一部分，可见，此书被初期禅宗的人所传承。另外，与此有密切关系、内容稍有不同的版本，还有"敦煌本慧净疏"和"龙谷大学本般若心经疏"的存在。这一事实证明了慧净疏的广泛流传。之所以如此，原因之一是慧净在文学上知名，其文体和内容容易被一般人所接受。种种异本的存在本身就饶有兴味，而更引人瞩目的是，通过比较续藏本慧净疏、龙谷大学本、智诜本，可以发现其思想发展的轨迹。这一思想的演变，主要是神秀—普寂系与净众宗的影响所致。也就是说，从慧净疏到智诜疏，显示出本来与禅宗无关的文献，是如何在禅宗人的传承过程中演变成现在的内容的。

# 第二节　荷泽神会的登场

## 一、荷泽神会

北宗禅在普寂的时代达到了极盛，也是在此时，一位改变了禅的历史的禅师横空出世，这就是荷泽神会（684-758）。

荷泽神会是从神秀的门下转到曹溪（广东省）慧能门下的人物，在慧能入寂后，他移居南阳（河南省）的龙兴寺，以此寺为据点，积极在中原开展弘法活动。在神会看来，神秀不过是旁系，只有自己的老师慧能才是弘忍真正的继承者。此说在佛教界引起极大的反响。

为将慧能正统化，神会在提出"西天的系谱"和"传衣说"等新说的同时，利用滑台（河南省）等地举行的禅宗和传统佛教的讨论会，以及《菩提达摩南宗定是非论》（8世纪中叶）等著作，鼓吹其新说。尽管其手法显得过于激烈，但或许因为他的人格魅力，仍然聚集了相当多的信奉者，其中包括当时的兵部侍郎宋鼎（生卒年不详）。正是因为宋鼎的帮助，神会才得以到达洛阳，并入住荷泽寺。

神会的活动刺激了已经在中原确立了权威的神秀—普寂系的人们，招致了被贬黜的命运。当人们觉得神会气数已尽时，安史之乱（755-763）爆发，神会乘势而起，运用政治手腕，重新成为教界的中心。因为神会的努力，不仅慧能作为正统的"六祖"的地位被承认，神会自身也被公认为"七祖"。

### 荷泽神会的传记

襄阳人，俗姓高氏。最初师事荆州玉泉寺的神秀，在神秀入内受供养之际，转到岭南的曹溪慧能门下。在游历北方并受戒后，又回到曹溪，师事慧能。慧能入寂后的720年，移居南阳的龙兴寺。732年，在滑台的大云寺无遮大会上对神秀进行批判，宣传自己的主张。745年，在宋鼎等的支持下，入住洛阳的荷泽寺。之后，神会以滑台的宗论为素材写就的《菩提达摩南宗定是非论》面世，对北宗展开激烈批判。753年，遭庐奕的谗言，被贬于弋阳（江西省）和武当（湖北省）。755年，安史之乱爆发，神会借授戒之机，筹集大量的金钱（俗称"香水钱"）以充军费。其襄赞之功得到朝廷嘉许，肃宗（756-762在位）召其入内供养，并在荷泽寺建禅宇，请其入住。758年，以75岁入寂，受赐"真宗大师"的谥号，并被公认为"七祖"。因其所居的寺院为荷泽寺，其弟子等被称为"荷泽宗"。有众多的支持者，其中，以诗和画

南阳和上顿教解脱禅门直了性坛语（法国国立图书馆所藏敦煌本）

闻名的王维（701？－761）就是其中之一。其著作还有《南阳和上顿教解脱禅门直了性坛语》《南阳和尚问答杂征义》《顿悟无生般若颂》《师资血脉传》等。另外，敦煌文书中的《南宗五更转》等与南宗有关的俗文学作品很可能与神会有关。因为从其传记可以看出，神会极善于自我宣传，在弘法时利用俗文学的方式是完全有可能的。

### 神会的新说

荷泽宗人倡导的新说有多样，其中的许多说法属于神会还是属于其弟子，不很明确。但"西天八祖说""传衣说""南顿北渐说"等应该是神会自己的说法。其中，除了"南顿北渐说"因为涉及如何理解"顿悟"的问题，所以不能一概而论之外，其他二说全属捏造，典型反映了神会的性格。特别是"传衣说"，即历代祖师代代相传的菩提达摩的袈裟现在正在曹溪慧能手中的说法，很明显是为了对抗在两京掌握禅宗主导权的北宗禅、树立自身的正统性而编造的。另外，"西天八祖说"虽然提出了前人从来没有考虑过的、所谓菩提达摩在印度的师承问题，但此说将《达摩多罗禅经》的序文中出现的达摩多罗（说一切有部僧，与菩提达摩完全无涉）的师承转用到菩提达摩这里，显然极为低劣。从这种说法中可以窥见神会意欲确立自身正统性的强烈企图（此说与《付法藏因缘传》中所说的师承相结合而有"西天二十九祖说"，这或许也是神会晚年提出的）。这些说法，尽管都是为对抗北宗而毫无根据地杜撰出来的，但随着神会和荷泽宗禅师的活跃而逐渐被人们接受。后来，同样出自慧能的洪州宗和石头宗也承袭此说，并加以改良，使其成为"定说"和"信史"。从这一点上说，神会在禅宗史上的意义也是极为重要的。

## 二、神会的思想

荷泽神会对"北宗禅"的批判，不能说没有基于名誉欲的宗派意识的因素，但同时不可否认，其背后确实有着荷泽宗与神秀—普寂系在思想立场方面的对立。神会在《菩提达摩南宗定是非论》中云：

今言不同者，为秀禅师教人"凝心入定，住心看净，起心外照，摄心内证"……此是愚人法……是故经云：心不住内，亦不在外，是为宴坐。如此坐者，佛即印可。从上六代已来，皆无有一人"凝心入定，住心看净，起心外照，摄心内证"。

《南阳和上顿教解脱禅门直了性坛语》中，有以下主张（显然是针对《大乘无生方便门》）：

知识！一切善恶，总莫思量。不得凝心住，亦不得将心直视心，堕直视住，不中用。不得垂眼向下，便堕眼住，不中用。不得作意摄心，亦不复远看近看，皆不中用。经云："不观是菩提，无忆念故"，即是自性空寂心。

或许在神会看来，北宗禅的修行太过迂回曲折，简直缓慢得不可忍受。由此就有了《菩提达摩南宗定是非论》中对"坐禅"的独特理解：

远师问："嵩岳普寂禅师、东岳降魔藏禅师，此二大德皆教人坐禅，'凝心入定，住心看净，起心外照，摄心内证'，指此以为教门。禅师今日何故说禅不教人坐，不叫人'疑心入定，住心看净，起心外照，摄心内证'？何名为坐禅？"

和尚答曰："若教人坐，'凝心入定，住心看净，起心外照，摄心内证'者，此是障菩提。今言坐者，念不起为坐；今言禅者，见本性为禅。所以不教人坐身住心入定。若指彼教门为是者，维摩诘不应呵舍利弗宴坐。"

这实质上是否定坐禅修行的意义，在这里，最鲜明地表现出神会思想的特色。

在以往的禅实践中，虽然也讲"顿悟"，但却以坐禅修行为前提。无论是忠实反映东山法门思想的《修心要论》，还是标榜"顿悟"的《顿悟真宗金刚般若修行达彼岸法门要决》，都多处描写坐禅时的心理和修行的工夫。也就是说，虽然东山法门和北宗禅中已经有了"顿悟"思想，但这却是长时间观法实修所达到的最高境地。但在神会看来，坐禅这一修行法至少在思想上完全没有意义。所以在他的著作中完全见不到这样的心理描写，他也不承认其作为修行功夫的价值。

这可以看作是神会对醉心于禅定体验、对经文进行各种解释的神秀——普寂一系的否定。在对普寂一派极端内倾的性格进行批判过程中，神会突出强调"顿悟"，以致否定修行的实质意义。以前的北宗禅讲的"顿悟"是一种基于心理事实的主张，而神会的"顿悟"则抛弃了"顿悟"原有的修行基础，将之转换为"烦恼即菩提"的认识问题。

如此一来，神会对修行者的必然要求，就是《南阳和上顿教解脱禅门直了性坛语》的如下段落中所说的"知"的思想：

> 今推到无住处立知，作没？……无住心不离知，知不离无住。知心无住，更无余知。……今推心到无住处便立知。知心空寂，即是用处。《法华经》云，即同如来知见，广大深远。心无边际，心无限量，同佛深远，更无差别。

这里所说的"知"与作为通常的认识活动的"识"不同，"知"是在现实生活中显现出的"觉悟"中的认识，是静态的"智"。这一思想，在荷泽宗中受到极端重视，以致成为此宗的最重要特征。此宗强调这一点，或许是因为既然不承认坐禅的修行法，以及由坐禅而得到禅体验的意义，那么就需要设定这一概念，从而将"迷"和"悟"区别开来。

神会通过否定神秀——普寂一系的内面化倾向，将视线移向外界，鼓励禅僧投身于社会生活之中。正是在这一过程中，在神会那里出现了一种全新的禅思想的表现形态——"语录"，即神会的《南阳和尚问答杂征义》。此书又称为"神会语录"，是后代禅宗语录的直接原型。


### 三、神会以后的荷泽宗

神会的事业被其弟子们所继承。他们依据慧能出家的通俗故事而杜撰出"瘗发塔记"，并对《六祖坛经》和慧能传记做了改编，从而形成今日所见的六祖慧能形象的原型。由于他们的努力，"南顿北渐"说成为一种定说，即主张在南方的曹溪宣扬顿悟的慧能才是传承了禅思想核心的正统派，而在北方的两京活动的神秀只是主张渐悟，不是弘忍的真正继承者（关于菩提达摩的谱系，他们对"西天二十九祖说"加以改进，提出了"西天二十八祖说"。现在作为定说的"西天二十八祖说"最初出现在

《宝林传》〈801 年〉，其中有洪州宗人的进一步加工）。

慧能传记的原型出自荷泽宗僧人之手，这一事实对后代产生了巨大的影响。例如，荷泽宗禅师有把《金刚经》绝对化的说法（或许这也是神会"知"的思想变形），并把这一说法写入了慧能传。这一说法被后来的慧能传记所继承。即从达摩到慧能，代代祖师皆以《金刚经》相传授，慧能也是闻人读《金刚经》而入弘忍之门。归于慧能名下的《金刚经解义》一般认为也是在此背景下由荷泽宗人创作的。

与《金刚经》的传授相类似，据说慧能曾嘱咐弟子以《六祖坛经》相传。此说也出现在《六祖坛经》中，而且在敦煌本的末尾还附有此本传承者的谱系。据此，很多人认为《六祖坛经》已经是传授本。但这恐怕也是荷泽宗徒的伎俩，即通过大幅度改变《六祖坛经》的内容，在其中增加荷泽宗的思想以后，再通过宣传付嘱说，以抬高《六祖坛经》的地位。

这些说法，可能是受到《续高僧传》所载达摩授慧可《楞伽经》的启发而造出，但这些说法问世的思想背景可能更复杂一些。即这些说法可能关乎神会以后的荷泽宗的命运。神会的弟子，可以举出名字的，有净住晋平（699-779）、荆州慧觉（708-799）、太原光瑶（716-807）、洛阳无明（722-793）、磁州智如（法如，723-811）等，但能够称为神会的继承者的人物却始终没有出现。

上述荷泽宗的活动，不清楚到底属于神会弟子的哪个派别所为。但在神会入寂以后，因为荷泽宗缺少一个旗帜性人物领军，声势日渐式微，却是不争的事实。荷泽宗创造出《金刚经》和《六祖坛经》的传授说，似乎是借此维持本宗传承的不得已的手段。

### 六祖坛经

自古以来，作为"南宗禅"之六祖慧能的言行录而被奉为经典，在中国、朝鲜和日本，有多种版本刊行。但自从敦煌本等诸版本问世以来，关于此书的成书过程产生了许多疑问，有关争论现在仍在进行中。关于此书的原型有多种说法，此书本身明确记载，这是慧能应刺史韦璩之请，于韶州（广东省）的大梵寺授菩萨戒之际说法的记录。此后的敦煌本，应该是荷泽神会的弟子增加了其师显彰慧能的教说之后编撰而成。之后，成为禅宗主流的洪州宗人又加以增广，形成现在见到的《六祖坛经》。可见本书的成立反映了禅宗自身的发展轨迹，其内容是不同时期的东西叠加而成，所以在内容和构成方面有许多问题。但正因为其成书过程折射出禅宗自身的发展，所以具有很高史料价值。另外，因为本书的出现而确立了慧能的正统性和传统的慧能的形象，所以在禅宗史上有着极大意义。

# 第三节　荷泽神会的影响

## 一、牛头宗的形成

荷泽神会的思想对禅宗其他各派产生了极大影响。其中，最重要的当推牛头宗的形成。牛头宗以弘忍门下的法持（635-702）为祖，以远离中原的江宁（金陵）的牛头山（江苏省）为中心，形成了以下的传承体系：

法持—牛头智威（646-722）┳牛头慧忠（683-769）—佛窟惟则（751-830）
　　　　　　　　　　　　　┗鹤林玄素（668-752）—径山法钦（714-792）

特别是与荷泽神会同时代的牛头慧忠和鹤林玄素的时期，牛头宗达到极盛，形成与北宗和南宗（荷泽宗）相抗衡的一大势力。为增强本宗的权威性，牛头宗在法持之前，又虚构了以下的传法系统：

四祖道信—法融（594-657）—智岩（577-654）—慧方（629-695）

其中的法融被奉为"牛头宗初祖"，以下的智岩称为"第二祖"，慧方为"第三祖"，法持为"第四祖"，智威为"第五祖"，慧忠为"第六祖"。

牛头宗之所以虚构出这一传法系统，是因为他们看到处于对立关系的北宗和南宗皆源于五祖弘忍，为了彰显本宗高于南北二宗，就将本宗的起源向前推到四祖道信。而且，在此谱系中，牛头慧忠被称为"六祖"，显然也是意识到在中原围绕谁是真正的"六祖"而展开的争论。这暗示了此谱系提出的时期。由于构建了这种传法系统，受到荷泽神会的影响而建立的牛头宗确立了既有别于北宗又有别于南宗的地位。

### 牛头宗系谱的虚构性

弘忍—法持的师承关系虽然是历史事实，但从法融到法持的系谱则完全是后代的虚构。首先，道信和法融的师承关系，由于在《续高僧传》（7世纪中叶）所载两人的最早的传记中完全没有记载，所以应该不是事实。法融和慧方曾在牛头山活动，但关于智岩，《续高僧传·智岩传》中却没有任何他曾经生活在牛头山的记载。而且智岩的卒年（654年）比法融的卒年（657年）还早（《续高僧传》的说法。因为不合常理,所以《景德传灯录》等将智岩的卒年改为677年),将智岩加入此宗的系谱中有许多问题。但牛头宗重视智岩也是有理由的。北宗的灯史《传法宝纪》(720年左右)提到僧璨与宝月(生卒年不详)的交流,并提到宝月是智岩之师。所以把智岩列入本宗,有助于树立自己宗派的权威。虽然智岩传法慧方不可信,但依据《宋高僧传》(988年)的记载,法持在师事弘忍之后又从师于慧方,所以慧方与法持的师徒关系似乎是事实(也可能是袭取牛头宗的杜撰,其真实性不能保证)。

关于牛头宗的思想,现在还不是完全清楚。但根据牛头宗的纲要书《绝观论》(8世纪后半叶)、圭峰宗密的《圆觉经大疏钞》(822年左右)、《禅源诸诠集都序》(9世纪前半叶)等记述,其思想根干虽是如来藏思想,但受到在同一地域流行的三论宗的影响,也兼容了空观的立场。

如来藏思想是禅宗的核心思想,至少在东山法门中,仍然保持印度佛教不承认有情(人与动物)之外有佛性的立场。但牛头宗则认为无情(山川草木等)中亦有佛性,即主张"无情佛性"。围绕这一问题,荷泽宗与牛头宗之间曾进行了激烈的论战,在《绝观论》和《南阳和尚问答杂征义》等书中,都留有论战的痕迹。在此前的三论宗中就有无情有佛性说的主张,牛头宗的立场可以说承袭了三论宗的立场。但此说显然与佛教的传统相违背,倒是与老庄思想的"万物齐同"说相近。

**绝观论**

根据日本僧人带回日本的经典目录,最澄(767-822)很早就将此书带到了日本。但直到敦煌本被发现,才得以窥其内容。敦煌本有数种写本,而各写本的分量又不同,从中可以看到本书成书的轨迹。此书以虚构出的"入理先生"和"弟子缘门"相问答的形式引导读者进入"绝观"的境地。从此书可以窥见其最有特色的、与荷泽宗相对立的无情有佛性思想,所以有珍贵的史料价值。此书虽署名"牛头法融撰",但显然不是法融自身的著作,而是法融被奉为牛头宗之祖后,假法融之名创作出的牛头宗的纲要说。不过,牛头宗衰退以后,又假托达摩之名流传,所以现存写本中,也有许多署名"达摩撰"者。另外,敦煌本的《无心论》与此书在内容上多有共通之处,所以也可以看作是牛头宗的著作。

## 二、保唐宗的形成与净众宗的荷泽化

与牛头宗一样,在受到神会影响而引人瞩目的宗派中,还有以保唐寺无住(714-

774）为中心的保唐宗。他们的著作，只有敦煌本《历代法宝记》（8 世纪后半叶）等有所提及，而关于保唐宗的思想和活动，宗密的《圆觉经大疏钞》等也有所记载。另外，在神清的《北山录》中被作为"异说"而批判的思想，应该也是保唐宗的学说。可见在无住及其弟子的时代，保唐宗的活动相当引人瞩目。

根据《历代法宝记》的记载，无住为凤翔人，俗姓李。初学顿教于慧安弟子陈楚章，后师事慧能弟子太原自在，并在自在处出家。曾住五台山、长安等，后闻无住的事迹，慕名前往净众寺相见，成为其后继者。但根据《历代法宝记》的记载，无相与无住的相见仅此一次，而且当时无住只是作为一名普通僧人，参加由无相主持、有众多僧人参加的传法仪式而已。在入住四川的无住看来，作为达摩系的习禅者要在此地获得成功，必须尊重净众宗的权威。所以无住也继承了无相的"三句语"，无住在亲自体验了净众宗的弘法方法以后，为扩大保唐宗的势力而吸收了净众宗的方法。

但透过神清对保唐宗的激烈批判可以看出，无住的思想与净众宗的教说完全不同。就像其修学经历所暗示的那样，保唐宗的思想更接近于慧能系。《历代法宝记》多处提到滑台的宗论等神会的活动，并利用荷泽神会所创的传法衣说来证明无住的正统性，这说明保唐宗明显受到荷泽神会的强烈影响。例如，与荷泽宗一样，保唐宗特别重视"无念"。另外，特别引人瞩目的是（根据宗密的记载），保唐宗基本上不做佛事、不修行。如前所述，荷泽宗将"顿悟"还原为"烦恼即菩提"的认识问题，否定坐禅等修行实践。保唐宗在继承这一立场的同时，还将之推向极端，付诸了实践。

可见，保唐宗虽是由具有强烈个性的无住创立的宗派，但明显受到活跃在四川的净众宗和成为中原禅宗主流的荷泽宗的影响。而无住以后的保唐宗的动向则无由得知。虽然《历代法宝记》中出现无住的几位弟子的名字，但却没有关于他们的活动的任何记载。

在四川的净众宗中也可以看出荷泽神会的影响。在净众宗中延续时间最长的益州南印系统，曾提出如下传法谱系：

荷泽神会—磁州智如—益州南印（? -821 ?）┬遂州道圆（9 世纪前半叶）
　　　　　　　　　　　　　　　　　　　　└东京神照（776-838）

即将本系统从净众宗转到了荷泽宗。神照的墓塔也根据这一虚构的谱系建在洛阳龙门寺荷泽神会的墓塔旁边。他们这样做，是为了依附极一时之盛的荷泽宗和继之而起的洪州宗（马祖道一一派），从而树立本宗派的权威。另外，特别引人注目的是，出自荷泽宗的圭峰宗密鼓吹教禅一致思想，对牛头宗和洪州宗进行了批判。

### 三、神会以后北宗禅的动向

神会在禅宗中掀起的波澜影响深远，北宗禅已不复往日的盛况。但北宗禅并没有遽然消亡。根据独孤及（725-777）所写的僧璨的碑文《隋故镜智禅师碑铭并序》记载，普寂的继承者宏正（弘正。生卒年不详）门下有很多弟子，而且普寂门下还有同光（700-770）、法玩（715-790）、道璿（生卒年不详）、志空（生卒年不详）等众多弟子。

另外，道璿将北宗禅传到了日本，志空的弟子神行（704-779）将之传到了朝鲜。还应该特别提到的是，神秀的弟子降魔藏（生卒年不详）和大福（655-743）的弟子摩诃衍禅师（大乘和尚，8世纪后半叶），8世纪末从敦煌进入西藏，弘扬北宗禅，与持不同立场的印度学僧展开了宗教论争，这就是史书所说"西藏宗论"（桑耶宗论）。

神会之后，日显衰落的北宗禅也被迫寻找对应之策。敦煌本的《大乘开心见性顿悟真宗论》也许能说明这一动向。此文献虽然标明为居士慧光（从学于慧安和荷泽神会，得法名"大照"）所撰，但其内容完全抄袭侯莫陈琰的《顿悟真宗金刚般若修行达彼岸法门要决》，可以推断著者也是假托。但此处特意将慧安和神会牵扯在一起，从一个侧面反映了南北二宗走上融合的时代要求。

### 西藏宗论

位于中国和印度两大文化圈交汇处的西藏，自古以来就受到两种文化的影响，佛教的情况也不例外。正是在这样的背景下，提松帝岑王（754-796在位）时，中国佛教与印度佛教间发生一场争论，此即"西藏宗论"。其经过大致如下：787年，被攻占敦煌的藏军带到西藏的摩诃衍禅师，于792年得到藏王的敕命，获得在西藏弘法的权利。摩诃衍的主张被广泛接受，僧统宝真成其门下弟子，皇后和大臣的夫人也都成为其信奉者，甚至出家为尼。对此，一直在此弘法的印度僧反应激烈。于是摩诃衍主动向藏王提出举行讨论会。经过几番论争，摩诃衍取得了胜利。但印度僧不服，与大臣勾结，向藏王进逸言，企图对摩诃衍派进行镇压。对此，摩诃衍的弟子们举行了多次抗议行动，794年，终于得到藏王承认其弘法的敕命。之后，处于劣势的印度僧从印度请来卡玛拉希拉（8世纪后半叶），卡玛拉希拉和摩诃衍之间又展开论争，部分因为政治的因素，最后，卡玛拉希拉一派占了上风。摩诃衍于797年回到了敦煌（但现在许多学者对卡玛拉希拉和摩诃衍的争论提出了质疑。即在摩诃衍被排挤以后，藏人为了以印度佛教为基础建构西藏佛教才请来了卡玛拉希拉。后代的史书在说明这一史实时，为求生动，杜撰出二人之间的论争以及摩诃衍败北的故事）。关于这场宗论，《布顿佛教史》（1322年）等西藏史书虽然也有所记载，但最翔实的资料是汉文资料《顿悟大乘正理诀》（794年，敦煌文书）。这是名叫王锡的人，遵摩诃衍之命所编辑的论争的原始资料。时间是794年，即论争的前一阶段，摩诃衍一派获得胜利的时候。这一文献不仅对了解西藏宗论的真实情景，而且对了解8世纪后半叶北宗禅的思想都提供了极其珍贵的资料。

### 四、北宗、南宗、牛头宗的鼎立

如上所述，从8世纪中叶到9世纪初，是禅宗发展史上非常重要的时期。北宗、南宗（荷泽宗）、牛头宗、净众宗、保唐宗等初期禅宗各宗派林立，各擅胜场。一般民众也加深了对禅的理解。禅宗的声势不断扩大，进而影响到其他佛教宗派。

例如，这一时期的代表性学者当推荆溪湛然（天台宗第六祖，711-782）和清凉澄观（华严宗四祖，738-839）。两者之间的交流是中国佛教史上著名的事件。在出自文豪李华（？-766？）之手的、关于湛然之师左溪玄朗（天台宗第五祖，673-754）的碑文"左溪大师碑"中，言及当时禅宗的谱系以及北宗的宏正、南宗的慧能、牛头宗的法钦（李华不仅师事湛然而且师事法钦，还为法钦写了碑文）。澄观自身曾师从慧云（生卒年不详）学北宗禅，从洛阳无明学荷泽禅，从牛头慧忠和径山法钦学牛头禅。由此可见，当时禅宗各派引起了其他各宗派的关注。从以上事实看，当时"禅宗"的代表是北宗、南宗（荷泽宗）、牛头宗三派。但这种形势随着8世纪中叶马祖道一（709-788）和石头希迁（700-790）的登场而发生了急剧变化。

#### 清凉澄观及其禅宗观

澄观，越州山阴（浙江省）人、俗姓夏侯氏，十一岁出家，遍学律、三论、起信、涅槃、华严、天台、禅等当时佛教各派的教说。澄观虽然师从慧苑（生卒年不详）的弟子法诜（生卒年不详）学华严，但却严厉批判慧苑没有正确理解法藏（643-712）的思想。其著作有《华严经疏》及其复注《随疏演义钞》，以及《三圣圆融观》《法界观玄镜》等。企图统合禅与华严的圭峰宗密是澄观的弟子。在《随疏演义钞》中，澄观批判禅宗的人舍弃经教而只修观法，强调同时修禅和教的必要性，试图把南北二宗的禅以及天台的教说都包摄在其华严思想中。另外，澄观主张"止观"中的"止"和"观"分别相当于北宗禅和南宗禅，所以南北二宗的统合，就在于止观双运。虽然舍弃经教是禅宗的特征，但"定慧双修"也是荷泽宗等宗派的主张，所以澄观的"止观说"有引他说为己所用之嫌。但其将禅宗统合于教理的意图却具有理论的先进性，对宗密产生了不可忽视的影响。

## 参考文献

石井修道　《真福寺文库所藏〈六祖坛经〉的介绍 ── 与惠听本〈六祖坛经〉祖
　　　　　本的关连》（《驹泽大学佛教学部论集》10，1979 年）

伊吹敦　　《关于〈大乘五方便〉诸本 ── 从文献的变迁看北宗思想的演变》
　　　　　（《南都佛教》65，1991 年）

伊吹敦　　《北宗禅的新资料 ──关于金刚藏菩萨注》（《禅文化研究所纪要》
　　　　　17，1991 年）

伊吹敦　　《〈顿悟真宗金刚般若修行达彼岸法门要决〉与荷泽神会》（三崎良周
　　　　　编《日本·中国佛教思想及其演变》山喜房佛书林，1992 年）

伊吹敦　　《从〈般若心经慧净疏〉的改变看北宗思想演变》（《佛教学》32，
　　　　　1992 年）

伊吹敦　　《〈南宗禅〉的诞生》（《东亚佛教丛书》3，《新佛教的兴起 ── 东亚
　　　　　佛教思想Ⅱ》春秋社，1997 年）

伊吹敦　　《关于〈金刚经解义〉的成立》（《印度学佛教学研究》45–1，1997 年）

伊吹敦　　《初期禅宗文献所见禅观的实践》（《禅文化研究所纪要》24，1998 年）

伊吹敦　　《初期禅宗中的〈金刚经〉》（阿部慈园编《金刚般若经思想的研究》
　　　　　春秋社，1999 年）

伊吹敦　　《关于慧能所著数种〈金刚经〉注释书》（阿部慈园编《金刚般若经思
　　　　　想的研究》春秋社，1999 年）

伊吹敦　　《禅宗的登场与社会的反响 ──从〈净土慈悲集〉看北宗禅的活动及
　　　　　其反响》（《东洋学论丛》25，2000 年）

伊吹敦　　《〈关于北宗禅系〈法句经疏〉》（《东洋学研究》39，2002 年）

伊吹敦　　《从〈念佛镜〉看禅的影响》（《印度学佛教学研究》51–1，2002 年）

伊吹敦　　《从〈念佛镜〉看八世纪后半叶禅的动向》（《东洋学论丛》28，
　　　　　2003 年）

印顺，伊吹敦 译　《中国禅宗史 ── 禅思想的诞生》（山喜房佛书林，1997 年）

宇井伯寿　《禅宗史研究》（《印度哲学研究》9，岩波书店，1935 年）

宇井伯寿　《第二　禅宗史研究》（《印度哲学研究》10，岩波书店，1935 年）

上山大峻　《西藏译〈顿悟真宗要决〉的研究》(《禅文化研究所纪要》8，1976 年)

上山大峻　《敦煌佛教研究》(法藏馆，1990 年)

镰田茂雄　《中国思想中的无情佛性思想》(《宗学研究》4，1962 年)

镰田茂雄　《澄观禅思想的形成》(《中国华严思想史研究》东京大学出版会，1965 年)

镰田茂雄　《连接三论宗·牛头宗·道教的思想系谱 —— 以草木成佛为中心》(《驹泽大学佛教学部研究纪要》26，1968 年)

木村隆德　《敦煌藏文禅文献目录初稿》(《东京大学文学部文化交流研究施设纪要》4，1980 年)

木村隆德　《桑耶寺的宗论 —— 中国禅与印度佛教的冲突》(《东亚佛教丛书》5，《东亚社会与佛教文化》，春秋社，1996 年)

驹泽大学禅宗史研究会　《慧能研究》(大修馆书店，1978 年)

筱原寿雄，田中良昭　《敦煌佛典与禅》(《讲座敦煌》8，大东出版社，1980 年)

铃木大拙　《禅思想史研究第二 —— 从达摩到慧能》(《铃木大拙全集》2，岩波书店，1968 年)

铃木大拙　《禅思想史研究第三》(《铃木大拙全集》3，岩波书店，1968 年)

关口真大　《关于玉泉天台》(《天台学报》创刊号，1960 年)

关口真大　《禅宗与天台宗》(《大正大学研究纪要》44，1959 年)

关口真大　《禅宗思想史》(山喜房佛书林，1964 年)

竹内弘道　《关于新出荷泽神会塔铭》(《宗学研究》27，1985 年)

田中良昭　《敦煌禅宗文献研究》(大东出版社，1983 年)

田中良昭，冲本克己　《敦煌Ⅱ》(《大乘佛典　中国·日本篇》11，中央公论社，1989 年)

常盘义伸，柳田圣山　《绝观论》(禅文化研究所，1973 年)

中川孝　《六祖坛经》(《禅语录》4，筑摩书房，1976 年)

柳田圣山　《初期禅宗史书研究》(《柳田圣山集》6，法藏馆，2000 年，1967 年初版)

柳田圣山　《初期禅史Ⅰ —— 楞伽师资记·传法宝记》(《禅语录》2，筑摩书房，1971 年)

柳田圣山　《初期禅史Ⅱ —— 历代法宝记》(《禅语录》3，筑摩书房，1976 年)

柳田圣山　《语录的历史 —— 禅文献成立史的研究》(《东方学报》57，1985 年)

柳田圣山　《神会的肖像》(《禅文化研究所纪要》15，1988 年)

柳田圣山　《禅佛教研究》(《柳田圣山集》1，法藏馆，1999 年)

　　　　　　　　禅的历史

山口瑞凤　《西藏佛教与新罗的金和尚》(《新罗佛教研究》，山喜房佛书林，
　　　　　　1973 年 )

山口瑞凤　《西藏（上、下）》( 东京大学出版会，1988 年 )

山崎宏　　《荆州玉泉寺神秀禅师》(《隋唐佛教史研究》，法藏馆，1967 年 )

山崎宏　　《荷泽神会禅师》(《隋唐佛教史研究》，法藏馆，1967 年 )

吉津宜英　《华严禅思想史的研究》( 大东出版社，1985 年 )

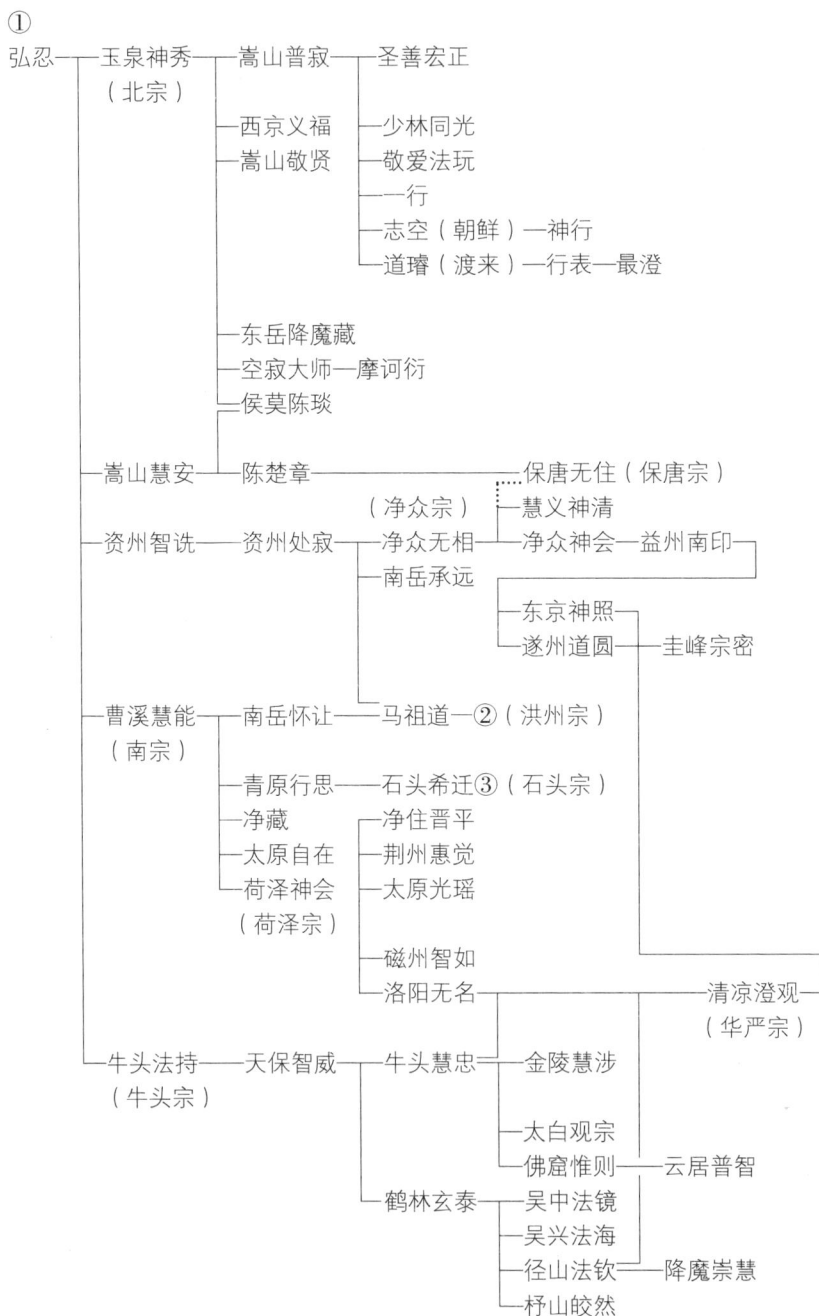

# [ 禅的系谱 2 ]

①
弘忍——玉泉神秀——嵩山普寂——圣善宏正
（北宗）

　　　　　　　　　　　　西京义福——少林同光
　　　　　　　　　　　　嵩山敬贤——敬爱法玩
　　　　　　　　　　　　　　　　　　一行
　　　　　　　　　　　　　　　　　　志空（朝鲜）—神行
　　　　　　　　　　　　　　　　　　道璿（渡来）—行表—最澄

　　　　　　　　　　　　东岳降魔藏
　　　　　　　　　　　　空寂大师—摩诃衍
　　　　　　　　　　　　侯莫陈琰

　　　嵩山慧安——陈楚章————————保唐无住（保唐宗）
　　　　　　　　　　　　　（净众宗）　　慧义神清
　　　资州智诜——资州处寂——净众无相——净众神会——益州南印
　　　　　　　　　　　　　　南岳承远
　　　　　　　　　　　　　　　　　　东京神照
　　　　　　　　　　　　　　　　　　遂州道圆——圭峰宗密

　　　曹溪慧能——南岳怀让——马祖道②（洪州宗）
　　　（南宗）
　　　　　　　　　青原行思——石头希迁③（石头宗）
　　　　　　　　　净藏　　　净住晋平
　　　　　　　　　太原自在——荆州惠觉
　　　　　　　　　荷泽神会——太原光瑶
　　　　　　　　　（荷泽宗）
　　　　　　　　　　　　　　磁州智如
　　　　　　　　　　　　　　洛阳无名————————清凉澄观
　　　　　　　　　　　　　　　　　　　　　　　　（华严宗）

　　　牛头法持——天保智威——牛头慧忠——金陵慧涉
　　　（牛头宗）
　　　　　　　　　　　　　　太白观宗
　　　　　　　　　　　　　　佛窟惟则——云居普智
　　　　　　　　　　　　　　鹤林玄泰——吴中法镜
　　　　　　　　　　　　　　　　　　　吴兴法海
　　　　　　　　　　　　　　　　　　　径山法钦——降魔崇慧
　　　　　　　　　　　　　　　　　　　杼山皎然

　　　　　　　　禅的历史

长安 ┌ 兴唐寺（普寂住）
　　├ 福先寺（义福住）
　　└ 圣善寺（宏正住）

洛阳 ┌ 天宝寺（神秀住）
　　├ 敬爱寺（普寂住）
　　├ 荷泽寺（神会住）
　　└ 龙门寺（神会塔所）

磁州法观寺
（智如住）

泰山（东岳、降魔藏住）

滑台大云寺
（神会宗论地）

牛头山（法融、慧忠住）

嵩山 ┌ 少林寺（法如住）
　　├ 嵩岳寺（普寂住）
　　└ 会善寺（敬贤住）

鹤林山鹤林寺
（玄素住）

梓州慧义寺（神清住）

南阳龙兴寺（神会住）

茅山

益州净众寺（无相·神会住）

荆州 ┌ 玉泉寺（神秀住）
　　└ 度门寺

径山（法钦住）

资州 ┌ 德纯寺（智诜住）
　　└ 保唐寺（无住住）

天台山佛窟寺
（惟则住）

南岳（怀让·希迁住）

弋阳（神会配流所）

钟陵开元寺（道一住）

青原山（行思住）

大庾岭

韶州大梵寺

曹溪山（宝林山、慧能住）

广州光孝寺

龙山国恩寺

第三章

# 禅思想的完成与百家争鸣——马祖禅的隆盛

## 第一节 马祖道一的登场与禅宗各派的淘汰

### 一、北宗与荷泽宗的状况

8世纪后半叶的禅宗，以神会的活动为契机，呈现出北宗、南宗（荷泽宗）、牛头宗三宗鼎立之势。但之后，北宗与荷泽宗逐渐走向衰落。对北宗禅来说，神会的批判使其遭受巨大打击，权威失坠。同时社会的变动对其而言更如雪上加霜。他们虽然也主张顿悟，但因为其强烈的求静和神秘主义的倾向，所以尽管当初普及到上层阶级，但随着安史之乱后支持层的没落而逐渐失势。

取北宗而代之的是荷泽宗。荷泽宗的活动，虽然给牛头宗、保唐宗、净众宗以刺激，但在神会之后也声势不再。荷泽宗后继乏人、渐趋衰亡的原因，除了神会个性过于张扬之外，根本原因还在于其思想本身。神会的思想的存在意义很大程度上在于对"北宗禅"的批判。也就是说，正因为有"北宗禅"的存在，神会的反论才能成立。而随着"北宗禅"的式微，神会思想的意义和魅力也随之递减。

荷泽宗人之所以常常以北宗为论争的对象，是为了从北宗那里争夺支持层。而当时上层阶级的没落也同时意味着荷泽宗的没落。

随着荷泽宗的衰落，神会的权威也逐渐发生动摇。最澄带到日本的《曹溪大师传》（781年）是这个时代出现的慧能传记，其间虽然可看到神会的活动，但其中力图摆脱神会的影响的努力显而易见，这可以说是当时禅宗界的大趋势。但即使在《曹溪大师传》中，也承认作为"六祖"的慧能的权威，可见，当时赋予慧能在禅宗中的绝对权威的倾向很明显，而这与神会的活动无关。

禅的历史

## 二、马祖与石头

在这一背景下，马祖道一（709-788）和石头希迁（700-790）一派（分别称为"洪州宗""石头宗"）渐露头角，影响力日增，并最终压倒了其他派别。此派主张的系谱如下：

曹溪慧能（638-713）┬南岳怀让（677-744）马祖道一
　　　　　　　　　└青原行思（？ -740）石头希迁

南岳怀让和青原行思，当初几乎不为人所知，他们是否真是慧能的直系值得怀疑。但正像我们在《曹溪大师传》中所看到的那样，在当时的禅宗形势下，如果不与慧能联系在一起就不能确保自己的正统地位。又如永嘉玄觉，曾与受到肃宗（756-762在位）推重的南阳慧忠和左溪玄朗（673-754）交往，但后来也出于同样的理由被列名慧能的弟子（玄觉有《证道歌》传世，至今仍广为流传，但是否为玄觉的著作值得怀疑）。

马祖道一，培育出西堂智藏（735-814）、伏牛自在（741-821）、东寺如会（744-823）、五洩灵然（747-818）、芙蓉太毓（747-826）、南泉普愿（748-834）、百丈怀海（749-814）、大梅法常（752-839）、章敬怀晖（754-815）、兴善惟宽（755-817）、盐官齐安（？ -842）、大珠慧海（生卒年不详）、麻谷宝彻（生卒年不详）、归宗智常（生卒年不详）、庞蕴居士（？ -808）等诸多有名的弟子，很快成为禅宗的主流，取代荷泽宗，成为南宗禅的正统。当然，洪州宗能取得正统的地位，直接与马祖的禅思想有关。

### 马祖道一

四川省汉州人，俗姓马，故被尊称为"马祖""马大师"等。于资州（四川省）的处寂（648-734）处出家，在益州（四川省）的长松山等地修行后，参南岳（湖南省）的怀让，嗣其法。在驻锡诸山之后，769年驻钟陵（江西省）的开元寺，举扬宗风。其门下龙象辈出（据沩山灵祐的说法，其门下有八十四名善知识。而《景德传灯录》〈1004年〉载有一百三十八名弟子名），此宗派遂成禅的主流。此派以马祖所驻地得名"洪州宗"。788年，于渤潭（江西省）的石门山宝峰寺入寂，世寿八十，得"大寂禅师"谥号。其法语编为《江西马祖道一禅师语录》，其中的"平常心是道""即心即佛"等法语，集中体现了他的禅的立场。

荷泽神会的登场，在禅宗史上确实具有划时代的意义。他强调"顿悟"和"定慧等"，否定时间性的渐次修行，将修行回归日常，并创造了"语录"这一与新的修行理念相适应的新的表现方法。可以说彻底清除了北宗禅所残留的印度禅观的影响。但在神会那里，实现这种修行理念却是以"知"（般若之智的用）为前提的，所以荷泽宗强调在日常生活中必须经常发挥"知"的作用。这是将迷悟区分开来的唯一原理，也是维系"彼岸"的最后堡垒。

而马祖倡导"平常心是道"（日常的心才是觉悟）、"即心即佛"等说，完全否定超越的、理念性的东西，只要求在日常生活中践行禅道。这种

▷ 南岳怀让塔

"大机大用禅"单纯明了、活泼泼充满生机。所以不难想象，当它一出现，就以其独特魅力受到喜好不脱离现实而进行深入思考的中国人的欢迎。

马祖的门下（洪州宗）发展迅速，遍布全国各地，他们又各自培养出众多的弟子，使得洪州宗得到快速发展。仅出现在宋代编纂的《景德传灯录》（1004 年）中的弟子就有百丈怀海（江西省南昌）的弟子三十人、南泉普愿（安徽省池州）的弟子十七人、章敬怀晖（陕西省西安）的弟子十六人、盐官齐安（浙江省杭州）的弟子八人、兴善惟宽（陕西省西安）和归宗智常（江西省南康庐山）的弟子六人，总计百十七人。这些弟子又在各地弘法，使洪州宗势力成几何基数增长。

而石头的门下（石头宗）也涌现出药山惟俨（751–834）、天皇道悟（748–807）、天然丹霞（738–824）等有影响力的禅师，宗风大振，势力直追马祖的洪州宗。其中的原因之一，是其在现实中求悟的思想赢得了安史之乱后势力膨胀的各地节度使、观察使等新兴力量的支持。

在此情势下，出现了将马祖和石头系统正统化的灯史，其中，最有名的是智炬（生卒年不详）编辑的《宝林传》（801 年）。

### 石头希迁与石头宗

石头希迁，广东省瑞州人，俗姓陈。初师事慧能，慧能入寂，投于吉州青原行思门下，并嗣其法。后于南岳（湖南省）的石上结庵修行，故得"石头"之名。门下有众多弟子，但最初并不知名，以致圭峰宗密将其与牛头宗一并归入"泯绝无寄宗"。

天皇道悟和天然丹霞曾在马祖会下修行，后来成为马祖弟子的五洩灵然也曾参于石头。可见，马祖和石头的门下往来频繁，似乎当时人们就认为两人的宗风相近。

### 宝林传

全称《大唐韶州双峰山曹侯溪宝林传》，全十卷，现行本缺卷七、九、十等三卷，卷二由《圣胄集》的相关内容补足（金刻大藏经已缺卷二和卷十，卷二由《圣胄集》补）。圆仁曾将此书带到日本，可见在唐代曾广泛流行。但随着《景德传灯录》和《传法正宗记》（1061 年）的成立和入藏，本书失去了历史价值，后散佚。现在所见的版本，是近代发现的金刻大藏经所收本（卷一至卷五、卷八）和青莲院藏本（卷六）的合刻本（此外，其他书还有一些引用）。此书所说的禅宗的谱系，从西天二十八祖，经东土六祖，直到马祖道一、石头希迁。并详细记录了各祖师的言行。当然，这些记述大都荒唐无稽，基本上是杜撰出来的。不过这些说法后来被《圣胄集》《祖堂集》（952 年）、《景德传灯录》《传法正宗记》等后代灯史所承袭，其中许多说法甚至成为禅宗史的"定说"。《六祖坛经》曾记载作为付法凭据的"传法偈"，而此书的特征则在于记载了所有祖师的"传法偈"。从唐末的南岳惟劲（生卒年不详，雪峰义存弟子）编著《续宝林传》（散佚）来看，此书在当时曾引起很大反响。

### 三、牛头宗的动向与圭峰宗密

与北宗、荷泽宗走向衰落不同，牛头宗反而走向隆盛。被尊为"牛头宗六祖"的牛头慧忠门下有太白观宗（731-809）和金陵慧涉（741-822）等禅师，其中最引人注目的是佛窟惟则（751-830）。惟则除了本身有许多著作之外，还编纂了本宗祖师牛头法融的文集。牛头慧融有《见性序》《行路难》等流传甚广的诗作传世，而佛窟惟则具文学才能，其门下自称"佛窟学"。日本天台宗之祖最澄（767-822，804-805 入唐）曾入唐从翛然（生卒年不详）学牛头禅，并和弟子园珍（814-891，853-858 入唐）将《无生义》和《还源集》等惟则的著作带到了日本。可见，这些著作在 9 世纪前半叶在中国流传很广。惟则的弟子云居普智（9 世纪中叶）也以文学知名，真言宗的惠运（798-869，842-847 入唐）将其文集带到了日本。

另外，鹤林玄泰（668-752）的弟子有径山法钦（道钦，714-792）、吴中法镜（法鉴，8 世纪后半叶）、吴兴法海（8 世纪后半叶）等，其中的径山法钦名声最大。768 年曾入朝廷说法，代宗（762-779 在位）赐其"国一大师"号及"径山寺"寺号（入寂后，德宗赐"大觉禅师"号）。其弟子中，有李吉甫（760-814）等显贵，也有与道教徒争锋的降魔崇慧（8世纪后半叶）等，其宗派魅力还吸引了洪州宗、石头宗人乃至华严宗的澄观（738-839）。

虽然以江南的经济发展为背景，牛头宗隆盛一时，但在以崭新思想为武器兴起的洪州宗、石头宗面前，仍渐渐处于劣势。在与洪州宗、石头宗的交流中，牛头宗的人才渐失，到9世纪中叶，宗脉断绝。但通过这样的交流，牛头宗的老庄性格渗透到了洪州宗、石头宗之中，并成为禅宗的重要组成部分。

### 牛头宗与洪州宗、石头宗的交流

牛头宗与洪州宗、石头宗之间有着密切的交流。例如，马祖的弟子西堂智藏曾参于径山法钦，学于石头和马祖的丹霞天然，其后也学于径山的座下。另一方面，初学于径山的伏牛自在和东寺如会，后来转到马祖门下。天皇道悟受法于径山后，也师事马祖道一、石头希迁，得到印可。另外，年轻时师事牛头慧忠的芙蓉太毓，在云游四方后，得马祖印可。虽然各宗间的交流很多，但因时代的趋势是牛头宗渐弱而洪州宗、石头宗渐强，故这些禅师大多被归入后者的传承体系，其结果使得牛头宗成为绝响。

8世纪末到9世纪初，遭遇牛头宗同样命运的初期禅宗的宗派，还有净众宗。净众宗的传承如下：

益州南印（？-821？）━┳遂州道圆（9世纪前半叶）━东京神照（776-838）

如前所述，净众宗在这一时期称为"荷泽宗"，从这一系统中走出了圭峰宗密（780-841）。圭峰宗密从学于清凉澄观，在《禅源诸诠集都序》等著述中阐述了极为独特的"教禅一致"思想，即以华严宗和荷泽宗为中心统合一切佛教思想和实践。这一诸宗融合的思想甚至包括了佛教以外的思想，在他的《原人论》中可以看到他将儒教和道教统合于佛教的尝试。

宗密的思想有着与影响日炽的洪州宗相对抗的意识，但在马祖禅的压倒性魅力面前，它却未能成为一大势力，也没能改变禅宗史的潮流。尽管如此，它给五代的永明延寿（904-975）的教禅一致思想以及后来成为中国佛教主流的三教一致思想很大的影响，在禅宗史上有着深远意义。

到9世纪中叶，初期禅宗的诸派都销声匿迹，只有洪州宗和石头宗大行其道。从此，此二宗确立了禅宗主流（正系）的地位，而其他派别都沦为"旁系"。但任何一个派别都在禅思想的形成过程中发挥了极重要的作用。

禅的历史

**圭峰宗密**

四川果州人，初学儒学，后转奉佛教。二十五岁出家，师事道圆，读《圆觉经》和《法界观门》，确立了自己的立场。二十九岁受具足戒。808年，遵道圆的指示，先从学于道圆师荆南张（南印），后于洛阳从道圆弟子报国寺神照学禅。811年，师事澄观，极华严学之妙（被尊为华严五祖），著述颇丰，演讲各地，声名远播。821年以后，住终南山的草堂寺，一心撰述《圆觉经大疏钞》。828年，文宗（826-840在位）召之入内，赐紫衣。后与裴休（791-864）相知，以回答裴休疑问的体裁写出《裴休拾遗问》。其著述还有《起信论注疏》《盂兰盆经疏》《华严经行愿品疏钞》《注华严法界观门》《禅源诸诠集都序》《原人论》等。841年，于草堂寺入寂。裴休撰有《圭峰禅师碑铭并序》。

# 第二节  禅的发展与向社会的浸透

## 一、师匠的辈出

9世纪中叶，由唐武宗（840-846在位）发动的会昌废佛（845-847），给佛教界带来很大影响。在中国历史上，废佛并不罕见，但像这次这样波及全国、彻底的废佛却是空前绝后的。僧侣被迫还俗，寺院遭破坏，典籍（经、论、疏）散佚。在此形势下，大多数宗派衰落了，只有禅宗增强了势力，获得了大的发展。

之所以如此，主要有以下几点理由：首先，在思想面上，禅宗原则上不需要经典，所以几乎不受典籍散佚的影响；其次，由于马祖禅的革新性，使其容易得到科举官僚和割据各地的节度使（藩镇）等新兴阶级的欢迎。如临济义玄（？ -867）得到成德府节度使王常侍的护持，洞山良价（807-869）的教团得到南平王钟传的保护。

在经济面上，一个重要的因素是，在动乱年代，禅宗较早进入比较安定的江南地区，并且在禅寺中自古就有分工合作、自给自足的生活传统。禅寺特有的生活模式，在百丈怀海那里被定为"清规"，得到普及。

最后，马祖以后的大机大用禅追求禅与生活的合一，因此禅僧的个性和生活方式直接反映在他们的禅的思想和实践中。禅宗不仅在人数上获得扩大，而且人才荟萃，各擅胜场，展示出了禅所具有的丰富可能性。唐末涌现出的禅宗巨匠包括黄檗希运（9世纪前半叶）、沩山灵祐（771-853）、赵州从谂（778-897）、德山宣鉴（780-865）、临济义玄、洞山良价、石霜庆诸（807-888）、睦州道踪（9世纪中叶）、仰山慧寂（814-890）、香岩智闲（？-898）、投子大同（819-914）、雪峰义存（822-908）、玄沙师备（835-908）、云居道膺（835？-902）、青林师虔（？-904）、疏山匡仁（837-909）、曹山本寂（840-901）等。他们出自不同流派，各具个性，由于他们在各地的活跃，禅宗呈现出百花齐放的盛况。

中国佛教界的这种形势，也影响到了周边诸国。特别是从新罗（统一新罗，676-935）到高丽（918-1392）初年，马祖开创的新的禅思想逐渐传到朝鲜半岛。最先是道义（西堂智藏的弟子，生卒年不详，784-821年入唐）、慧彻（785-861，814-839入唐）、玄昱（章敬怀晖的弟子，787-868、824-837入唐）、道允（南泉普愿的弟子，798-868，825-847入唐）、无染（麻谷宝彻的弟子，800-888，821左右-845入唐）等，前后相继，弘传马祖弟子的禅法。后有仰山慧寂的弟子顺之（生卒年不详，858年入唐）、云居道膺的弟子利严（870-936，896-911入唐）和疏山匡仁的弟子庆甫（868-946）等踵足继步。这些禅师举扬宗风，各立门派，形成"迦智山门"（道义派）、"桐里山门"（慧彻派入唐求法）等禅宗九大门派，后世称为"九山门"（九山派）。

马祖禅还影响到隔海相望的日本。盐官齐安的弟子义空（9世纪中叶）渡海来到日本，而日本僧人瓦屋能光（？-933）则入唐并嗣法洞山良价。

### 黄檗希运

福建人，弱年出家，后为百丈怀海（749-814）弟子，并嗣其法。长期在江西钟陵黄檗山弘化，得"断际禅师"的谥号。和圭峰宗密一样，受到宰相裴休（797-870）的推重。裴休汇集其法语，编撰了《黄檗山断际禅师传心法要》（857年）。临济宗之祖临济义玄即其弟子。

### 沩山灵祐

福建省长溪人，俗姓赵。十五岁出家，先学经律，后嗣百丈怀海之法。住湖南省沩山，门下弟子众多。仰山慧寂为其弟子，后世称其门流为"沩仰宗"。后得"大圆禅师"的谥号，有《沩山警策》传世。

### 德山宣鉴

四川省剑南人，俗姓周。弱年出家，初学律藏和《金刚经》等经论，后师事龙潭崇信（9世纪前半叶），嗣其法。历参沩山灵祐等诸禅师后，住湖南省武陵的德山。

其门下有雪峰义存、岩头全豁（828-887），得"见性大师"谥号。

### 洞山良价

浙江省会稽人，俗姓俞。早年从五洩灵默出家，历参南泉普愿、沩山灵祐之后，嗣法云岩昙晟（药山惟俨的弟子，782-841）。后住江西省豫章的洞山，举扬宗风。知名的弟子包括曹山本寂、云居道膺、疏山匡仁等。其门派被称为"曹洞宗"，著作有《宝镜三昧》，得"悟本大师"谥号。

### 赵州从谂

山东省曹州郝乡人，俗姓郝。早年出家，后嗣南泉普愿之法。六十岁开始行脚各地，历参黄檗希运、盐官齐安后，从八十岁起住观音院。之后，历四十年举扬"口唇皮禅"的独特禅风，以百二十岁入寂，得"真际大师"谥号。有《赵州真际大师语录》行世，其中的许多问答，成为后世禅师拈提的"公案"。

### 雪峰义存

福建省泉州南安人，俗姓曾。十二岁出家，历经芙蓉灵训（归宗智常弟子，9世纪前半叶）、洞山良价门下的修行，依良价的指示，参德山宣鉴，得法兄岩头全豁之助而开悟，嗣宣鉴之法。后住福建省雪峰山弘法，门下有玄沙师备、长庆慧棱（854-932）、鼓山神晏（862-938）、云门文偃（864-949）、保福从展（？-928）等众多弟子，有《雪峰真觉禅师语录》，得谥号"真觉禅师"。

## 二、语录的完成

在这一时期，比较系统地阐述禅思想的撰述有大珠慧海的《顿悟入道要门论》和黄檗希运的《黄檗山断际禅师传法心要》（857年）（但《顿悟入道要门论》的内容与荷泽神会的《南阳和尚问答杂征义》多有重复，其成书存有疑问），而集中表现他们禅思想的是这一时期大量出现的"语录"。

"语录"是禅僧的言行录，其中有传记的因素，但中心内容是禅僧与其他禅师或其弟子之间问答的记录。编撰这些语录是企图通过具体的场面和人格表现，让后来的阅读者理解禅的思想。因此，语录与其他论书不同，其中多用俗语，个性洋溢的禅僧形象跃然纸上。马祖禅讲求日常生活与禅悟的合一，自然要求这样的表现手段。禅语录的先驱可以追溯到侯莫陈琰（660-714）的《顿悟真宗金刚般若修行达彼岸法门要诀》以及荷泽神会（684-758）的《南阳和尚问答杂征义》，不过只有在马祖禅这里语录才获得了成熟的形式。

"语录"盛行的背景是当时禅僧之间自由交流、问答商量极为盛行。值得注意的是，当时已经确立了云游各地的修行形态，修行者为了追求"悟"，游走于各地禅师之间，积累修行经验。在此情形下，禅师的实力直接与其名气相联系。杰出的禅僧门下，弟子云集，师匠也因此声名远播。更多学僧又慕其名声而投其门下。这些弟子得到师匠的印可，再加上有权势者的庇护，遂在各地自立门户，随着声誉日隆而自成一派。当时这种情形非常普遍，这是一个完全凭禅的修行和见地而吸引信众的自由竞争的时代。在这一时期，富有个性的禅匠大量涌现也和这种开放的环境直接有关。这也反映了晚唐时期中央集权松弛、贵族权威丧失的时代风气。

唐代的语录，流传下来的并不多，而且即使这些留存下来的语录，其来历也存在颇多疑问。代表性的语录包括大梅法常的《明州大梅山常禅师语录》、庞蕴的《庞居士语录》、睦州道踪的《睦州和尚语录》、临济义玄的《镇州临济慧照禅师语录》、赵州从谂的《赵州真际禅师语录》、投子大同的《投子和尚语录》、雪峰义存的《雪峰真觉禅师语录》、玄沙师备的《玄沙广录》等。另外，宋代编撰的《景德传灯录》虽然不是"语录"，但对唐代禅师的言行多有记载，依据这些记载，后代又有新的语录诞生。

### 《临济录》

唐临济义玄的语录，最初为弟子三圣慧然编辑，现行本为宋代的圆觉宗演1120年的重编本。义玄，山东省人，出家后先习经论，不得开悟，遂转向禅。后于黄檗希运（生卒年不详）会下得悟，嗣其法。后在河北弘其禅，得藩镇王氏的皈依，住临济院。其门下弟子众多，于魏府入寂，谥曰"慧照禅师"。义玄将马祖的"大机大用禅"推向了极致，在接引弟子时，多用棒喝，因其峻烈禅风，被人譬为"将军"。其法统走向隆盛，形成"临济宗"，成为禅的主流。本书在中国和日本屡屡再版，被尊为"语录之王"。全书由"上堂语""示众""勘弁""行录"等四部分组成。"上堂语"是对弟子的教诫，以及以此为契机的问答；"示众"为讲义的记录，是对弟子的殷殷教导；"勘弁"是义玄与赵州、麻谷等名僧之间的问答应酬的记录；"行录"则是义玄的传记，包括在黄檗处的开悟因缘、会下修行，及诸方行脚、最后迁化。本书的名句"无位真人""无依道人""无事是贵人""随处作主，立处皆真""逢佛杀佛，逢祖杀祖""三乘十二分教，皆是拭不净之故纸"等驰名禅林，被时时举扬。虽然唐代有许多语录出现，并各自反映了禅师们的独特个性和禅风，但像本书这样以简洁明快的文字活生生表现出临济充满自信的禅师风采的语录，则不多见。该书可以说是展示禅思想最高峰的代表作。

禅的历史

## 三、对文人影响力的扩大

随着马祖禅的隆盛，禅宗在社会上的影响力越来越大，禅僧与文人和政治家的交流更加普遍。这一时期的有名居士有皈依马祖道一并为其撰写碑文的权德舆（759-818）、师事南泉普愿的陆亘（生卒年不详）、既是政治上的盟友又一起为曹溪慧能撰写碑文的柳宗元（773-819）和诗人刘禹锡（772-842）、皈依药山惟俨和芙蓉太毓的白居易的友人崔群（772-819）、皈依圭峰宗密和黄檗希运的宰相裴休（797-870）、师事贯休（禅月大师，832-912）和石霜庆诸（807-888）的张拙（9世纪后半叶）等。另外，还有为禅僧撰写碑文的李华（？-766？）和独孤及（725-777）等文人和政治家。在著名诗人杜甫（712-770）的诗中，我们也可以见到禅的用语。在书画方面，怀素（725-785）的草书以及王墨和张志和（皆生活于8世纪中叶）等"逸品画家"的作品多有即兴发挥的因素，其中也有禅思想的投影。透过这些事实，皆能看到禅的影响的扩大。

白居易等是禅宗的热心信仰者，除亲自坐禅，还在政务之余与友人谈禅。当然，他们并不一定只是信仰禅宗，多数场合也同时信仰净土教，许多人还有三教一致的思想。

### 杜甫诗中的禅

众所周知，杜甫与李白（701-762）是中国唐代的代表性诗人，李白被称为"诗仙"，而杜甫被称为"诗圣"。杜诗中有禅宗特有的用语入诗。例如，言及禅宗第七祖的"身许双峰寺，门求七祖禅；落帆追宿昔，衣褐向真诠"就是最有名的一首（此处所说的"七祖"到底所指为何，历来有各种说法，尚无定论）。杜甫与王维（701？-761）和白居易不同，他没有直接师事某禅师的记载。尽管如此，他仍然具有禅宗的基本知识。从杜甫身上也可以看出，在那个时代，禅思想是如何引起知识人的强烈关心的。

### 白居易与禅僧的交流

以《长恨歌》《琵琶行》等而知名的中唐代表性诗人白居易也是有名的佛教信徒，晚年入住龙门的香山寺，故号"香山居士"。曾结交马祖的弟子佛光如满（8-9世纪）和兴善惟宽，曾撰写惟宽的碑文《西京兴善寺传法堂碑铭并序》、神照（净众宗，776-838）的碑文《唐东都奉国寺禅德大师照公塔铭并序》。《景德传灯录》卷十载其为如满的法嗣，卷七的"兴善惟宽章"载其与惟宽之间的问答，卷四的"鸟窠道林章"载其与道林（牛头宗，741-824）之间的问答。但与道林的问答明显是后代的伪作，所以白居易对禅的理解到底如何，并不明确。

这一状况出现的背景，有两个因素不可忽视。其一是在社会的混乱中，像韦应物（737-792）、柳宗元、白居易等文人，不得不寄身寺院；其二是禅僧中也涌现出了皎然（730-799）和其弟子灵澈（746-816）、贯休、齐己（861？-938？）等诗僧，诗成为他们与文人相交的中介（灵澈与柳宗元、刘禹锡等"永贞革新"的盟友关系密切，和皎然一样与权德舆相交游，可能与《宝林传》序的作者"灵澈"是同一人。贯休是著名画僧，其创立的罗汉画的独特画法被称为"禅月样"）。但最根本的理由，应该还是禅思想的独特性格。马祖禅的兴盛，使"开悟"与日常生活融为一体，这为忙于政务的新兴士大夫阶层提供了重要的精神支持。

在禅宗影响不断扩大的过程中，当然也存在对禅宗持批判立场的人。但这些人思想也不能不受到禅的影响。例如，散文大家韩愈（768-824）以排佛著称，不过韩愈有一个时期也与大颠禅师（宝通，732-824）相交好。韩愈的弟子李翱（774-836）的《复性书》（812年）被称为"宋学的先驱"，是这一时期的重要著作，其中可以看到禅的显著影响。

### 李翱与《复性书》

李翱，汴州（今河南省）人，字习之，谥号"文公"。曾长期在中央和地方任职，最后死于襄州刺史任中。著书有《李文公集》十八卷，另有与韩愈的共著《论语笔解》二卷。韩愈的弟子，娶韩愈的表兄之女为妻。从年轻的时候起就与佛教多有交涉。793年上京参加科举考试时，受教于天台学造诣很深、著有《天台止观统例》（786年）的梁肃（751-793），798年科举及第后，与华严宗第四祖澄观会面（799年）。在历任国子博士、史馆修撰、考功员外郎之后被贬为朗州刺史，此时受教于药山惟俨。李翱对佛教的关心，必然影响到其思想的形成。其代表作《复性书》中的"复性"，即"向本性复归"之义。此说的根据

▷ 药山李翱问答图（南禅寺藏）

虽然是《周易》和《中庸》，但其解说却与禅宗的"见性"说非常近似，可以想见受到了禅宗的影响（韩愈批判他"杂释老言"）。尽管如此，李翱以儒家自任，对佛教一直持批判的立场。从这一点看，也可以说李翱是宋儒的先驱。此外，《景德传灯录》还记载有据说为李翱与惟岩之间的问答，后世还出现了许多以此场景为主题的"药山李翱问答图"。其中，南山寺所藏、据说为马公显（12世纪）所作的同题材画作非常有名。

## 四、五代十国的禅

安史之乱之后，唐王朝虽然维系了一线命脉，但经过黄巢之乱（875-884）的打击，终于在907年被节度使朱全忠（852-912，后梁太祖，907-912在位）所灭。之后，在黄河流域，后梁（907-923）、后唐（923-936）、后晋（936-946）、后汉（947-951）、后周（951-960）五国前后兴替，而周边的十国（吴、吴越、闽、楚、南汉、前蜀、荆南、后蜀、南唐、北汉）割据一方，不断争夺，这就是"五代十国"时期。这些政权全是崇尚武力的军人政权，不承认贵族的权威。故贵族阶级完全没落，取而代之的是新兴的地主阶级。

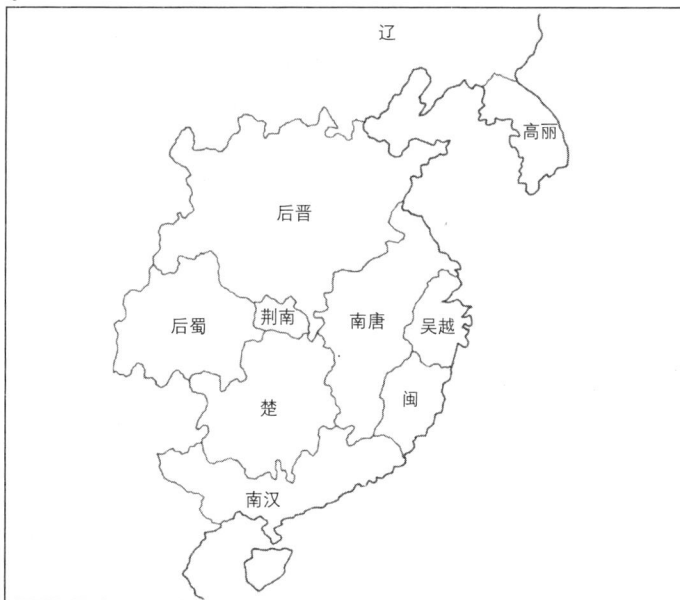

▷ 后晋时代的中国

五代各王朝出于确保财源的考虑，对佛教皆采取了限制的政策。因此，在华北一带活动的禅宗一派式微下去。当时在河北一带活跃的禅僧有临济义玄、赵州从谂，在河南则有香岩智闲等。除了临济义玄的系统，其他各派的传承都断绝了。即使是临济义玄的系统，在其弟子三圣慧然（9世纪后半叶）、兴化存奖（830-888）之后也宗风不振，虽有南院慧颙（860-973）、风穴延沼（896-973）师弟承续兴化存奖的法脉，也只不过是不绝如缕而已。

在政治和经济相对比较安定的十国，闽的王审知（忠懿王，897-925在位）、南汉的刘龑（911-942在位）、南唐的李昪（937-943在位）、李璟（943-961在位）、吴越的钱弘俶（忠懿王，948-978在位）笃信和庇护佛教，而他们所尊崇的，就是当时盛极一时的禅宗（著名的诗僧、画僧贯休当时就寄身于吴越国）。

活跃于这一时期的禅师，有雪峰义存门下的保福从展（？-928）、长庆慧稜（854-932）、鼓山神晏（862-938）、南汉的云门文偃（864-949）等。雪峰门下的玄沙师备的派系有法眼文益（清凉文益，885-958），法眼的弟子有活跃于吴越的天台德韶（891-972）、再传弟子永明延寿（904-975）等。特别值得一提的是，天台德韶向钱弘俶进言，向朝鲜和日本求取中国散佚的佛典。这一活动使得天台宗获得复兴，并在宋代迎来又一次发展的高峰。

### 云门文偃

浙江省嘉兴人，俗姓张。幼年出家，学习律宗。后参于睦州道踪和雪峰义存，并嗣法义存。在遍参曹山本寂、越州乾峰（洞山良价的弟子，9世纪后半叶）之后，应广东一带的南汉（917-971）王刘龑之请，住韶州的灵寿禅院，后移居云门山。据说门下修行僧有千人之众，其中的香林澄远（908-987）、洞山守初（910-990）、德山缘密（10世纪中叶）、双泉仁郁（10世纪中叶）、双泉师宽（10世纪中叶）等最为著名。后世形成"云门宗"，在五代末到北宋，势力颇大。被赐号"匡真大师"，语录有《匡真大师禅师广录》。

### 法眼文益

浙江省余杭人，俗姓鲁。七岁出家，受具足戒后，师事长庆慧稜与罗汉桂琛（玄沙师备的弟子，867-928），并嗣法桂琛。应控制江南大部的南唐（937-975）皇帝李氏之邀，住持江苏金陵的报恩禅院、清凉院，播扬宗风，谥号"大法眼禅师"。门下有天台德韶、永明道潜等弟子，其门派被后世称为"法眼宗"。其著作《宗门十规论》因最先提出"五家"的概念而知名。

曹洞宗的祖师洞山良价的门派，主要在荆南和南唐活动。曹山本寂的门下有曹山慧霞，云居道膺有弟子同安道丕（10世纪前半叶），疏山匡仁有弟子护国守澄（10世纪前半叶）、青林师虔有颇受楚王器重的石门献蕴（10世纪前半叶）等。但整体上看，此宗宗势不振。被称为"沩仰宗"的沩山灵祐—仰山慧寂的系统，也以荆南和南唐为中心活动。慧寂的弟子有南塔光涌（850-938）、西塔光穆（9-10世纪），光涌的弟子有芭蕉慧清（10世纪前半叶），光穆的弟子有资福如宝（10世纪前半叶）等，但其后逐渐式微。

此外还有一位对后世留下很大影响、不能不提到的人物，就是"布袋"和尚。布袋（？-917）浙江省奉化人，姓氏不详，自称"契此"。常出没于宁波街头，给人预卜吉凶，广行教化。随身所携除一杖、一席、一布袋之外，别无长物，故人称"布袋和尚"。后作为弥勒菩萨的化身，受到广泛的信仰。

这一时期，语录类著作有神晏的《鼓山先兴圣国师和尚法堂玄要广集》（965年）、文偃的《云门匡真禅师广录》等问世，但最引人注目的是《宗镜录》（961年）和《万善同归集》等契嵩的一系列著作。因为这些著作鼓吹教禅一致思想和禅净双修思想，故对后代影响至巨。此外，值得一提的还有在南唐承接《宝林传》编辑的灯史《祖堂集》（952年）。此书把南岳怀让门下至青原行思门下的系统放在最前面，反映了编者作为雪峰义存系统禅僧的立场。

### 永明延寿及其著作

永明延寿，浙江余杭人，俗姓王。初为吴越国的官吏，二十八岁随翠岩令参（雪峰的弟子，9-10世纪）出家，后师事天台德韶，并嗣其法。在住持雪窦山资圣寺、灵隐寺之后，住永明寺十五年，所度弟子达千七百人。其声名甚至远播海外，高丽的光宗（950-975在位）仰慕其德，遣三十六位僧侣到其门下求学。宋初在天台山度僧、授戒、放生，七十二岁入寂，谥为"智觉禅师"。有《万善同归集》《慧日永明寺智觉禅师自行录》和《唯心诀》等，而代表作则为《宗镜录》（961年）。据说，他曾召集唯识、华严、天台诸宗学者举行辩论，相互质疑，最后以"心宗"达成了诸宗的统一。《宗镜录》在引用禅宗等佛教诸派主要著作中的要点的同时，阐发自己的思想，是一部煌煌百卷的巨著。这种"综合佛教"的意识，也见于《万善同归集》等著作，代表了延寿的基本立场。随着后世禅净双修、教禅一致思想在佛教界引人注目，延寿也越来越受到尊崇。因为延寿意欲综罗诸宗，故净土信仰也在他论述的范围内（延寿有《神栖安养赋》），后世甚至尊其为"莲宗第六祖"。

## 五、从五代十国到宋

五代十国的诸国，在唐代禅过渡到宋代禅方面发挥了承前启后的重要作用。不可忽视的是，在这一过程中，禅思想发生了种种变质。概而言之，即禅思想失去了唐代禅的宏大气象。

在唐代，禅僧的往来比较容易，与外护者也可以自由地交往。但这种状况随着五代十国的割据而变得困难起来。个性各异的大禅师之间直接交流的机会减少，而没有实质内容的所谓禅问答泛滥，从而导致独创性的富有魅力的禅问答越来越难出现。在此背景下，代替答者，自己提问、自己作答的所谓"代语"流行，而且对古人的问答也重新进行问答，禅林弥漫着一种怀古的风气。

小国的割据，在其他方面也影响到了禅。首先，对禅僧来说，与支配地的最高统治者的关系变得非常重要，于是禅僧不得不依附于世俗的权力。在 9 世纪以后禅向社会渗透的过程中，禅僧对供养僧侣的在家信徒的依存就不断强化，而到五代时期，这种依存更加明显。而且诸国割据的局面助长了特定禅宗流派局限于一地的倾向，这往往使得禅僧更加依附于特定的当权者。如吴越的钱氏对永明道潜（？ –961）、天台德韶、永明延寿等法眼宗人的保护就是典型的例子。

在古代的禅宗寺院，住持举行说法活动的法堂是最重要的设施，也是禅宗区别于其他宗派的重要特色。但在唐末五代时期，佛殿在禅宗寺院中重新变得重要起来。由此可以推测，禅林中的仪式所占的比重越来越大，寺院要经常为在家信徒举行祈祷等活动。宋代以后流行起来的"祝圣"，其原点也在这一时期。

在此情势下，出现了寺院专为特定宗派的僧人所传承的现象。如洞山良价开山的洞山，其后为第二世道全（中洞山，？ –894）、第三世师虔（？ –904）、第四世道延（？ –922）、第五世慧敏（？ –948）所继承。道全和师虔是良价的弟子，道延是本寂的弟子，慧敏是道延的弟子。一门代代相传，共同守护着祖师的故地（但到宋代，盛极一时的云门宗僧开始担任住持）。

这使得一直以来不被注重的禅宗内部的法系意识得到强化。其中一个标志是：在这一时期的禅问答的中，出现了"家曲""宗风"等说法（如在开堂之际，僧常问，"师唱谁家曲？宗风嗣阿谁？"）。而更明显的例子则是禅师为了证明付法而颁给弟子的"嗣书"（印可状）的出现。至少在云门宗中，师徒之间出现了嗣书的传授。

在唐代，师徒之间的关系并不是固定的。修行者往往遍参各地、问学诸方。即使受到印可，许多人仍然继续往各地参学，所以老师与弟子之间对师徒关系的认识往往出现歧异。而在编撰《祖堂集》等灯史时，因为需要明确禅僧间的师承，所以师徒间对师承认识上的不同就成为很大问题。或许为了防止这种混乱，才出现了嗣书这种方式。但据说巴陵颢鉴（10 世纪中叶）虽为云门宗禅僧，但并没有作嗣书，这说明在宋代之前，这种方式还没有普遍流行。

禅的历史

根据嗣书和灯史，师徒关系得以明确之后，禅僧自身的法系意识也就随之增强，并出现了在思想上以几个代表性法系来概括整个禅宗的倾向。文益在《宗门十规论》中首次提出的"五家"，就是代表性学说。"五家"即沩仰宗、临济宗、曹洞宗、云门宗、法眼宗等（不过在《宗门十规论》中，与上述五家并列的还有德山、雪峰，当然法眼自身不在此列）。据说法眼对五家的区分主要着眼于地理因素，但不可否认其前提仍然是宗风的差别。

## 参考文献

秋月龙珉　《临济录》(《禅语录》11，筑摩书房，1972 年）

秋月龙珉　《赵州录》(《禅语录》12，筑摩书房，1972 年）

石井修道　《洞山与洞山良价》(《驹泽大学佛教学部论集》7，1976 年）

石井修道　《沩仰宗的盛衰（一）~（四）》(《驹泽大学佛教学部论集》18-21，1987-1990 年）

石井修道　《云居山与云居道膺 —— 中国初期曹洞宗集团的动向》(《驹泽大学佛教学部论集》10，1980 年）

石井修道　《禅语录》(《大乘佛典　中国·日本篇》12，中央公论社，1992 年）

石川力山　《马祖教团的发展及其支持者》(《驹泽大学佛教学论集》2，1971 年）

伊吹敦　《关于〈曹溪大师传〉的成立》(《东洋思想与宗教》15，1998 年）

入矢义高　《马祖语录》(禅文化研究所，1984 年）

入矢义高　《庞居士语录》(《禅语录》7，筑摩书房，1973 年）

入矢义高　《传心法要·宛陵录》(《禅语录》8，筑摩书房，1969 年）

入矢义高译注　《临济录》(岩波文库，岩波书店，1989 年）

印顺，伊吹敦 译　《中国禅宗史 —— 禅思想的诞生》(山喜房佛书林，1997 年）

宇井伯寿　《禅宗史研究》(《印度哲学研究》9，岩波书店，1935 年）

宇井伯寿　《第二　禅宗史研究》(《印度哲学研究》10，岩波书店，1935 年）

宇井伯寿　《第三　禅宗史研究》(《印度哲学研究》12，岩波书店，1943 年）

镜岛元隆　《作为〈永平清规〉背景的〈百丈清规〉》(《道元禅师及其周边》大东出版社，1985 年）

镰田茂雄　《中国华严思想史研究》(东京大学出版会，1965 年）

镰田茂雄　《禅源诸诠集都序》(《禅的语录》9，筑摩书房，1971 年）

镰田茂雄　《宗密教学思想史的研究》（东京大学东洋文化研究所，1975 年）

近藤良一　《唐代禅宗的经济基础》（《日本佛教学会年报》37，1972 年）

椎名宏雄　《〈宝林传〉卷九卷十的逸文》（《宗学研究》22，1980 年）

椎名宏雄　《〈宝林传〉逸文的研究》（《驹泽大学佛教学部论集》11，1980 年）

铃木哲雄　《唐五代禅宗 —— 湖南江西篇》（大东出版社，1984 年）

铃木哲雄　《唐五代禅宗史》（山喜房佛书林，1985 年）

铃木哲雄　《关于西堂智藏塔塔侧刻文》（《禅研究所纪要》21，1992 年）

关口真大　《禅宗思想史》（山喜房佛书林，1964 年）

常盘大定　《宝林传的研究》（东方文化学院东京研究所，1934 年）

户崎哲彦　《〈宝林传〉序者灵彻与诗僧律师灵澈》（《佛教史学》30-2，1987 年）

西口芳男　《马祖传记》（《禅学研究》63，1985 年）

西谷启治，柳田圣山　《禅家语录Ⅰ》（《世界古典文学全集》36A，筑摩书房，
　　　　1972 年）

西谷启治，柳田圣山　《禅家语录Ⅱ》（《世界古典文学全集》36B，筑摩书房，
　　　　1974 年）

平野宗净　《顿悟要门》（《禅语录》6，筑摩书房，1970 年）

牧田谛亮　《五代王朝的宗教政策》（《五代宗教史研究》平乐寺书店，1971 年）

森江俊孝　《永明延寿的教学与实践》（《日本佛教学会年报》45，1980 年）

柳田圣山　《兴化存奖的史传及其语录》（《禅学研究》48，1958 年）

柳田圣山　《关于唐末五代河北地方禅宗兴起的社会历史背景》（《日本佛教学会
　　　　年报》25，1959 年）

柳田圣山　《南院慧颙》（《禅学研究》50，1960 年）

柳田圣山　《临济栽松的故事话与风穴延沼的出生》（《禅学研究》51，1961 年）

柳田圣山　《临济录笔记》（《禅学研究》52，1962 年）

柳田圣山　《初期禅宗史书的研究》（《柳田圣山集》6，法藏馆，2000 年，1967 年
　　　　初版）

柳田圣山　《临济义玄的人间观》（《禅文化研究所纪要》创刊号，1969 年）

柳田圣山　《禅语录》（世界名著 18，中央公论社，1978 年）

柳田圣山　《语录的历史 —— 禅文献成立史的研究》（《东方学报》57，1985 年）

柳田圣山　《祖堂集》（《大乘佛典　中国·日本篇》13，中央公论社，1990 年）

柳田圣山　《禅佛教研究》（柳田圣山集 1，法藏馆，1999 年）

山崎宏　《圭峰宗密禅师》（《隋唐佛教史的研究》法藏馆，1967 年）

吉津宜英　《华严禅思想史的研究》（大东出版社，1985 年）

　　　　　　　禅的历史

# [ 禅的系谱 3 ]

②

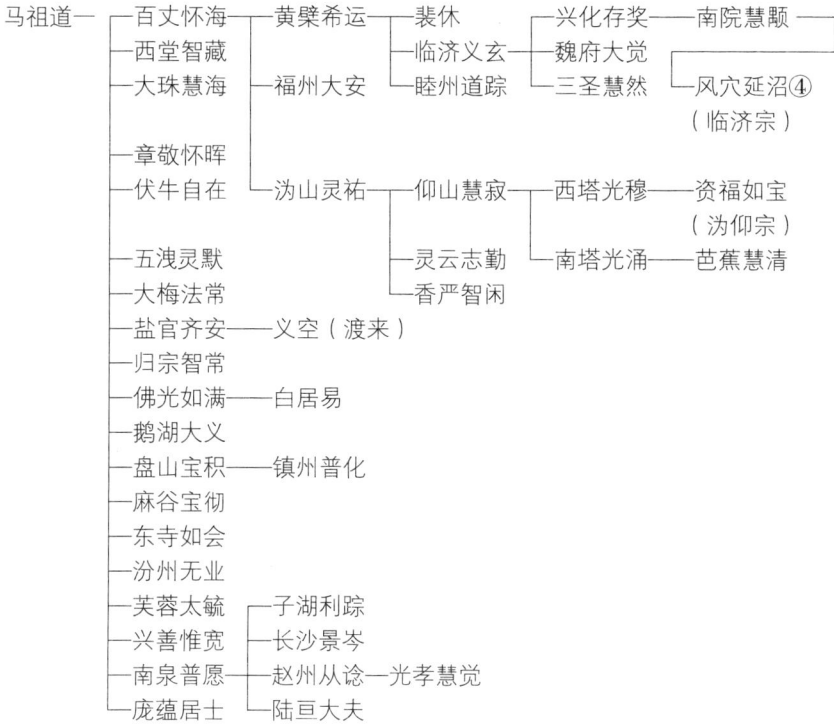

马祖道一
- 百丈怀海 — 黄檗希运 — 裴休
- 西堂智藏　　　　　　临济义玄 — 兴化存奖 — 南院慧颙
- 大珠慧海 — 福州大安 — 睦州道踪 — 魏府大觉
- 　　　　　　　　　　　　　　　　三圣慧然 — 风穴延沼④
- 章敬怀晖　　　　　　　　　　　　　　　　　（临济宗）
- 伏牛自在 — 沩山灵祐 — 仰山慧寂 — 西塔光穆 — 资福如宝
- 　　　　　　　　　　　　　　　　　　　　　　（沩仰宗）
- 五洩灵默　　　　　　灵云志勤 — 南塔光涌 — 芭蕉慧清
- 大梅法常　　　　　　香严智闲
- 盐官齐安 — 义空（渡来）
- 归宗智常
- 佛光如满 — 白居易
- 鹅湖大义
- 盘山宝积 — 镇州普化
- 麻谷宝彻
- 东寺如会
- 汾州无业
- 芙蓉太毓 — 子湖利踪
- 兴善惟宽 — 长沙景岑
- 南泉普愿 — 赵州从谂 — 光孝慧觉
- 庞蕴居士 — 陆亘大夫

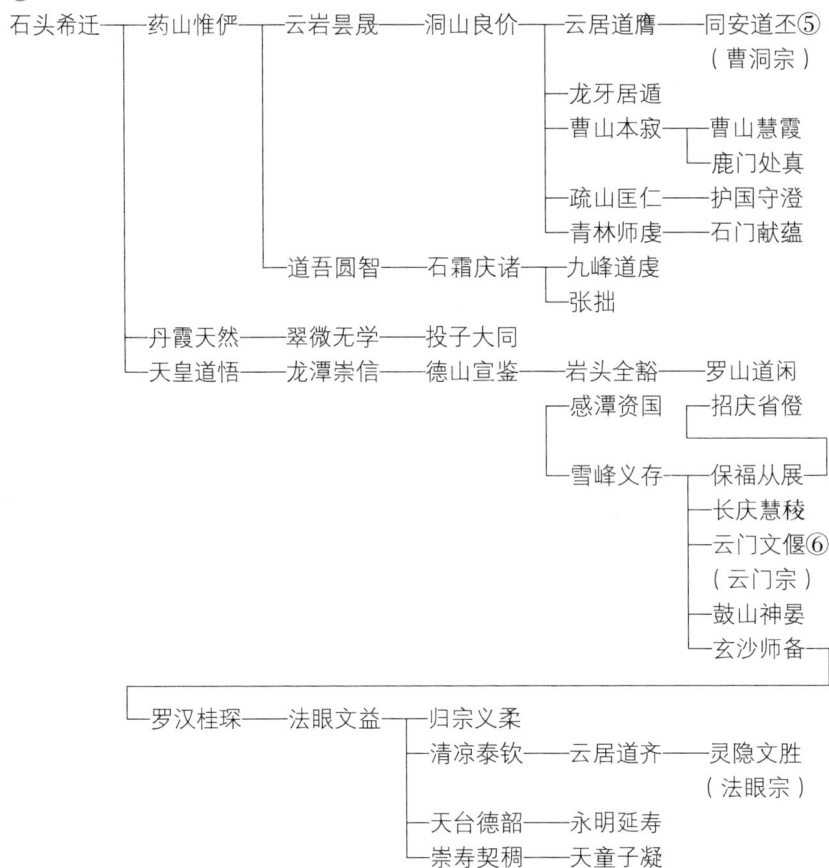

禅的历史

# [ 禅关系地图 3 ]

① 径山
② 南屏山永明寺
③ 庐山归宗寺
④ 凤栖山同安院
⑤ 云居山
⑥ 百丈山
⑦ 洞山
⑧ 黄檗山
⑨ 道吾山
⑩ 石霜山
⑪ 仰山

镇州 ⌈ 临济院
     ⌊ 三圣院

赵州观音院

长安 ⌈ 章敬寺
     ⌊ 兴善寺

洛阳报国寺（神照住）

魏州兴化院

金陵清凉寺（文益住）

麻谷山

风穴山

鹤林山鹤林寺

终南山 圭峰

伏牛山
丹霞山

南阳

投子山

芙蓉山

白崖山香严寺

随州双泉寺

牛头山

盐官

天皇寺

① ②

大梅山

益州

南泉山

药山

③

五 山

天台山

德山

⑨ ⑦ ⑤

④

疏山

越州（慧海住）

⑧ ⑥

曹山

沩山

⑩ ⑪

钟陵开元寺

雪峰山

南岳

青原山

鼓山

潭州东寺

石鼓山（庞蕴住）

龚公山（智藏住）

云门山

曹溪山

保福山

泉州招庆院

福州 ⌈ 玄沙院
     ⌊ 长庆院

# 第四章
# 禅的普及与变质——北宋时代的禅

## 第一节　宋王朝的建立与禅

### 一、宋王朝的性格

后周的世宗（954-959在位）虽然因为"破佛"而在佛教史上恶名昭著，但实际上在实现中国统一的大业中却是五代时期最值得推崇的英主。他强化了禁军，955年以后，讨伐后蜀、南唐、辽诸国，扩大了领土。后来，正准备进攻辽国的时候，世宗因病去世，壮志未酬。继位的是年幼的恭帝（959在位），960年，禁军的将军们拥立禁军首领赵匡胤（927-976）即位，即宋太祖（960-976在位）。

太祖继后周而起、定都开封后，首先着手征伐南方诸国，963年灭荆南，965年灭后蜀，971年灭南汉，975年灭南唐。978年、979年，吴越和北汉前后投降，到太宗（976-997在位）时代，中国大体实现了统一。

当时在北方，耶律阿保机（辽太祖，916-926在位）建立的契丹

▷　宋太祖

族的辽国勃兴，到耶律德光（太宗，926–947在位）时代，插手后晋的建国，获得长城以南的燕云十六州（936年），后灭后晋，一时占领整个华北地区（946年），势力强大。

同时，在宋的西北部，原属唐节度使系统的唐古特族的李继迁（夏太祖，982–1004在位）独立，李元昊（景宗，1038–1048在位）时称帝，国号大夏，史称西夏，形成了辽、西夏、宋三足鼎立的局面。

979年，宋太宗乘统一南方的余势讨伐辽，但几次进攻都归于失败，没有夺回燕云十六州。之后，因为边境纷争不断，1004年，辽圣宗（982–1031在位）为一决胜负，发动了对宋朝的进攻，并一举攻到了黄河北岸。最后以有利于辽的条件双方讲和，此即"澶渊之盟"。此后，宋与辽之间基本上维持了和平的关系。

1038年，西夏的李元昊进攻宋，1044年双方讲和。但妥协没有持续多长时间，宋与西夏之间又爆发了持续不断的冲突。

宋朝的对外战略基本上是不成功的，但在国内政策方面，在宋太祖和宋太宗的努力下，国内的秩序逐渐建立起来了。首先，在任命禁军的实力派将领为节度使的同时，逐渐消弱节度使的权力。在中央则加强禁军的力量，并将地方的财政权置于中央政府的监督之下。还进一步完善科举制度，以培养满足新的行政机构所需要的文职官僚。如此以来，君主的权力得到强化，安史之乱后恶性膨胀的节度使制度的弊端得以克服。

采取文治主义的宋朝，科举官僚占据了政治的中枢位置。虽然说国政的最后决定权仍然在皇帝手里，但在做出决定的时候，官僚有陈述自己意见的自由。在有些场合，个人的才能和见识得以充分发挥。因此，科举官僚构成的士大夫阶层（知识分子）成为社会的支配阶层。他们通晓中国的古典，长于诗文和书画，成为治理国家的社会精英。成为官僚是他们的最大愿望，但无论他们科举考试能否及第，他们的价值观是共同的。第四代皇帝仁宗在位四十年（1022–1063），中途和西夏签订了和约。之后的安定期对士大夫来说是理想时代，后世称为"庆历之治"。

但这一官僚制度也存在问题。数量庞大的上表文不可能由皇帝一人处理，辅佐皇帝的宰相的地位必然变得极为重要。一旦出现得到皇帝信任的宰相，他就可以依赖皇帝的权威弄权乱政。这种情况与自由讨论的风习相配合，就出现了激烈的党争。一派掌权，就对另一派进行镇压。另外，军队疲弊不振，导致宋朝在对外关系上常常因实力不济而处于守势，这也是官僚体制的弊害之一。

尽管有诸多问题，宋代建立的以官僚制为基础的中央集权制还是为后来的朝代所继承。在这个意义上可以说宋代是中国国家体制的转折点。

## 二、禅宗各派的动向

因为有通过科举选拔官僚的需要，宋王朝很重视儒教，但同时也保护佛教和道教。例如，太祖曾下令刊刻敕版大藏经（971年）；太宗设译经院，下令翻译新带来的梵本佛经（982年）；设印经院，印行大藏经。因为国家对佛教采取了保护政策，佛教走向隆盛，天台宗等获得了复兴，但禅宗仍然占据佛教的中心。

禅宗仍然名僧辈出。但因为沩仰宗在五代十国末期就已经衰落，所以宋代以后仍然活跃的宗派是"五家"之中的其他四宗。宋朝初期，宗势较盛的是临济宗、云门宗和法眼宗。

临济宗在五代时期宗风不振，但从风穴延昭开始宗势得以恢复。延昭的弟子、活跃于宋初的首山省念（926-993）的门下涌现出汾阳善昭（947-1024）、广慧元琏（951-1036）、石门蕴聪（谷隐蕴聪，965-1032）等名僧，临济宗宗势大振。

之后，善昭的门下有石霜楚圆（986-1039）和琅琊慧觉（生卒年不详），石门蕴聪门下有达观昙颖（985-1060）等。后从石霜楚圆的门下涌现出杨岐方会（992-1049）、黄龙慧南（1002-1069）二人，其门徒遍及天下。

### 杨岐方会与黄龙慧南

杨岐方会，袁州（江西省）宜春人，俗姓冷。早年出家，遍历诸方，师事楚圆并嗣其法。后住故乡的杨岐山弘扬宗风。门下有保宁仁勇（11世纪中叶）、白云守端（1025-1072）等，后世称其门流为"杨岐派"。弟子仁勇、守端编有《袁州杨岐会和尚语录》（《古尊宿语录》所收）。黄龙慧南，信州（江西省）玉山人，俗姓章。十一岁出家，受具足戒后，历参诸方。后尊雪峰文悦（998-1062）的指示参石霜楚圆并嗣其法。历住诸所后，移居黄龙山（江西省隆兴府）弘扬宗风。弟子有东林常聪（1025-1091）、真净克文（1025-1102）、晦堂祖心（1025-1100）等，后世称其门流为"黄龙派"。有《黄龙南禅师语录》（《黄龙四家录》所收）等。慧南自身因"赵州勘婆"公案而开悟，在指导学人时，也多用公案。

在云门宗中，云门的弟子德山缘密（10世纪后半叶）、香林澄远（908-987）、双泉师宽（10世纪后半叶）、洞山守初（910-990）等活跃于宋初。之后，德山缘密的弟子文殊应真（10-11世纪）、双泉师宽的弟子五祖师戒（生卒年月不详）继其宗风。但这一时期云门宗中最引人注目的人物，当属出自香林澄远系统的雪窦重显（980-1053）和出自文殊应真系统的佛日契嵩（1007-1072）二人。雪窦重显长于文学，其门下出天衣义怀（993-1064）等，奠定了云门宗隆盛的基础，被称为"云门宗的中兴之祖"。而佛日契嵩则著作宏富，深刻影响到后代的宗风。另外，出自洞山守初系统的荐福承古（？-1045），因云门之语而得悟，自称云门的法嗣，在后世引起很大波澜。

在法眼宗中，永明延寿（904-975）之后的天台德韶（891-972）的系统衰落，清凉泰钦（？-974）与归宗义柔（10世纪中叶）的系统成为主流。泰钦之下有云居道齐（929-997），道齐之下有灵隐文胜（？-1026？）等，但之后就急速衰落，到北宋末年宗脉断绝。另外，法眼宗引人注目的人物还有天童子凝（10-11世纪），他是崇寿契稠（？-992，嗣法法眼文益）的弟子，曾与天台宗的四明知礼（960-1028）展开论争。

### 雪窦重显与佛日契嵩

雪窦重显，遂州（四川省）人，俗姓李。幼年出家，参石门蕴聪后，嗣法香林澄远的弟子智门光祚（10-11世纪）。住明州（浙江宁波）的雪窦山，举扬宗风，被称为"云门宗的中兴之祖"。同一时期，还有临济宗的瑯琊慧觉非常活跃，两人被称为"二甘露门"。1020年，真宗皇帝赐号"明觉大师"。有《雪窦明觉禅师语录》传世，其中的"颂古百则"特别有名。众所周知，后来的圆悟克勤（1063-1135）在此基础上加以提唱而成《碧岩录》（1125）。佛日契嵩，藤州（江西省）镡津县人，俗姓李。七岁出家，十三岁得度，十四岁受具足戒，十九岁到各地遍参。在参神鼎洪諲（？-901）、洞山晓聪（？-1030）之后，嗣法晓聪。后至钱塘（浙江省），历住武林山（灵隐山）下的永安精舍和佛日山、龙山等，专注于著述。他整理了历来的灯史记述，著有《传法正宗记》、《传法正宗论》（1064年），并著《辅教篇》（1061年），主张儒释道三教一致，对欧阳修（1007-1072）与李觏（1009-1059）等的排佛论进行了反论。仁宗赐以"明教大师"号，准其《传法正宗记》和《辅教篇》入藏，于永安精舍入寂。除上述著作外，还有遗文集《镡津文集》（1134年）等。契嵩还参与了《六祖坛经》的刊行（1056年）。

## 三、禅宗向士大夫阶层的渗透以及与其他宗派的关系

在唐代，居士在禅宗的发展中发挥了重要作用。宋代以后，这种作用有增无减。宋初的著名居士包括首山省念的门下、汾阳善昭和广慧元涟的同学王随（？-1035？，编辑《传灯玉英集》），参于汾阳善昭和广慧元涟的杨亿（973-1020，审定《景德传灯录》并作序），师事石门蕴聪的李遵勖（？-1038，编辑《天圣广灯录》）

等。这些人皆于灯史有传。他们是政府的高官，积极参与灯史的编撰和入藏，为提高禅宗的社会地位做出了极大努力。较之唐代，宋代的禅宗更广泛地渗透到了社会的各个方面。

如前所述，因为唐末五代的战乱，贵族消灭，宋代新的支配层——士大夫阶层登场。当然，他们共通的教养是儒教，但当时的儒教不过是科举的道具而已，对有哲学志向的人来说，显得魅力不够。而禅宗恰好能够满足士大夫的这种精神需求。禅宗因此成功获得了新的支持层，取得了对其他宗派的压倒性优势。

在这一过程中，禅的修行方法也引起儒者的注目。当时各地出现了讲学的书院，其中的白鹿洞书院（江西省）、嵩阳书院（河南省）、应天府书院（河南省）、岳麓书院（湖南省），被称为"四大书院"。这些书院模仿禅宗的清规制定了"学规"，学员过寄宿生活，像禅宗丛林一样，其教育的重点在于人格的陶冶。

唐武宗的灭佛和唐末的战乱使天台宗和华严宗长期陷入停滞。但在五代十国时代，许多已经在中国散佚的经疏从朝鲜（高丽）回流到中国。以此为契机，天台宗中涌现出了四明知礼（960-1028）、孤山智圆（976-1022），华严宗中涌现出了长水子璿（？-1038），二大宗派俨然进入了复兴期。禅的隆盛，必然对天台宗、华严宗造成冲击。在天台宗和禅宗之间就曾不断爆发激烈的论争。如因对禅宗的立场对立，围绕华严的长水子璿于瑯瑯慧觉处参禅一事，四明知礼和天童子凝之间、子昉（11世纪中叶）和佛日契嵩之间就曾发生论争。

### 禅与天台间的论争

当时，天台宗分裂为奉先源清（？-997）、孤山智圆与梵天庆昭（963-1017）等山外派，与四明知礼、慈云遵式（960-1032）的山家派。两派争论的原因，在于山外派容忍吸收华严思想，而山家派则力图向天台原本的立场复归。如源清就经常言及荷泽神会（684-758）和圭峰宗密（780-841）。山外派对与华严有密切关系的禅也采取融合的态度。因此，知礼在批判山外派的过程中，也把批判的矛头指向了禅。知礼与子凝之争的契机是知礼著《十不二门指要抄》（1004年），基于圭峰宗密的著作（疑为《裴休拾遗问》）的记述，主张天台宗优于禅宗。1023年，子凝致书知礼提出反论，于是双方开始了书信往来。中间掺杂了禅宗与天台宗之间的对抗意识，双方往复折辨达二十回。当时的四明太守直阁林公不忍旁观，遂出面调停，最后知礼修改了《十不二门指要抄》的部分内容，论争才告一段落。之后，契嵩的《传法正宗记》（1061年）问世。对其中的西天二十八祖说，吴兴（浙江省）的天台学者子昉提出批判。契嵩则认为天台宗所依据的《付法藏因缘传》（提出西天二十三祖说）"荧惑天下"，应予烧毁。对此，子昉著《祖说》《止讹》等，予以反击。对天台的西天二十三祖说，除子昉外，神智从义（？ -1091）等也有批判。

## 四、对国家的依存与三教一致思想

如上所述，进入宋代以后涌现出许多优秀的禅匠。因为他们的活跃使禅赢得了民众前所未有的青睐，但与以往完全不同的、建立在官僚制基础上的君主专制体制的确立，也给禅宗带来了各种各样的变化。禅之所以在唐末的动乱中宗势扩大，在于禅宗的特立独行的能动性格适合了当时社会的精神需求。但进入宋朝以后，情况发生很大变化。出家以后，无论得度、受戒、行脚、亡故等皆受到管制。在社会安定和中央集权之下，禅需要找到新的存在理由。

首先引人注目的是国家佛教性格的强化。禅宗虽然被士大夫阶层所广泛接受，但即使是拥有贵族身份的护持者，其地位也不稳固。与此相应，在社会上佛教的地位也不可避免地下降。佛教已经与从前不同，不再是皇帝、贵族皈依的对象，相反，其存在反过来需要寻求拥有无上权力的皇帝的承认。佛教付出的代价，则是与士大夫一样，必须为国家和皇帝服务。

例如，京城开封的相国寺虽然是著名的大寺院，住持慧林宗本（1020-1099）也由皇帝亲自任命，但臣下常常在这里祝贺皇帝的生日、祈愿皇帝康复或战争胜利，皇帝自身也常常让僧侣举行祈雨或对祖先的报恩的法事。而最能说明禅宗地位变化的，是禅寺的"祝圣上堂"（也称"祝圣"）仪式的普遍化。"祝圣上堂"开始于宋王朝的统治得到巩固的真宗（997-1022 在位）时代。其内容，即恭祝皇上万寿无疆、天下国泰民安（与此仪式的出现相关连，在佛殿的本尊前安放"今上皇帝圣寿无疆"等三牌）。这种对国家的迎合态度，是在新的时代条件下，禅宗为维系自己的价值不得已而采取的对策。

与禅林的这种姿态密切相关，在禅僧中间，"儒禅一致""三教一致"的主张颇有市场。当时，有的科举官僚如欧阳修（1007-1072）和李觏（1009-1059）站在儒家的立场而对佛教进行激烈批判。作为那个时代佛教代表的禅宗不能不对此做出回应。在这种情势下，禅僧需要论证佛教是对国家有助益的。其论证的理论根据即"儒禅一致""三教一致"思想。

这一思想，在佛日契嵩的《辅教篇》（1061 年）中表述得最明显，此书是作者为了反驳欧阳修对佛教的批判而作（与此类似的主张在天台宗的孤山智圆的《闲居篇》〈1016 年〉中也可以看到）。这种主张在争取士大夫的支持方面确实有一定的说服力。

据说欧阳修和李觏在读了《辅教篇》以后，也改变了自己的看法。

其实，在五代十国时代，禅宗已经表现出对国家依存的倾向。而随着宋朝的统一，这一倾向更加明显。但对以独立自尊精神为本怀的禅宗来说，这无异于精神的自杀。问题还不止于此。随着王权高于教权成为普遍性观念，优秀的人才逐渐流向官僚，只有科场失意者才不得已而遁入禅林。而且，神宗在位（1067-1085）时，由于财政困难，开始贩卖空名度牒（1071 年左右），更有甚者，连紫衣和赐号也成为贩卖对象（1071 年），这样就导致了社会对僧侣的评价越来越低。

### 《辅教篇》

佛日契嵩著，收于遗文集《镡津文集》，分为上卷（《原教》《劝书》）、中卷（《广原教》）、下卷（《孝论》《坛经赞》《真谛无圣论》），主张佛教的五戒十善与儒教的五常相一致。儒治世、佛治心，只有治心才能完成治世。在儒佛的关系上，一方面主张佛教的立论涉及过去、现在、未来三世，强于儒教；另一方面，佛法只有依王臣才能存在，全面肯定国家权力。1061 年，进献宋仁宗，得欧阳修等称赞，翌年，与《传法正宗记》一起被批准入藏，契嵩得"明教大师"号。此书在中国和日本影响很大，多次开版重印。特别是其中的《原教》和《孝论》影响深远。明代的沈士荣继承《原教》的思想，做《续原教论》（1385 年）。在元代的中峰明本（1263-1323）、憨山德清（1546-1623）的思想中，可以看到《孝论》的影响。在日本甚至出现了《孝论》的单行本，流传很广。

### 五、权威的确立与灯史

宋初禅的隆盛给禅僧带来自信，也强化了自我权威化的倾向。任何一个集团在得到社会承认的过程中，自然会伴随自我正当化的言说的出现。而在禅宗中，这种努力常表现为"传法的系谱"即"祖统"的确立。对"祖统"的系统论述即"灯史"。最早的"灯史"，是以神秀入朝廷说法为契机而出现的北宗的《楞伽师资记》和《传法宝纪》。后来，"灯史"不断问世，在宋代出现了《景德传灯录》（永安道原编，1004年）、《佛法正宗记》（佛日契嵩，1061 年）。

但这两部著作与之前的灯史有决定性的不同，即它们上呈给了皇帝，并被敕许入藏。这一方面反映了禅宗在宋初欲确立禅的权威的意图，另一方面这种权威的确立需要求助于朝廷，这表现了宋代禅宗的独特性格。其中的《景德传灯录》影响最大，以后又陆续出现了《天圣广灯录》（李遵勖编，1036）、《建中靖国续灯录》（佛国惟白编,1101 年)、《宗门联灯会要》(晦翁悟明编,1183 年)、《嘉泰普灯录》(雷庵正受编,1204 年)等。这些灯史与《景德传灯录》一样,皆以成书的年代命名,被批准入藏,总称"五灯录"。南宋淳祐末年编辑而成的《五灯会元》(大川普济,1252 年)就是这些灯录的汇总。之后,灯史的编辑一直持续到清代。

### 《景德传灯录》

法眼的三传弟子永安道原(生卒年不详)以《宝林传》为基础编辑而成的代表性灯史,三十卷。景德元年(1004 年)完成,经杨亿等校订后被批准入藏,1080 年再版。开头是杨亿的序和"西来年表",卷一至卷二十九是 1701 人的传记和开悟机缘的集成,包括过去七佛、西天二十八祖、东土六祖、直到法眼文益弟子的五十二代(俗称"千七百则公案"由此而来,但其中的许多人只出现了名字而没有传记或开悟机缘)。卷三十则是与禅宗有关的偈颂,末尾附跋文。此书影响很大,与佛日契嵩的《传法正宗记》一道,在确立禅的印度谱系、达摩和慧能的传记等禅宗独特教义方面,发挥了重要作用。在日本,本书作为体现禅宗基本立场的文献,在室町时代以后多次印行。江户时代,卍元师蛮(1626-1710)承袭此书的体例,作《延宝传灯录》(1678 年)。在此书之外,王随又编辑删定本《传灯玉英集》(1034 年),也被批准入藏。

## 六、"五家"观念的确立

如在达观昙颖的《五家宗派》中所见,禅宗权威的确立使得法眼文益(885-958)首先提出的"五家"概念被人们所普遍接受。"五家"在对整个禅宗做出概括的同时,也表现出禅宗内容的多样性和丰富性。家风的相异,充实了禅宗的内容,因此被人们所看重。

与此相联系而被人们所重视的,是"临济四料简""临济三句""云门三句""云门三病""法眼四机""洞山五位"等宗祖的种种言说(也称为"机关")。这是各法系以独特范畴对禅思想所作的阐释,也可以说是禅宗特有的教学法。其中可以看到各家突出自己宗风的强烈意志。而且,这些宗师的施设意在引导学僧进入禅体验、确认开悟的境地,体现了师匠的一片婆心,故成为后世"公案"的渊源之一。

达观昙颖的《五家宗派》问世,使得"五家"观念变得引人注目。同时,此书也提到了一个极为重要的问题,即五家之内,除了曹洞宗外,其他四家皆属于马祖道一的系统。这并不符合历史事实,但昙颖甚至不惜伪造碑文来论证自己的主张。其意图何在,不甚明了,或许著者认为作为当时禅宗两大势力的临济宗和云门宗同宗同源,试图融合两宗。但后来曹洞宗得以复兴，取云门宗而代之，昙颖的观点遂成为临济宗和曹洞宗争论的焦点。

## 五家与家风

法眼文益在《宗门十规论》中首先提出的"五家"概念，被后来达观昙颖的《五家宗派》（散佚，觉范慧洪的《林间录》有引用）、晦岩智昭（12世纪后半叶）的《人天眼目》（1188年）、希叟绍昙的《五家正宗赞》（1254年）等所继承，至宋代已经被人们普遍接受。明代的语风圆信（1571-1647）与郭凝之（生卒年不详）编辑的《五家语录》（1630年），可以说是此说的集大成者。"五家"的概念，促使各家宗风固定化。关于各家家风，虽然《人天眼目》中有详细规定，但最简洁的也最能反映人们对"五家"认识的表述却是元代高峰原妙（1238-1295）的以下说明：

临济宗＝痛快　　沩仰宗＝谨严　　云门宗＝高古

曹洞宗＝细密　　法眼宗＝详明

另外，关于五家的风格，日本的东岭圆慈（1721-1791）在《五家参详要路门》（1788年）等书中有所论述。而江户时代以后，在日本常用比喻来说明五家宗风的不同，即"临济将军、沩仰公卿、云门天子、曹洞土民、法眼商人"。此外，日本的道元（1200-1253）站在佛法一统的立场，对宣扬五家别说的《人天眼目》进行了激烈批判。

## 临济四料拣与洞山五位

"四料拣"见于临济义玄（？-867）的《临济录》的"示众"，其弟子南院慧颙（860-？）将此内容称为"四料拣"。即师傅在指导弟子之时，对弟子的主观（人）与客观（境）的肯定与否定的四种组合。具体而言即（1）夺人不夺境、（2）夺境不夺人、（3）人境俱夺、（4）人境俱不夺。在《临济录》中，这"四料拣"皆用诗句来表现。因为是祖师临济义玄之说，所以在临济宗中非常受重视。在曹洞宗中经常提到的是"五位"说。首先，在洞山良价（807-869）的"五位显诀"中，以平等＝无差别（正）、差别＝偏、两者的相即＝兼，来说明开悟的世界。对此进一步加以改良和说明的，是其弟子曹山本寂（807-869）的"正偏五位颂"。即（1）正中偏、（2）偏中正、（3）正中来、（4）偏中至、（5）兼中到。本寂对此五位也用诗句分别进行了说明。之后，通过本寂的弟子曹山慧霞（生卒年月不详）等的努力，此说得以广泛流传。此说影响很大，并且在流传过程中经历了复杂的演变。如在临济宗中，"偏中至"改为"兼中至"，为汾阳善昭、石霜楚圆、大慧宗杲（1089-1163）等所吸收。而临济宗的改变又回流到曹洞宗，从而产生混乱。这里所说的"偏正五位"是各种"五位"说中最有代表性的，此外还有"功勋五位""君臣五位""王子五位"等三种。

### 达观昙颖与天王道悟

达观昙颖，杭州人，俗姓丘。十三岁出家，后上京，与欧阳修等交游，参大阳警玄（943-1027）和石门蕴聪等，嗣蕴聪之法。住雪窦山（浙江省宁波）和金山（江苏省镇江）等地弘法。在其著作《五家宗派》中，引用据说为丘玄素所撰的"天王道悟禅师碑"（伪撰），主张在石头希迁（700-790）的弟子天皇道悟（748-807）之外，另有马祖道一（709-788）的弟子天王道悟。并认为龙潭崇信（9-10世纪），即后来的云门宗、法眼宗的思想开创者，不是天皇道悟的弟子而是天王道悟的弟子。此说虽然荒唐无稽，但影响颇大，流传很广。如宋代的觉范慧洪（1071-1128）、元代的业海子清（14世纪前半叶）、明代的费隐通容（1593-1661）等，皆秉承此说。影响所及，在荆州甚至建起天王寺和"天王碑"。在云门宗的雪窦重显（980-1052）的碑文中，重显被称为马祖的儿孙，也是受此说的影响。在日本，虎关师练（1278-1346）著《五家辩》，也持此说（《五家辩》甚至把药山惟严也视为马祖的弟子，主张包括曹洞宗在内的五家皆为马祖系统）。

# 第二节　北宋后期的禅

## 一、政治的混乱与北宋的灭亡

仁宗朝进入后期，与西夏之间连年不断的战争，招致国家财政疲弊，社会陷入危机。第六代皇帝神宗时，为打破困难的局面，重用王安石（1021-1086）进行改革。王安石在神宗的支持下，采取了一系列新法，如为改善农村的经济，施行了青苗法和募役法；为对商业进行管理，实施了市役法；为改革军队，实行了保甲法等。这些新法的实施，在解决国家财政困难这一急迫课题方面，收到明显效果。但因为这些新法多为限制官僚地主和大商人利益的措施，所以从一开始就遭到激烈反对。随着神宗的驾崩，反对派掌权，这些新法大多遭废止。之后，新党与旧党之争不断，地方行政混乱，官僚社会的纲纪废弛。

在此社会情势下即位的是宋徽宗（1100–1125 在位）。徽宗是一位书画家，沉溺于艺术，对国家事务全然不顾。宰相蔡京（1047–1126）投其所好，利用徽宗的信任大肆排挤反对派（包括苏轼、苏辙、黄庭坚等在内），恃宠弄权。为蔡京以及林灵素（1075–1119）等道士所蛊惑的徽宗大肆挥霍，奢靡浪费。因此，北宋末年各地爆发了农民起义，如南方的方腊起义（1120–1121 年）等。

此时，北方女真民族崛起，完颜阿骨打（1068–1123）向辽发难，1115 年称帝（金太祖，1115–1123 在位），国号大金。阿骨打死后继位的完颜吴乞买（阿骨打四弟，太宗，1123–1135 在位），联合宋朝灭掉了辽（1125 年）。

宋和金之间虽然签订了盟约，但之后的宋朝经常破坏盟约，完颜吴乞买威胁宋献出黄河以北的国土。畏惧金的侵攻的徽宗将帝位让给钦宗（1125–1127 在位），逃往开封。蔡京也一同逃走。吴乞买派大军南下，包围了开封，双方议和，金军撤退，徽宗也回到开封。但此后宋屡次违反协定。1127 年，金军攻陷开封，将徽宗、钦宗等皇族和官僚数千人带到了北方，此即"靖康之变"，北宋王朝遂告结束。

北宋后半叶，虽然政治上持续混乱，但经济却获得飞跃增长。农业技术的进步使农产品出现剩余，人口快速增长，到 12 世纪，总人口突破一亿人。号称盛世的汉唐，全国人口也不过六千万人，可见这是一个惊人数字。首都开封的人口推定超过百万，周边地域的物产不能满足其需要，于是外地农产品等各种物品源源不断运到开封。因此之故，物品交易发达，交通网得到整备，商业得以发展。各地出现了商品集散地，伴随着货币经济规模扩大，出现了支票和世界上最早的纸币。在都市集聚的商人和手工业者组成了行业组织"行"，国家通过这些组织行使管理职能。

以都市为地盘的庶民阶层的兴起，催生了演剧或说书等大众艺术和文艺作品。当然，宋代文化的主力军仍然是士大夫阶层。士大夫阶层在亲自参与政治的社会背景下，对传统儒家的立场出现了变化，即从新的视角对儒家经典的价值重新诠释。其代表人物即周敦颐（濂溪，1017–1073）、张载（横渠，1020–1077）、程颢（明道，1032–1085）、程颐（伊川，1033–1107）等，他们是南宋朱熹（朱子，1130–1200）的朱子学的先驱。


## 二、禅宗各派的动向

宋代中期以后，临济宗的黄龙慧南的系统（黄龙派）与杨岐方会的系统（杨岐派）的势力逐渐扩大。"五家七宗"中的"七宗"即是指五宗另加黄龙派和杨岐派，由此可见两派势力之一斑。但两派势力也有此消彼长的变化。慧南的弟子有晦堂祖心（1025-1100）、东林常聪（1025-1091）、真净克文（1025-1102）等；晦堂祖心的弟子有死心悟新（1043-1114）、灵源惟清（? -1117）；真净克文的弟子有兜率从悦（1044-1091）、觉范慧洪（又名德洪，1071-1128）等。由于这些禅师的活跃，最初黄龙派势头较盛，后来杨岐派逐渐取得优势。

在杨岐派中，白云守端（1025-1072）的弟子有五祖法演（? -1104）。法演的门下涌现出圆悟克勤（佛果禅师，1063-1135）、佛鉴慧勤（1059-1117）、佛眼清远（1067-1120）等禅师，俗称"三佛"。由于此三人的活跃，带来了杨岐派的隆盛。

云门宗中，天衣义怀的系统涌现出许多优秀的禅师。义怀的弟子中有慧林宗本（1020-1099）、文慧重元（? -1063）、圆通法秀（1027-1090）、铁脚应夫（生卒年不详）等。从这些禅师的系统中涌现出慈受怀深（1077-1132）、圆觉宗演（生卒年不详）、佛国惟白（生卒年不详）、慧严宗永（生卒年不详）、长芦宗赜（1010-1092）等禅师。慈受怀深是《心经注》的著者，而佛国惟白、慧严宗永、长芦宗赜则分别以《建中靖国续灯录》（1101年）、《宗门统要》（《宗门统要集》、1135年）、《禅苑清规》（1103年）的编者而知名。

此外，云门宗中值得关注的人物，还有与士大夫交游而知名的佛印了元（1033-1098），以及当律宗的灵芝元照（1048-1116）刊行慈愍三藏慧日的《净土慈悲集》之时，掀起反对运动的大梅法英（? -1131）等。此外，著《祖庭事苑》（1108年）的睦庵善卿（大约活跃于11-12世纪）可能也是云门宗的人。《建中靖国续灯录》所附徽宗的御制序云"唯云门、临济二宗，遂独盛天下"。可见北宋时代，云门宗曾与临济宗并列，极一时之盛，但北宋末期，云门宗逐渐衰落下去。

取代云门宗的地位而走向隆盛的是曹洞宗。曹洞宗在宋初并不显赫。但宋代中期的投子义青（1032-1083）出世，带来此宗的复兴。其后的芙蓉道楷（1043-1118）、丹霞子淳（1064-1117）等维系了此宗的宗势。

芙蓉道楷因为拒绝了徽宗所赐紫衣徽号，触犯逆鳞，被流放到山东的淄州。以此为契机，曹洞宗在河北传播开来。其弟子鹿门自觉（? -1117）的系统在河北得到发展，后来在金代，从这一系统中涌现出万松行秀（1166-1246），大行其化。

### 投子义青

山东青州人，俗姓李。七岁出家，受具足戒之后，遍历诸方。师事浮山法远（991-1067）。法远为临济宗的叶县归省（10-11世纪）的法嗣，但嗣法之后，又从曹洞宗的大阳警玄（943-1027）处得到曹洞宗法系的传承。法远赏识义青，将自己得到的警玄的顶相授之，让他嗣曹洞宗之法。以"代付"的形式成为警玄法嗣的义青，驻投子山（安徽省舒州）弘化，培养了芙蓉道楷和大洪报恩（1058-1111）等。特别是道楷门下，嗣法出世者达二十九人之多，在传扬曹洞宗宗风方面发挥了重要作用。另外，义青以"代付"的方式嗣法，对面山瑞方（1683-1769）等江户时代的曹洞宗复古论者来说，成为一大问题，因为他们为了防止法系的混乱，重视由"面授"而得到"一师印证"。

名僧辈出的背景，是当时社会上流行士大夫参禅。这一时期有名的居士有：师事东林常聪、佛印了元的苏轼（1037-1101），师事东林常聪的杨龟山（1053-1135），师事佛印了元的苏轼之弟苏辙（1039-1112），苏轼在文学方面的弟子、师事晦堂祖心的黄庭坚（号"山谷"，1045-1105），从学于东林常聪和兜卒从悦、与圆悟克勤等亦有交流的张商英（无尽居士，1043-1121）等。另外还有师事慧林宗本等的富弼（1004-1083），从学广慧元涟（951-1036）和洞山晓聪（？-1030）的许式（11世纪前半叶），参白云守端和天衣义怀的杨杰（11世纪后半叶），从学文慧重元（？-1063）和蒋山法泉（11世纪中叶）的赵抃（11世纪中叶），以及白云守端

▷ 苏轼像（四川省三苏祠）

禅的历史

门下的郭祥正（11世纪后半叶）、圆悟克勤门下的赵令衿（12世纪前半叶）等。

这些士大夫在政务之暇参禅，虽然他们是居士身份，但许多人最终悟得的境界丝毫不逊于禅僧。苏轼、黄庭坚、杨杰、许式、赵令衿等甚至在灯史中得以立传。

苏轼和黄庭坚是宋代具有代表性的文学家。在苏轼的作品中可以看到禅的许多影响，明代甚至编辑出版了《东坡禅喜集》。黄庭坚的文学论受禅的影响很大，其理论通过江西诗派对后代产生了很大影响。另外，文同（与可，1018-1079）和苏轼等文人画家不重"形似"而重"写意"的画风，也可以看出禅的明显痕迹。

此外，禅思想也影响到儒家学者。如周敦颐（濂溪，1017-1073）曾参于黄龙慧南、晦堂祖心、佛印了元、东林常聪。程颢（明道，1032-1085）也自述"出入老释几十年"。王安石（1021-1086）也与佛印了元、真净克文有交往。一般认为周敦颐、程颢的思想中有着禅思想的影响，而他们的思想又是南宋朱子学的基础，可见禅对儒家也极为重要。

### 苏轼与黄庭坚

苏轼，四川眉山人，号东坡。政治家、知名诗人、文学家。与父苏洵（1009-1066）、弟苏辙一起，名列"唐宋八大家"。精于画"墨竹"，为文人画家的先驱（另一位文人画代表人物为文同）。苏轼作为政治家并不成功，因与掌权的王安石政见不和，遭左迁。后虽回到中央，旋又遭左迁，死于赴任途中。师事东林常聪，并嗣其法，与佛印了元、玉泉承皓（？-1091）交游。其文学作品与绘画作品中的禅味浓厚。后世甚至流传他是五祖师戒（10-11世纪）的转世。

黄庭坚，江西洪州人，号山谷。知名诗人、画家。在文学上师从苏轼，政治上也与苏轼同进退。与苏轼一样倾心于禅，参晦堂祖心并嗣其法。受禅思想的影响，黄庭坚提出了独特的诗论。后世的吕本中（1084-1145）、韩驹（1080-1135）等人尊黄庭坚为师，进一步融合诗和禅，形成了江西诗派，在南宋时期影响很大。南宋流行"论诗如论禅"，后来严羽（〈1192-1197〉-〈1241-1245〉）的《沧浪诗话》进一步把禅思想导入诗论。


## 三、丛林生活的确立

随着社会回归安定，如《禅林清规》中所看到的那样，丛林的机构和生活规范逐渐确立，禅僧的生活也规范化。丛林的运营以住持为中心，由"东班"（东序）与"西班"（西序）等管理者各司其职（两班之外，还有直属于住持、照顾其生活的"侍者局"。这些职务本来每年由修行者轮流担任，但元代以后逐渐固定化）。在两班中，东班负责寺庙的经营，由"四执事"构成，即监院（也称监寺，东班的统辖）、维那（维持威仪和纲纪，担任诵经的首唱）、典座（管理伙食）、直岁（负责殿堂的修理以及物品的管理）等。

而西班则负责禅僧的修行和教育，由"六头首"构成，即首座（负责僧堂内的参禅指导）、书记（负责"榜""疏"等寺院文书的起草和抄写）、藏主（负责管理藏经殿所收大藏经）、知客（负责接客）、浴主（又称知浴，负责管理浴室）、库头（负责收支出纳等）等（南宋时期，库头改称副司，移到了东班，取而代之的是知殿〈殿主〉。因为礼仪的重要性增加，所以管理主要活动场所佛殿的知殿的作用受到重视。另外，在东班的监寺之上，又设置了都寺，形成了都寺、监寺、副寺、直岁、维那、典座等"六知事"，与首座、书记、藏主、知客、知殿、知浴等"六头首"的体制）。

除了这些职务，《禅苑清规》中还有延寿堂主等各种各样职名。其中特别引人注目的是庄主或化主（街坊）的职名。前者是负责管理庄园和收税（在唐代，寺田不享受任何税制上的优待，与个人所有的土地一样征税。到南宋，设置了庄主的辅助官"监收"，专门负责收税）的职务，后者负责在市街劝化、获得檀越。这样的职务的出现，说明随着寺院经济的自给自足，寺院的经济基础开始依存庄园经济和檀家信徒。

随着这些职务固定下来，寺院的生活也走向规范。如每隔五日上堂（五参上堂）、逢三逢五做晚参（小参）（后来，上堂逐渐固定在一日、十五日的"旦望"，以及结夏、解夏、冬至、年朝的"四节"），祝圣和三佛忌（佛降诞会、佛成道会、佛涅槃会）等佛教的节日也逐渐固定下来。另外，对住持升座仪式（入院）和葬送仪式也做了详细规定。

丛林中形式化的发展，不能不对僧侣的修行产生影响。过去随时可以进行的与住持之间的问答，成为住持上堂、小参、普说等说法时的附属。后来，禅问答更趋仪式化，往往预先指定禅僧提问。与此相关，"入室参请"（弟子单独到方丈室请问）的重要性增加。南宋公案禅的成立，就与丛林修道形式的变化分不开。

这一时期，以禅宗寺院为中心普遍实行了"十方住持"制度，即不局于法系和门派，从全国遴选优秀的禅师作寺院住持。随着这种制度的确立，各地出现了所谓"名刹"。而名刹地位固定下来的同时，寺院经营也制度化，于是丛林中的升迁形成一定的程序。在当时的制度下，投身寺院的修行者，首先作为"童行"从事杂务、学习基础知识；时机成熟，得度成为"沙弥"；然后受戒，成为"僧"；禅僧在受戒后，还要作云水僧，到各地名刹参访禅匠、积累修行的经验。在寺院，一般要先后担任侍者、藏主、书记等之后，才能成为首座，然后才可能担任住持。住持也讲求资历，往往从小规模的寺院做起，慢慢移到有名的寺院，最后才能住持全国知名的大寺院。

做过住持的人（前住），通常住在称为"东堂""西堂"的寮舍（本寺的前住持住"东堂"，其他寺院的前住持住"西堂"）。有势力的禅僧在寺院旁边结庵而居（最早如黄龙慧南在黄檗山中结积翠庵而居）。而特别有名的禅僧在去世时还单独建造墓塔（一般僧侣的遗骨皆瘗于"海会塔"即共同的墓塔），以墓塔为中心所建的小寺院即塔院。名刹周围往往有一些小庵和塔院。

在成为住持之时，需要明确自己的师承，于是禅僧对于"嗣法"的意识增强。随着禅宗权威的确立，当时"嗣书"（印可状）的授受普遍化，成为一种风习。往往是弟子得到师匠的顶相作为嗣法的凭证。临济宗、云门宗相继编纂出《马祖四家录》（1085 年）、《德山四家录》（佚），也可以说是法系意识增强的表现（这一倾向也延续到了南宋时代，禅宗各派作"宗派图"授予弟子。黄龙派和杨岐派分别编辑了《黄龙四家录》〈1141 年〉和《慈明四家录》〈1153 年〉）。

在此形势下，荐福承古（？-1045）的师承问题被人重新提起。承古住云居道膺（835？-902）的塔院，举扬宗风，被称为"古塔主"。曾参多位禅匠而无功，后见云门文偃（864-949）之语而开悟，故公开宣称嗣法云门。但觉范慧洪在《林间录》（1107 年）等书中批评承古的态度扰乱法系（明末的费隐通容在《五灯严统》（1653 年）中也评承古"师承不详"）。在他们看来，比之"开悟"的事实，更重要的是通过"面授"、从师匠那里直接得到印可的形式。禅僧的正统性要通过嗣法来保证，所以为了维护禅宗的权威，不能承认承古这样自我认定的传承。

### 四、公案批评的流行

随着禅的权威的确立和寺院生活的安定化，禅在各个方面表现出固定化和形式化的倾向。丛林中最重要的禅问答也走向类型化，失去了个性。在此背景下，逐渐流行起来的是公案批评。

在唐代，修行者之间的往来频繁，禅者之间流行相互批评。当初，批评的对象是同时代的禅僧，但随着五代十国到宋代丛林融入社会体制，禅僧开始憧憬过去那种充满生气的禅，批评对象也逐渐以古人为中心，并且大体固定在几位禅师。获得普遍评价的禅问答称为"古则"，即值得效法的古人行履。也仿照司法判例的说法称为"公案"（原意为"政府的审判书""司法判例"）。

如此以来，禅僧们不再靠自己与弟子间的禅问答，而是靠对公案批评的独创性来显示自己的实力。除了通常的批评（拈古）外，还有"颂古"（用诗歌批评）、"著语"

（短评）、"评唱"（讲评）等各种形式的批评。同时还有对批评的批评，公案批评成为语录的重要构成要素，所占的比例也逐渐增加。不仅如此，《建中靖国续灯录》（1101年）还将内容分为"正宗""对机""拈古""颂古""偈颂"等五部分，"拈古""颂古"在灯史中也成为重要组成部分（"拈古""颂古"也出现在南宋的《嘉泰普灯录》〈1204年〉等著作中）。

在各种各样的公案批评中，"颂古"出现于唐末，这与当时的时代风尚密切相关。因为"颂古"需要一定的文学素养，所以在诗风极盛的唐代，这种公案批评很流行。出现了"颂古百则""颂古百十则"等许多"颂古"集成性质的作品。其源头可追溯到汾阳善昭于天禧年间（1017-1021）所作的"颂古百则"。之后又先后出现了雪窦重显的《颂古百则》、白云守端的《颂古百十则》、投子义青和丹霞子淳的《颂古百则》等。特别是富有文学素养的重显的"颂古百则"得到很高评价。圆悟克勤（1063-1135）常以此为教材进行讲评。他的弟子们将这些讲议汇编成书，此即有名的《碧岩录》（《碧岩集》，1125年）。

这一时期的"拈古"集有慧岩宗永（生卒年月不详）的《宗门统要》（1135年），南宋的灯史《宗门联灯会要》（晦翁悟明编，1189年）即依据此书编辑而成。元代又出现此书的续编《宗门统要续集》（古林清茂编，1320年），对后世影响很大。

### 《碧岩录》

宋代圆悟克勤对雪窦重显的《颂古百则》讲义的汇集，1125年刊行。书名源于圆悟所住夹山灵泉禅院的题额。各则由垂示和本则、对本则的评唱和颂古、对颂古的评唱构成。本则与颂古出自雪窦（980-1052）之手。雪窦是云门宗第三世，被尊为云门宗的中兴之祖。他的颂古富有文学性，为人们所喜爱。圆悟选择雪窦的颂古做讲义，就与这种风尚有关。雪窦的"颂古百则"虽时含讽刺，但对前代的禅师却充满敬意。圆悟的垂示和评唱，多为对弟子的教戒以及修行者应该铭记的禅宗史上的佳话。还有对于本则

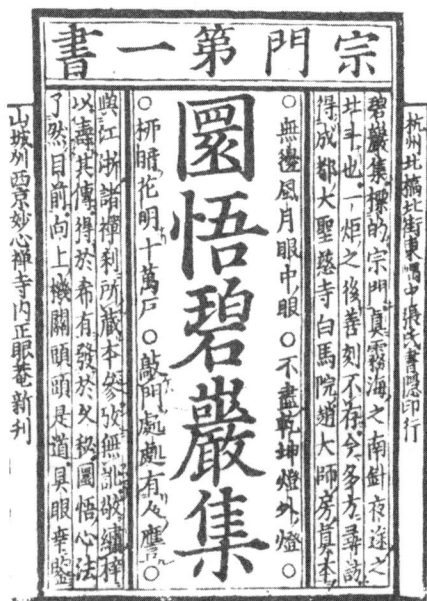

▷ 五山版《碧岩录》扉（大东急记念文库藏）

和颂古双方用著语方式所作的辛辣的评论。在本则中登场的禅者、雪窦、圆悟三者个性各异，在一种紧张关系中呈现出一种相互激扬的风采。本书也成为禅宗史上稀有的作品，所以一经问世即传扬开来。但圆悟的弟子大慧宗杲（1089-1163）却认为此书对修行有害，所以收集诸刊本，全部烧毁。但此书影响依旧甚大，类似形式的公案集如《从容录》（1224 年，宏智正觉颂古，万松行秀评唱）、《空谷集》（1285 年，投子义青颂古，丹霞子淳著语，林泉从伦评唱）、《虚堂集》（1295 年，丹霞子淳颂古，林泉从伦评唱）等先后问世。日本的禅是宋朝禅的移入，所以在日本，本书也作为"宗门第一书"得到诸多研究和讲评，南北朝以后，时见印行。另外，圆悟克勤还著有《佛果圆悟击节录》（雪窦重显拈古，圆悟克勤著语和评唱），流传甚广，此书是对雪窦重显的《颂古百则》的讲评集。后来的《请益录》（1230 年，宏智正觉拈古，万松行秀著语评唱）就是仿此书体例编撰而成。

## 五、禅的世俗化与诸宗融合

这一时期禅的特征，可以说是禅向士大夫阶层的渗透，但反过来，这一状况也给禅的风格带来了巨大变化。概括言之，即丛林的世俗化、对文学和绘画的重视、与净土信仰的妥协等。

出于表达自己禅体验以及弘法的需要，禅宗本来就包含许多文学的要素。而随着禅僧与士大夫交流的密切化，诗文作为交际手段受到重视。如觉范慧洪长于文才，有多部著作传世，其中的诗文集《石门文字禅》流传甚广。另外如《冷斋诗话》等，其内容几乎全是诗话（诗文批评）。在丛林中备受欢迎的唐代诗僧寒山和拾得的诗集《寒山诗集》也是在这一时期问世。

另外，当时作为个人爱好，酷爱绘画的禅僧很多。如与黄庭坚等交游的仲仁（花光，11-12 世纪）以画"墨梅"知名，其画风对文人画家影响很大，据说觉范慧洪亦模仿他的画风。另一方面，在文人画家中也有受到禅的影响者。如与苏轼、黄庭坚关系密切的李公麟（1049-1106）的作品中，就有许多精彩的"禅会图"，其"道释人物画"也得到士大夫的激赏。

这一倾向在唐末、五代时期就已经出现，只是当时的僧侣虽醉心书画，却常常得不到肯定的评价。后来宋王朝的统治得到巩固、社会安定下来，文化受到重视，作为士大夫教养的诗书画得到尊重，僧侣的这些才能才得到肯定。

这一时期的禅思想的另一特征是禅与净土信仰的融合。禅净双修的先驱当推活跃于五代宋初的永明延寿。北宋后期，这一思想见于天衣义怀、慧林宗本、慈受怀深、长芦宗赜等云门宗禅师，以及临济宗的死心悟新、曹洞宗的真歇清了（南宋时代，1089–1151）等禅师的著述中。宗赜等追慕庐山莲社遗风，结莲华胜会。为此，宗晓（1151–1214）在《乐邦文类》卷三中收录了宗赜的传记，并尊之为"莲宗六祖"。

初期的禅宗文献曾对西方往生进行了激烈批判。本来净土信仰的"他力"思想与作为禅宗思想根干的"见性成佛"说难以并存。但中国的净土思想一般具有强烈的"唯心净土"倾向，又容易与禅融合。这一点与坚持"指方立相之净土"的日本净土信仰不同。禅吸收净土信仰的思想还有其他的理由：其一是社会对禅僧追求"开悟"的独善其身态度的批判，使禅僧开始关注"念佛"这一切实可行的修行法；其二是在此之前净土信仰在社会上的广泛传播。当时，天台宗的四明知礼、慈云遵式、宗晓，律宗的灵芝元照等皆信奉净土信仰，可见净土信仰已经超出了宗派的界限，被人们所广泛接受。在此背景下，即便是受到士大夫阶层的支持、成为佛教主流的禅宗也不能无视这一现实。

### 觉范慧洪

亦名德洪，筠州新昌县（江西省）人，俗姓彭（一说姓喻）。十四岁时以两亲去世为契机而出家，十九岁得度。初学《成唯识论》等传统佛教，后转向禅，师事真净克文等耆宿，嗣克文之法。曾住抚州（江西省）北的石门景德寺，后游金陵。住瑞州清凉寺（1105 年）时，遭诬告入狱。后来得到张商英等的救助而出狱。但之后又三次入狱（1109 年、1114 年、1118 年），历经磨难。后来对诗文产生兴趣，晚年住湘西（湖南省）南台寺，专心撰写《禅林僧宝传》等著作。长于文学，有《林间录》《禅林僧宝传》《泠斋夜话》《石门文字禅》等许多著作。后得"宝觉圆明禅师"赐号，其塔铭系韩驹所撰。

## 参考文献

荒木见悟　《宋代思想史的诸相》（《中国思想史的诸相》，中国书店，1989 年）

安藤俊雄　《天台性具思想论》（法藏馆，1953 年）

安藤俊雄　《天台学　根本思想及其演变》（平乐寺书店，1968 年）

安藤智信　《关于宋代张商英——以有关佛教的事迹为中心》（《东方学》22，1961 年）

石井修道　《关于曹山本寂五位说的创立》（《宗学研究》28，1986 年）

石井修道　《真净克文其人与思想》（《驹泽大学佛教学部研究纪要》34，1976 年）

禅的历史

石井修道 《宋代禅宗史研究》（大东出版社，1987 年）

石附胜龙 《关于君臣五位》（《印度学佛教学研究》16-2，1968 年）

入矢仙介，松村昂 《寒山诗》（《禅的语录》13，筑摩书房，1970 年）

入矢义高，梶谷宗忍，柳田圣山 《雪窦颂古》（《禅的语录》15，筑摩书房，1981 年）

入矢义高，沟口雄三，末木文美士，伊藤文生 《碧岩录》（上、中、下）（岩波
文库，岩波书店，1992-199 年）

宇井伯寿 《第三 禅宗史研究》（《印度哲学研究》12，岩波书店，1943 年）

大野修作 《慧洪〈石门文字禅〉的文字世界》（《禅学研究》67，1989 年）

镜岛元隆 《作为〈永平清规〉背景的〈百丈清规〉》（《道元禅师及其周边》，大
东出版社，1985 年）

镜岛元隆，佐藤达玄，小坂机融 《译注 禅苑清规》（曹洞宗宗务厅，1972 年）

久须本文雄 《宋代儒学的禅思想研究》（日进堂，1980 年）

小坂机融 《清规变迁的底流（1）》（《宗学研究》5，1963 年）

佐藤达玄 《北宋丛林的经济生活》（《驹泽大学佛教学部研究纪要》25，1967 年）

佐桥法龙 《正偏五位说研究》（《宗学研究》创刊号，1956 年）

椎名宏雄 《宋元版禅籍的研究》（大东出版社，1993 年）

岛田虔次 《辅教编》（《禅的语录》14，筑摩书房，1981 年）

高雄义坚 《宋代佛教史研究》（百华苑，1975 年）

永井政之 《中国佛教成立的一个侧面 —— 三佛忌的成立与演变》（《驹泽大学佛
教学部论集》25，1994 年）

永井政之 《中国佛教成立的一个侧面 —— 中国禅宗葬送仪礼的成立与演变》
（《驹泽大学佛教学部论集》26，1995 年）

西口芳男 《黄龙慧南的临济宗改宗与劝潭怀澄 —— 兼论〈宗门摭英集〉的地位
及其资料的价值》（《禅文化研究所纪要》16，1990 年）

忽滑谷快天 《禅学思想史（下卷）》（玄黄社，1925 年）

牧田谛亮 《赵宋佛教史中的契嵩》（《中国近世佛教史研究》，平乐寺书店，1957 年）

增永灵凤 《中国禅宗史中五家的地位与性格》（《驹泽大学佛教学部研究纪要》
14，1956 年）

诸户立雄 《宋代僧侣的税役问题 ——以免丁钱（清闲钱）为中心》（《中国佛教
制度史的研究》，平河出版社，1990 年）

柳田圣山 《禅文化 —— 资料篇》（《〈禅文化〉研究班研究报告》第一册，《禅林
僧宝传译注》(一)，京都大学人文科学研究所，1988 年）

# ［禅的系谱4］

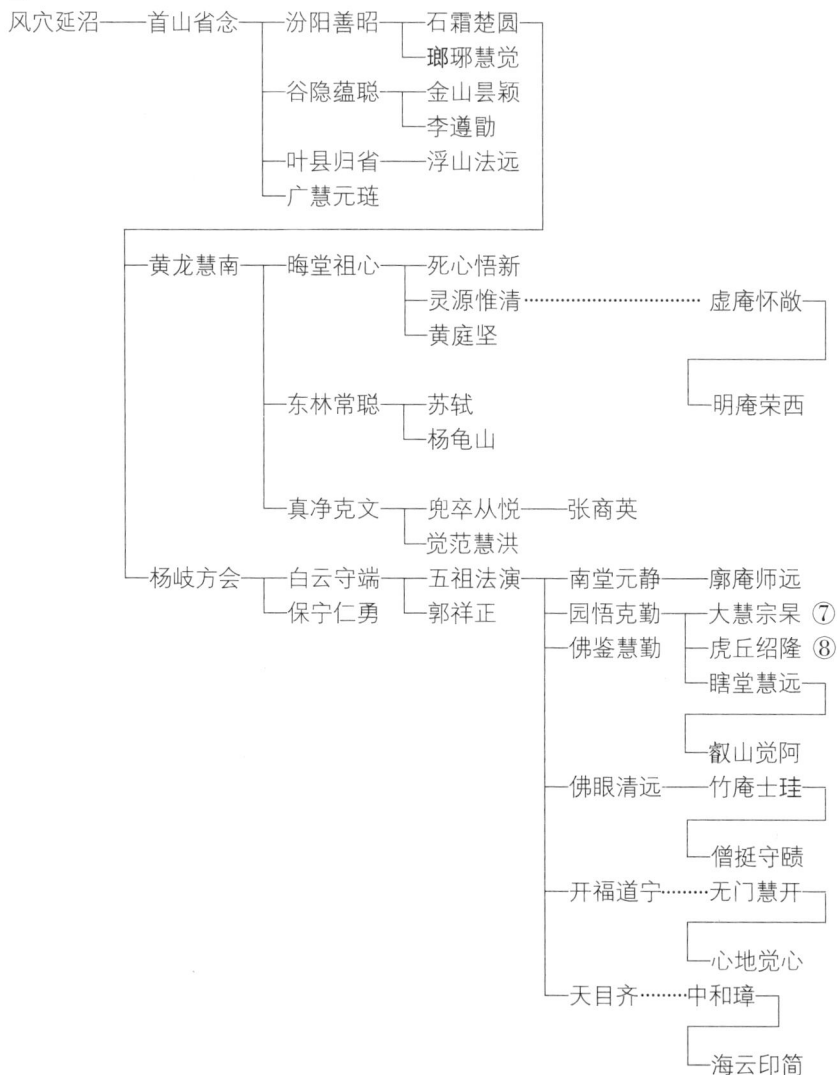

④
风穴延沼——首山省念——汾阳善昭——石霜楚圆
　　　　　　　　　　　　　　　瑯琊慧觉
　　　　　　　　　　　谷隐蕴聪——金山昙颖
　　　　　　　　　　　　　　　李遵勖
　　　　　　　　　　　叶县归省——浮山法远
　　　　　　　　　　　广慧元琏

　　　　　黄龙慧南——晦堂祖心——死心悟新
　　　　　　　　　　　　　　　灵源惟清·············虚庵怀敞
　　　　　　　　　　　　　　　黄庭坚
　　　　　　　　　　　　　　　　　　　　　　　明庵荣西

　　　　　　　　　　　东林常聪——苏轼
　　　　　　　　　　　　　　　杨龟山

　　　　　　　　　　　真净克文——兜率从悦——张商英
　　　　　　　　　　　　　　　觉范慧洪
　　　　　杨岐方会——白云守端——五祖法演——南堂元静——廓庵师远
　　　　　　　　　　　保宁仁勇——郭祥正　　园悟克勤——大慧宗杲 ⑦
　　　　　　　　　　　　　　　　　　　　佛鉴慧勤——虎丘绍隆 ⑧
　　　　　　　　　　　　　　　　　　　　　　　瞎堂慧远

　　　　　　　　　　　　　　　　　　　　　　　叡山觉阿

　　　　　　　　　　　　　　　　　佛眼清远——竹庵士珪

　　　　　　　　　　　　　　　　　　　　　　　僧挺守赜

　　　　　　　　　　　　　　　　　开福道宁·······无门慧开

　　　　　　　　　　　　　　　　　　　　　　　心地觉心

　　　　　　　　　　　　　　　　　天目齐·······中和璋

　　　　　　　　　　　　　　　　　　　　　　　海云印简

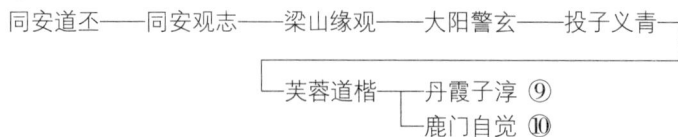

⑤
同安道丕——同安观志——梁山缘观——大阳警玄——投子义青
　　　　　　　　　　芙蓉道楷——丹霞子淳 ⑨
　　　　　　　　　　　　　　　鹿门自觉 ⑩

⑥

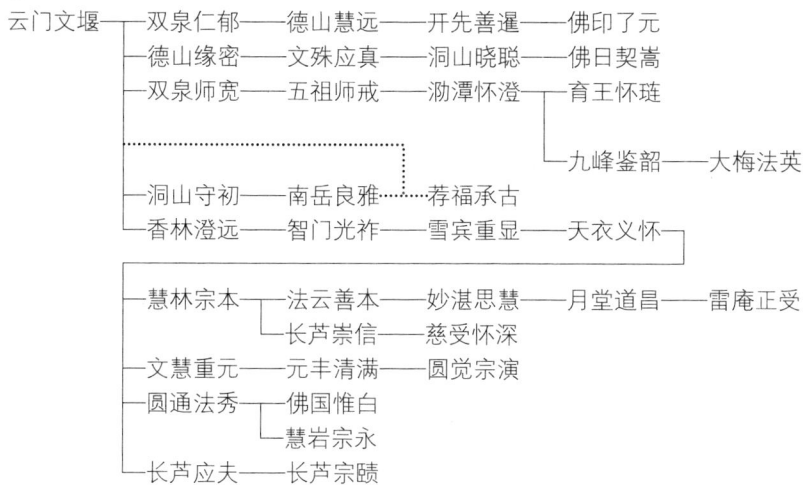

云门文堰┬双泉仁郁———德山慧远———开先善暹———佛印了元
├德山缘密———文殊应真———洞山晓聪———佛日契嵩
├双泉师宽———五祖师戒———泐潭怀澄┬育王怀琏
│                                                  └九峰鉴韶———大梅法英
├洞山守初———南岳良雅┄┄荐福承古
├香林澄远———智门光祚———雪窦重显———天衣义怀┐
├慧林宗本┬法云善本———妙湛思慧———月堂道昌———雷庵正受
│        └长芦崇信———慈受怀深
├文慧重元———元丰清满———圆觉宗演
├圆通法秀┬佛国惟白
│        └慧岩宗永
└长芦应夫———长芦宗赜

# [ 禅关系地图 4 ]

① 开封相国寺慧林院
（宗本・怀深住）
② 长芦寺
（法秀・应夫住）
③ 蒋山（摄山）
（慧勤住）
④ 虎丘山
（契嵩住）
⑤ 径山
（克勤住）

⑥ 灵隐山永安精舍
（契嵩住）
⑦ 云居山
（了元住）
⑧ 龙山
（契嵩・了元住）
⑨ 太白山（天童山）
（惟白住）
⑩ 五祖山（东山・凭茂山）
（法演・师戒住）

⑪ 庐山归宗寺
（了元住）
庐山东林寺
（常聪住）
⑫ 黄龙山
（祖心・悟新・惟清住）

孝义太子寺（善昭住）

芙蓉山

金山（昙颖住）

凤台山保宁寺

汝州广慧院 ①

瑯琊山

丹霞山  首山

②③

宝安山广教院（归省住）

④ 佛日山

洞山

谷隐山 大洪山

投子山

石门山  大阳山  金陵

⑧

⑨

香林山

龙居山智门寺⑪ 白云山

夹山（克勤住）

⑩

文殊山

⑤

⑥ ⑦  大梅山

德山

荐福山

雪窦山

湘西
（慧洪住）

⑫

石门山（克文住）

法华山天衣寺

石霜山

龙安山兜率院

雪峰山（宗演住）

杨岐山

禅的历史

第五章

# 禅的继承与维持——南宋、金、元时代的禅

## 第一节  南宋时期的禅

### 一、南宋的社会情势

经靖难之变，北宋灭亡。1127 年，钦宗之弟赵构（1107-1187）在南京应天府即位（高宗，1127-1162 在位），复兴宋朝，定都临安（浙江省杭州），此即南宋（1127-1279）。历史进入金、西夏、南宋三国鼎立时代。被赶到江南的南宋，起初还试图收复失地，但成为金的俘虏的秦桧（1090-1155）归国以后，讲和派得势。1142 年，双方签订和议，主战派的首领岳飞（1103-1142）被处刑。和议中有宋对金执臣礼、岁岁纳贡等屈辱内容。1145 年，政府开始对僧侣征收人头税即免丁钱。这事实上表明政府加强了对佛教的控制，之后，根据僧籍账征收免丁钱成为政府佛教政策的中心内容。

1161 年，发生了金国进攻海陵王的事件，但最后以有利于南宋的条件讲和。之后继位的孝宗（1163-1189 在位）的时代，社会相对安宁。这一时期，大慧宗杲（1089-1163）的弟子密庵咸杰（1118-1186）等禅僧很活跃，而朱熹（朱子，1130-1200）也在这一时期完成了朱子学的构筑。但到 12 世纪末，外戚韩侂胄（1152-1207）掌权，镇压反对派（也称道学派，包括朱熹等），此即"庆元党禁"，并对金发动战争，社会重新动荡起来。

1207 年，韩侂胄被暗杀，宋与金重新议和。但之后又有史弥远（1164-1233）、贾似道（1213-1275）等宰相专权。1217 年，宋与受蒙古族压迫而国势衰弱的金国重

开战端。1233 年到 1234 年，协助蒙古族征服金。1235 年以后，面对蒙古族的不断进攻，宋朝步步防御，社会不安加剧。

1260 年，蒙古第五代可汗忽必烈即位（元世祖，1260–1294 在位），他与前代可汗不同，立志一统天下。1273 年攻克襄阳，次年，对南宋宣战。他以伯颜为总指挥，对南宋发起总攻。南宋军队在各地接连败北，1275 年，贾似道率领的十三万大军在芜湖（安徽省）大败。贾似道下台后，在舆论压力下被处死。

1276 年，蒙古军队兵临临安城下，恭帝（1274–1276）为首的南宋朝廷投降，皇族、高官数千人被带往上都。南宋的残余势力相继拥立端宗（1276–1278 在位）和卫王（1278–1279 在位）继续抵抗至 1279 年，最后在广东的崖山被歼灭。

## 二、禅宗各派的动向

进入南宋，云门宗的活动渐渐沉寂下去，较知名的禅僧只有《嘉泰普灯录》（1204 年）的编者雷庵正受（1146–1208）等。而到南宋末年，云门宗传承也完全断绝，而临济宗和曹洞宗成为禅的主流。其中，临济宗杨岐派发展势头很盛，特别是圆悟克勤（1063–1135）的门下大慧宗杲（1089–1163）拥有众多弟子，自成一派（大慧派）。

大慧的弟子有拙庵德光（佛照禅师，1121–1203）、懒庵鼎需（1092–1153）、开善导谦（密庵，生卒年不详）、晓莹仲温（1116–？）等；拙庵德光的弟子有北涧居简（1164–1246）、浙翁如琰（1151–1225）；北涧居简的弟子有物初大观（13 世纪中叶）等；浙翁如琰的弟子有大川普济（1179–1253）、偃溪广闻（1189–1263）、晦岩智昭（12–13 世纪）等，晦岩智昭试图明确五家的特色，著有《人天眼目》（1183 年）。

大慧宗杲积极与士大夫交往，其门下集聚了许多居士，知名者包括最得大慧信任的张九成（1092–1159），以及有名的文学家吕本中（1084–1145）、韩驹（1080–1136）、李邴（1085–1146）等。

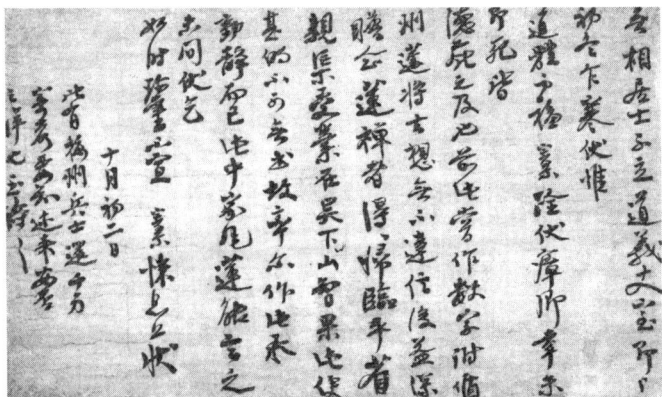

▷　大慧宗杲墨迹（东京国立博物馆藏）

　　　　禅的历史

### 大慧宗杲

十六岁得度，十七岁受具足戒。初学于芙蓉道楷的弟子洞山道微（生卒年不详），后师事临济宗黄龙派的湛堂文准（1061-1115）。文准没后，遵其遗命和张商英（1043-1121）的劝告，成杨岐派圆悟克勤的弟子（1125年），并嗣其法。1141年，住径山（浙江省），集聚学徒千人，被誉为"临济再兴"。1141年，卷入政争，被发配到衡州（湖南省）和梅州（广东省），后得赦，住明州（浙江省）的阿育王山。1158年，再入径山。1163年入寂，世寿75岁。著作有《正眼法藏》《大慧语录》《大慧法语》《大慧普说》《大慧书》等。从五祖法演到圆悟克勤，皆以公案指导学徒。大慧继承发展了这一指导法，集公案禅之大成。同时对曹洞宗的默照禅进行了激烈批判。另外，继承马祖以来的大机大用禅的传统，主张王法和佛法的一致，通过门下的士大夫，积极参与社会。这一积极进取的姿态和禅思想对朱熹等产生了很大影响。

后因密庵咸杰的活跃，虎丘绍隆（克勤弟子，1077-1136）的系统（虎丘派）声势日盛。密庵咸杰门下中，松源崇岳（1132-1202）、破庵祖先（1136-1211）等自成一派（松源派、破庵派）。松源派的虚堂智愚（1185-1269）、破庵派的无准师范（佛鉴禅师，1177-1249）非常活跃，两人皆接受了理宗皇帝（1224-1264在位）的皈依。

虚堂智愚门下虽然也有灵石如芝（生卒年不详）等弟子，但最活跃的是无准师范的弟子。其中，最著名的是被称为"四哲"的别山祖智（1200-1260）、断桥妙伦（1201-1261）、西岩了惠（1198-1262）、兀庵普宁（1197-1276）。此外，还有著《五家正宗赞》（1254年）、论五家宗风相异的希叟绍昙（生卒年月不详），有名的画僧牧溪（法常，？-1281）、环溪惟一（1202-1281）、退耕德宁（生卒年月不详）、雪岩祖钦（1215-1287）、无学祖元（1226-1286）等。圆悟克勤的系统之外，值得注目的禅僧还有《古尊宿语录》（约成书于1138-1134）的编者僧挺守赜（赜藏主，生卒年月不详）、《无门关》（1229年）的著者无门慧开（1183-1260）等。

在以上著名禅僧的道场中，有许多从日本和朝鲜来的学僧。这些学僧的数量，甚至超出了中国人学僧的数量。有名的日本留学僧包括：嗣法虚堂智愚的南浦绍明（1235-1308）、嗣法无准师范的东福圆尔（1202-1280）、参于断桥妙伦的无关普门（1212-1291）、参于希叟绍昙的白云慧晓（1228-1297）等。

在曹洞宗中，丹霞子淳（1064-1117）的门下有宏智正觉（天童正觉，1091-1157）、真歇清了（1088-1151）在临济宗之外，举扬宗风，别树一帜，但其势力远远不及临济宗。不过特别值得一提的是，出自真歇清了系统的天童如净（1163-1228）向入宋参禅的日本僧道元（1200-1253）传法，成为日本曹洞宗的起点。

▷ 无准师范顶相（东福寺藏）

南宋末期到元朝初期，松源派的兰溪道隆（1213-1278，1246 年渡日）、破庵派的兀庵普宁（1197-1276，1260 渡日，1265 年回国）和无学祖元（1226-1286，1279 年渡日）等优秀禅僧相继渡日。其中有像一山一宁（1247-1317，1299 年渡日）那样的元朝的使节，但更多的是受到日方的恳请或者是出于对于南宋末期政争以及元朝异族统治的不满而东渡的僧人。

关于南宋佛教界的情势，特别值得一提的是禅与天台宗之间的关系发生了很大变化。在北宋时代，像在四明知礼（960-1028）那里所看到的那样，天台宗人经常把批判的矛头指向禅宗。但到南宋时期，天台宗人则积极接近禅宗。天台宗的清修法久（？-1163）、竹庵可观（1092-1182）、北峰宗印（1148-1213）参于大慧宗杲。觉运智连（1088-1163）师事宏智正觉。他们的弟子很多也在禅师处参禅，如宗印的弟子晦岩法照（1185-1273）参于痴绝道冲（1169-1250）和虚堂智愚等（法照还曾为兰溪道隆的《大觉禅师语录》写序而知名）。他们关心禅，是想通过参禅实际体证天台法门，而清修法久还在天台的寺院采用禅林的清规。我们现在看到的《教苑清规》是明初的一庵一如（生卒年月不详）传到日本、云外自庆（生卒年月不详）1347 年再编的版本，其祖本或许就是法久的版本。在天台宗的僧人中，还有像牧庵法忠（1084-1149）和净慈昙密（1120-1188）那样改换门庭而成为禅僧者。因为禅宗具有压倒性的影响力，在佛教制度方面，禅寺以"两班"管理寺院的方式以及"十方住持"制度也被教寺和律寺所采用，成为各宗寺院通用的制度（如省悟编辑的《律苑清规》，也刊行于1324 年）。

## 三、禅籍的入藏和出版

如前所述，宋太祖曾下令刊刻大藏经（971 年），并在印经院印行。而到北宋末年，随着经济的发展，在民间也开始刊行大藏经，这一趋势一直延续到南宋。先后有福州东禅寺版大藏经（1080-1112 年）、福州开元寺版大藏经（1112-1315 年）、湖州思溪版大藏经（1133 年左右）、平江府碛砂版大藏经（1229-1322）等刊行。随着禅宗权威的确立，《景德传灯录》《传法正宗记》《传法心要》《六祖坛经》《大慧禅师语录》等被批准入藏，这些典籍随着大藏经的流布而传播开来（禅宗典籍的入藏一直持续到元明时代，如元代的《中峰和尚广录》、明代的《护法论》《圆悟佛果禅师语录》等）。

宋朝的大藏经的刊刻也对周边诸国产生了很大影响。辽、金、高丽也出版了大藏经（分别为契丹版大藏经〈1031-1064 年〉、金刻版大藏经〈1149-？〉、高丽版大藏经〈初刻本，1011-1087，再刻本，1236-1251 年〉）。在这些大藏经中，既有宋朝已经入藏的禅宗典籍也有新收录的典籍，这在防止禅籍散佚方面发挥了重要作用。例如，一直认为已经失传的《宝林传》和《传灯玉英集》已在金刻大藏经中找到，《祖堂集》则从高丽版大藏经的附录中找到。

宋代出版业兴盛，出现了以盈利为目的的出版活动。在此背景下，在大藏经的刊行之外，还有重要的禅宗典籍得以个别印行。著名的有佛日契嵩（1007-1072）刊行的《六祖坛经》（1056年）、圆觉宗演（生卒年不详）刊行的《镇州临济慧照禅师语录》（1120年）和《云门匡真禅师广录》（1076）等。

进入南宋时期，禅籍刊行日盛，很多语录得到印行。其中特别引人注目的是集诸多语录在一起的丛书的出版。如福州（福建省）鼓山的赜藏主集南泉普愿（748-834）、投子大同（819-914）等唐宋二十人的语录编为《古尊宿语要》（1128-1144年）刊行。此书后来两度（1178年、1267年）增补，不仅成为明代入藏的《古尊宿语录》（南藏，1403年）的基础，而且在1238年刊行了集八十家语录的续编《续开古尊宿语要》，对后世影响很大。

### 古尊宿语要与古尊宿语录

1140年前后，赜藏主（僧挺守赜，12世纪中叶）在福州鼓山（福建省）刊行了《古尊宿语要》。此书在向后世传承从唐到宋出现的大量语录方面，发挥了非常重要的作用。其内容包括：(1)《池州南泉普愿和尚语要》（南泉普愿）、(2)《投子和尚语录》（投子大同）、(3)《睦州和尚语录》（睦州道踪）、(4)《赵州真际禅师语录》（赵州从谂）、(5)《汝州南院颙和尚语要》（南院慧颙）、(6)《汝州首山念和尚语要》（首山省念）、(7)《汝州叶县广教省禅师语录》（叶县归省）、(8)《潭州神鼎山第一代諲禅师语录》（鼎山洪諲）、(9)《并州承天嵩和尚语录》（承天智嵩）、(10)《石门山慈照禅师凤岩集》（谷隐蕴聪）、(11)《舒州法华山举和尚语要》（法华全举）、(12)《筠州大愚芝和尚语录》（大愚守芝）、(13)《云峰悦禅师语录》（云峰文悦）、(14)《袁州杨岐会和尚语录》（杨岐方会）、(15)《潭州道吾真禅师语要》（道吾悟真）、(16)《大隋神照禅师语要》（大隋法真）、(17)《子湖山第一代神力禅师语录》（子湖利踪）、(18)《鼓山先兴圣国师和尚法堂玄要广集》（鼓山神山）、(19)《襄州洞山第二代初禅师语录》（洞山守初）、(20)《智门祚禅师语录》（智门光祚）。之后，1178年再版之际，增补了(21)《舒州白云山海会演和尚语录》（五祖法演）、(22)《滁州瑯琊山觉和尚语录》（瑯琊慧觉）。1267年再版之际，又增加了(23)《镇州临济慧照禅师语录》（临济义玄）、(24)《云门匡真禅师广录》（云门文偃）、(25)《舒州龙门佛眼和尚语录》（佛眼清远）、(26)《宝峰云庵真净禅师语录》（真净克文）、(27)《东

禅的历史

林和尚云门庵主颂古》（竹庵土珪、大慧宗杲）等五家语录，书名也改为《古尊宿语录》。1403 年，此书在收入南藏时，又增加了十七家，即（28）《南岳大慧禅师语》（南岳怀让）、（29）《马祖大寂禅师语》、（30）《百丈怀海禅师语》（百丈怀海）、（31）《筠州黄檗断际禅师语》《宛陵录》（黄檗希运）、（32）《兴化禅师语录》（兴化存奖）、（33）《风穴禅师语录》（风穴延沼）、（34）《汾阳昭禅师语》（汾阳善昭）、（35）《慈明禅师语录》（石霜楚圆）、（36）《白云端禅师语》（白云守端）、（37）《佛照禅师径山育王语》（拙庵德光）、（38）《北涧简禅师》（北涧居简）、（39）《物初观禅师》（物初大观）、（40）《晦机禅师语录》（晦机元熙）、（41）《广智全悟禅师》（笑隐大䜣）、（42）《仲方和尚语录》（仲方天伦）、（43）《觉原昙禅师》（觉原慧昙）、（44）《佛照禅师奏对录》（拙庵德光）。编者定岩净戒（？ -1418）在编这些语录时，做了相当多的节录，而在后来的万历版大藏经（嘉兴藏）刊行时，又进行了复原的工作，并略去了（36）到（43）的语录，基本上成为我们现在所看到的内容。

以上是从南宋的《古尊宿语要》到现在的《古尊宿语录》的演变过程。除此之外，1238 年，鼓山的晦室师明（13 世纪前半叶），汇集八十家语录，编成《古尊宿语要》的续集《续古尊宿语要》，似乎计划与正编一起编成百家语录，但除了篇首的《临济录》，其余各家皆为节录。

在宋代，语录的编辑往往是在语录的主人生前亲自监督下进行，在主人生前或去世不久刊行，如汾阳善昭（947-1024）、石霜楚圆（986-1039）、雪窦重显（980-1052）等人的语录就是如此。如果是语录主人去世后编辑，通常将完成稿交给禅门大德修改、写序跋，然后刊行。宋代禅籍的出版和流通，是禅宗向社会广泛渗透的原动力之一。

宋代刊本的意义还不限于此。因为禅籍的刊行，唐代和宋初的禅籍得以流传后世。如《六祖坛经》的宋代刊本就与后代的改编本不同，还保留着很多原始的形态，在研究禅宗的历史方面，有着极为重要的资料价值。

宋代的刊本因为留学僧和商人而大量传到日本，直到今日还有相当数量存世。因为雕刻技术出众、工艺价值高超，"宋版"一直被人们所看重。"宋版"与"唐版"一起，在日本被视为"唐物"流传到日本，被用作"五山版"的底本，给日本禅籍的出版带来很大影响。

## 四、公案禅的形成

到南宋时代，公案批评渐盛，出现了由大慧宗杲对种种公案所做的著语和评唱编辑而成的《正眼法藏》。其中最盛行的是颂古，出版了有名的颂古集的集成，如宏智正觉、雪庵从瑾（1117-1200）、虚堂智愚等所作的《颂古百则》和《四家录》（收录雪窦重显、投子义青、天童正觉、丹霞子淳的颂古集）。继北宋的《宗门统要》之后，还出现了《禅宗颂古联珠通集》（1175 年初编）等禅僧的颂古或拈古的集成。这些典籍在元代以后大多得到增补，内容得到充实。

公案禅的流行也给灯史带来了影响，如《宗门联灯会要》（1183 年）比之禅僧的传记更注重公案。这类禅籍明显受到《正眼法藏》和《宗门统要》的影响。

### 公案集成

公案、拈古、颂谷的集成，最早的是北宋的慧岩宗永（生卒年不详）所编的《宗门统要》（1133 年）。元代有古林清茂（1262-1329）所编《宗门统要续集》（1320 年），而清代的位中净符进一步加以增补，编成《宗门拈古汇集》（1664 年）。这种公案集成，往往随着时代的变迁而有所增补，如宋代法应（生卒年不详）所编《禅宗颂古联珠通集》，在 1317 年由元代的鲁庵普会（生卒年不详）增补了相关内容。另外，祖庆（生卒年不详）所编《拈八方珠玉集》（1257 年），1125 年，由佛鉴慧勤（1059-1117）和圆悟克勤（1063-1135）拈古，1136 年，又由正觉宗显（11-12世纪）加以增补，并附上了祖庆之师石溪心月（？-1254）的著语。除此之外，还有大慧宗杲对六百六十则公案所做的著语和评唱集《正法眼藏》（1147 年），以及元代的善俊、智境、道泰共编的《禅林类聚》（1307 年）。

宋代以后，丛林中重视"开悟之体验"的倾向越来越明显。在北宗禅中受到重视的"开悟之体验"从荷泽神会（684-758）开始受到了忽视，而到马祖道一（709-788）以后，更是几乎被忽略。禅宗再次重视"禅体验"，说明禅僧的注意力再次向内转。公案批评的流行，反映了丛林融入了社会组织中，过去的那种活动的自由已经不再。禅僧的内向化倾向也是源于这种禅风的改变。

公案批评的流行，与重视"开悟体验"的禅风相结合，在南宋时代催生了"公案禅"（看话禅）。这一修行法源于五祖法演和圆悟克勤，为大慧宗杲所发扬光大。其通常的做法是，利用"公案"半强制性地让修行者起"疑团"，引导学僧"开悟"。

公案本来是借过去禅师的言行来表现开悟的境地。依公案而开悟，古而有之。如黄龙慧南（1002-1069）等在石霜楚圆会下以"赵州勘婆"公案而得悟，据说慧南在指导弟子时也多用公案。

但在公案禅中，公案不过是一种道具。对其内容的理解则是因人而异。重要的

禅的历史

只是师匠如何能够借公案而让学僧起疑团。为此，师匠多用"赵州无字"等难解的公案。比之师匠的个性，人们更重视师匠指导后学的技巧是否高妙。

公案禅在引导学僧开悟这一点上有着显著的效果，所以在禅林很流行。特别是大慧宗杲利用这一方法，培养了包括士大夫在内的众多弟子，在社会上影响很大，被称为"公案禅的集大成者"。但不可否认，公案禅的出现也使得禅变得刻板僵硬，失去了许多原有的魅力。

大慧宗杲及其弟子留下了许多著作，其中有些可以称为禅林的逸话集。代表性的著作有大慧宗杲的《大慧武库》（开善道谦编，1186 年）、晓莹仲温（大慧宗杲的弟子）的《罗湖野录》（1155 年）和《感山云卧纪谈》（云卧纪谈，1179 年）、东吴净善（生卒年不详）的《禅林宝训》（1180 年左右）、者庵惠彬（生卒年不详）的《丛林公论》（1189 年）、古月道融（生卒年不详）的《丛林盛事》（1197 年）等。稍后则有四明昙秀（笑翁妙堪〈1177–1248〉的弟子）的《人天宝鉴》（1230 年）、枯崖圆悟（偃溪广闻〈1189–1263〉的弟子）的《枯崖和尚漫录》（枯崖漫录，1263 年）等。这些著作皆是为了激励修行者去开悟。不过在短时期内集中出现这么多的同类著作，则是公案禅使然。在大慧宗杲写给官吏的书信集《大慧书》（慧然〈生卒年不详〉编，1166 年）中也能看出这一性格。

同时，也有对公案禅不以为然者，比如曹洞宗的真歇清了和宏智正觉（相对于"公案禅"，这些人的禅法被称为"默照禅"）等。但在大慧禅的魅力面前，难成气候。在宏智的弟子中，有著有《六牛图》的自得慧晖（1097–1183）等。后世中国的曹洞宗端赖慧晖的子孙得以维持。

**默照禅**

此语源于大慧宗杲批判当时禅宗的一种倾向时的用语"默照邪师""默照邪禅"。按大慧的说法，这些人不求开悟，认为只要默默地坐禅就行。因为宏智正觉的著作中有《默照铭》，所以大慧的批判对象好像是曹洞宗的宏智派。不过，大慧和宏智之间关系密切，大慧的批判对象似乎不是宏智，而是宏智的弟子真歇清了。但无论如何，大慧的批判是以临济宗和曹洞宗的宗风不同为前提的。主张"只管打坐"的道元的禅，应该说继承了默照禅的传统。由此看来，道元对大慧激烈的批判，看来就是有缘由的了。当然，对此学术界还有不同意见。

## 五、公案禅的影响——《无门关》和《十牛图》

公案禅的流行也带来公案集内容的变化，即公案原来所具有的文学性、趣味性的性格减弱，由公案而获得觉悟具有了绝对价值。这些公案集转而强调修行的重要性，对修行者的教诲和激励成为主要内容。也就是说，开悟成为一种程式化的过程。这一倾向，在同时期不断出现的《牧牛图》中也可以看到。《牧牛图》有四牛图、六牛图、八牛图、十牛图、十二牛图等各种样式，其中最出名的是廓庵师远（11–12 世纪）的《十牛图》（12 世纪初），此图明显反映了公案禅的思想。

### 《无门关》

宋代的无门慧开于 1228 年在东嘉（浙江省）的龙翔寺指导弟子时的记录，1229年刊行。其内容是对古今四十八则重要公案的评唱和颂，与《碧岩录》同为最有代表性的公案集。入宋并嗣法慧开的心地觉心（1207–1298）归国之际，将此书带回日本。后世为临济宗所重，多次刊行，近世开始为人瞩目。此书与《碧岩录》相比，分量少，内容简明，多为关于修道的建议。使此书声名远扬的是第一则"赵州无字"的公案。即有僧问赵州（778–897）"狗子有佛性否？"，赵州答"无"。此则公案曾给公案禅带来转机。但与《碧岩录》所呈现的富于文学性和层次性的丰饶世界相比，此书的公案给人以实务化、单纯化的印象。

### 《十牛图》

廓庵师远撰。以牛比喻"本来的自己"，将禅修行比喻为牵回逃出的牛的过程，即（1）寻牛、（2）见迹、（3）见牛、（4）得牛、（5）牧牛、（6）骑牛归家、（7）忘牛存人、（8）人牛俱忘、（9）返本还源、（10）入鄽垂手十个过程。每个过程都配以画、解说和诗来加以说明。本书很早就传到日本，收于《四部

▷ 《十牛图》见迹·得牛（京都大学人文科学研究所藏）

禅的历史

录》和《五味禅》，多次开版印行，流传甚广。此书之所以直到今日仍然引起人们的兴趣，除了内容平易、涵盖了禅修行的全过程之外，还在于此书试图从单一的视点把握人的心。这一倾向与公案禅一样，都反映了当时禅林的状况。此图简明易懂，饶有趣味，但也有观念论、形式化的一面。另外，此图还隐含着将禅林的管理体制导入对"心"的控制的意图。在中国，除了廓庵的《十牛图》，还有普明（云门宗的圆通法秀〈1027-1090〉弟子，生卒年月不详）的《十牛图》也广为人知。此书在近代才传入日本，江户时代的月坡道印（1673-1716）综合了廓庵和普明双方的《十牛图》，刊行了日文版的《十牛图》（1668 年）。

公案禅的成立，意义非常巨大。因为它确立了开悟的方法论，"禅"超越了文化和个人素养的藩篱，为所有阶层和民族所接受。例如，虽然禅很早就传到了越南、朝鲜和日本，但禅真正在以上国家扎根却是公案禅传入以后的事情。朝鲜的曹溪宗之祖智讷（1158-1210）著有《看话决疑论》，越南（陈朝）的仁宗（1279-1293 在位）开创的竹林派也重视《大慧语录》。

## 六、三教一致论的盛行与朱子学的成立

如前所述，在宋代，丛林依附国家政权的倾向越来越明显，儒禅一致、三教一致思想开始出现。而随着禅向士大夫阶层的渗透，这一思潮就更加盛行。因为他们本身就是位居要津的官僚，所以需要坚守儒家的价值观。而要同时信奉佛教，就需要调整他们信奉的禅与儒教的关系。张商英的《护法论》、颜丙（如如居士，？-1212）的《如如居士语录》（明代改编为《如如居士三教大全语录》〈1386 年〉）、圭堂居士（12-13 世纪）的《佛法大明录》（1229 年）、刘谧（生卒年不详）的《三教平心论》（也有人认为是元代的著作）等，就大力倡导儒禅一致和三教合一的思想。

主张三教一致的代表人物是林希逸（鬳斋，13 世纪中叶）。林与密庵咸杰的弟子隐静致柔（12 世纪后半叶）、永清古源（1215-1291）关系密切，从儒道禅一致的立场对道家的典籍做了注释（《老子鬳斋口义》《庄子鬳斋口义》《列子鬳斋口义》）。这些著作多用禅的用语解释老庄思想，所以在丛林中很受欢迎（在日本的五山也同样受欢迎）。

从禅僧方面看，因为要与士大夫交流，所以也不能否定儒家的价值观。另外，有宋一代，一直面临北方异族的威胁。特别在南宋，从夷夏观念产生的大义名分论和攘夷论很有市场，从而对作为"夷狄之教"的佛教抵抗感很强，这就需要佛教徒采取对

策。为此，大慧宗杲等许多禅僧倡导儒禅一致或三教一致。

在此背景下，朱子学的成立给禅宗带来了很大影响。由北宋的周敦颐（濂溪，1017-1073）、张载（横渠，1020-1077）、程颢（明道，1032-1085）、程颐（伊川，1033-1107）开创的理学，在朱子那里集其大成（朱子学）。如前所述，周敦颐等受到禅的影响很大。朱熹年轻时，曾师事大慧宗杲的弟子开善导谦（12世纪中叶），爱读大慧的语录。其思想中虽然有许多禅的成分（儒家中出现像《朱子语类》这样的语录体的著作也受禅的影响），但朱熹从儒家传统立场出发对禅进行了激烈批判。

朱熹虽然有许多弟子，但其学说成为官学却是1315年科举再开时候的事情（元代一度废止科举）。禅僧需要对朱熹的激烈批判进行反论，而且不同的思想之间总有相通之处，所以禅僧们开始积极学习儒家的知识。朱子学的成立，进一步强化了禅林中的儒禅一致思想。

不管当时禅僧们是否意识到，事实上，禅僧们倡导儒禅一致说本身就说明禅宗在向社会渗透时暴露了其局限性，于是不得不甘拜超越了这种局限而成立的朱子学的后尘。无论禅宗如何地生动活泼、如何地试图在社会中实现禅的理念，作为佛教就不能否定"出家"这一生活方式的局限。而朱子学在充分吸收禅的优点的同时，作为"儒教"又可以积极地参与政治。对于以科举入仕为最高生活目标的士大夫来说，朱子学当然更富有魅力。

而且，在社会上也开始出现了对禅宗的批判。随着士大夫阶层中的科举落第者遁入禅门成为时代风潮（如晦机元熙〈1238-1319〉就是一例），禅僧在与儒者打交道时就开始处于守势。另外，因为财政困难，朝廷开始贩卖度牒、紫衣、谥号等，这招致僧侣龙蛇混杂，而禅僧的社会地位也随之变得低下。宋代的禅宗虽然表面上比唐代繁盛，但实际上已经走上了衰退之途。

## 七、官寺制度与禅文化

如前所述，宋代以后，禅宗寺院成为国家体制的一部分。而到南宋时期，又出现了官寺制度，对寺院的管理进一步强化。所谓官寺，即宋宁宗（1194-1224）时代，根据史弥远（1164-1233）的上奏而钦定的"五山十刹"制度。

北宋时期确立的两班制的寺院管理体制就是模仿官制。而随着官寺的导入，寺院也出现了"疏""榜""启答"等仿照官方公文书、用四六体写就的文书。丛林的官僚化特征越来越明显。因为在禅林生活中需要四六文，禅僧越来越对文学感兴趣，出于社交目的的诗会盛行，出现了很多作为诗会记录的诗轴。这一时期的诗文集，有北洞居简的《北涧文集》、《北涧诗集》（1238 年）、居简的弟子物初大观的《物初剩语》（1267 年）、无文道灿（1213-1271）的《无文印》（1273 年）等。特别是北涧居简的文集和诗集在日本也倍受推重，给五山文学带来很大影响。

给这一时期的禅文化带来最大影响的是无准师范。除了他本身精于绘画外，其弟子牧合是出自丛林的最大画家。入宋的留学僧将这些作品带到了日本，直到今日仍受到推重。无准师范与当时代表性书法家张即之（1186-1266）有交往，以此因缘，师范的弟子们多习张即之之书。日本留学僧东福圆尔归国时，从无准师范处得到的墨迹，据说就是出自张氏之手。集南宋末至元初的禅僧诗而成的《江湖风月集》（14 世纪初），据传就是师范弟子松坡宗憩（12 世纪后半叶）所编，由此可见无准师范门风之一斑。

另外，与无准师范同时期的北涧居简和虚堂智愚与画院派画家的代表梁楷（13 世纪前半叶）曾有交往。而以画院派画家辈出而知名的马氏一族的马公显（12 世纪前半叶）、马远（12-13 世纪）等也多有禅画。无准和智愚的弟子生活的时代正是禅文化的繁盛期，以致后世评为"景定咸淳之浮华"。

南宋时代，许多官僚子弟或科场失意者遁入山林，以求出世。禅林对士大夫阶层来说，已不是身外之物而成为其生活的一部分。因此，禅僧与士大夫之间的交流越来越多，对禅僧来说诗文书画的素养越来越不可或缺（这一时期，禅僧也有参加在家者的葬祭者，其原因也在此）。

## 五山十刹

对代表性禅寺，政府排出序列，住持则从全国高僧中遴选，由皇帝亲自任命。被列入其中的寺院，虽然国家承认其权威，但作为"官寺"要通过祝圣（祈祷）等形式服务国家，其日常的修道状况有时也要接受官宪的监察。由于为国家进行祈祷，曾有官寺受到免税待遇，但国家与官寺的关系并不十分清楚。五山即（1）径山兴圣万寿寺（浙江省，杭州临安府）、（2）北山景德灵隐寺（同上）、（3）南山净慈报恩光孝寺（同上）、（4）太白山天童景德寺（浙江省，明州庆元府）、（5）阿育王山鄞峰广利寺（同上）等五寺。十刹即（1）中天竺山天宁万寿永祚寺（杭州临安府）、（2）道场山护圣万寿寺（浙江省，湖州乌程县）、（3）蒋山太平兴国寺（江苏省，建康上元府）、（4）万寿山报恩光孝寺（江苏省，苏州平江府）、（5）雪窦山资圣寺（明州庆元府）、（6）江心山龙翔寺（浙江省，温州永嘉县）、（7）雪峰山崇圣寺（福建省，福州侯官县）、（8）云黄山宝林寺（浙江省，婺州金华县）、（9）虎丘山云岩寺（苏州平江府）、（10）天台山国清敬忠寺（浙江省，台州天台县）等十寺。这一制度为元朝所继承，但 1330 年，元文宗在位（1329-1332）时，将金陵郊外的离宫建为大龙翔集庆寺，以笑隐大䜣为开山，并定为"五山之上"。在明代，也继承了这一制度，只是改大龙翔集庆寺为天界善世禅寺。五山十刹制度和等级稍低的甲寺制度被日本仿效，在京都和镰仓也选出了五山。南禅寺被置于"五山之上"，也是仿效大龙翔集庆寺。随着官寺制度的完善，佛教界制定了住持资格考试"秉拂"仪式，寺院住持的晋住也形成甲刹 → 十刹 → 五山逐级晋升的制度。

## 八、禅寺的经济与纪律的松弛

在南宋时代，以五山为代表的禅宗寺院成为重要的文化发源地，而支撑这一体制的是强大的寺院经济。由于许多人皈依禅宗，土地的寄赠和寺院的建立成为风尚，寺院成为拥有很多田产的大地主。僧侣甚至从事寺产的租赁等赢利活动，所以比之唐代，寺院在经济上更为富足。

北宋末年的 1125 年，适用于寺观的限田法规定，都市的寺观以五千亩、地方的寺观以三千亩为上限。而 1121 年实施的限田法规定，最高级别的一品官以一万亩为上限。由此不难推测寺观所持田亩最高限的规模。实际上，南宋宝庆年间（1225-1227），阿育王的寺产有常住田三千九百九十五亩、山林一万两千五十亩；天童寺有千名僧徒，有常住田三千两百八十四亩、山林一万八千九百五十亩，另有三十处庄园，计一万三千亩，每年收谷达三万五千斗。

这种富足的寺院经济，不能不影响到禅僧的生活。具体而言，就是僧侣戒律的废弛。此前一直被禁止的晚餐被称为"药石"而开禁。蓄发留长指甲的禅僧也不在

▷ 太白山天童寺

禅的历史

少数。根据《禅苑清规》的记载，在北宋时期，坐禅依靠个人自觉，随时进行。而到南宋时期，明确规定四时（黄昏、后夜、早晨、晡时）坐禅。之所以作此规定，是因为禅僧对修行的热情降低的缘故（另外，在印度没有的冬安居也在这一时期开始实行）。

官方出卖度牒、紫衣、谥号，也是因为僧侣有相当的财力。在某些场合，禅寺的住持职务似乎也可以买卖。南宋末年，禅寺出现由十方住持制向师徒院复归的倾向。据说这是为了防止在住持交接时，离任住持搬走寺院的器物，导致寺院荒废。由此可见当时寺院的私物化已经很严重。

但要保住寺田和山林而不被外人掠走，看来并不是容易的事情。而且寺院的整修需要大笔费用、重修因天灾人祸而毁弃的堂宇也需要庞大的资金。因此作为住持就避免不了跟各界名士和政要积极打交道，从而不能只是追求高迈的境界或只是指导弟子。有的禅僧为了不被寺务所缠，就避居山林、离世庵居，后面要提到的中峰明本就是这类禅僧的典型。

# 第二节　金元时代禅的发展

## 一、从金代到元代

持续到 12 世纪末的金、西夏、南宋之间的三国鼎立状态，随着蒙古族在北方崛起而告结束。1205 年，铁木真基本完成蒙古草原的统一。在翌年召开的忽里台大会上即蒙古国大汗位，号为成吉思汗（元太祖，1206-1227 在位）。成吉思汗在完善了国家体制以后，首先征服了中亚诸国（1209-1211 年），接着讨伐金政权，最终攻陷中都，迫使金迁都到开封（1211-1215 年）。之后，发动西征（1218-1225 年），灭掉了支配伊朗和阿富汗的花剌子模王朝。

回到蒙古草原的成吉思汗，又挥戈东向，灭掉了西夏（1225 年），但旋即病倒。继可汗位者窝阔台（太宗，1229 — 1241 在位）再次组织对金的进攻，终于在 1234 年灭掉金。在成吉思汗和窝阔台汗的中国政策方面起了重要作用的是辽皇族出身的耶律楚材（1190-1244）。蒙古族统治者采纳他的建议，以才取士，积极任用汉民族的人才。

窝阔台可汗之后的贵由可汗（定宗，1246-1248 在位）即位只两年就去世。之后的蒙哥可汗（宪宗，1251-1259 在位）御驾亲征，进攻南宋，但病死于阵中。蒙哥之后围绕帝位继承权发生内讧，最终忽必烈（世祖，1260-1294 在位）击败对手，成为第五代可汗。

忽必烈继续进攻南宋，1276 年用和平手段占领南宋京城临安，1279 年扫清南宋残党，完成中国的统一。忽必烈称帝，年号"中统"，国号"元"（源于《易经》），定都"大都"（今北京）。

元王朝是占少数的蒙古族支配占多数的汉等其他民族的政权，它依靠强大的军事力量巩固了支配体制的同时，控制交通要津，设卡征税，以满足国家财政的需要。关于税制和法律制度，中央政府并没有做什么改变，几乎完全袭用宋朝的制度。虽然汉民族的官僚体制得以确立，但核心权力掌握在蒙古族手中，实行传统的集权统治。

忽必烈之后，铁穆耳（成宗，1294-1307 在位）即位，成为第六代可汗。成宗即位后，与窝阔台家族相争，成宗虽然取得了胜利，但成宗自身沉溺酒色，42 岁就死去。之后的皇帝也多短命，争夺皇位的纷争不断。特别是第十代也孙铁木儿（泰定帝，1323-1328 在位）去世后，政局不安定，史称"天历之乱"。而混乱告一段落后即位的第十二代可汗图贴睦儿（文宗，1329-1332）完全是傀儡，以后的实权掌握在非蒙古系的禁军手中。

第十三代可汗懿琳质班（宁宗，1332 年在位）七岁即位，但在位四十三日就去世。第十四代可汗妥懽帖睦尔（顺帝，1333-1370 在位）在位近四十年。期间，因为滥发纸币导致经济混乱，加之气候异常、地震等天灾频发，从 1350 年开始，各地爆发了反乱。特别是从 1342 年开始，几乎每年都发生的黄河泛滥更使民不聊生。自称弥勒下世的韩山童（？ -1351）和韩林儿（？ -1366）父子利用白莲教发动起义。起义虽然被镇压，但残余势力利用皇室的内乱卷土重来。出身贫民、原属红巾军的朱元璋（1328-1398）积极笼络知识人，势力不断扩大。首先击破陈友谅（1316-1367）、张士诚（1321-1367）等对手，控制了中国的南方。之后开始北伐，1368 年，朱元璋于应天即位，定国号"明"，年号"洪武"，此即明太祖、洪武帝（1368-1398 在位）。同年，洪武帝攻陷大都，将蒙古族势力赶出了中原。

## 二、禅宗各派的动向

辽代的历代皇帝皆皈依佛教，但辽代佛教以华严、法相和密教为中心，禅宗宗风不振。金灭辽以后，禅宗开始抬头。特别是金末曹洞宗涌现出的万松行秀（1167-

1246），门下有林泉从伦（生卒年不详）、雪庭福裕（1203–1275）、其玉至温（1217–1267）、李屏山（1185–1231）、耶律楚材（湛然居士）等优秀的弟子，甚至元章宗（1189–1208）也是其皈依弟子。如前所述，耶律楚材在蒙古族统一中国的过程中发挥了重要作用。福裕为忽必烈所推重，统领天下释教，在宫廷内与道家（全真教）的李志常（1193–1256）辩论并取得胜利。福裕曾住少林寺，以此为契机，少林寺多为曹洞宗人所住，并最终成为曹洞宗在北方的一大根据地（明中叶以后，此派称为"曹洞正宗"）。另外，李屏山著有《鸣道集说》（1235 年耶律楚材序），反驳宋儒对佛教的批判，名噪一时。

活跃在元朝初期的禅僧还有临济宗的海云印简（1202–1257）。他被从窝阔台到忽必烈的四代可汗所推重，统领佛教界（死后，其地位被福裕所继承）。印简的弟子等仍然与朝廷关系密切，14 世纪初叶开始此派称为"临济正宗"）。1269 年，巴思八（1235–1280）得到忽必烈的信任，成为"帝师"。以此为契机，蒙古族人的兴趣转向西藏佛教，由此而带来的宫廷的盲信和浪费也成为元朝崩溃的原因之一。

### 万松行秀

河内县（河南省）人，俗姓蔡。幼年于邢州（河北省）的净土寺出家，遍历诸方之后，于磁州（河南省）大明寺嗣雪岩满（？ –1206）之法。后回归净土寺，结万松庵而居。1193 年，二十七岁受章宗之召说法，后历住各地名刹，门下弟子甚众。1223 年，于燕京的报恩寺内设从容庵而居，元初入寂。曾于从容庵为弟子讲解宏智正觉（1091–1157）的"颂古百则"，其讲义被弟子编为《从容录》（1223 年）。此书与关于宏智的"拈古九十九则"的讲义《请益录》（1230 年）一道，成为这一时期禅宗的代表作。

元王朝遵循蒙古族的传统，不干预支配下的各民族内部事务，允许他们依据各自的习惯法（不成文法）解决本民族内部的问题。因此，南宋以来汉民族的生活和文化才几乎原原本本保留下来。对于宗教也是如此，只要不从事反对蒙古族的活动，任何宗教活动都得到许可。在元代，对中国人来说佛教几乎就意味着禅宗。

活跃于元代的禅僧多为临济宗人。大慧派系统中有物初大观的弟子晦机元熙（1238–1319）、偃溪广闻的弟子云峰妙高（1219–1293）等。特别是元熙门下，人才济济，有著《蒲室集》的笑隐大䜣（1284–1344）、编《敕修百丈清规》（1336–1343）的东阳德辉（生卒年不详）、编《佛祖历代通载》（1341 年）的梅屋念常（1282–1341）、编《释氏稽古略》的觉岸宝洲（1286–1355？）、知名画僧雪窗普明（13–14 世纪）等。从佛照德光的弟子妙峰之善（1152–1235）系统涌现出了楚石梵琦（1296–

1370）、梦堂昙噩（1285–1373）、愚庵智及（1311–1378）等。

另一方面，破庵派系统中，雪岩祖钦的门下非常活跃。此法系经高峰原妙（1238–1295）、中峰明本（1263–1323），而为千岩元长（1284–1357）和天如惟则（？–1354）所继承。而松源派中的重要禅僧则有古林清茂（1262–1329）、了庵清欲（1288–1363）、即休契了（1269–1351）、虎岩净伏（生卒年月不详）等。

在曹洞宗中，有宏智派的直翁德举（生卒年不详）及其弟子云外云岫（1242–1324）等。日本的入元僧孤峰觉明（1271–1361）、祇陀大智（1290–1366）、别源圆旨（1294–1364）等在其门下参禅。另外，德举的弟子东明慧日（1272–1340）、云岫的弟子东陵永玙（1285–1365）东渡日本，自成一派。

有元一代，禅维持了一定的影响力，五山也保持了原有的权威。但由于元末的战乱，径山、灵隐寺等名刹的许多殿堂毁于兵燹（只有净慈寺免遭兵燹），直到明代才得以恢复。

## 中峰明本

杭州（浙江省）钱塘人，俗姓孙。属临济宗杨岐派下的破庵派，号幻住道人。九岁丧母，十五岁立志出家。1286 年，参西天目山狮子岩的高峰原妙，翌年依原妙出家。1288 年受具足戒，翌年嗣原妙之法。原妙迁化之际，推其住持大觉寺，但明本坚辞不就，独自下山（1295）。之后，云游天下，在各地结"幻住庵"而居，也时常归省天目山。期间，曾拒绝灵隐寺和径山出任住持之邀。与名士赵孟頫交游。1318年，仁宗（1311–1320 在位）赐金楼袈裟及"佛慈圆照广慧禅师"号和"狮子正宗寺"的院号。英宗（1320–1323 在位）也皈依明本，并赐金楼袈裟和香。1323 年 8月 14 日入寂，世寿六十一岁。1329 年，文宗赐谥号"智觉禅师"，塔号"法云"。1334 年，顺帝在位时，敕准《中峰和尚广录》三十卷入藏，加谥号"普应国师"。以教禅一致、禅净双修思想而知名，有《幻

▷ 中峰明本顶相（选佛寺藏）

禅的历史

住庵》《一华五叶》《东语西话》《幻住家训》《怀净土诗百篇》等著作，多数收入《中峰和尚广录》中。有众多入元日本禅僧入其门下，如古先印元（1295-1374）、远溪祖雄（1286-1344）、复庵宗已（1280-1358）、无隐元晦（？-1358）、明叟齐哲（？-1347）等。他们归国后，仿效明本，偏好隐居生活，在全国各地积极传播禅法。他们同称为"幻住派"，值得注目的是，其中有的禅僧忠实传承明本的禅风，实践禅净双修。

### 三、金元时代的著作

金元时代所著、一直为后代所传诵的著作中，语录类的代表作有高峰原妙的《高峰原妙禅师语录》和中峰明本的《中峰和尚广录》等，公案集则有仿《碧岩录》而作的《从容录》（1224年，宏智正觉颂古，万松行秀示众、著语、评唱）、《虚堂集》（1295年，丹霞子淳颂古，林泉从伦评唱）、《空谷集》（1285年，投子义青颂古，丹霞子淳著语，林泉从伦评唱），模仿《击节录》的《请益录》（宏智正觉拈古，万松行秀评唱），《宗门统要》的续编、古林清茂所编的《宗门统要续集》（1320），金代的错庵志明（12-13世纪）为初学者编辑的公案集、万松行秀的弟子雪堂德诫（13世纪中叶）做注的《禅苑蒙求》（1225年，1255年注）等。

元代的禅宗著作中还有一类佛教史书引人注目，如梅屋念常的《佛祖历代通载》和宝洲觉岸的《释氏稽古略》等。在宋代，因为欧阳修（1007-1072）的《新五代史》（五代史记，1053年）和司马光（1019-1086）的《资治通鉴》（1084年）的影响，史学隆盛一时。禅宗受到这种修史思潮的刺激而编撰出以上史书。

这些禅宗史书与此前的"灯史"不同，其内容不仅包括禅宗，而且涵盖整个佛教史。这些著作问世的背景是佛教其他宗派衰退，整个佛教只有依靠禅宗来传承（在这一时期另一部不应忘记的著作，是大川普济汇集历代的灯史而编纂的《五灯会元》）。

另外，金元时代值得特别一提的是，东阳德辉（14世纪前半叶）重修了《敕修百丈清规》。这一著作比之《禅苑清规》，进一步强化了忠君尊祖的思想。

#### 《禅苑清规》和《敕修百丈清规》

《禅苑清规》，1103年由宋代的长芦宗赜（11-12世纪）所编，因成书年代在崇宁年间所以也称"崇宁清规"。宗赜鉴于唐百丈怀海（749-814）所定《百丈清规》失传，遂将当时丛林中各种各样的规式加以编辑、刊行。此书是现存最古的禅林清规，也是后来出现的各种清规的基础。此清规不仅在中国而且在朝鲜和日本也广泛流传，并有所增补，传到朝鲜的版本是比较原始的版本。《敕修百丈清规》（又称至元清规、敕规）是东阳德辉遵元顺帝（1333—1370在位）之命编辑、笑隐大䜣校正，于1336—1343年间成书。此书是综合《禅苑清规》、惟勉（生卒年月不详）的《丛林校定清规总要》（校定清规、咸淳清规，1274年）、泽山弌咸（生卒年月不详）的《禅林备用清规》（至大清规，1311年）等前代诸清规而成。在古代的禅林清规中，此清规最为完备，在日本也多次刊行。本书由"祝厘""报本""报恩""尊祖""住持""两序""大众""节腊""法器"等九章组成，第一章"祝厘"即祈祷国家的安泰，"报恩"也强调报"国恩"，国家依存的色彩很浓。在《禅苑清规》中，住持任命知事和班首时，需得到大众的同意，而在《敕修百丈清规》中则失去了这一规定，这说明在北宋时期仍然残存的丛林共同体的性格到元代已经完全消失。

## 四、禅文化的展开

金元时代的禅思想，基本上继承了宋代的禅。五代以后乃至整个宋代得到强化的禅净双修、教禅一致、三教一致思想，为中峰明本、天如惟则所继承，并传承到了明清。在这一时期，自南宋时代就开始的禅与诸文化形态的关系得到进一步强化。

首先，禅僧对文学表现出浓厚兴趣。14世纪初叶，出现了松坡宗憩（13世纪后半叶，无准师范的弟子）的《江湖风月集》等诸多禅僧的诗偈集。诗偈的内容也越来越世俗化，几乎与一般主题的诗无异。这明显与禅僧的本分相悖，对此他们提出"诗禅一致"的理念，将自己的行为正当化。

古林清茂重视佛教内容的"偈颂"，力图遏制禅林的这种倾向。但笑隐大䜣（1284—1344）出世，四六骈体文逐渐受到重视，其著作《蒲室集》被视为学习四六文的教科书，在日本也流传极广。

### 古林清茂与笑隐大䜣

古林清茂，温州（浙江省）人，俗姓林。号"金刚幢"。十三岁出家，历参诸方后，嗣横川如珙（1222—1289）之法。在历住建康（南京）的保宁寺等各地名刹后入寂。弟子有了庵清欲（1288—1363）、竺仙梵仙（1292—1348）等。有《古林茂禅师语录》和《宗门统要续集》传世。文学造诣很深，嗣其法者有月林道皎（1293—1351）和石室善玖（1293—1389）。很多入元日僧如孤峰觉明（1271—1361）、别源圆旨（1294—1364）、可翁宗然（？—1345）、铁舟德济（？—1366）、天岸慧广（1273—1335）等，慕其士大夫的修养，投其门下。归国后，这些禅僧逸出各自的嗣法系统，在"金刚幢下"的共同理念下，通过文学活动等进行交流。另外，此派虽然与大慧派一样热衷文学，但与后者诗作的世俗化倾向不同，古林清茂将题材限定于佛教的偈颂。

笑隐大䜣，南昌（江西省）人，俗姓陈。嗣法晦机元熙后，参中峰明本等。历住杭州（浙江省）大报国寺和中天竺寺、金陵（江苏省）的大龙翔集庆寺等。也曾入内说法，1336年作为"释教宗主"统率五山。为禅林的四六骈体文大家，受其影响，禅林文学的中心由偈颂转向了骈体文。著作有《蒲室集》和《笑隐大䜣禅师语录》等。特别是其中的《蒲室集》作为骈体文的教科书，在日本的五山也极受推崇。

元代的代表文人之一赵孟頫（子昂，1254-1322）具有宋王朝皇室的血统，诗书画俱佳。他是虔诚的佛教信徒，与中峰明本关系密切。或许是因为这个原因，元代的禅僧大多学习赵孟頫的书法。从入元僧带回日本的中国禅僧的墨迹，可以看出赵孟頫书法的深刻影响。

金元时代，嗜好绘画的禅僧仍然很多，属于文人画系统的有以"葡萄图"知名的日观子温（？-1293？），以"墨兰"闻名的雪窗普明，画"石菖蒲"的子庭祖柏（13-14世纪）等。另外，画佛道人物画的禅僧，有因陀罗（14世纪中叶）、入元学习牧溪画风又客死中国的默庵（？-1345，默庵的画作传到日本的很多，但多数被认为是中国人的作品）。

元代末期，有黄公望（大痴，1269-1354）、倪瓒（云林，1301-1374）、吴镇（梅花道人，1280-1354）、王蒙（香光居士，1308-1385）等活跃在画坛，史称"元代四大家"。他们在承袭赵孟頫画风的同时，创造出了崭新风格的山水画。他们都未出仕，多寄心禅悦。这些山水画中所表现出的人与自然的一体感，极富禅趣。

在元代，中国和日本虽然表面上外交处于断绝状态，但民间贸易很盛，两国禅僧的往来频繁。元初的政府使节一山一宁之后，松源派的明极楚俊（1262-1336，1329年渡日）、竺仙梵仙

▷ 默庵图：布袋图（MOA美术馆藏）

（1292-1348，1329 年跟随明极楚俊渡日），破庵派的清拙正澄（1274-1339，1326 渡日）等踵足继步，相继渡日。他们将当时元代的文学等各种文化传到了日本，而邀请接待他们的上流武士，与其说重视禅，毋宁说更重视中国禅僧所带来的文化。一山一宁最初将朱子学传到了日本，他本人也精于诗书画。古林清茂门下的竺仙梵仙在中国也是知名的文学家，他传到日本的出版的技法和梵呗具有重要的文化史意义。明极楚俊和清拙正澄也长于文学，他们与古林清茂一样重视佛教的偈颂。

默庵到元朝学习，与上述禅僧东渡几乎是同一时期，后来，还有许多入元僧将中国的文学、绘画、墨迹带到了日本。借助他们的努力，到室町时代，禅文化在以五山为中心的地域扎下根，成为后世日本文化的重要构成部分。

### 五、新道教的成立与佛道论争

在南宋，禅在向社会普及的过程中对儒教产生了很大影响。而在金代，禅则极大影响了道教，促进了道教的革新。在金朝，先后诞生了刘德仁（1122-1180）的真大道教（1142 年成立）、王重阳（1112-1170）的全真教（1163 年成立）等所谓"新道教"。

特别是全真教，鼓励行脚和坐禅，制定"清规"，追求"见性"开悟，其教义几乎与禅宗没有什么不同。在王重阳死后，由于被称为"四哲"的马丹阳（1123-1183）、谭长真（1123-1185）、刘长生（1147-1203）、丘长春（1148-1227）的努力，全真教影响越来越大。特别是丘长春受到金世宗和成吉思汗的推崇和保护，除了让他统领道教的一切事务之外，还特别免除了该教团的赋税。后来，这一特权也为丘长春的弟子等所继承，使该教团在道教诸派中取得了压倒性优势。

在李志常（1193-1256）的时代，围绕《老子化胡经》和《老子八十一化图》的真伪问题，道教与佛教徒之间产生争论。双方还在蒙哥可汗的御前进行了辩论（1255-1258 年）。结果道教败北，教势受挫（释祥迈〈生卒年不详〉所著《至元辩伪录》〈1291 年〉记述了辩论的始末）。但全真教仍然余脉不绝，直到今日，与江南的正一教一起构成道教的两大势力。

吸收了禅思想而成立并得到发展的全真教，与南宋时期成立、具有同样性格的朱子学一道，在元代以后，促进了三教一致说在社会上的传播。元代发生的佛道二教的论争也是中国思想史上最后一次公开的佛道论争。通过这次象征性事件，佛道二教不断走向融合，而佛道二教的信徒完全失去了对各自宗教固有教义的坚持。

禅的历史

**全真教中禅宗的影响**

全真教否定了道教所追求的"长生不老"的目标，在追求"得道"的同时，探讨了得道的修行法。"得道"也称为"见性""识心见性"等，其境地即"无心""无念"，这显然是受到禅宗的影响。另外，关于修行法，全真教模仿禅宗的地方也很多，如主张出家修行，认为信徒必须行脚遍参和打坐等。还参照禅林清规，制定了作为信徒生活规范的《全真清规》等。在思想方面，全真教以"本来的真性"解释"金丹"等，与初期禅宗的观心释颇类似。此外，全真教有"五祖"说，即从汉的东华帝君到金的王重阳的系谱，这与同时期朱子学倡导的"道统论"一样，明显受到了禅宗祖统说的影响。不仅如此，与将王重阳的七大弟子称为"七真"说相结合而形成的"五祖七真"说，显然是模仿禅宗"五家七宗"说。此外，引人注目的是，在元代初期，全真教中也出现了像禅宗一样的"南宗""北宗"的分立。从以上内容可以看出全真教中禅的要素。当然不应忘记，全真教的内容决不限于这些内容，它还有道教独特的价值体系和丰富内容。

# 参考文献

荒木见悟　《大慧书》(《禅的语录》17，筑摩书房，1969 年)

饭田利行　《湛然居士文集译》(国书刊行会，1985 年)

石井修道　《中国的五山十刹制度的基础的研究》(一)～(四)(《驹泽大学佛教学部论集》13–16，1982–1985 年)

石井修道　《大慧禅中的禅与念佛的问题》(藤吉慈海篇《禅与念佛的现代的意义》，大藏出版，1983 年)

石井修道　《禅语录》(《大乘佛典　中国·日本篇》12，中央公论社，1992 年)

市川白弦　《大慧》(弘文堂书房，1941 年)

伊吹敦　　《关于〈金刚经变相〉—— 反映宋代佛教特征的奇特文献》(《东洋学研究》35，1998 年)

宇井伯寿　《投子义青及其后法系》(《印度哲学研究》12《第三　禅宗史研究》岩波书店，1943 年)

上田闲照，柳田圣山　《十牛图 —— 自己的现象学》(筑摩书房，1982 年)

小笠原宣秀　《宋代居士王日休与净土信仰》(《结城教授颂寿记念　佛教思想史论集》大藏出版，1964 年)

梶谷宗忍，柳田圣山，辻村公一 《信心铭·证道歌·十牛图·坐禅仪》(《禅语录》16，筑摩书房，1974 年)

镜岛元隆 《简论南宋禅林的一个侧面》(《道元禅师及其门流》诚信书房，1961 年)

镜岛元隆 《天童如净禅师研究》(春秋社，1983 年)

镜岛元隆 《作为〈永平清规〉背景的〈百丈清规〉》(《道元禅师及其周边》大东出版社，1985 年)

久须本文雄《宋代儒学的禅思想研究》(日进堂，1980 年)

洼德忠 《中国的宗教改革 —— 全真教的创立》(法藏馆，1967 年)

洼德忠 《元代佛道论争研究序说》(《结城教授颂寿记念 佛教思想史论集》，大藏出版，1964 年)

小坂机融 《清规变迁的底流》(一)(《宗学研究》5，1963 年)

佐藤秀孝 《如净禅师再考》(《宗学研究》27，1985 年)

佐藤达玄 《元代丛林的经济生活 —— 以敕修百丈清规为中心》(《印度学佛教研究》16-1，1967 年)

佐藤达玄 《从敕修百丈清规看元代的丛林机构与性格》(《佛教史学》26-1，1983 年)

佐藤达玄 《自得慧晖的活动及其禅风(上)—— 曹洞宗宏智派的源流》(《驹泽大学佛教学部论集》25，1994 年)

佐藤达玄 《自得慧晖的活动及其禅风(下)—— 曹洞宗宏智派的源流》(《驹泽大学佛教学部研究纪要》53，1995 年)

椎名宏雄 《宋元版禅籍的研究》(大东出版社，1993 年)

铃木敬 《中国绘画史(上)》(吉川弘文馆，1984 年)

高雄义坚 《宋代佛教史的研究》(百华苑，1975 年)

永井政之 《曹洞禅者与嵩山少林寺》(《宗学研究》18，1976 年)

永井政之 《万松行秀与耶律楚材》(《曹洞宗研究员·研究生研究纪要》9，1977 年)

永井政之 《天童如净与虚堂智愚》(《宗学研究》22，1980 年)

永井政之 《试论南宋禅林与中国的社会风俗 —— 以〈如净录〉〈虚堂录〉的因事上堂为中心》(《曹洞宗研究员研究生研究纪要》13-15，1981-1983 年)

永井政之 《南宋一居士的精神生活 —— 如如居士颜丙》(《驹泽大学佛教学部论集》15-16，1984-1985 年)

永井政之 《中国禅的职业观 —— 以如如居士颜丙为例》(《宗学研究》27，1985 年)

禅的历史

永井政之　《中国的国家与宗教 —— 以宋代的禅宗寺院经济为线索》（《禅学研究》65，1986 年）

中村淳　　《蒙古时代〈佛道论争〉实像 ——忽必烈完成中国统一之路》（《东洋学报》75，1994 年）

西尾贤隆　《关于元代丛林经营的诸问题》（《禅文化研究所纪要》5，1973 年）

西尾贤隆　《元朝的中峰明本及其道俗》（《禅学研究》64，1985 年）

西村惠信　《无门关》（岩波文库，岩波书店，1994 年）

忽滑谷快天《禅学思想史（下卷）》（玄黄社，1925 年）

野上俊静　《元代道佛二教之间的斗争》（《大谷大学研究年报》2，1943 年）

野上俊静　《金李屏山考》（《辽金佛教》平乐寺书店，1953 年）

野上俊静　《元史释老传的研究》（朋友书店，1978 年）

野泽佳美　《关于明代南藏本《古尊宿语录》》（《禅学研究》68，1990 年）

服部显道　《天目中峰国师的研究》（八千代出版，1980 年）

林秀薇　　《梁楷研究序说》（《东京大学东洋文化研究所纪要》117，1992 年）

原田弘道　《关于公案禅的成立》（《驹泽大学佛教学部纪要》30，1972 年）

原田弘道　《耶律楚材与万松行秀》（《驹泽大学佛教学部纪要》55，1997 年）

平田高士　《无门关》（《禅语录》18，筑摩书房，1969 年）

藤吉慈海　《越南的宗教》（《花园大学研究纪要》5，1974 年）

古田绍钦　《古林清茂及其主要门下》（《禅学研究》41，1948 年）

古田绍钦　《公案历史的发展形态中的真理性问题》（宫本正尊编《佛教的根本真理》三省堂，1956 年）

水谷乙吉　《安南的宗教》（高山书院，1943 年）

水野弘元　《关于冬安居》（《宗学研究》17，1975 年）

柳田圣山　《看话与默照》（《花园大学研究纪要》6，1975 年）

柳田圣山　《古尊宿语录考》（《花园大学研究纪要》2，1971 年）

柳田圣山　《朱子与佛教的周边》（《禅文化研究所纪要》8，1976 年）

横手裕　　《全真教的变革》》（《中国哲学研究》2，1990 年）

铠本光信　《关于禅清规的禅净双修》（《印度学佛教学研究》10-1，1961 年）

# ［禅的系谱 5］

⑦

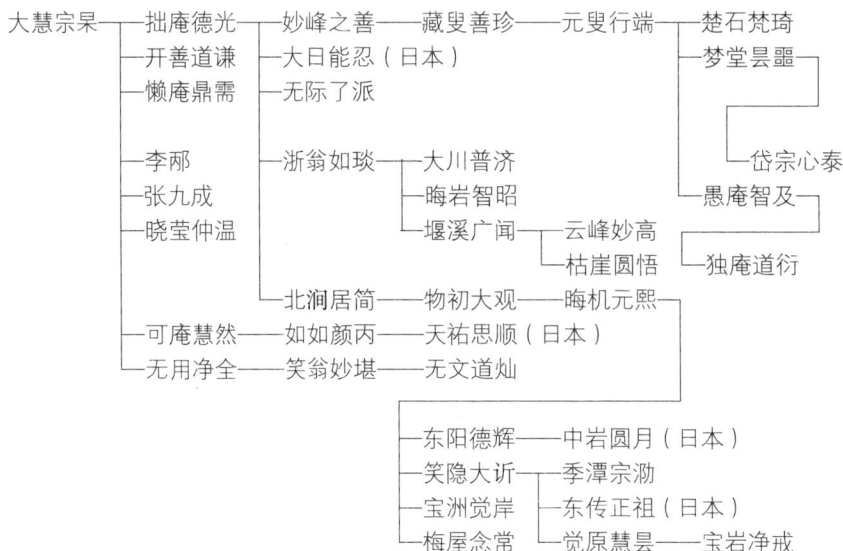

⑧

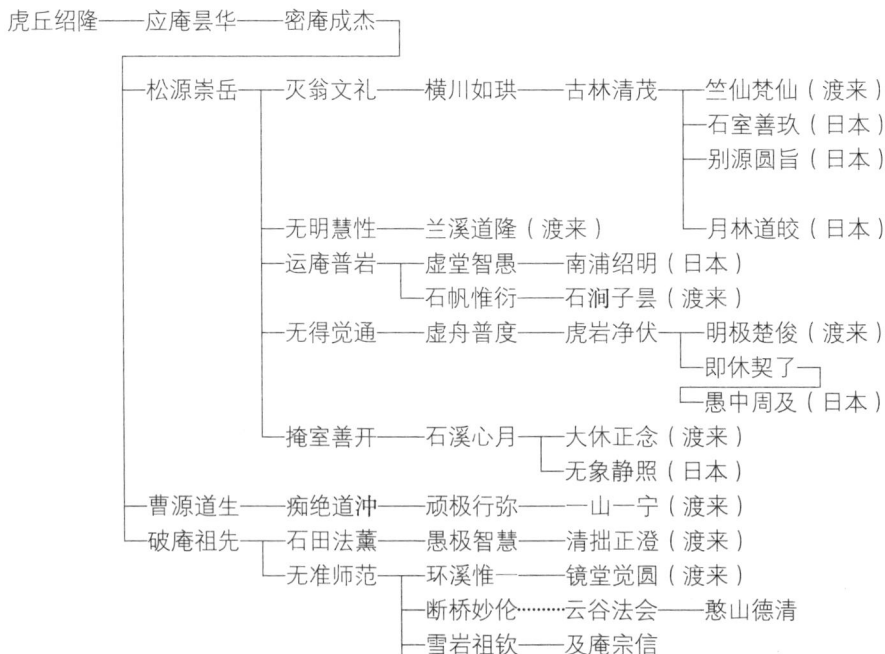

禅的历史

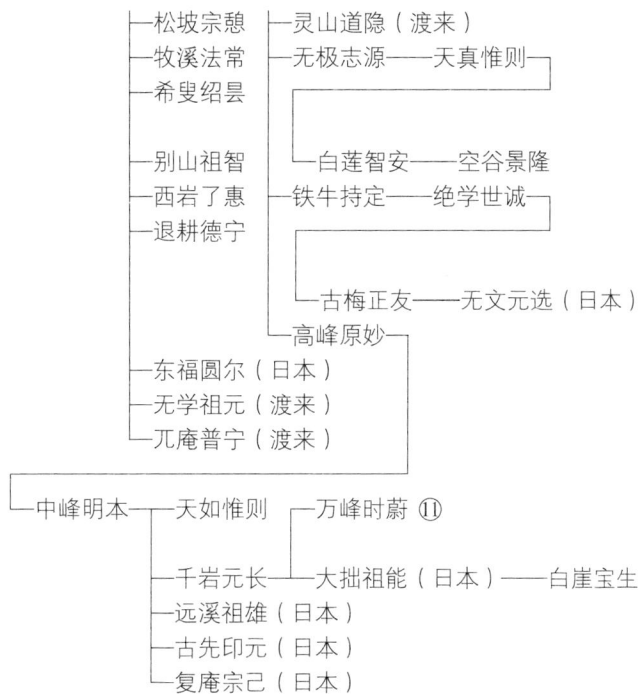

—松坡宗憩 —灵山道隐（渡来）
—牧溪法常 —无极志源———天真惟则
—希叟绍昙
—别山祖智 —白莲智安———空谷景隆
—西岩了惠 —铁牛持定———绝学世诚
—退耕德宁
—古梅正友———无文元选（日本）
—高峰原妙
—东福圆尔（日本）
—无学祖元（渡来）
—兀庵普宁（渡来）
—中峰明本———天如惟则———万峰时蔚 ⑪
—千岩元长———大拙祖能（日本）——白崖宝生
—远溪祖雄（日本）
—古先印元（日本）
—复庵宗己（日本）

⑨
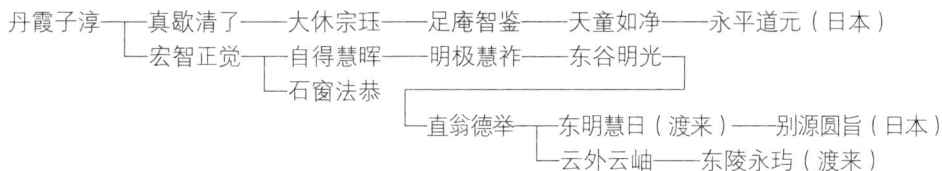

丹霞子淳——真歇清了——大休宗珏——足庵智鉴——天童如净——永平道元（日本）
—宏智正觉——自得慧晖——明极慧祚——东谷明光
—石窗法恭
—直翁德举——东明慧日（渡来）——别源圆旨（日本）
—云外云岫——东陵永玙（渡来）

⑩
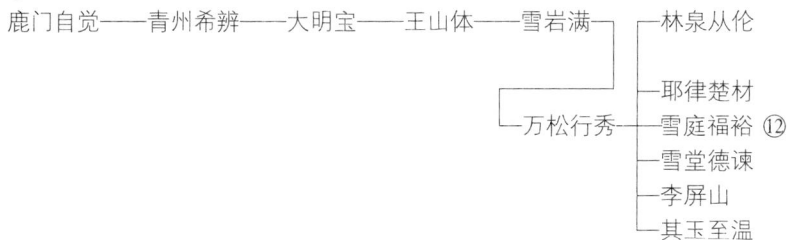

鹿门自觉——青州希辨——大明宝——王山体——雪岩满—林泉从伦
—耶律楚材
—万松行秀—雪庭福裕 ⑫
—雪堂德谏
—李屏山
—其玉至温

# [ 禅关系地图 5 ]

五山
① 径山兴圣万寿寺
（德光·宋杲·师范·智愚·广闻·咸杰·妙高·智及住）
② 北山（灵隐山）景德灵隐寺
（德光·崇岳·普济·广闻·闲杰住）
③ 太白山天童景德寺
（正觉·怀敞·如净·咸杰·从瑾住）
④ 南山（南屏山）净慈报恩光孝寺
（广闻·智及·居简·如净住）
⑤ 阿育王山鄮峰广利寺
（德光·宋杲·师范·智愚·清了·大观住）

十刹
⑥ 中天竺山（灵隐山）天宁万寿永祚寺（大䜣住）
⑦ 道场山护圣万寿寺
（居简住）
⑧ 蒋山太平兴国寺
（清远·咸杰住）
⑨ 万寿山报恩光孝寺
⑩ 雪窦山资圣寺
（重显·师范·广闻住）
⑪ 江心山龙翔寺
（清了·慧开住）
⑫ 雪峰山崇圣寺
⑬ 云黄山宝林寺
⑭ 虎丘山云岩寺
（绍隆·崇岳住）
⑮ 天台山国清敬忠寺

五山之上
⑯ 凤山大龙翔集庆寺（天界善世禅寺）
（大䜣住）

监安（杭州）
⑰ 六通寺（牧溪·默庵住）

嘉兴
⑱ 本觉寺（清欲住）

大都 ┌报恩洪济寺(行秀·从伦住)
　　　└大庆寿寺（印简住）

马鞍山万寿寺（行秀住）

云居山圣水寺（明本住）

泗州大圣寺(正觉住)

嵩山少林寺（福裕住）

苏州 ⑨
师子林
（惟则住）

凤台山保宁寺
（清茂·慧开住）

金陵

庐山东林寺（明本住）

梁山（师远住）

百丈山（德辉住）

仰山（祖钦住）

南岳云峰寺

西天目山
（原妙·明本住）

梅州西岩寺（宗杲贬所）

鼓山
（守䂮住）

羊屿庵
（宗杲住）

# 第六章
# 禅的终结——明清时代的禅

## 第一节　明代的禅

### 一、明朝禅的概况

在元末农民起义中投身红巾军的朱元璋（1328–1398）渐露头角，最后将元朝驱逐到了北方，1368 年于应天即帝位，即明（1368–1644）太祖、洪武帝（1368–1398 在位）。洪武帝以南京为基地，重用刘基（1311–1375）和宋濂（1310–1381）等儒学者，依据中国传统建立了各项制度。同时，为了维护自己的地位，洪武帝整肃建国功臣，实行恐怖政治。

洪武帝死后，皇太子之子建文帝（1398–1492）即位。但 1399 年洪武帝的第四子燕王朱棣（1360–1425）发难（靖难之变），起兵攻陷南京，即帝位（成祖、永乐帝，1402–1424 年在位），并迁都北平（北京）。永乐帝时代，明朝发动了大规模远征，国力强盛。但之后的皇帝多昏庸无能，宦官专权乱政，对外关系方面也转向守势。

在元代，朱子学成为科举考试的标准答案，成为官学。在承袭元代做法的同时，永乐帝下令编辑《性理大全》《四书大全》《五经大全》等，加强了思想控制，儒教成为科举及第的手段，因而朱子学走向停滞。

洪武帝在攫取了帝位以后，加强了对佛教的控制。除在南京的天界寺（元代的龙翔集庆寺）设置了善世院（1381 年改称僧录司，永乐帝时迁往北京），洪武帝还亲自作《三教论》，确立儒为主、佛道为辅，强力推动"三教一致"政策。为了追荐亡灵，朝廷经常在南京蒋山的太平兴国寺举行盛大法会。

如前所述，宋代以后，佛教的国家依存性格越来越明显。而明朝采取的以上措施说明，朝廷将佛教定位于翼赞国家的工具，进一步强化了佛教依附国家的性质。为了达成这一目的，洪武帝恢复了试经度僧制，编出僧侣名薄"周知册"以杜绝伪滥僧（正式的僧人享有税制上的优惠），还在金陵编辑刊行大藏经（南藏，1372-1403）等。由于这些措施，明初佛教出现复兴气象，涌现出许多名僧。

这一时期知名的禅僧多属大慧派，如笑隐大䜣（1284-1344）的弟子中有住金陵天界寺的觉原慧昙（1304-1371）和季潭宗泐（1318-1391），特别是后者因著有《金刚般若波罗蜜经注解》和《般若波罗蜜多心经注解》而知名。另外还有觉原慧昙的弟子、参与南藏的编辑并将许多禅籍入藏的宝岩净戒（生卒年不详），愚庵智及（1311-1378）的弟子、著有《道余录》（1412年）的独庵道衍（姚广孝，1335-1418），梦堂昙噩（1285-1373）的弟子、著有《佛法金汤篇》（1391年）的岱宗心泰（1327-1415）等。比他们稍晚则有著《尚直编》（1440年）的空谷景隆（1393-1443？）。《道余录》和《尚直编》的内容是反驳宋儒对佛教的批判，而《佛法金汤篇》则是历代佛教皈依者的传记。这些著作的刊行显然出于护法的目的。另外，居士沈士荣所著《续原教论》（1385年）也是同类著作。

### 独庵道衍

本名姚天禧，长洲（今江苏省苏州）人。出家后称独庵道衍，师事愚庵智及并嗣其法。1382年，洪武帝的皇后去世之际，为追善荐亡，被洪武帝派到燕王（后来的永乐帝）处，此后一直在燕王手下效力。洪武帝死后，鼓动燕王起兵发难（靖难之变），成功后被任命为佛教界的最高管理者僧录司、左善世。但永乐帝还想进一步重用他，力劝他还俗。于是道衍恢复旧姓，永乐帝赐名"广孝"，并任命他为资善大夫、太子少师。虽然还俗，但他仍然拒绝娶妻，并在僧院起居。他曾为日僧绝海中津（1336-1405）的《焦坚稿》（1403年）以及春屋妙葩（1311-1388）的《智觉普明国师语录》（1404年）作序（绝海中津是季潭宗泐的弟子。宗泐也曾为义堂周信〈1325-1388〉的《空华集》〈1359年〉和南浦绍明〈1235-1308〉的《圆通大应国师语录》作序）。

一般说来，明代的文化复古主义色彩浓厚，缺乏独创性。这一时期的禅宗著作也多是配合明代的宗教政策，反驳朱子学者等的排佛论，以三教一致说来确认佛教的意义。特别是道衍贵为永乐帝的顾问，在靖难之变中发挥了关键作用。但这与其说是禅僧对权力的应和，不如说这已成为当时社会的普遍观念。如明朝的建国功臣宋濂虽然

禅的历史

是儒学者，但同时参破庵派的千岩元长（1284-1357），以"无相居士"为号，其思想也深受禅的影响（著有《护法录》）。另外，宋濂曾为日僧梦窗疏石作碑铭，所以与日本也有很深的渊源。

虽然明代初年政府对佛教进行了严格控制，但明英宗（1435-1449 在位）以后，度僧越来越滥。景帝时代，为了筹集对蒙古瓦剌部的军费，开始贩卖度牒乃至僧官。卖度牒和卖僧官在宪宗（1464-1487 在位）以后成为普遍现象，度牒不再是僧人人格的象征，而只是保证国家财源的一种手段。世宗（1521-1566）时代，因为采取了关闭戒坛等限制佛教的措施，所以明代中期不见禅僧引人注目的活动，也没有留下什么著作。连活跃在明末的紫柏真可，其法系也不明确，这与明中叶以后禅宗的衰退不无关系。

## 二、阳明学的形成与万历三高僧

明代中期以后，随着纺织、陶瓷、制糖、制纸等产业的发展，在江南地区，城市繁荣，作为新生产力代表的"乡绅"登场。与此相应，文化重新兴盛，对禅的关心也高涨起来。这一时期，朱子学失去了早期的革新精神，走向了僵化，而禅宗所包含着追求绝对自由的思想为突破朱子学的藩篱提供了契机。

在此背景下出现的是基于王守仁（阳明，1472-1528）的天才而形成的新儒学即阳明学。王守仁自身早年曾参禅，构成其思想根干的"心即理""知行合一""致良知"等思想也受到禅宗的深刻影响。而且，王守仁不像朱熹那样对禅持激烈排斥态度，所以禅思想也影响到他的继承者，如王畿（龙溪，1498-1583）、王艮（心斋，1483-1540）、陈献章（白沙，1428-1500）、林兆恩（1517-1598）等。最后出现了李贽（卓吾，1527-1602）这样不儒不佛、亦儒亦佛的思想家。

### 王学左派
指王畿、王艮和周汝登（海门，1547-1629）等思想家，他们相对于聂豹（双江，1487-1563）、罗洪先（念庵，1504-1564）等"王学右派"，和钱德洪（绪山，1496-1574）等中间派，被称为左派。王学右派认为在"良知"发动之前首先需要确立其本体，而左派则认为"良知"是一切人所本具，否认修养的必要性。另外，此派认为"良知"也包含欲望，它就在日常生活中呈现。从这些思想中可以看出禅的强烈影响。此派思想家中主张三教合一者不在少数。将这一主张加以深化的是李贽，他推崇纯粹的、原初的"童心"，批判已经形式化的既成的价值观。李贽还一反儒家的传统，肯定欲望的正当性，并基于独特的价值标准对秦始皇等历史人物进行了再评价。

与阳明派的活跃相呼应，当时的禅宗也是人才辈出。代表性的禅僧则是被称为"万历三高僧"的云栖祩宏（破庵派，莲池，1535-1615）、紫柏真可（达观，1543-1603）、憨山德清（破庵派，1546-1623）三人（加上天台宗的蕅益智旭〈1599-1655〉，也称"明末四大师"）。

三人的宗风并不完全一致，紫柏真可、憨山德清效法大慧宗杲（1089-1163），积极参与社会活动。而云栖祩宏则重视念佛，思想一贯稳健。三人当中，云栖祩宏名气最大，这或许与他的思想容易为统治者所接受有关。

### 紫柏真可、憨山德清

紫柏真可，句曲（江苏省）人，俗姓沈，字达观。十七岁出家，闻张拙（9世纪后半叶）之偈而大悟，驻燕京（河北省）的清凉寺。与憨山德清一道在五台山（山西省）和径山（浙江省）参与方册本万历版大藏经（嘉兴藏）的刊行（1589-1643？年），积极推进佛教的传播（其后，在清康熙年间，此大藏经又增补了《续藏》〈1666年〉、《又续藏》〈1676年〉，收录了大量禅宗典籍）。但因为不断对当局进行批判而获罪入狱，最后在狱中自尽。著作多收于《紫柏尊者全集》（1621年）和《紫柏尊者别集》（1660年）等。《紫柏尊者全集》由其盟友憨山德清等编辑，塔铭也由德清撰写。

憨山德清，金陵人，俗姓蔡。十二岁出家，十九岁受具足戒并学禅。为云谷法会（1501-1575）的法嗣，曾住五台山和青州（山东省）的牢山等。曾因私建寺院而系狱，后被释放。住曹溪（广东省）时，致力于弘法和伽蓝的复兴，也曾出版《六祖坛经》。其数量庞大的著作收于《憨山大师梦游全集》（1660年）。

### 云栖祩宏

杭州人，俗姓沈，别号"莲池"。三十一岁出家学禅，嗣笑岩德宝（1512-1581）之法。三十七岁时入杭州的云栖山，之后就以此山为中心进行佛教活动，并以建立规模很大的佛教结社而知名。其塔铭由憨山德清撰写。在思想上重视净土信仰，同时吸收道教的因素劝导众生向善。因此，《莲宗九祖传略》将祩宏列为莲宗第八祖。著作有《阿弥陀经疏钞》《缁门崇行录》（1585

莲社八祖明云栖莲池大师

▷ 云栖祩宏（《佛祖道影》）

禅的历史

年 )《禅关策进》（1600 年 )《自知录》（1605 年 )《竹窗随笔》（1615 年 ) 等，收于《云栖法汇》（1624 年 )。《缁门崇行录》记录并褒扬古今僧徒的孝亲和忠君的事例。《自知录》则将道教的"功过格"吸收到佛教，宣扬宋代以来的三教一致思想。袾宏的影响甚大，明末的高僧几乎都与其有关连。他编辑了《共住规约》，规范僧侣们的共同生活，这一规约直到现在仍然是中国丛林生活规约的基础。他还修订了宋代志磐（1220-1275）所撰《法界圣凡水陆胜会修斋仪规》。依此仪轨，举行"水陆会"时，功德不仅回向施主，而且回向一切横死者，这一做法一直影响到现在。到清代，袾宏因其顺应现存体制的思想而为清雍正帝（1722-1735 年在位）所推崇。

禅在当时引人瞩目，不仅因为禅在整个佛教中的地位，而且还因为通过士大夫阶层的信奉，禅给整个社会带来了很大影响。与云栖袾宏有交游的居士有冯梦祯（开之，1548-1605）、管志道（东溟，1537-1608）、严讷（敏卿，1511-1584）、严澂（道彻，1547-1625）等。紫柏真可的门下有陆光祖（五台，16 世纪中叶）、冯梦祯和瞿元立（汝稷，管志道的门下，1548-1610）等。憨山德清门下则有杨起元（复所，1547-1599）和周汝登（海门，1547-1629，与湛然圆澄、紫柏真可也有交流）。

特别引人注目的是禅与艺术家的关系。华亭派画家宋旭（1525-1606）曾学禅。同为华亭派画家、同时又是著名书法家和艺术品收藏家的董其昌（1555-1636）也与真可与德清有交流。董其昌在《画禅室随笔》中提出了南宗画、北宗画的说法，可以说是禅宗的南北两宗宗风不同说法的翻版。另外，倡导"性灵说"的文学家袁宗道（1569-1610）以及与憨山德清交游、以《牡丹亭还魂记》等剧目而知名、倡导"情说"的汤显祖（1550-1616）身上，也可以看出达观和袾宏的影响。当时，随着都市经济的发展，出现了被称为"海淫海盗"的白话体小说《金瓶梅》（1600 年左右）等，追求个性和感情解放的思潮高涨。艺术家们之所以对禅产生兴趣，就是因为这一思潮的底流即禅思想。

禅宗受到阳明学者的思想解放运动的刺激，一时迎来兴盛局面，但随之遇到挫折。1587 年，科举考试中佛教用语被禁止，1595 年，真可遭谗诉获罪，1602 年，李贽与真可"两大教主"被逮捕并死于狱中。禅的思潮走向了终结。

### 三、禅僧辈出与禅宗内部的争论

由于人们对禅的期待很高，所以当时除了"万历三高僧"之外，还涌现出许多杰出的禅僧，他们大多属于临济宗的破庵派或曹洞宗。例如，属于前者的有幻有正传（1549-1614）及其弟子天隐圆修（1575-1635）、密云圆悟（1566-1642）、语风圆信（1571-1647）、圆悟的弟子汉月法藏（1573-1635）、费隐通容（1593-1661）、木陈道忞（1596-1674）等；而属于后者的则有无明慧经（1547-1617）、湛然圆澄（1561-1626）、慧净的弟子无异元来（1575-1630）、永觉元贤（1578-1657）、晦台元镜（1577-1630）、元贤的弟子为霖道霈（1615-1702）、元镜的弟子觉浪道盛（1592-1659）等。

其中，密云圆悟1628年成为天童寺住持，并住持复兴毁于1587年洪水的天童寺，被称为"临济再来"。湛然圆澄著有《楞严经臆说》《金刚三昧经注解》等著作，与无异圆来一起被称为"曹洞中兴之祖"。另外，从事庶民教化的永觉元贤，致力于掩埋无名遗骨和贫民救济，宣扬守戒、念佛和放生，颇引人注目。

另外，费隐通容著《五灯严统》，在佛教界掀起很大波澜。汉月法藏著《五宗原》（1628年），却遭到其师密云圆悟的批判。而对圆悟的《辟妄救略说》，汉月法藏的弟子潭吉弘忍（1599-1638）著《五宗救》（1637年）进行反驳。此外还有木陈道忞与继起弘储（法藏弟子，1605-1672）的对立等。明末至清初，佛教内部经常发生激烈的论争。

### 费隐通容及其影响

费隐通容，福建人，俗姓何。幼时失怙，十四岁出家，学习教理佛教。后转向禅宗，历参湛然圆澄、无异元来、密云圆悟等，嗣圆悟之法。历住阿育王山（浙江省）、黄檗山（福建省）、径山（浙江省）等诸山名刹。有《费隐禅师语录》（隐元隆琦编）、《五灯严统》（1650年）、《祖庭钳锤录》《禅宗渔樵集》（1652年）等著作。承袭临济宗的棒喝传统，宗风峻烈，对同门的汉月法藏甚至自己曾经师事过的无异元来也进行批判，还与湛然圆澄的弟子瑞白明雪（1584-1641）、玉琳通琇（1614-1675）几度展开辩论。在《五灯严统》中，承袭觉范慧洪（1071-1128）等的说法，提出许多别出心裁的见解，逐渐引人注目。如认为天王道悟实有其人；将云门宗和法眼宗从青原的系统转到了南岳的系统；认为无明慧经、无异元来师徒师承不明；否认荐福承古是云门的弟子等（这些说法也见于木陈道忞的《禅灯世谱》，在其师密云圆悟那里就已经出现）。对此，觉浪道盛、远门净柱（1601-1654，著《辨惑篇》）、百愚净斯（1610-1665，著《辟谬说》）做了激烈批判。通容著《五灯严统解惑编》（1654年），予以回应，但最终被迫离开径山，而《五灯严统》也被毁板。但这场论争并没有结束。后来的晦山戒显（1610-1672）撰写天王寺碑等，维护通容之说，而白岩净符（位中净符、生卒年不详）著《法门锄宄》（1667年），予以驳斥。

通容、圆澄、元来、元贤等皆有语录传世，不过这一时期禅宗著作的特征是灯史类著作相继问世，如瞿元立的《指月录》（1602 年）、木陈道忞的《禅灯世谱》（1631年）、远门净柱的《五灯会元续略》（1648 年）、费隐通容的《五灯严统》（1650 年）、永觉元贤的《继灯录》（1651 年）。与此相伴随，在宗派系谱上的一些问题也成为争论的题目。如净柱的《辨惑篇》（1654 年）、通容的《五灯严统辨惑篇》（1654 年）、道霈的《辟谬》等。这些著作之所以大量出现，反映了禅宗各派的宗派意识的增强。正是在这样的背景下，临济宗中出现了"源流颂"（通容著有《曹溪源流颂》），颂的前面还附有禅的系谱和祖师的略传。曹洞宗中则有永觉元贤的《洞上古辙》（1644年），此书以"五位"概念概括曹洞宗风。《洞上古辙》与无异元来的《博山参禅警语》（1611 年）一起传到日本，对江户时代的日本丛林产生了很大影响。

宗派意识的增强与禅宗宗派性的强化是互为表里的。而宗派化带给整个禅林的影响是多方面的。特别是"十方住持制"（当时采用这一制度的寺院称为"十方选贤丛林"）逐渐被废弃，取而代之的是"一流相承刹"（由特定门派的禅师继承的寺院称为"传法丛林"），即各地的名刹的住持一职在某个特定门派之间递相传授。如焦山定慧寺（江苏省丹徒县）、博山能仁寺（江西省广丰县）、鼓山涌泉寺（福建省闽县）、寿昌寺等，分别成为湛然圆澄、无异元来、永觉元贤、觉浪道盛一派的弘法道场。而天童山和阿育王山成为密云圆悟一派的传法丛林，灵隐寺和净慈寺成为汉月法藏一派（因为法藏曾入住苏州的三峰清凉禅寺，所以此门派称为"三峰派"）的传法丛林。受禅林的这种转变的影响，大量的寺志问世，代表性的寺志有：高则巽编《径山志》、竹窗德介编《天童寺志》、郭子章编《明州阿育王山志》、际祥编《净慈寺志》、戒显编《灵隐寺志》等。

此外，在这一时代引人注目的著作中，还有相继刊行的禅宗居士的传记集成，如朱时恩（心空居士，1564-？）的《居士分灯录》（1631 年）、语风圆信和郭凝之（17世纪前半叶）二人的《先觉宗乘》等（语风圆信和郭凝之二人还编辑刊行了《五家语录》）。朱时恩还著有编年体的佛教通史《佛祖纲目》（1633 年），是清代以后居士佛教的中心人物。这些居士多出身乡绅，与出家的教团关系密切。除此之外，还出现了无为教、西来教等以农民为中心组成的禅宗结社。以上的知识分子居士虽然将这些结社视为异端，但对这些结社的成立给予最大影响的恰恰是这些知识分子居士。


## 四、明末禅思想的特征

明代中期也出现了儒学者的排佛论，如胡居仁（敬斋，1434-1484）的《居业录》

（1504年）、罗钦顺（整庵，1465-1547）的《困知记》（1552年左右刊行）等。但就整个明代而言，就像阳明学与禅的互动关系中所看到的那样，"儒禅一致"和"三教一致"的思想超出了儒释道三教的藩篱，成为思想界普遍接受的观念。

林兆恩（龙江三教先生，1517-1598）、管志道（东溟，1536-1608）、屠隆（1577年进士）等儒者以主张三教一致而知名（林兆恩著《三教汇编》〈1562年〉、屠隆著《佛法金汤录》〈1602年〉）。这一状况也波及到科举考试，1568年的会试允许出现禅和老庄的用语。在佛教方面，憨山德清（1548-1623）著《中庸直指》（1597年）、《老子解》（道德经解，1607年）、《庄子内篇注》（1620年）等；云栖袾宏（1535-1615）在《自知录》（1605年）中将道教的"功过格"吸收到佛教中（当时的儒教中也制作了"居官功过格"），在社会上影响很大。而道教方面，杜文焕（元鹤子，生卒年不详）著有《三教会宗》。

当时还出现了虽然本人是禅僧但却在李贽的座下开悟的无念深有（1544-1627）这样的人物，以及创作出融合三教思想的箴言集《菜根谭》（1602年）的洪自诚（应明，16-17世纪）等。这表明三教已经丧失了作为单独的宗教的意义。在此背景下，出版了《三教源流搜神大全》这样涵盖三教的通俗书，以及以三教一致为思想基础、劝导人们向善的《善书》等。

### 《自知录》

功过格据说源于金代道士何真公开创的新道教——净明道。何真公以西山（江西省南昌府）的游帷观为中心活动，净明道创建于1129年。云栖袾宏在《日知录》中，以净明道的《大微仙君功过格》（1171年）为基础，将道教的"功过"改为"善过"，"天尊""真人"改为"诸天"，"符箓""斋醮"改为"佛事"。袾宏之说可以说是道教"功过格"的佛教版。为促使人们反省自己的行为，《自知录》让人们记录每天的善行和恶行，并应其轻重配以点数（从1到20分为20级），然后逐日、逐月、逐年统计。在将善因善果、恶因恶果思想向民众渗透方面，这种做法非常有效。但这里所说的"善"分为"忠孝""仁慈""三宝功德""杂善"等四项目（与此相反的行为即"过"）。可见这只是对社会通常的善观念的趋同，并不是追求佛教独有的价值。

在宋元时代禅宗已经表现出的"禅净双修""教禅一致"等倾向，在明代得到继承和进一步强化。天衣宗本汇集历来关于禅净双修的诸说编成《归元直指集》（1553年）。憨山德清等也在庐山修净业。另外，云栖袾宏在《禅关策进》（1600年）中宣扬的以念佛为公案的"念佛公案"在丛林中很流行。袾宏等与其说是禅僧不如说是净土教僧。以天台宗为中心统一诸宗的藕益智旭（1599-1655）私淑德清和袾宏，在佛教实践上欲调和禅与念佛。向李贽学禅的袁宏道（1568-1610）后来转向净土信仰，著《西方合论》（1599年），颇引人注目。

### 《禅关策进》与念佛公案

《禅关策进》，"明末四大师"之一的云栖袾宏（1535-1615）著，1600年刊行。为了便于初学者的禅修行，作者以《禅门佛祖纲目》为基础集历代禅籍的节要而成此书。全书由一百一十章构成，分前集和后集。前集是对中国祖师的语录或著作的引用，后集则是对经论或先人著作的引用（诸经引证节略）。前集又分为"诸祖师法语节要第一"（法语）和"诸祖苦功节略第二"（逸话）。对全篇的重要章节，编者加了评语。袾宏的立场即当时流行的禅净双修思想。本书也有诸如"师子峰天如则禅师普说"和"智彻禅师净土玄门"等讲说念佛禅的章节。前者有"但以阿弥陀佛四字为话头（公案），常留念头，全不生妄想。不经阶段，速成佛道"；后者有"念佛一回，或三五七回，但默然自问，此念佛声何来？念佛者是谁？若不知，参！"等。这些皆以念佛为"公案"，故称为"念佛公案"。"念佛公案"据说源于宋代的真歇清了（1088-1151），在明代，由于楚山绍琦（1403-1473）、毒峰季善（本善，空谷景隆的弟子，1419-1482）、憨山德清等大力倡导而盛行。这样的思想，与继承了宋代禅传统的日本禅难于相容。但因为本书中诸禅师激励后进的语言和热情在指导学僧方面很有效果，故在日本也常有刊行。特别出名的是白隐慧鹤（1685-1768）在修行时代曾把此书放在手边。

教禅一致思想的出现，一方面是禅者为防止流于放逸而需要自我规范，另一方面也是为了回应外界对禅宗的批判。而社会则欲从禅寻求精神支柱，于是教禅一致就愈显重要。这一时期教禅一致思想的特色之一，是《楞严经》作为教禅合一思想的根据而倍受重视；特色之二是提出"顿悟渐修论"，调和南北二宗，禅所具有的激进思想性格得到修正。

这一时期的禅僧从教禅一致的立场研究经论，并对许多经典做出注释。例如，袾宏为《楞严经》《阿弥陀经》《梵网经》作注；德清为《法华经》《圆觉经》作注；元贤为《楞严经》《金刚经》作注。真可和德清参与刊行万历版大藏经（嘉兴藏，方册本，1589-1677），也是从这一立场出发。

禅教合一思潮的另一背景，是唐末以来禅宗以外的佛教宗派衰落。到明代，禅宗系的僧侣在佛教界占有压倒性的优势。也就是说，维系传统佛教的重任历史地落在了禅宗僧侣身上。至此，作为对传统佛教否定的"教外别传""不立文字"就完全失去了意义。

这一时期禅宗的另一思想特征是极端重视戒律，这与律宗的复兴相呼应。当时的古心如馨（1541-1615）号称律宗中兴之祖。汉月法藏从如馨受戒，其禅风可称为"禅戒一致"。法藏还编辑《弘戒法仪》，经常举行授戒仪式（渡日的隐元撰写了同名的著作并举行授戒仪式，就是承袭了法藏的做法），因此其名甚至还列入《律宗灯谱》。后来的三峰派也极端重视戒律，涌现出兼修禅、净、律的晦山戒显（1610-1672）等。另外，无异元来一派和藕益智旭等也都重视戒律，这已经成为当时佛教界的一种风尚。

在明代，由于葡萄牙和西班牙人来航，基督教传到了中国，并得到徐光启（1562-1633）和李之藻（？-1630）等高官的信奉。云栖袾宏、密云圆悟和费隐通容等对基督教进行了激烈的批判（圆悟的《辩天说》、通容的《原道辟邪说》是代表性著作）。但因为基督教的传教对象仅限于一部分知识分子，所以直到明代末年，信徒也没什么显著增加，从而也没有构成对佛教的严重威胁。

# 第二节　清代以来的禅

## 一、清的佛教政策与禅

女真族出身的努尔哈赤（太祖，1616-1626在位），通过贸易等蓄积了力量，1616年建立后金国，自立为王。后来继位的皇太极（太宗，1626-1643在位）于1636年改国号为大清，将版图扩大到了蒙古东部和朝鲜半岛。这时正值在农民起义中崛起的李自成（1606-1645？）推翻明王朝（1644年），清顺治帝（世祖，1643-1661在位）乘势攻入北京，翌年攻陷南京，基本上平定了中国。之后继位的康熙帝（圣祖，1661-1722在位）在平定三藩之乱（1673-1681）的同时，降服盘踞台湾的郑氏父子（1683年），巩固了清朝的统治，为雍正（世宗，1722-1735在位）、乾隆（高宗，1735-1795在位）的黄金时代奠定了基础。

清朝尊重汉族的传统文化，推崇作为科举标准答案的朱子学，并完成许多大规模的文化事业。如康熙帝时代编撰完成的《明史》《康熙字典》《佩文韵府》《古今图书集成》，以及乾隆帝时代编撰完成的《四库全书》就是代表性成就。但另一方面，朝廷又大兴文字狱、查禁图书，进行思想控制，对佛教和道教也采取了严厉政策。因此，明末颇为活跃的思想界在进入清代以后重又沉寂下来。

清朝虽然也进行了大藏经（龙藏）的刊行等事业，但整体上对佛教评价极低，并采取了种种限制措施，如禁止创建新的寺院、禁止僧侣在街头弘法以及妇女参拜寺庙等。特别是雍正帝，不仅废止了试经和度牒制度，从而招致僧侣素质低下，而且他本人还亲自参与禅宗内部纷争，欲对禅思想行使政治权力。雍正曾亲自参禅，号"圆明居士"，并对自己的禅学造诣极为自信。他在自编的《御选语录》（1733 年）中推崇明代的云栖袾宏，著《拣魔辩异录》（1733 年），参与密云圆悟与其弟子汉月法藏、再传弟子潭吉弘仁之间的论争，对汉月法藏一派（三峰派）进行弹压。

明代因为朝廷财政困难，开始出卖空名度牒和僧官，并且此风愈演愈烈。特别是嘉靖朝（1522–1566）以后，只有买度牒才能出家，僧侣素质急速低下。明朝灭亡后，不愿出仕清朝的遗老之间出现出家为僧的风习。他们对修行并无热情，还把裙带关系带进禅林引起混乱，佛教一步一步走向衰退。清朝的佛教政策加剧了佛教的衰退，僧侣彻底失去了社会的信赖。

虽然如此，在清初仍然可见明末禅宗的遗风。加之顺治帝也是禅宗的信奉者，所以仍然有禅僧活跃在社会上。与顺治帝有关系的禅僧有木陈道忞（1596–1674）、憨璞性聪（1610–1666）、玉琳通琇（天隐圆修的弟子，1614–1675）等。此外，引人注目的还有《禅海十珍》的编者为霖道霈（与日本的曹洞宗僧人独庵玄光〈1630–1698〉亦有交往）。

当时还有一些禅僧对满族的统治不满，为求活路而东渡日本，如费隐通容（1593–1661）的弟子隐元隆琦（1592–1673）、觉浪道盛

▷ 雍正帝

（1592-1659）的再传弟子心越兴俦（1639-1696）等。特别是隐元得到德川幕府的庇护，在日本传播明代的禅，开创了日本黄檗宗，在日本文化史上影响深远。

清代的禅学著作，有白岩净符（生卒年不详）的《祖统大统》（1672年）、别庵性统（17世纪后半叶）的《续灯正统》（1691年）、霁仑超永（生卒年不详）的《五灯全书》（1697年）等灯史；净符的《宗门拈古汇集》（1664年）、迦陵性音（集云堂，？-1726）的《宗鉴法林》（1714年）等公案集等；以及与禅宗法系论争有关连的净符的著作《法门锄宄》（1667年）等。《祖统大统》是反映净符关于祖统立场的著作，其观点招致木陈道忞和为霖道霈的批判（木陈道忞著《宝铎醒迷录》，为霖道霈著《洞宗源流辩谬》），净符对此又做了反论，争论一直持续下来。

就清代的禅对社会的影响而言，亦有可观之处。如对通俗小说做出积极评价的金圣叹（1608-1661），以及主张"诗禅一致"、倡导"神韵说"的文学家、开创山水派"新安派"的王士禛（渔洋，1634-1711）等，就受到禅的深刻影响。而号称清初"四画僧"的弘仁（1610-1664）、髡残（生卒年不详）、八大山人（1624-1705）、石涛（1642-1707）等人富有个性的画作，也有禅思想的神韵。

### 八大山人与石涛

八大山人，南昌人，俗名朱耷，明宁王后裔。明朝灭亡后，出家为僧，亦曾为道。号八大山人，从事绘画创作。山水画受到元代的黄公望（1269-1354）和明代的董其昌的影响。亦工于花鸟画。其画作体现了作者因江山易色而生发的悲愤激越。

石涛，本名朱若极，明靖江王后裔，出家后名原济，学禅后以石涛等为号。明灭亡后，心怀愤懑，放浪于黄山、华岳、金陵、扬州一带，沉醉于山水画，终老一生。其著作《画语录》中透露出重视内在神韵的绘画观。

八大山人与石涛境遇相似，二人虽缘悭一面，但曾合绘"竹兰图"（八大山人绘兰，石涛绘竹），也曾互为对方的画作题跋。


## 二、禅的终结

在清朝严厉的思想钳制下，唯一的思想成果当推黄宗羲（1610-1695）、顾炎武（亭林，1613-1682）所开创而后为阎若璩（1636-1704）、戴震（1723-1777）、钱大昕（1728-1804）等所发扬光大的考据学。考据学采取实证的研究方法，取得了很多成果，促进了历史学、地理学、音韵学、金石学、书志学的发展。但另一方面，学术研究越来越远离政治和哲学等更为现实性的问题。

考据学的成立背景是对明末阳明学末流空疏学风的批判。阳明学的空谈心性，被认为是明朝灭亡的原因之一。这一批判最初来自获得朝廷支持的朱子学学者，但后来朱子学也受到批判。而给朱子学和阳明学带来很大影响的禅，自然被视为元凶而遭到彻底否定。

在此背景下，明末清初禅的隆盛只是禅被动地回应社会要求而出现的暂时现象。虽然表面上热闹，但思想上越来越平庸，往往通过三教一致思想来自我定位、自我肯定。因此，在清朝的宗教政策确立、考证学取得发展以后，禅僧的活动就转入沉寂。而太平天国之乱（1851–1864）进一步加剧了这一趋势。受到基督教影响的洪秀全（1813–1864）率领的起义军席卷了江南地区，给一直繁荣的禅宗寺院以毁灭性的打击。

一般说来，支撑清代佛教的力量，与其说是僧侣不如说是一部分虔诚的居士知识分子。宋文森（？–1702）、周安士（1656–1739）、彭际清（1740–1796）、钱轼（伊庵，18–19世纪）等居士不仅是在学识方面，即使在修行方面也不输于出家人。他们不是禅师，而是通过佛典接触佛教。他们或者著书立说，或者出版发行佛教典籍。如彭际清编辑《居士传》（1775年），钱轼著《宗范》（1835年）等。但随着"三教一致""教禅一致""禅净双修"思想的普及，宗派意识本身已经失去意义。所以这些居士在多大程度上理解了禅思想的真义，或者说禅在他们的思想中占有多大比重，很值得怀疑。

到清代末期，国家积贫积弱，备受列强压迫，整个思想界注重解决现实问题。龚自珍（1792–1841）、魏源（1794–1856）等虽然是佛教徒，但他们倡导的公羊学成为洋务运动和变法自强运动的先声。后来的康有为（1858–1927）和谭嗣同（1865–1898）以及与公羊学派相对立的章炳麟（1869–1936），皆受到佛教的显著影响。不过他们钟情的是唯识思想和净土思想，而对禅思想则未见论及。这或许是因为禅思想已经成为佛教中最中国化的部分并且渗透到了中国人的日常生活中，已经没有值得再评价的东西。

1911年爆发辛亥革命，中华民国建立。为了抗衡列强而推进现代化的进程中，出现视佛教与道教为需要扬弃的封建糟粕的倾向。特别是清朝末年到民国初年兴起的庙产兴学运动，试图将寺庙和道观转为教育设施，佛教一时处于生死存亡的关头。为应对这种局面，敬安（寄禅，八指头陀，1851–1912）和太虚（1890–1947）等推进佛教复兴运动，呼吁佛教徒团结，兴办佛学院进行僧侣教育，发行佛教杂志进行弘法活动。这些措施对推进佛教的近代化皆有重要意义。但他们的目的并不是要重新确认"禅"的意义。例如，敬安作为禅僧在天童寺进行了教制改革，恢复了十方住持制度，但他本人更多是以诗僧而闻名。禅因为在很长的历史时期以各种形式与现实相妥协，以致在思想上已经完全失去了活力。

但这并不意味着知识分子完全失去了对禅的兴趣。实际上，各地新设的大学中开设了佛教和中国哲学史的课程，其中就包括了禅宗的内容。特别是汤用彤（1893-1964）的《汉魏两晋南北朝佛教史》（1938年）、陈垣（1880-1971）的《清初僧诤记》（1941年）、胡适（1891-1962）的《神会和尚遗集》（1930年）等涉及禅宗的著作颇引人注目。这些著作利用欧美近代学术研究方法，试图对古老的禅学做出新的阐释。需要指出的是，这些研究已经与禅宗的传统的释义学完全不同。

当然，传统意义上的禅的修行并没有完全消失。清末活跃的禅僧有虚云（1840？-1959）和来果（1881-1953）等。而20世纪前半叶禅的中心地当推镇江的江天寺（金山寺）和扬州的高旻寺，但其影响力也仅限于佛教界。

### 胡适

安徽绩溪人，字适之。1910年到美国留学，从学于哥伦比亚大学的杜威。归国后，1919年被聘为北京大学教授，提倡白话文，是新文化运动的主将之一。1938-1942年任驻美大使。第二次世界大战后的1948年移居美国，后回到中国台湾，担任中央研究院院长，1962年在台湾去世。著有《中国哲学史大纲》（1919年）、《白话文学史》（1928年）等。1925年开始发表有关禅宗的论文，相关研究一

▷ 胡适与铃木大拙

直持续到晚年。去世以后，还发表遗稿《跋裴休的唐故圭峰定慧禅师传法碑》（1962年）等。特别是1926年，在巴黎国立图书馆和伦敦大英博物馆调查敦煌文书时，发现《南阳和尚问答杂征义》等荷泽神会（684-758）的遗文，后来出版了《神会和尚遗集》（1930年），在学术界引起很大反响。另外，1949年在夏威夷举行的第二界东西方哲学家会议上，与铃木大拙（1870-1966）围绕禅展开论争，影响很大。

## 三、战后的动向

1949年中华人民共和国成立。胡适等学者出走台湾或英国支配下的香港，许多

僧侣也离开了大陆，中国佛教面临的局面发生了很大变化。僧侣对"禅"的认识，已经今非昔比。在禅宗内部出现了"学术性"的禅宗史著作。如印顺（盛正，1906-2005）的《中国禅宗史》（1971 年）即参考内外学者的研究成果，试图客观论述"禅"的历史意义。而且这种著作的比例还在不断增加。当然，与日本的情况一样，这种做法也带来了新的问题。

### 印顺

海宁（浙江省）人，俗名张鹿芹。出生于农民之家，曾担任小学教员。1929 年父亲去世后出家，法号印顺。曾就学太虚担任院长的厦门南普陀寺闽南佛学院，后执教鞭。1936 年，担任武昌佛学院教授，为避日军的进攻，移至重庆的汉藏教理院，与同为太虚弟子、留学西藏的法尊法师（1902-1980）关系密切，并在这里确立了对中国佛教批判的立场。后任四川的法王佛学院院长等，二战后经由香港到了台湾。在台湾，以台北的慧日讲堂为中心进行弘法活动，也时常在大学进行演讲。有数十册的著作问世，并编辑出版了太虚的全集。向日本大正大学提交的学位论文《中国禅宗史》（1971 年），试图解明禅的形成过程。此书吸收了日本和中国学者的研究成果，并在许多问题上提出了独到的见解，在学术界引起了反响。

在中国大陆很长的一个时期里，对宗教评价消极。特别是在"文化大革命"（1966-1976 年）期间，寺院遭到破坏，僧尼被强制还俗，佛教遭到毁灭性打击。在思想上，因为佛教被认为是唯心论而遭到严厉批判。

中国实行改革开放政策以后，佛教界也重现生机。政府拨出大量资金修复寺院，僧尼数目可观。当然问题仍然很多，如虽然到寺院的人很多，但多是以观光为目的，与信仰无关。虽然也有虔诚的信徒，但信仰多出于祖先供养和现实利益的目的，而很少有人对禅等佛教思想有兴趣。近年伴随着气功的流行，在年轻人中关心佛教的人多起来，但对佛教的理解仍极为浅薄。

而在大学等研究机构，佛教的学术研究引进欧洲和日本的研究方法，取得了许多成果，其中禅的研究占有很大比例。但这种研究与研究者的主体存在完全没有交涉，所以无助于佛教思想或禅思想的重兴。

在一般信徒和研究者之间对佛教或禅的理解是完全隔离的。但近年也出现了以知识分子为中心的"禅学热"，预示了将两种立场结合起来的可能性。改革开放以来，欧洲和日本的相关研究被介绍到中国，引起对禅的再评价。如铃木大拙的《禅与日本文化》和《禅入门》等在中国很受欢迎。台湾的南怀瑾的许多著作也被介绍到了大陆。

但问题是，这些活动几乎与佛教组织没有关系。正因为如此，最近净慧法师（1933–2013）推进的"生活禅"运动值得注目。净慧法师是虚云的弟子、赵州从谂禅师生活过的柏林寺的住持。净慧法师还在此建立了"禅学研究所"，今后的发展值得关注。

# 参考文献

荒木见悟 《佛教与儒教》（平乐寺书店，1963 年）

荒木见悟 《竹窗随笔》（明德出版社，1969 年）

荒木见悟 《明代思想研究 —— 关于明代儒教与佛教的交流》（创文社，1972 年）

荒木见悟 《明末宗教思想研究》（创文社，1972 年）

荒木见悟 《佛教与阳明学》（Regulus 文库，第三文明社，1979 年）

荒木见悟 《阳明学的发展与佛教》（研文出版，1984 年）

荒木见悟 《云栖祩宏的研究》（大藏出版，1985 年）

荒木见悟 《明清思想史面面观》（《中国思想史面面观》，中国书店，1989 年）

荒木见悟 《忧国烈火禅 —— 禅僧觉浪道盛的斗争》（研文出版，2000 年）

印顺，伊吹敦 译 《中国禅宗史 —— 禅思想的诞生》（山喜房佛书林，1997 年）

陈荣捷，福井重雅 译《近代中国宗教的足迹》（金花者，1974 年）

横超慧日 《明末佛教与基督教之间的相互批判》（《大谷学报》29，2-4，1949–1950 年）

神田喜一郎 《关于董其昌的思想》（《禅学研究》58，1970 年）

久须本文雄 《王阳明的禅的思想研究》（日进堂，1958 年）

黄依妹 《今文学家龚自珍与魏源的佛教信仰》（《东方学》81，1991 年）

胡适，铃木大拙／工藤澄子 译 《关于禅的对话》（筑摩书房，1967 年）

酒井忠夫 《明代的三教合一思想与善书》（酒井忠夫著作集 1，《增补中国善书的研究〈上〉》，国书刊行会，1999 年）

酒井忠夫 《功过格的研究》（《酒井忠夫著作集》1，《增补中国善书的研究（上）》国书刊行会，1999 年）

酒井忠夫 《儒教者与善书文化》（《酒井忠夫著作集》2，《增补中国善书的研究〈下〉》，国书刊行会，2000 年）

禅的历史

酒井忠夫　《从〈居官功过格〉到〈得一录〉》(《酒井忠夫著作集》2,《增补中国善书的研究〈下〉》, 国书刊行会, 2000 年)

椎名宏雄　《明代以后的大藏经与宋元版禅籍》(《宋元版禅籍的研究》, 大东出版社, 1993 年)

释东初, 河村孝照编, 椿正美译著　《中国佛教近代史》( 日本传统文化研究所, 1999 年)

末木文美士《现代中国佛教的研究》(《东洋文化研究所纪要》119, 1992 年)

末木文美士, 曹章祺　《现代中国佛教》( 平河出版社, 1996 年)

野口善敬　《费隐通容的临济禅及其挫折 —— 与木陈道忞的对立》(《禅学研究》64, 1985 年)

野口善敬　《明末关于〈主人公〉论争 —— 密云圆悟的临济禅的性格》(《九州岛大学哲学年报》45, 1986 年)

野口善敬　《清初僧诤记》( 中国书店, 1989 年)

长谷部幽蹊《无异元来禅师略传》(《爱知学院大学禅研究所纪要》4、5 合并号, 1975 年)

长谷部幽蹊《关于〈祖统大灯〉》(《宗学研究》19, 1977 年)

长谷部幽蹊《明清佛教史研究序说》( 新文丰出版公司, 1979 年)

长谷部幽蹊《明清佛教文献著者别小目录》(《爱知学院大学论丛　一般教育研究》27-4, 28-1、2, 1980 年)

长谷部幽蹊《智传编〈洞上祖宪录〉》(《爱知学院大学禅研究所纪要》11, 1982 年)

长谷部幽蹊《明朝禅中的净业的修行》(《日本佛教学会年报》42, 1976 年)

长谷部幽蹊《明清佛教教团史研究》( 同朋舍出版, 1993 年)

藤吉慈海　《禅关策进》(《禅语录》19, 筑摩书房, 1970 年)

藤吉慈海　《禅佛教的问题 —— 关于胡适与铃木大拙之间的争论》(《禅与净土论》平乐寺书店, 1994 年)

牧田谛亮　《彭际清在居士佛教中的地位》(《中国近世佛教史研究》, 平乐寺书店, 1957 年)

牧田谛亮　《道衍传小稿 —— 姚广孝的生涯》(《东洋史研究》18-2, 1959 年)

牧田谛亮　《策彦入明记的研究（上、下）》( 法藏馆, 1955-1959 年)

间野潜龙　《明代的佛教与明朝》(《明代文化史研究》, 同朋舍出版, 1979 年)

间野潜龙　《儒佛道三教的交涉》(《明代文化史研究》, 同朋舍出版, 1979 年)

Ward, Ryan《明末清初的禅宗及其社会观 —— 以觉浪道盛为例》(《禅学研究》77, 1999 年)

# [ 禅的系谱 6 ]

⑪

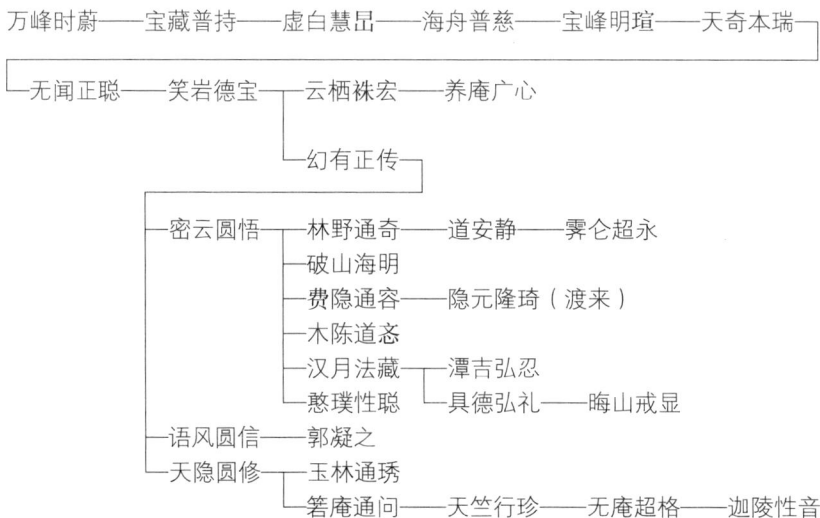

万峰时蔚——宝藏普持——虚白慧旵——海舟普慈——宝峰明瑄——天奇本瑞——无闻正聪——笑岩德宝
- 云栖袾宏——养庵广心
- 幻有正传
  - 密云圆悟
    - 林野通奇——道安静——霁仑超永
    - 破山海明
    - 费隐通容——隐元隆琦（渡来）
    - 木陈道忞
    - 汉月法藏
      - 潭吉弘忍
      - 具德弘礼——晦山戒显
    - 憨璞性聪
  - 语风圆信——郭凝之
  - 天隐圆修
    - 玉林通琇
    - 箬庵通问——天竺行珍——无庵超格——迦陵性音

⑫

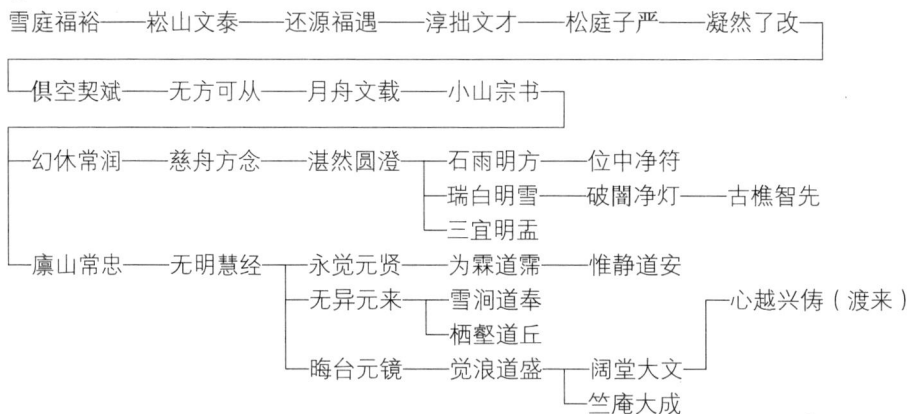

雪庭福裕——崧山文泰——还源福遇——淳拙文才——松庭子严——凝然了改——俱空契斌——无方可从——月舟文载——小山宗书
- 幻休常润——慈舟方念——湛然圆澄
  - 石雨明方——位中净符
  - 瑞白明雪——破闇净灯——古樵智先
  - 三宜明盂
- 廩山常忠——无明慧经
  - 永觉元贤——为霖道霈——惟静道安
  - 无异元来
    - 雪涧道奉
    - 栖壑道丘
  - 晦台元镜——觉浪道盛
    - 阔堂大文——心越兴俦（渡来）
    - 竺庵大成

# [ 禅关系地图 6 ]

① 邓尉山圣恩寺
　（法藏住）
② 苏州北禅大慈寺
　（法藏住）
　苏州圣寿寺
　（法藏住）
　苏州三峰清凉禅寺
　（法藏住）
③ 金粟山
　（圆悟・道忞住）
④ 杭州安隐寺
　（弘忍住）
⑤ 径山
　（心泰・通容・圆澄住）
⑥ 中天竺山
　（宗泐・心泰住）
⑦ 净慈寺
　（法藏住）
⑧ 云门山显圣寺
　（圆澄住）
　云门山云门寺
　（圆信・道忞住）
⑨ 普陀山
　（性统住）
⑩ 阿育王山
　（圆悟・通容住）
⑪ 天童山
　（圆悟・性统・道忞・通容・
　敬安住）

顺天・北平・燕京（北京）
明因寺（达观住）
海会寺・延寿寺（性聪住）
清凉寺（真可住）

憨山（德清住）

五台山
（真可・德清・正传住）

牢山
（德清住）

蒋山（摄山、慧昙住）

五云山云棲寺
（袾宏住）

凤台山保宁寺
（慧昙住）

南京　焦山

凤山天界寺
（宗泐・慧昙・道盛・元来住）

道场山万寿寺
（圆澄・道忞住）

金山

天目山
（通琇住）

庐山归宗寺
（真可住）

建昌寿昌寺
（慧经・道盛住）

博山
（元来住）

鼓山
（元来・元贤・道霈・道盛住）

台北

曹溪山（德清住）

黄檗山万福寺
（通容・圆悟・隆琦住）

香港

第Ⅱ篇

禅的足迹（日本）

# 第一章
# 禅的传入

## 第一节　奈良时代以前的状况

### 一、飞鸟·白凤时代与禅

一般认为佛教传入日本是在公元 6 世纪。当时的百济圣明王（523–554 在位）送佛像和经典给当时日本的钦明天皇（539–571 在位）。之后，围绕佛教，苏我氏和物部氏之间展开内争，最终崇佛派的苏我氏取得了胜利。因此，在苏我马子（551？ –626）和圣德太子（574–622，593–622 摄政）当政的推古朝（592–628），佛教得到举国信奉。594 年朝廷颁布"三宝兴隆之诏"，从 600 年开始派遣遣隋使。正是依靠归国僧僧旻（632 年归国）等的努力，中国佛教直接传到了日本。

这一时代被称为飞鸟时代，但此时还没有任何关于禅的传入的记载。这可能是因为当时恰是中国从隋（589–618）到唐（618–907）的过渡期，从禅的谱系看，处于三祖僧璨活动的时期，即禅宗人的活动最隐而不彰的时期。

之后中臣镰足（614–669）与大中兄皇子（天智天皇，668–671 在位）推行"大化革新"，苏我氏丧命。壬申之乱（672–673）后当政的天武天皇和持统天皇仿效中国，建立了一整套以天皇为中心的律令制度，佛教也被纳入其中。佛教与神道作为维系天皇权威的意识形态，在受到推崇的同时也接受国家的统制。

禅传入日本，始于白凤时代留学唐朝归国的道昭（629–700，660 年左右归国）。据虎关师炼（1278–1346）所著《元亨释书》（1322 年）的记载，道昭在随玄奘（602–664）学法相宗之余，还从禅宗第二祖慧可（487–593）的再传弟子慧满（生卒年不详）

学禅。说他是慧满的弟子有些牵强，但因为他归国后在法兴寺建立了禅院，所以可以说他是禅的最初传播者。而且，引人瞩目的是他与弟子行基（668-749）等兴办了许多社会事业，这样的行为也与禅的实践有某种联系。不过关于他的禅思想的内容及其对日本思想界的影响，则无由得知。

## 二、奈良时代禅的流入

710年，天明天皇（661-721，707-715在位）迁都奈良的平城京，开始了奈良时代（710-784）。伴随着迁都，大安寺、药师寺、元兴寺等飞鸟时代的寺院也迁到了新都，并继续保持尊崇的地位。但这个时代最值得一提的是圣武天皇（701-756，724-749在位）所推进的大规模佛教事业。

天皇于741年颁布"建立国分寺诏"，743年又颁"建造大佛诏"，各地建国分寺和国分尼寺，中央建东大寺作为总国分寺。这是律令制所规定的佛教镇护国家思想的具体体现。

天皇为了提高僧侣的素质以使僧侣能够担荷国家佛教的重任，开始整顿戒律，并向中国求寻授戒师。道璿（702-760，736年赴日）和鉴真（687-763，753年赴日）被请到日本，鉴真在东大寺设立了戒坛。此外由于道慈（？-744，718年归日）和玄

▷ 奈良·正仓院

禅的历史

昉（？ –746，737 年归日）等众多留学僧的努力以及天皇奖励学问的政策，先后出现了三论、成实、法相、俱舍、华严、律等六宗（南部佛教），学问佛教隆盛一时。

但对佛教的极端推崇招致僧侣素质的低下，甚至出现了被孝谦上皇（718-770，749-758 在位）所宠信的怪僧道镜（711-772）这样的人物。另外，随着佛教的普及，日本的土著神灵作为"护法神"被纳入佛教的休系，从而产生了神佛合一的思想。

关于奈良时代禅宗的传入，最引人注目的是 736 年道璿的渡日。道璿为传播戒律，先于鉴真被请到日本。但道璿实际上是神秀（606-706）的继承者普寂（651-739）的弟子，其思想的中心是北宗禅。

道璿到日本以后的事迹不详，但引人注目的是他曾在大安寺设"禅院"、著有关于戒律的《梵网经疏》、有弟子行表。道璿的思想可以说是北宗禅和戒律的结合。这种形态在湖北荆州的玉泉寺所形成的"玉泉天台"中似乎并不鲜见（据说道璿也精通天台宗）。道璿可能也是在这一思想潮流中形成自己的思想的。

道璿后来退居吉野的比苏山寺修禅，对山林修行者影响很大。行表也受到道璿的影响，但更重要的是最澄就出自行表（722-797）的门下，从而形成道璿—行表—最澄的谱系。不用说，最澄是日本天台宗的创始人，但他的圆（天台）、密（密教）、禅（禅宗）、戒（大乘戒）"四种相承"的思想，可能是源于道璿所传玉泉天台的基本思想，而且正是这一思想成为平安时代禅宗传入的原动力。

奈良朝的禅宗人物，除了道璿并无其他知名的僧人。但禅宗的传入并不限于禅僧的往来。实际上，随着遣唐使的不断回国，大量的佛教典籍传来，其中也包含有在中国隆盛一时的禅宗著作（或与禅宗有密切关系的著作）。根据正仓院文书的记载，这些禅宗文献有以下几种：

1.（传）菩提达摩撰《楞伽经疏》五卷

2.（传）菩提达摩撰《楞伽经科文》（楞伽经开题文）二卷

3.（传）金刚藏菩萨撰《观世音经赞》一卷

4.（传）菩提达摩撰《金刚般若经注》一卷

这些文献的著者皆为假托，但从假托的人物名字和思想内容看，几乎可以肯定这些著作是初期禅宗教团所著。关于其传到日本的经纬，根据淡海三船的《送戒明和尚状》的记载，只知道《金刚般若经注》是由膳臣大五（8 世纪中叶，752 年入唐，753 或 754 年回国）带回日本（同时带来的还有《释摩诃衍论》），而《楞伽经疏》《楞伽经科文》《观世音经赞》三书则不知其详。根据正仓院文书的记载，此三书的原本皆收于"西宅本"，应该是由同一人带到日本的。虽然具体人物不详，但最可能的人物应该是道璿。

另外，最澄在自己的著作中提到了许多禅宗文献，如5.（传）菩提达摩撰、昙琳集《二入四行论》。从文献的性格看，此书很可能是由道璿带到日本、经行表传给最澄的。稍晚的源信（942-1017）的《菩提心义要文》（997年）所引用的6.净觉（683-750？）撰《楞伽师资记》系北宗禅系的著作，也可能由道璿传入日本。

上述诸文献，除《二入四行论》为东山法门以前的著作以外，其他皆属"北宗禅"系统的著作。虽然由于现存部分残缺不全、其内容不能完全把握，但有一点可以肯定，即奈良时代有众多的禅宗文献传入日本。

那么，当时社会是如何理解这些文献的呢？根据正仓院文书的记载，《楞伽经疏》《楞伽经科文》《观世音经赞》三书曾经数次被借出抄写，以便收入佛典总录。特别是《楞伽经疏》和《楞伽经科文》两书，曾作为讲说《楞伽经》的参考书，被名叫教轮（生卒年不详）的僧人所用，但其思想内容到底多大程度上影响了当时的思想界和宗教界则是未知数。而《金刚般若经注》由于被淡海三船判为"伪撰"，所以几乎未见抄本。《二入四行论》和《楞伽师资记》，在最澄和源信提到它们之前，完全不为人所知。也就是说，虽然禅宗的著作传到了日本，但至少在学问僧中间还看不到从禅宗思想的立场去把握这些著作的动向。

但这并不是说人们对禅宗完全不关心。实际上，从流传甚广的关于圣德太子的片冈山传说中，可以看出禅宗的影响。后来，片冈山传说还演义出圣德太子在片冈山所遇到的人就是达摩的说法。

### 片冈山传说

出自《日本书纪》（720年）的推古天皇二十一年条，其梗概为：（1）圣德太子在巡游片冈山时，遇到一倒卧路边之人，遂赐以食物和衣服；（2）次日遣使者去看望此人时，此人已经死亡。于是将此人葬于片冈山；（3）后来太子称此人非同一般，遂遣使者开墓验尸，发现里面只有衣服尚在。这一传说明显是受到道家尸解思想的影响。但后来，此传说与圣德太子是南岳慧思（515-577）的转世说（此说见于鉴真弟子思托的《延历僧录》〈788年〉）以及所谓达摩劝南岳慧思东渡日本说相结合（《慧思七代记》中记载，达摩劝慧思往生于海东），并通过最澄的弟子光定（779-858）的《传述一心戒文》以及《圣德太子传历》得到传播。依此说法，圣德太子是慧思的转世，而在片冈山倒卧路边的人即达摩。因为奉劝慧思往生日本的就是达摩，所以在片冈山相会的就是达摩和慧思。这种说法虽然很奇怪，但似乎也有背景。据中国的《传法宝纪》记载，达摩去世后，打开其墓穴，发现只有一只草鞋（只履归天说）。这一传说为最澄的《内证佛法相承血脉谱并序》所继承。可见，达摩和慧思相会说，是将达摩的传说和片冈山传说相结合的产物（关于达摩的传说见于《今昔物语集》〈12 世纪前半叶〉和《闻书集》〈同上〉，但其源头仍是《内证佛法相承血脉谱并序》）。由此可以看出，在奈良时代，人们对菩提达摩就产生了兴趣，但这种兴趣更多是出于宗教的目的而赋予其超越人格而非因为其禅的思想。但到镰仓时代，禅宗在日本扎根以后，虎关师炼（1278-1346）在《元享释书》（1322 年）中将片冈山传说视为禅与日本因缘非浅的证据，以此来增强禅的权威。为此，江户时代的林罗山（1583-1657）等儒者斥之为荒唐无稽，而卍字师蛮（1626-1710）、卍山道白（1636-1715）、面山瑞方（1683-1769）等则进行了反驳。

# 第二节　平安时代禅的传播

## 一、平安迁都与国风文化的形成

784 年，恒武天皇（781-806 在位）为了政治革新的需要，迁都长冈京，但由于新都城的建设进展并不顺利，794 年，再次迁都平安京，拉开了平安时代（794-1192）的帷幕。

迁都以后，天皇开始着手改革弊端丛生的律令制，同时为了防止佛教对政治的干预，禁止南都奈良的寺院迁入平安京。天皇转而倚重从唐朝归国的最澄和空海（774-835），试图以他们带来的天台宗和真言宗作为新时代的指导思想。这些政策为后来的平城天皇（806-809 在位）和嵯峨天皇（809-823 在位）所继承，成为平安时代的基本国策。

藤原冬嗣（775-826）得到嵯峨天皇的信任，成为仁明天皇（833-850 在位）的外戚。藤原后来利用谋略，将伴善男（811-868，866 年下台）、菅原道真（845-903，901 年下台）、源高明（914-982，969 年下台）等政治对手一一排挤出去，自己先后担任摄政、关白等要职。因为庄园的兼并，律令制已经完全行不通，但藤原仍独占大量庄园，富可敌国。在道长（966-1027）、赖通（992-1074）时代，摄政、关白的独裁统治达到顶峰。

这一时代，也时有遣唐使派遣，入唐僧也很活跃。但黄巢之乱（875-884）之后，唐王朝走上衰落，朝廷听从菅原道真的建议，在 894 年停止遣唐使的派遣。之后，虽然有民间商人的往来维系着日中两国间的交流，中国的文化和器物也继续流入日本，但唐以后中国进入五代十国（907-960）的混乱期，僧侣间的往来逐渐中断。

与此相关联，日本人开始对唐文化进行消化和吸收，产生了日本人独特的表现方式和审美方式，以和歌和女性文学为代表的国风文化盛极一时。最初的敕撰和歌集《古今和歌集》（905年）、紫式部（10-11世纪）的《源氏物语》（11世纪初叶）、清少纳言（10-11世纪）的《草枕子》（1000年左右），就是这一时期出现的最重要的作品。

因为平安贵族尊崇密教的加持祈祷，所以在天台宗中密教的比重也渐次增加。另外，在自然灾害和治安恶化的社会背景下，末法思想受到注目，净土信仰流行，出现了源信的《往生要集》（985年）和庆滋保胤（？ -1002）的《日本往生极乐记》等。但随着宋朝的建立，中国再次实现统一（960年），奝然（938-1016）和成寻（1011-1081）入宋求法，与中国的交流再次活跃，关于佛教的新知识也传入日本。

藤原氏的摄政、关白政治在后三条天皇（1068-1072在位）时代终结。自白河上皇（1072-1086在位，1086-1129摄政）以后，鸟羽上皇（1129-1156摄政）、后白河上皇（1158-1192摄政）等连续三代实行太上皇摄政。上皇利用中下层的贵族和渐具实力的源氏、平家的武士等维持政权，但经过保元之乱（1156年）和平治之乱（1159年），武士的力量进一步增强，平清盛（118-1181）成为太政大臣，1179年甚至将企图排出平家势力的后白河天皇幽禁。

在这一时期，佛教思想的发展主要表现为以比叡山为中心而展开的"天台本觉思想"。这一思想认为现实自身就是觉悟的体现，可以说是如来藏思想的自然延伸。此后，本觉思想不仅对佛教而且对整个日本文化都带来很大影响。


## 二、最澄对禅的接受和传播

平安时代对禅的接受，最引人注目的是最澄对牛头禅的传承。如前所述，最澄从行表处接受了北宗禅，而据《内证佛法相承血脉谱并序》的记载，入唐求法的最澄于804年10月13日，从天台山禅林寺的翛然（生卒年月不详）处得到牛头宗的付法和相关的文献，回国后（805年）收藏于比叡山。而在最澄所传文献目录（《越州录》）中，可以发现许多看起来为禅文献的书目。

首先，与牛头宗有关系的文献有如下几种：

1. 佛窟惟则撰《无生义》

2. （传）牛头法融撰《法华经名相》

3.（传）牛头法融撰《绝观论》

4.撰者不详《刀梯歌》

另外，在《越州录》中还可以看到如下不属于牛头宗的文献：

5.（传）神秀撰《观心论》（北宗系）

6.撰者不详《曹溪大师传》（南宗系）

7.撰者不详《西国佛祖代代相承传法记》（南宗系）

8.撰者不详《达摩系图》（南宗系）

9.（传）傅翕撰《傅大师还诗十二首》（系统不明）

10.（传）傅翕撰《双林大士集》（系统不明）

由此可见，最澄所接受的禅宗并不限于牛头宗。此外，关于《无生义》和《西国佛祖代代相承传法记》，《内证佛法相承血脉谱并序》中有引用。《内证佛法相承血脉谱并序》还提到《付法简子》等未传文献，引用达摩和慧可的碑文，并提及道信的碑文。

最澄之所以带来大量禅宗的典籍，是因为前面提到的、他把禅宗的相承视为"四种相承"之一环。但禅为什么会有如此重要的意义呢？这或许是因为禅所包含的"如来藏"="佛性"思想与构成其思想基础的《法华经》的"一佛乘"与《梵网经》的"一心戒"思想密切相关，更与他终生追求的大乘戒坛的设立直接相关的缘故。

▷　京都·比叡山延历寺根本中堂

最澄对禅宗的立场直接影响到后来的天台宗入唐僧的态度。由于这一原因，使得大量的禅宗典籍传到了日本。受最澄的影响，甚至在镰仓时代以后，许多将禅传到日本的僧人都有天台宗的背景。

### 三、入唐八家所传禅宗文献

依据入唐八家（指平安初期入唐、将佛法传入日本的八名天台宗和真言宗僧人）等的"带来典籍目录"，大体可知最澄以后禅宗文献传入日本的情况。这些典籍列举如下：

首先，属于荷泽宗的典籍有以下几种：

1. 神会撰、刘澄集《菩提达摩南宗定是非论》（圆行）

2. 神会撰《南阳和尚问答杂征义》（圆仁、圆珍）

3. 神会撰《荷泽和上禅要》（圆珍）

4. （传）慧能传、法海集《曹溪山第六祖慧能大师说见性顿教直了成佛决定无疑法宝记坛经》（圆仁、圆珍）

5. （传）慧能撰《能大师金刚般若经诀》（圆珍。可能与《金刚经解义》为同一书）

6. 撰者不详《西国佛祖代代相承传法记》（惠运）

7. 撰者不详《达摩宗系图》（圆珍。可能与最澄所传《达摩系图》为同一书）

与洪州宗（或其支流）相关的文献，有以下几种：

8. 灵澈撰（或作序？）《宝林传》（圆仁）

9. 怀海（？）撰《百丈山和尚要诀》（圆珍）

10. 白居易撰《传法堂碑》（圆珍）

11. （传）慧忠撰《南阳忠和尚言教》（圆珍）

12. 真觉撰《曹溪禅师证道歌》（圆仁）

13. 真觉撰《最上乘佛教性歌》（圆仁）

14. 真觉撰《永嘉觉大师集》（圆珍）

从书名看属于禅宗、但所属宗派不详的文献有：

15. （传）菩提达摩撰《唯心观》（圆仁）

16. （传）菩提达摩撰《达摩和上悟性论》（圆珍）

17. （传）慧能撰《六祖和尚观心偈》（圆珍）

18. 撰者不详《大乘楞伽正宗诀》（圆仁）

19. 撰者不详《辩禅见解邪正论》（惠运）

20. 撰者不详《西国付法藏传》（圆仁。可能与《西国佛祖代代相承传法记》为同一书。最澄也称《西国佛祖代代相承传法记》为《西国付法记》）

21. 撰者不详《禅宗脉传》（惠运）

22. 撰者不详《师资相授法传》（惠运）

23. 撰者不详《禅门七祖行状碑铭》（圆珍）

这些禅宗文献虽然由圆行（真言宗，799–852，838–839 入唐）、圆仁（天台宗，794–864，838–847 入唐）、惠运（真言宗，798–869，842–847 入唐）、圆珍（天台宗，814–891，853–858 入唐）等带到了日本，但在天台宗中这些文献发挥了怎样的作用则不得而知。

五大院安然（841？–915）在《教时诤》和《教时诤论》中引用了《宝林传》（801 年）和《大唐双峰山禅门付法》（未详），提到禅宗。特别是在《教时诤》中论及佛教教理的深浅，其顺序如下：（1）真言；（2）佛心（禅）；（3）法华；（4）华严；（5）三论；（6）法相。由此判断，平安时代人们就对禅宗很关心。但安然是个例外。一般来说，人们对禅的关注远远不及对密教和天台宗的关注。最澄之后的天台宗虽然承认禅宗为"四种相承"之一，但仅止于形式上接受禅宗，对其义理则不甚了了。

## 四、义空与能光

与这些入唐僧的活动相前后，也出现了中国禅僧东渡日本传禅以及日本僧人入唐习禅的记载。前者的代表为义空（9 世纪中叶），后者的代表为瓦屋能光（？–933）。义空东渡是承和年间（834–848）的事情。嵯峨天皇的皇后檀林（橘嘉智子）遣慧萼（9 世纪中叶）出使中国迎请，时间上与圆仁的归国（847 年）大致为同一时期。因为义空为盐官齐安（？–842）的弟子，所以其传法系谱如下：

马祖道一（709–788）——盐官齐安——义空

可见义空所传之禅法，实为南宗之初传、亦为洪州宗之初传。

皇后迎请义空为檀林寺的开山之祖，并在其指导下修行。但当时的日本人似乎没有能够接受禅宗，所以义空几年后快快归国而去。这一事实说明当时日本接受禅宗的思想的土壤和社会条件还没有成熟。据说义空还有一位名叫源谓的弟子，但其行止不得而知。

瓦屋能光的入唐时期不详，但因为据说他嗣法洞山良价（807-869），所以入唐时期大体在9世纪中叶。他终老于唐，所以对日本思想界没有任何影响。他不想归国，或许是因为他深知当时日本还没有接受禅思想的社会基础。

### 五、宋朝的建立与日中交流的活跃

随着宋朝的建立（960年），中国的情势逐渐安定，两国间僧侣的交流重新活跃起来。中国流行的禅宗也传到了日本。据说三论宗的奝然（？-1016，983-986入宋）归国后，向朝廷报告了中国禅宗的盛况。当时在中国活跃的禅僧有首山省念（926-993）、洞山守初（910-990）、香林澄远（908-987）等，临济宗和云门宗也走向隆盛。奝然正是亲身见证了中国佛教界的盛况，才主动向朝廷做了报告。

在院政期，天台宗的觉阿（1143-1182）将宋朝禅最先传到了日本。觉阿1171年入宋，嗣法圆悟克勤（1063-1135）的弟子瞎堂慧远（1103-1176），归国后（1175年），入比叡山。依据《元亨释书》（1322年）的说法，高仓天皇（1168-1180在位）曾向其问法，而觉阿只是向天皇吹笛一曲，其后的行踪则不详。

# 第三节　平安时期禅的特征

以上对平安时代以前的禅宗的传入做了概观。这一时期的禅，与镰仓时代以后的禅有很大不同。这一时期，禅虽然传入日本，但还是偶发的、非系统的，日本对禅的接受也是被动的、不自觉的。

首先，就奈良时代的禅而言，日本招请道璿绝不是要引入禅宗。而禅宗典籍也只是作为日本天台的"四种相承"之一，或者作为在唐朝流行的典籍之一而被动地传到了日本。也就是说当时的日本并不是意识到禅的独特价值，才积极主动地接受和引进禅宗的。从整体上看，当时的日本僧人是将禅宗文献作为传统佛教的一环来接受的。例如，当时所传的禅宗文献中，被人们所看重的是与禅宗思想有很大隔阂的《楞伽经》和《楞伽科文》。人们似乎不是把它们视为禅宗文献，而是作为讲解《楞伽经》的参考书而使用的。

但与道璿有交往的人当中，必然也有通过实践而理解"禅"的意义的人。正是从这些人当中才涌现出了最澄。在最澄的思想体系中，禅具有重要意义。但最澄的思想多大程度上被其继承者所理解，非常值得怀疑。从义空与能光的例子可以看出，当时的日本还没有能够理解禅宗的思想土壤。最澄可以说是当时唯一从实存的意义上理解禅的人。

但到院政时期，武士的势力膨胀，战乱的足音趋近了京都。人们不得不直面严酷的现实和自己的实存意义。正是在这样的时代背景下，"禅"才在人们面前展现了其意义。这一点，从觉阿的行止中可以窥见些许端倪，而这也是镰仓时期禅宗大规模传入日本的先声。

# 参考文献

伊吹敦　《北宗禅的新资料 —— 关于据传为金刚藏菩萨所撰的〈观世音经赞〉与〈金刚般若经注〉》（《禅文化研究所纪要》17，1991 年）

伊吹敦　《关于最澄所传初期禅宗文献》（《禅文化研究所纪要》23，1997 年）

伊吹敦　《关于菩提达摩的〈楞伽经疏〉》（《东洋学论丛》23-24，1998 年）

大谷哲夫　《曹洞宗与儒教的交涉》（曹洞宗宗学研究所编《道元思想的足迹3—— 江户时代》，吉川弘文馆，1993 年）

末木文美士　《奈良时代的禅》（《禅文化研究所纪要》15，1988 年）

高木讱元　《关于唐僧义空来朝的诸问题》（《高野山大学论集》16，1981 年）

中尾良信　《圣德太子南岳慧思后身说的变迁》（《花园大学研究纪要》21，1990年）

船冈诚　《初期禅宗的传播与比叡山》（今枝爱真编《禅宗的诸问题》，雄山阁，1979 年）

船冈诚　《日本禅宗的成立》·（吉川弘文馆，1987 年）

# 第二章
# 宋代禅的传播

## 第一节　宋朝禅的传入——镰仓前期

### 一、武士掌权与新佛教的诞生

贵族、寺社势力对地方武士平氏不断增长的不满，导致了源氏和平氏之间的争斗。最终取得胜利的源赖朝（1147-1199）被任命为征夷大将军（1192-1199 在职），在镰仓建立了幕府，日本进入了幕府时代（1192-1333）。

赖朝在各地任命守护和地头，让他们担负治安、行政和税收事务。赖朝死后，其子赖家（1202-1203 在职）继位将军。为了防止将军的专权，权臣们实行了政治合议制，而处于核心位置的是赖家之母政子（1157-1225）的本家北条氏。北条时政（1138-1215）掌权时，铲除异己，并于 1204 年诛杀赖家，掌握了幕府的实权（执权，1203-1205 在职）。

时政之后，义时（1205-1224 在职）继承执权的地位。1293 年，第三代将军实朝（1203-1219 在职）为赖家之子公晓（1200-1219）所杀，义时被藤原氏推举为将军（摄家将军），幕府制得以维持。1221 年，后羽天皇发动政变（承久之乱），试图夺取政权，但被幕府镇压。之后，幕府在京畿以及西日本设置地头，势力扩展到了全国。北条泰时（1224-1242 在职）做执权时，订立"御成败式目"，标志着执权政治的正式确立。时赖（1246-1256 在职）时期，灭掉了敌对的三浦氏，取代摄家将军，迎来了亲王将军。

这一时代，政治的实权无论名义上还是实际上皆掌握在武士手中。与这种情势变化相呼应，在文化上也出现了新的倾向。如在和歌的世界里出现了强调象征性的耽美倾向，似乎是暗示贵族社会的没落。涌现出藤原俊成（1114-1204）和定家（1162-1241）那样追求静寂幽玄风格的歌人。《新古今和歌集》（1205年）成为反映这一时代歌风的代表性歌集。在接连不断的战乱中，悲观厌世的气氛在知识分子中蔓延，出现了鸭长明（1155-1216）的《方丈记》（1212年）这样的作品。

另一方面，当时也出现了以《平家物语》为代表的另一种风格的作品。《平家物语》描写了成为新的支配阶级的武士集团军事生活。这一作品，连同运庆（1148-1224）一派工匠（曾在重建被平家所焚毁的东大寺工程中发挥重要作用）的雕刻作品以及当时盛行的肖像画作品皆表现出前所未见的写实风格。

新时代也为思想界带来活力。法然（1133-1212）、荣西（1141-1215）、亲鸾（1173-1262）、道元（1200-1253）、日莲（1222-1282）等纷纷创立"新佛教"。而为了维护传统佛教的立场，从"旧佛教"营垒也涌现出贞庆（法相宗，1155-1213）、高弁（明惠上人，华严宗，1173-1232）、叡尊（律宗，1201-1290）等高僧。

虽然这一时期日本和中国还没有恢复国与国的关系，但由于与南宋（1127-1279）之间的民间贸易活跃，大量的宋朝货币流入日本，日本也出现了货币经济。僧侣间的交往很多，荣西和道元重新将在中国极一时之盛的禅宗传到了日本。

## 二、荣西与能忍

禅在日本广为人知，始于明庵荣西（千光国师，1141-1215）和大日能忍（生卒年不详）。他们创立了作为弘法地点的禅寺，有意识地培养继承者，在社会上产生了很大影响。

荣西一生曾两度入宋，在第二次入宋时得临济宗黄龙派的虚庵怀敞（生卒年不详）之法回国（1191年）。后来虽然受到比叡山一派的迫害，但因为得到北条政子和源赖家等的皈依，得以在镰仓建立寿福寺（1200年）、在京都创立建仁寺（1202年），致力于禅的普及。其门下有明全（1184-1225）、退耕行勇（1163-1241）、荣朝（？-1247）等知名弟子（千光派），这些弟子又培养出道元、心地觉心（法灯国师，1207-1298，曾师事荣朝）、东福圆尔（圣一国师，1202-1280）等弟子。道元、觉心、圆尔先后入宋，回国后传播禅宗，自成一派。

### 明庵荣西

备中（冈山县）人，十一岁于吉备郡安养寺出家，十三岁登比叡山学天台，于伯耆（鸟取）的大山中学密教。1168年入宋，巡礼天台山、阿育王山，带回天台的章疏，1187年为赴印度巡礼佛迹而再度入宋，但没有能够到印度。在天台山万年寺见到虚庵怀敞，接受临济宗黄龙派的禅法，1191年回国，在九州传播禅法。因为比叡山的鼓动，天皇颁布"停止宣扬禅宗之诏"。1194年为了自我申辩入京，后到镰仓，主持赖朝去世一周年的法事，作为密教僧得到幕府的皈依。1200年开创寿福寺，1202年于京都创建台密禅兼修道场建仁寺，作为比叡山的别院。1206年，被后鸟羽上皇任命为东大寺大劝请职，为东大寺的建设贡献良多。1213年被任命为权僧正，1215年入寂，世寿75岁。有《兴禅护国论》（1198年）、《日本佛法中兴愿文》（1204年）、《吃茶养生记》（1211年）（有人认为《兴禅护国论》《日本佛法中兴愿文》为伪书）等著作传世。作为密教的大家开创了"叶上流"一派。因为将茶传到了日本，所以也被尊为"茶祖"。

能忍靠独修而开悟，在摄津（大孤府）的三宝寺宣扬佛教（其门下称为达摩宗）。因为有人批评他没有师承，于是在1189年派其弟子前往中国，得拙庵德光（1121-1203）亲书而嗣其法。能忍似乎具有很大的感召力，其皈依弟子歌人藤原俊成和定家受到能忍的影响，追求晦涩的风格，其和歌被人们批评为"达摩歌"。

### 达摩宗

大日能忍建立的日本禅宗派别。能忍最初学天台宗，通过学习早先传到日本的禅宗典籍，无师独悟，以摄津（今大阪府）的三宝寺为据点，阐扬宗风。后来，由于比叡山的门徒举报，弘法活动被朝廷禁止，而能忍也遭遇事故而猝然去世。但其弟子东山觉晏（生卒年不详）继承了教团，与门下怀奘（1198-1280）等一道，转移到大和（奈良县）的多武峰，继续开展活动。1227年，兴福寺门徒烧毁其据点，遂逃到越前（福井县），寄居白山系天台宗据点之一波著寺。1241年觉晏去世后，弟子怀鉴（？－

▷ 德光授能忍达摩像

1251）、义尹（1217-1300）、义介（1219-1309）、义演（？-1314）等，投奔在深草（京都府）的兴圣寺活动的道元（怀奘曾在1234年参访道元）。过去认为达摩宗到此就消灭了，但近年的研究表明，一直到中世的末期，以三宝寺为中心，这一派别一直传承有序。所以，有人认为三宝寺系统是此宗的主流，而觉晏一派毋宁说是此派的支流。

荣西所开创的建仁寺是比叡山的别院，也是天台、真言、禅三宗兼修的道场（当初还设有止观院和真言院），由此可见荣西的禅并没有完全脱离传统佛教的影响。一般认为这是以比叡山为中心的传统势力强烈反弹的结果，但事实上这与有着很深密教修养的荣西自身的思想关系更大。这一思想为其弟子行勇和荣朝所继承，并影响到其再传弟子觉心和圆尔。

### 三、兼修禅

觉心1249年入宋，嗣法无门慧开（1183-1260），归国后创建西方寺（后改称兴国寺），定居纪伊（和歌山县）的由良，宣扬佛教，培养了孤峰觉明（三光国济国师，1271-1361））等众多弟子。

圆尔入宋嗣法无准师范（1177-1249），归国后，得到九条道家（1193-1252）的皈依，成为东福寺的开山祖师。九条道家十分推崇圆尔，以至于禁止圆尔法系（圣一派）之外的僧人担任东福寺住持。由此之故，东福寺成为圣一派的所谓"一流相承刹（徒弟院）"。

圆尔曾向北条时赖宣讲自己所著的《佛法大明录》，宣扬三教一致的思想；向后嵯峨天皇讲解《宗镜录》，宣扬教禅一致的思想。据说圆尔还著有密教的著作《大日经见闻》。圆尔的诸教融合思想为当时的人们广泛接受。其门下东山湛照（1231-1291）、无关普门（1212-1291）、白云慧晓（1228-1297）、痴兀大慧（佛通禅师，1229-1312）等皆一时之选，各立门户，传播禅宗。特别是痴兀大慧创建了安养寺和大福寺，活跃于伊势（三重县），引入注目。

### 心地觉心与东福圆尔

心地觉心，信浓（长野县）人，俗姓恒，号无本。二十九岁出家受戒，在高野山学习密教，师事金刚三昧院的退耕行勇，随行勇赴寿福寺。在参访道元和荣朝之后，1249年入宋，于无门慧开（1183-1260）处得法。归国后，入高野山（归国时将其师的《无门关》带到了日本）。1258年，成为西方寺（后改称兴国寺）的首任住持，以纪伊的由良为中心，播扬宗风。曾接受龟山上皇（1248-1305）的皈依，受邀担任新建立的南禅寺的开山住持，但坚辞不就。龟山天皇、后醍醐天皇分别赐予"法灯禅师"和"法灯圆明国师"的谥号。与莹山绍瑾（1268-1352）等曹洞宗僧人多有交往，曾影响到曹洞宗的密教化进程。善吹箫，后世也被尊为普化宗之祖。

东福圆尔，骏河（静冈县）人，俗姓平。五岁出家，学习天台。十八岁在东大寺受戒，往上野（群马县）的长乐寺访荣朝，成为其弟子。1235 年入宋，嗣法无准师范。1241 年归国，接受九条道家的皈依。1255 年，受请担任新建立的东福寺的开山住持。此后，东福寺的住持全为圆尔的法孙，东福寺也成为圣一派的师徒院。得到北条时赖、后醍醐天皇的尊崇，曾住持寿福寺、建仁寺等。有《圣一国师语录》《圣一国师法语》等著作。东福寺建立之初，为禅、天台、真言、律四宗兼修的道场，所以里面有灌顶堂、阿弥陀堂等与禅宗无关的建筑。而且，回廊里除了禅宗祖师像还绘有真言八祖、天台六祖之像。但后来东福寺就完全成为禅宗寺院。

此外，稍晚于荣西、独自传播禅宗的人物中，还有俊芿（1166-1227）。他在遍学天台、真言、律宗之后，于 1199 年入宋，于雪窦山和径山学禅。1211 年归国后，曾寄身建仁寺的荣西处，1224 年移居泉涌寺。后来此寺成为天台、真言、律、禅四宗兼学的道场。

现在，我们习惯称荣西等人的禅为"兼修禅"，以与"纯禅"相区别。但如果考虑到当时京都比叡山的势力强大、并对禅宗排斥打击的时代背景，则荣西等人在将禅传入日本方面的作用仍然不容忽视。

另外，东大寺三论宗的真空（1204-1268）和圆照（1221-1277）、天台宗的静明（生卒年不详）等曾从圆尔学禅。与圆尔有交往的法相宗的良遍（1194-1252）的《真心要诀》、天台本觉思想的代表性论著《汉光类聚》等书中也可以看到禅思想的影响。引人注目的是，当时华严宗的圭峰宗密（780-841）和永明延寿（904-975）的教禅一致思想也得到传播。如高弁的弟子证定（1194-1255？）著《禅宗纲目》，就是大力鼓吹教禅一致思想的论著。当时的日本僧人力图从华严的立场来融会新兴的禅。

纯禅传入以后，这些寺院的兼修禅性格越来越稀薄，但并没有完全消失。特别是密教的要素在很长的历史时期一直保留下来。究其原因，一是宋朝禅自身在护国这一点上本来就具有祈祷的性格，另外不能忽略的原因是保留这些因素对传播佛教非常有利。这一点在曹洞宗僧人莹山绍瑾（1268-1325）的活动中可以看出，莹山虽然是曹洞宗僧人，但与觉心等法灯派交往密切。

## 四、道元创立日本曹洞宗

庚续荣西等的活动、在日本最初传播"纯禅"的是道元。道元 1227 年从中国曹洞宗的天童如净（1162–1227）学禅，归国后在建仁寺著《普劝坐禅仪》（1228 年），

▷ 道元顶相（福井·永平寺藏）

明确了自己的禅的立场。但1233年因为受到比叡山的压迫，移居山城（京都府）的深草，新建兴圣寺。这一时期，大日能忍的弟子怀鉴（？-1251）、怀奘（孤云怀奘，1198-1280）等相继皈依，教团走向隆盛。兴圣寺设有禅堂，完全按照中国的修行法修行。为此，道元解说《典座教训》和《学道用心集》，整顿禅修的规矩。

由于受到来自得到公家支持、坚持兼修禅的东福圆尔的威胁，同时为了避开比叡山的不断打压，道元退居偏远的越前（福井县），入驻波多野氏创建的大佛寺（1244）。大佛寺后来改称永平寺（1246年），成为日本曹洞宗的传法中心。

因为道元崇尚精英主义，坚持弟子"一个半个"也不为少，所以初期的永平寺教团的规模非常小。但在道元去世后，由于继位的孤云怀奘等的努力，教团的体制逐渐得以整备。

### 道元

也称希玄，京都出生。父亲为内大臣久我通亲（一说为通亲之子、大纳言久我通具），母亲为藤原基房之女。三岁丧父，八岁丧母。之后上比叡山，十四岁时，于座主公圆（生卒年不详）处剃度受戒。曾学天台和密教，但不久就下山，到诸方游历。1217年入建仁寺，从学于明全。1223年，与明全一道入宋。先在天童山的临济宗大慧派的无际了派（1149-1224）座下参学。在遍参诸方后，又回天童山，在如净（曹洞宗，1162-1227）处开悟，得到印可（1225年）。1227年回国，入建仁寺。1230年，移居山城国深草的安养院。1233年，建立观音导利院（后来的兴圣寺）。1243年，应波多野氏之邀，移居越前，翌年建立大佛寺（后来的永平寺）。1247年到1248年，赴镰仓与北条时赖面谈，后又回到永平寺。1252年患病，翌年赴京城疗养时病逝，世寿五十四。著作有《正法眼藏》《永平广录》《永平元禅师语录》《永平清规》《学道用心集》《普劝坐禅仪》《宝庆记》《伞松祖师道咏》等。另外，其弟子怀奘笔录道元法语的《正法眼藏随闻记》生动传达出道元的生活情景，也是研究道元的重要资料。

后来，围绕永平寺第三代住持继承权问题，义介（彻通义介，1219-1283）和义演（？-1314）之间产生争端（三代相论）。其结果义介离开永平寺，得富坚氏的支持，移居加贺（石川县）的大乘寺（1293年）。1314年第五代的义云（1253-1333）入寺以后，越前宝庆寺的寂圆（1207-1299）的系统开始住持永平寺。

这次永平教团内部的纷争实际上是路线的对立。义演和寂圆主张完全继承道元的精神，而义介则认为扩大教团应该是第一位的。

除以上几人之外，道元的弟子诠慧（生卒年不详）在京都的东山（道元的火葬处）开创永兴寺，并在这里与弟子经豪（生卒年不详）一起研究《正法眼藏》。其研究成果《正法眼藏御闻书抄》（1303–1308）即使在今日仍是研究《正法眼藏》的重要参考书。

### 五、兰溪道隆、兀庵普宁渡日与建长寺的建立

在留学僧传播禅宗的同时，执权北条时赖寄心禅悦，同时为了树立朝廷的权威，不惜代价建立了规模巨大的佛教寺院，其中最著名的就是镰仓的建长寺（1253 年）。其开山祖师是由中国来日的兰溪道隆（大觉禅师，1213–1278，1246 年来日，大觉派）。建长寺被认为是日本最早的禅宗寺院，完全是按照中国禅寺的样式建造。在建长寺，以两班管理寺院，这一制度也是源于中国的《禅苑清规》。

兰溪道隆曾从学于无准师范（1179–1249）和北涧居简（1164–1246），嗣法松源崇岳（1132–1202）的弟子无明慧性（1162–1237）。1246 年率弟子来日。他在中国时，与涌泉寺的入宋僧月翁智镜相识相知。从月翁处了解到日本的状况，开始关注日本佛教。月翁归国后，兰溪道隆就通过月翁来到日本。先住镰仓的常乐寺，后得到北条时

▷ 镰仓·建长寺·三门

赖的信任，被迎请到建长寺，成为开山之祖。后来曾任京都建仁寺的住持，亦曾因为流言而下台。不过在三任建长寺住持期间，举扬宗风，奠定了镰仓禅宗的基础。

继兰溪道隆之后渡日的有名禅僧，还有得到镰仓幕府北条氏保护的兀庵普宁（1197-1276，1260年来日，1265年归国，兀庵派）。他是受同门东福圆尔的招请而来日本。普宁来日后，被时赖任命为建长寺的第二任住持，但似乎和道隆的弟子关系不睦，因此，在其热心的支持者北条时赖去世后不久就归国了。

# 第二节　宋朝禅的确立——镰仓后期

## 一、元寇与幕府的衰退

灭掉南宋的元朝（1237-1367）对日本提出了朝贡的要求，但被当时的执政者北条时宗（1251-1284，1268-84在职）所拒绝。为此，元军两度来袭，遭到日本的顽强抵抗（文永、弘安之战）。虽然日本击退了元军的进攻，但因为幕府不能给武士们丰厚的赏赐，加之权力过分集中在北条手中，引起武士的不满。另一方面，因为分割财产的继承制和货币经济的发展，出现了生活困穷的武士。为此，贞时（1271-1311，1284-1301在职）颁布了旨在救济贫困武士的"永仁德政令"（1297年），但这不过是权宜之计。之后，高时（1303-1333，1316-1326在职）时代，内管领长崎高资（？-1333）专权，幕府逐渐走上衰落。

击退元军的进攻之后，与中国的交流并没有中断。相反，1325年，幕府自身还向中国派出建长寺船，人与物的交流呈现出前所未有的盛况，禅僧的往来频繁，典籍和艺术品大量流入，朱子学等新思潮也传到了日本。

北条高时时代，持明院统与大觉寺统之间围绕皇位展开斗争。在幕府的调停下，以两统轮流即位的制度达成妥协。在此制度下，接受花园天皇（1297-1348，1308-1318在位）的禅让而即位的后醍醐天皇（1288-1339，1318-1339在位）接受了朱子学，并在其影响下企图实现天皇亲政。但企图暴露，激起元弘政变（1331年），天皇被流放隐歧，后逃出。依靠楠木正成（1294-1336）和反叛幕府的足利高氏（尊氏，1305-1358）的活动，镰仓幕府终于灭亡（1333年）。

## 二、禅僧的往来

这一时代，从中国将禅传到日本的代表性人物有：大休正念（佛源禅师，1215-1289，1269年来日，佛源派）、无学祖元（佛光禅师，1226-1286，1279年来日，佛光派）、一山一宁（1247-1317，1299年来日，一山派）、东明慧日（曹洞宗宏智派，1272-1340，1308年左右来日，东明派）、清拙正澄（大鉴禅师，1274-1339，1326年来日，清拙、大鉴派）、明极楚俊（1262-1336，1329年来日，明极派）、竺仙梵仙（1292-1348，1329年来日，竺仙派）等；日本僧人则有：无关普门（1212-1291，1262年归国）、南浦绍明（大应国师，1235-1308，1267年归国，大应派）、孤峰觉明（1271-1361，1311年入元）、祇陀大智（曹洞宗，1290-1366，1314年入元）、远溪祖雄（1286-1344，1316年归国，幻住派）、可翁宗然（？ -1345，1326年归国）、寂室元光（1290-1367，1326年归国）、雪村友梅（1290-1367，1326年归国）、天岸慧广（1273-1335，1329年归国）、月林道皎（1293-1351，1330年归国）、别源圆旨（1294-1364，1330年归国）、中岩圆月（1300-1375，1332年归国）等。这些人大多在日本开宗立派，影响巨大。

他们多属于临济宗杨岐派，承袭密庵咸杰（1118-1186）一支之法。直接的渊源则是当时中国禅宗最活跃的松源派和破庵派。特别是兀庵普宁、无学祖元、东福圆尔所师事的无准师范和南浦绍明之师虚堂智愚（1185-1269），祇陀大智、竺仙梵仙、寂室元光、月林道皎、可翁宗然、别源圆旨、中岩圆月等所参的古林清茂（1262-1329），以及孤峰觉明、远溪祖雄、可翁宗然、寂室元光所从学的中峰明本（1263-1323）等，皆为南宋和元代最知名的禅匠。他们虽然宗风各异，但其禅思想皆不出圆悟克勤（1063-1135）与大慧宗杲（1089-1163）所确立的公案禅的范畴。

### 镰仓、室町时代的贸易与禅僧往来

宋朝建立、中国再度统一以后，日中间的贸易重新活跃起来。鉴于此，平清盛（1118-1181）对大轮田泊（神户）进行了扩建，加强了与宋朝的通商活动。此后，与宋朝的贸易往来越来越频繁，从宋朝输入的物资、艺术品、书籍、钱币给日本社会带来巨大影响。而且禅僧的往来也增加了，当时入宋僧侣有八十人以上，来日的僧侣有二十人以上。到元代，虽然有过两次元军来袭事件，但与日本的贸易并没有断绝，而且交易比宋代更频繁。与元朝激战过的镰仓幕府，为了筹措建设建长寺的费用，派出了建长寺船入元（1325年）。1342年，为了建设天龙寺，足利尊氏也听从梦窗疏石（1275-1351）的建议，派出了天龙寺船入元（1342年）。元朝东渡的僧人非常多，以至于镰仓幕府甚至准备对中国僧人的到来加以限制。而日本到元朝的僧人也达两百人以上，远远超过入宋的僧人数量。到明代（1368-1644），明政府出于抗击倭寇的需要，开始限制与日本的贸易，1404 年以后，与室町幕府之间开始进行"官方贸易"。如此以来，禅僧之间的自由往来虽然变得困难，但在两国间的贸易中，禅僧往往负责起草外交文书，日方的正使和副使也往往由禅僧来担任。出使明朝的了庵桂悟（1425-1514，担任遣明正使）归国之际，与之有过交往的王守仁（阳明，1472-1528）赠诗相送，传为佳话。在此背景下，禅僧的往来仍然不绝如缕，如画僧雪舟等杨（1420-1506）的入明（1457-1469）等。其中，入明僧无初德始（约 1374-1429 在华）嗣法季潭宗泐（1318-1391），活跃于中国的四川和河北禅林，最后没于北京潭柘寺。但在权臣大内氏去世后，与明朝进行了十七次的"官方贸易"也在 1547 年停止，两国僧人往来更趋困难。

这些杰出的中国禅僧之所以能够相继来日，首先是以北条时宗为代表的上层武士热心推动的结果。北条时宗在兰溪道隆去世后，继续向中国求参禅之师，应招而来的就是无学祖元。东明慧日和清拙正澄的来日，则是应北条贞时和北条高时的招请。明极楚俊、竺仙梵仙，据说也是应安达高景（生卒年不详）和大友贞宗（？-1334）之招，才决心来日。

但禅僧的来日也与当时中国国内的形势有关。当时蒙古人的元朝正在确立对中国的支配，有民族气节的禅僧不愿生活在异族统治之下，就欲到国外寻找出路。例如，本来是作为元朝的使节来日的一山一宁，后来滞留日本不归，在北条贞时的支持下在日本传播佛教。

## 三、禅在日本的扎根

由于中国和日本禅僧的共同努力，禅在日本取得了上层社会的认同。但在推崇平安佛教的僧侣之间，对禅宗的拒斥和批判也一直没有停歇。如《野守镜》（1295 年）的著者六条有房（藤原，1251-1319）就激烈地反对禅宗。但即便是有房，后来也皈依了一山一宁，由此可见当时日本上流社会中禅宗的普及程度。

### 一山一宁

台州（浙江省）人，俗姓胡。幼年出家，学习律宗和天台。后转入禅宗，在天童山、阿育王山、净慈寺等处修行。虽嗣法顽极行弥（13 世纪后半叶），但其后历参环

禅的历史

溪惟一（1202-1281）等。之后在各处举扬宗风。元成宗（1294-1307 在位）授予其"妙慈弘济大师"号，并命其与西涧子云（1249-1306）一起赴日。到日本以后，最初被怀疑为元朝的间谍，幽禁在伊豆的修善寺。后来嫌疑得到澄清，先后受请住持建长寺、圆觉寺、南禅寺等，并终老于南禅寺。后宇多上皇赐"一山国师"的谥号。嗣法弟子有雪村友梅等，著作有《一山国师语录》等。学识渊博，精通文学和典章制度，善书道，被尊为日本五山文学艺术的奠基者。虎关师练（1229-1312）和梦窗疏石也曾入其门下求学。

当时日本的代表性禅僧大多有在中国学禅的经历，留学中国几乎成了禅僧在丛林中出人头地的不可或缺的条件。当然也有少数例外，如东福圆尔的法嗣、开辟伊势安养寺等的痴兀大慧，后嵯峨天皇的皇子、无学祖元的法嗣高峰显日（佛国国师，1241-1316），东山湛照的法嗣、师事一山一宁等的虎关师练（1229-1312）等就完全是在日本修学而成为著名禅僧。

痴兀大慧著有《十牛诀》（廓庵《十牛图》的注释书）和假名法语《枯木集》（1283 年）等。虎关师练则著有日本最早的僧传《元亨释书》（1322 年）、《楞伽经》的注释书《佛语心论》（1326 年）、论证禅宗优于他宗的《宗门十胜论》、诗文集《济北集》、宋代的"疏""榜""祭文"的合编《禅仪外文集》（此书作为文章的规范，在五山受到重视）等。另外，高峰显日的语录《佛国国师语录》（1326 年）所载与无学祖元的问答是研究当时禅宗思想的重要资料。而圆尔的弟子无住道晓（一圆房，1226-1312）所著佛教通俗讲本《沙石集》（1283 年），是反映当时宗教界状况的珍贵文献，日本文学的研究者也极为重视此书。

比他们稍晚的，还有宗峰妙超（大灯国师，1282-1336）、梦窗疏石（梦窗国师，1275-1351）、莹山绍瑾（1268-1325）等禅僧。他们开宗立派，各擅胜场，树立了日本独特的禅风。值得注目的是，他们都没有留学的经历。

## 四、圆觉寺、南禅寺、大德寺的创建

幕府欲接受中国禅僧和留学归国的僧人，就要为他们提供居住和传法的寺院。于是在建长寺之后，又在镰仓创建了巨刹圆觉寺（1282 年）。其开山即从中国应请而来的无学祖元。祖元以建长寺、圆觉寺为中心，举扬禅风，从其门下，涌现出高峰显日、一翁院豪（1210-1281）等众多法门龙象。

### 无学祖元

庆元府（浙江省）人，俗姓许。十三岁从净慈寺的北涧居简禅师（1164-1246）出家。后参无准师范、石溪心月（？-1254）、虚堂智愚等，嗣法无准师范。无准圆寂后，无学祖元又历参物初大观（1201-1268）、环溪惟一（1202-1281）等。1278年，兰溪道隆去世后，北条时宗批准派遣道隆的弟子到中国，邀请可以接替道隆的禅师。最初准备招聘无准师范的弟子环溪惟一，但惟一举荐了同门的祖元。1279年，祖元来到日本，担任建长寺住持，指导弟子参禅，五年后，兼任专门为他建造的圆觉寺住持。谥号"佛光国师"，有《佛光国师语录》传世。

无学祖元顶相（圆觉寺藏）

关于祖元，流传着一段佳话。1275年，祖元五十岁时，为元军所俘。元军以刀架祖元大师颈上，大师神色泰然地诵出四句偈语：

> 乾坤无地卓孤筇，且喜人空法亦空。
> 珍重大元三尺剑，电光影里斩春风！

这就是祖元的"临剑颂"。据说闻听此颂的元兵惊恐退去。这一佳话的广泛流传，可能也是幕府招请他来日的有力因素。

幕府对禅宗的极端崇信，也给日本皇室以刺激。1291年，龟山上皇（1249-1305）在京都创建南禅寺，并迎请无关普门为开山住持。因为无关普门不久就去世，其弟子规庵祖圆（南院国师，1261-1313）继任住持。后来龟山天皇欲改南禅寺为十方丛林，祖圆遂以拜塔嗣法的形式成为无学祖元的弟子。虽然有僧人反对，但在后宇多上皇（1267-1324）的坚持下，南禅寺还是改为十方住持。这样，南禅寺虽然还是皇室的寺院但同时具有了五山派的性格。南禅寺的创建，不仅意味着禅宗获得了皇室的支持，而且意味着禅宗完全确立了在佛教界的地位，意义极为重大。

**无关普门**

信浓（长野县）人，俗姓保科。七岁出家，十九岁赴上野（群马县）的长乐寺，从荣朝学习显密二教。后参东福圆尔并嗣其法。1251 年入宋，十二年间遍参诸方。归国后，仍在东福寺、寿福寺等处修行，成为东福寺第三世。1291 年，皈依禅的龟山上皇将龙山离宫改为禅刹南禅寺，普门受请担任开山住持，但不久入寂。谥号"佛心禅师""大明国师"。

1326 年，京都创建大德寺，迎请宗峰妙超（大灯国师，1282-1336）为开山。大德寺虽然最初是靠信徒的捐赠而修建，但后来因为得到花园上皇和后醍醐天皇的皈依，而于1325 年成为皇家道场。特别是后醍醐天皇称之为"本朝无双之禅苑"，与南禅寺同格，成为宗峰妙超一系、即大灯派的师徒院。妙超去世后，其法嗣彻翁义亨（1295-1369）及其儿孙（彻翁）等一直担任大德寺的住持。

不过，因为有这样的建立背景，所以大德寺的规模不能与五山的巨刹相比。实际上，直到中世的末期，大德寺也没有法堂而只有佛殿。大德寺发展成为现在的规模是近代以后的事情。

▷ 宗峰妙超顶相（京都·大德寺藏）

**宗峰妙超**

播磨（兵库县）人，俗姓浦上。十一岁出家，学习天台和戒律。后转学禅，参于镰仓万寿寺高峰显日，得其印可。但本人并不满足。其时，南浦绍明禅师受后宇多上皇（1267-1324，1274-1287 在位）之招，从九州来到京都，妙超遂投其门下。后随绍明移居建长寺继续修行，并嗣其法。绍明去世后，回到京都，遵师遗命，常年过着隐居生活。在隐居紫野时，为花园上皇所知，成为上皇参禅之师。1325 年，根据传统佛教系统的僧侣的请求，在朝廷的清凉殿举行了禅宗与传统佛教之间的辩论（《正中宗论》）。参加这场辩论的妙超表现得很活跃，引起后醍醐天皇的注目。在此前后，仰慕禅师德行的护法居士集资建造了寺院，即大德寺

（1326 年）。后醍醐天皇赞大德寺"本朝无双之禅苑"，将其寺院等级提高到与南禅寺并列，并将之列入"五山"。花园上皇赐"兴禅大灯国师"号。弟子有彻翁义亨、妙心寺开山关山慧玄（1277-1360）等。有《大灯国师语录》《大灯国师假名法语》等著作。

建长寺、圆觉寺、南禅寺等巨刹皆模仿中国的禅寺而建，同时将南宋和元朝禅宗的规范也接受下来。僧众在来日的中国禅僧或留学僧的主持下，依据《禅苑清规》和《丛林校订清规总要》等，过着与中国禅林几乎同样的生活。宋代以后在中国禅宗寺院流行的施饿鬼等宗教仪式也传到日本的禅宗寺院。这一时期，出于当时禅林的迫切需要，兰溪道隆著有《坐禅仪》（1246 年），清拙正澄则著有《大鉴清规》（1332 年）。而且，这些寺院还模仿中国的官寺，采用了十方住持制，即只要有能力，无论属于什么宗派的僧人都可以担任寺院的住持。这一制度在禅僧的培养方面发挥了积极的作用。

由于禅僧的往来，在中国丛林中流行的思潮直接传到日本，并在日本禅林中流行开来。如宋代以后成为中国宗教主流的三教一致思想，以及南宋禅林中盛行的朱子学研究等，都得到传播（中岩圆月就以朱子学而知名）。另外，古林清茂的文学化禅思潮、中峰明本的禅净双修思想和隐逸倾向，也都通过他们的亲传弟子而传入日本。明极楚俊（1262-1336）、竺仙梵仙（1292-1348）、寂室元光（1290-1376）等所主张的禅净双修思想，在日本极为特别，尤其值得关注。

### 五、曹洞宗的发展

被从永平寺逐出的彻通义介（1219-1309）的门下，涌现出名僧莹山绍瑾（1268-1325）。此后，曹洞宗的格局发生了很大变化。莹山除了从师父那里继承下来的大乘寺（石川县），还亲自开创了永光寺（石川县，1317 年）、总持寺（1321 年），以此为据点播扬宗风。莹山还制定了《莹山清规》（洞谷清规，1324 年），整顿僧众的规范，致力于弟子的培养。在培养出明峰素哲（1277-1350）和峨山韶硕（1276-1366）等著名弟子的同时，还著《传光录》，明确了曹洞宗的传灯谱系。

但另一方面，莹山重视五位说，导入看话禅，鼓吹与道元不同的禅思想。同时吸收密教和土著信仰，注重向普通民众弘法。其立场可以说是对其师父义介的思想的进一步发展。莹山的禅思想的形成，与他所住的寺院原为白山系天台的寺院，以及他本人与兼修禅倾向强烈的法灯派僧人的密切交往等因素分不开。

法灯派的孤峰觉明（1271-1361）也得到莹山绍瑾的印可，并被莹山列入维系永光

▷ 莹山绍瑾顶相（永光寺藏）

寺的"四门人、六兄弟"之一，得到莹山的绝大信任。即使在莹山去世之后，他还策划让朝廷赐予莹山禅师之号，并向峨山提出申请，希望脱离法灯派，转向曹洞宗。另外，恭翁运良（1267-1341）也是既传法灯派之法又师事莹山，并遵莹山之命，住持大乘寺。法灯派与莹山的弟子之间也一直保持着密切关系，据此可以推测法灯派对曹洞宗产生过极大影响。

总之，正因为莹山的这些活动所奠定的基础，曹洞宗才发展成我们今天所看到的庞大教团。不应忘记的是，这恰恰是通过对道元精神的否定而实现的。

除了义介系统之外，在曹洞宗系教团中，还有以肥后（熊本县）的大慈寺为据点、在九州活动的寒岩义尹（1217-1300）一派。此派在室町时代以后，发展到东海地区，成为规模很大的教团。

### 莹山绍瑾

1268 年，出生于越前的府中。八岁在永平寺彻通义介处出家，十三岁从怀奘得度。1285 年以后，遍参曹洞宗的寂圆、临济宗的东山湛照、白云慧晓、心地觉心等。1295 年，二十八岁时被迎请为阿波（德岛县）城满寺的开山。1299 年，三十二岁时，嗣法义介，成为加贺（石川县）大乘寺的首座，1302 年，成为大乘寺的第二世。1317 年，在能登（石川县）建立永光寺，1321 年在该地建立总持寺。1325 年，在永光寺入寂，世寿五十八。著作有《莹山清规》《佛光录》《洞谷记》（1318-1325 年）、《坐禅用心记》《信心铭拈提》等。还建立了日本曹洞宗最早的比丘尼寺。

# 第三节　日本接受禅的背景及问题

## 一、日本接受禅的背景

从奈良时代到平安时代，禅都没有能够在日本生根。而到镰仓时代，禅受到广泛瞩目，并被以武士阶级为中心的各阶层所广泛接受，其理由可以举出许多。

首先是禅宗自体性格的变化。当时传到日本的是宋代的禅，而所谓"宋朝禅"与唐代的禅大异其趣。在唐代后期的社会混乱期中获得发展的禅宗，本来具有强烈的自由奔放的色彩。但随着宋朝的建立，社会走上安定，封建专制体制得到加强，禅宗也需要在新的社会形势下调整自己的角色和定位。加之北方异民族的压迫，禅宗在积极肯定皇帝的权威的同时也开始强调爱国心。总之，禅宗本来是一种反抗一切既定秩序和规范的宗教，但后来逐渐演变为强调忠君爱国、对国家无害而有益的思想和实践。

由于种种外在的规范和限制，禅宗被阻断了向外部发展的路径；而禅宗对日常理性和思维的否定，又使得禅僧在思想上无路可走。于是禅僧们转向反观内省，即强调"悟"的绝对价值、沉浸于对"悟"的境界的获得与吟味。"公案禅"这一特异的禅思想就是在这一背景下出现的。因为公案禅基于明确的方法论而对弟子进行指导，所以在引导弟子获得见性体验方面非常有效。而且，其方法论符合人类普遍的心理规律，所以即使文化背景全然不同的外国人也非常容易接受。不言而喻，在宋朝禅传入日本的过程中，这些特征大大有助于它的传播。

当然，禅自体的变化只是外因。如果只有以上因素，禅宗仍然不会轻易被日本人所接受，禅的传播更有赖于内因，即日本社会情势的变化。当时的日本正是贵族衰落而武士抬头的时代，禅宗最初就是从武士阶层开始传播开来的，这是颇值得关注的事实。

与中国一样，在日本，禅宗也是首先成功俘获了新兴社会势力的心灵。究其原因，可以从以下两个方面来说明：

1. 以战争为职业的武士需要一种宗教来将自己的职业正当化。而本质上强调行动性的禅宗正好满足了他们的这一精神需求。

2. 当时的新兴武士阶层是将禅宗作为一种新型的文化来接受的。他们积极接受禅宗，内心存在着以禅宗文化与当时的朝廷贵族引以为荣的传统文化相对抗的意图。

另外，当时的"元寇"来袭这一历史突发事件在推动禅宗的日本传播方面也发挥了不可忽视的作用。蒙军的来攻，直接促使许多著名禅僧来到日本，而他们带来的宋朝禅的思想，在宣传忠君爱国方面，正好契合了与"元寇"进行战争的武士们的精神需求。

禅在日本扎根，有赖于新兴的武士阶级的信奉和护持。但当我们把视野扩展到当时整个日本佛教界就会发现，在这一时期，净土宗、日莲宗、净土真宗等所谓"镰仓新佛教"纷纷创立。这就让人进一步思考，在这一波佛教兴起的背后还有着更根本的原因，关于这一点，我们可以通过大日能忍创立达摩宗看出一些端倪。

大日能忍与荣西一道被视为镰仓时代禅的先驱，但两者的活动样式却迥然不同。荣西将禅宗带到日本，基本上是非自觉的、偶然的；而能忍接受禅宗则完全是自觉的。据说能忍是在没有师承的情况下，完全靠自修而开悟的。在开悟后，派其弟子携其亲书到中国，得到了拙庵德光的印证。能忍是如何通过自修而开悟的，史书没有明确记载。但考虑到达摩宗历来重视《破相论》《悟性论》《血脉论》（后来汇编为"达摩大师三论"或"初祖三论"而刊行。《破相论》又称《观心破相论》，指据传为神秀所著的《观心论》）等文献，可以合理地推测，他很可能就是在精读平安时代就传入日本的这些禅宗文献基础上，与禅宗祖师以心传心，最后获得了"开悟"。

也就是说，虽然这些禅宗文献很早就传到了日本，但几乎没有引起人们阅读的兴趣。而大日能忍及其弟子却首次发现了他们的内在价值。这说明能忍等人的思考有异乎前人之处。平安末期以来不断的战乱，使日本人普遍产生人生无常之感，从而必须直面生死的问题。也就是说，只有到此时，禅宗一直探寻的人类的存在问题才引起了日本人强烈的关注和思想上的共鸣。

但能够从这个意义上理解禅的似乎也只是极少数。据说，龟山天皇皈依无关普门的契机是普门降服了出没禅林寺殿的妖怪。由此可见，对大多数人来说，禅僧的魅力，是经由艰苦的禅修行而获得的超凡能力。人们崇信这种力量，所以才邀禅僧主持佛事和法会。莹山以后曹洞宗的兴盛也全是因为曹洞宗吸收了密教和土著信仰之后，充分满足了人们这种期待。

这些因素虽然不是禅思想的本质，但它们确实有助于禅在日本的传播却是不争的事实。当然，人们对禅的关心也有宗教之外的因素。对当时的日本人来说，禅是当时中国先进文化的代表。禅所具有的这一特性，使得那些即使没有宗教或者哲学素养的人也能够感觉到禅的巨大魅力，这当然对禅的传播极为有利。我们只要观察室町时代"五山"禅文化的情景，就可以清楚地看出这一点。

## 二、日本接受禅的问题点

随着宋朝禅的传入，上堂和禅问答也得以在日本禅宗寺院流行。还有众多的"语录"编辑出版，如东福圆尔的《圣一国师语录》、兰溪道隆的《大觉禅师语录》、无学祖元的《佛光国师语录》、南浦绍明的《大应国师语录》、宗峰妙超的《大灯国师语录》等。但这些语录，即使是日本僧侣所作，也全是由汉文写就。如此一来，在禅思想的日本传播方面就出现了很大的问题。

中国僧人在日本寺院说法，当然是使用汉语，而在中国留学过的日本禅僧，有的也用汉语说法（如建仁寺的月心庆圆〈14 世纪中叶〉）。但因为大多数的学僧不懂汉语，所以师徒之间的交流就产生了极大困难。有名的无学祖元与高峰显日的问答，据说就是由笔谈来完成的。

日本禅僧在进行说法或禅问答时基本上是用日本语，中间多掺杂禅林用语。这种做法是最利于交流的。但这些内容一旦编辑整理成语录，就又变成汉语，这中间就出现了口头语与书面语的错乱。在中国，禅宗创立的契机是向日常回归、力图以俗语来进行思想表达，而日本禅宗的情景则正好相反。

在日本虽然很早就出现了"假名法语"，但这种形式大多是为不能阅读汉文的女性或贩夫走卒等下层人所写。也就是说这是一种不得已的权宜之计，并不是有积极意义的表现方法。总而言之，当时日本禅僧的思想，完全生活在中国宋朝禅的巨大阴影之下，自始至终停留在对宋朝禅的复制和模仿的阶段。

### 假名法语

禅僧公开发表的著作一般是用汉文写就，假名书写的流行是近代以后的事情。但在向在家的信众说法时，多用假名书写。镰仓、室町时代代表性的假名法语，临济宗有如下几种：东福圆尔的《圣一国师法语》、心地觉心的《法灯国师假名法语》、南浦绍明（1235-1308）的《大应国师假名法语》、宗峰妙超（1281-1336）的《大灯国师假名法语》、痴兀大慧（1229-1312）的《枯木集》（1283 年）、梦窗疏石（1275-1351）的《梦中问答集》（1344 年）、拔队得胜（1327-1387）的《和泥合水集》（1386 年）与《盐山假名法语》、一休宗纯（1394-1481）的《骸骨》与《一休假名法语》等；曹洞宗则有：孤云怀奘（1198-1280）的《光明藏三昧》、莹山绍瑾的《洞谷开山法语》、明峰素哲（1277-1350）的《与智首座法语》（1336 年）、峨山韶硕（1275-1336）的《峨山和尚法语》等。这些著作多为写本流传，直到江户时代才开始出版。而其中的《梦中问答集》和《和泥合水集》则在作者在世时就已经出版。

在这方面，道元的《正眼法藏》可以说是一本特异的著作。本书主要用日本语的独特文体写就，因为以出家者为对象，所以蕴含着深邃的哲学思想。从这部著作中可以窥见道元非凡的人格及其独特的价值观和禅思想。特别是他对三教一致思想、禅净双修思想和公案禅的激烈批判以及对公案的独创性的理解，包含了道元对禅乃至对整个佛教的深刻思考，非常引人注目。但可惜的是，以后的曹洞宗并没有沿着道元指引的方向去发挥其独特的思想。

### 正眼法藏

道元的代表作，是道元在各种场合开示弟子的法语总汇，其中的"办道话""现成公案""一颗明珠""有时""山水经""佛形"等诸卷非常有名。道元晚年着手编撰，原准备加上新撰写的部分编为一百卷。但道元中途去世，没有完工。其后，他的弟子将其遗稿按不同方式整理，故有六十卷本、七十五卷本、八十三卷本、八十四卷本等不同版本问世。江户时代，永平寺编辑出九十五卷本，于1816年开版流通，称为"本山版"。但此书历来藏于深山，没有进入研究者的视野，所以对佛教界和日本文化没有产生任何影响。此书开始引人注目，得益于江户时代开始的宗学的兴盛，而其独创性的思想价值引起人们的关注，则是近代以后的事情了。除此书外，道元还有用汉文书写的同名书，称为真字《正眼法藏》，其内容为公案的集成。道元编写此书，被认为是为写作假名《正眼法藏》做准备。

### 道元的思想

道元以"本证妙修"的思想为基础，将"妙修"规定为坐禅，强调"只管打坐"，坚持出家主义。从这一立场出发，道元激烈批判以"见性"为宗旨的大慧宗杲的公案禅（道元对"见性"一语极为厌恶，以至于因为《六祖坛经》出现了此语而认定其为伪经）。由于认为现实世界本身就是真理的显现，所以强烈主张直接参究现实中的"现成公案"，对通常的所谓"古则公案"，也从自己的立场做出独特的解释。道元厌恶宗派观念，认为自己的禅是直接承袭释尊的"正传的佛法"，否定"教外别传"说，批判将禅宗分为"五家"的思想。他不但拒绝"曹洞宗"一词，甚至拒绝"禅宗"的说法。道元的思想首先源于他自身的禅体验，但同时又是通过对日本佛教的天台本觉思想、中国禅宗主流的始觉门公案禅的否定，以及对默照禅的批判继承而形成。在这个意义上，可以说道元的禅思想折射出宋朝禅与日本佛教思想的诸多要素。从今天的立场来看，其禅思想的论述有种种问题，但在其庞大的著述中，我们可以深刻体会到道元作为思想家的真挚和深邃。其对世界人生的洞察，虽历七百年时光仍难掩其智慧的光芒。

# 参考文献

赤松俊秀，今枝爱真等　《日本佛教史Ⅱ·中世篇》（法藏馆，1967 年）

东隆真　《莹山禅师的研究》（春秋社，1974 年）

荒木见悟　《大应》（《日本禅语录》3，1978 年）

石井修道　《佛照德光与日本达摩宗——以金泽文库所藏〈成等正觉论〉为线索》（《金泽文库研究》222-223，1974 年）

石井修道　《道元禅成立史的研究》（大藏出版，1991 年）

今枝爱真　《道元》（NHK 书库，日本放送出版协会，1976 年）

今枝爱真等《镰仓佛教 2〈武士、念佛与禅〉》（《亚洲佛教史·日本编》Ⅳ，佼成出版社，1972 年）

上田闲照，柳田圣山　《道元》（《大乘佛典　中国·日本篇》23，中央公论社，1995 年）

大久保道舟　《改订增补　道元禅师传的研究》（筑摩书房，1966 年）

大西龙峰　《镰仓期三论学与禅宗》（《驹泽大学佛教学部论集》16，1985 年）

镜岛元隆　《〈莹山清规〉在清规史上的意义》（《道元禅师及其周边》，大东出版社，1985 年）

镜岛元隆　《道元禅师与宋朝禅》（《道元禅师及其门流》，诚信书房，1961 年）

镜岛元隆，玉城康四郎编　《道元的生涯与思想》（《讲座道元》1，春秋社，1979 年）

镜岛元隆，玉城康四郎编　《道元的著作》（《讲座道元》3，春秋社，1980 年）

镰田茂雄　《南都教学的思想史的意义》（日本思想大系 15《镰仓旧佛教》，岩波书店，1971 年）

河村孝道，石川力山编　《道元》（《日本名僧论集》8，吉川弘义馆，1983 年）

莹山禅师奉赞刊行会编　《莹山禅师研究》（莹山禅师奉赞刊行会，1974 年）

小坂机融　《清规变迁的底流（2）》（《宗学研究》6，1964 年）

佐藤秀孝　《恭翁运良·孤峰觉明与初期曹洞宗教团》（《禅学研究》77，1999 年）

佐藤秀孝　《入明僧无初德始的活动及其功绩——以嵩山少林寺现存扶桑沙门德始书笔的塔铭为线索》（《驹泽大学佛教学部研究纪要》55，1997 年）

筱原寿雄　《义云》（《日本禅语录》4，1978 年）

曹洞宗宗学研究所编　《道元思想的足迹 1——镰仓时代》（吉川弘文馆，1993 年）

多贺宗隼　《荣西》（人物丛书，吉川弘文馆，1965 年）

禅的历史

高木宗监 《建长寺史·开山大觉禅师传》(大本山建长寺，1989 年)

高崎直道，梅原猛 《古佛的再来〈道元〉》(《佛教的思想》11，角川智慧文库，角川书店，1997 年)

高桥秀荣 《三宝寺的达摩宗门徒与六祖普贤舍利》(《宗学研究》26，1984 年)

竹内道雄 《道元》(人物丛书，吉川弘文馆，1962 年)

田岛柏堂 《莹山》(《日本禅语录》5，1978 年)

千叶正 《古义真言宗中的禅宗批判——〈开心抄〉考》(《驹泽大学大学院佛教学研究会年报》26，1993 年)

千叶正 《杲宝禅宗批判再考》(《驹泽大学大学院佛教学研究会年报》30，1997 年)

寺田透，水野弥穗子校注 《道元（上、下）》(日本思想大系 12·13，岩波书店，1970 年)

寺田透 《道元》(《日本禅语录》2， 1981 年)

中尾良信 《大日房能忍的禅》(《宗学研究》26，1984 年)

中尾良信 《关于达摩宗的演变》(《禅学研究》68， 1990 年)

中尾良信，高桥秀荣 《荣西·明惠》(《大乘佛典 中国·日本篇》20，中央公论社，1988 年)

中世古祥道 《道元禅师传研究》(国书刊行会，1979 年)

西尾实等校注 《正法眼藏·正法眼藏随闻记》(日本古典文学大系 81，岩波书店，1965 年)

原田正俊 《日本中世的禅宗与社会》(吉川弘文馆，1998 年)

坂东性纯 《假名法语》(《大乘佛典 中国·日本篇》29，中央公论社，1991 年)

平野宗净 《大灯》(《日本禅语录》6，1978 年)

藤冈大拙 《禅宗在日本的演变》(《佛教史学》7–3，1958 年)

古田绍钦 《荣西》(《日本禅语录》1，1977 年)

三木纪人，山田昭全 《无住·虎关》(《大乘佛典 中国·日本篇》25，中央公论社 1989 年)

水野弥穗子 《正法眼藏（一）~（四）》(岩波文库，岩波书店，1991–1993 年)

水野弥穗子 《正法眼藏随闻记》(筑摩书房，1992 年)

宫坂宥胜校注 《假名法语集》(日本古典文学大系 83，岩波书店，1964 年)

# [ 禅的系谱 7 ]

明庵荣西——荣朝——藏叟朗誉——寂庵上昭——
├─退耕行勇
└─明全
　　　　　　　　　└─龙山德见——天祥一麟——江西龙派

心地觉心——恭翁运良——绝岩运奇
├─孤峰觉明——拔队得胜——俊翁令山
└─高山慈照──慈云妙意──杰叟自玄——绝学祖能
　　　　　　└─古剑智讷——台岩能秀

大日能忍——东山觉晏——怀鉴

兰溪道隆——同源道本——了堂素安——大业德基……………………以心崇传
├─约翁德俭——寂室元光——弥天永释
├─苇航道然
└─桃溪德悟

南浦绍明——宗峰妙超——彻翁义亨
├─物外可什　　　　　└─关山慧玄
└─可翁宗然

一山一宁——雪村友梅——太清宗渭
└─闻溪良聪——天柱龙济——天隐龙泽

东福圆尔——东山湛照——虎关师炼
├─无关普门………桂庵玄树
├─南山士云——乾峰士昙
├─藏山顺空——大道一以
├─无为昭元——虚室希白………岐阳方秀——象先会元——清岩正彻
├─白云慧晓　　└─竺山至源
├─痴兀大慧
└─无住道晓

无学祖元——高峰显日——梦窗疏石
├─一翁院豪——天岸慧广
└─规庵祖圆——太平妙准——大喜法忻——伟仙方裔

　　　　　　　　　禅的历史

远溪祖雄——了庵玄悟……玄室硕圭———华硕由

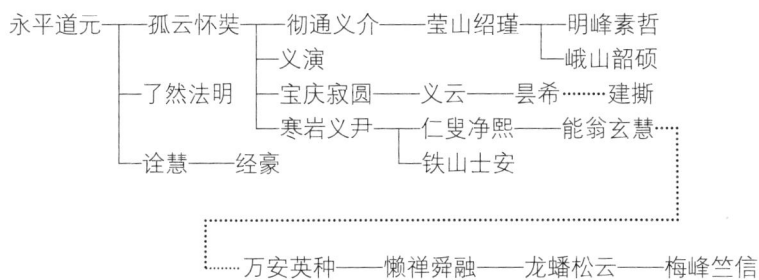

永平道元——孤云怀奘——彻通义介——莹山绍瑾——明峰素哲
　　　　　　　　　　　　义演　　　　　　　　　峨山韶硕
　　　　　　了然法明——宝庆寂圆——义云——昙希……建撕
　　　　　　　　　　　寒岩义尹——仁叟净熙——能翁玄慧……
　　　　　　诠慧——经豪　　　　　铁山士安

……万安英种——懒禅舜融——龙蟠松云——梅峰竺信

# ［禅关系地图 7］

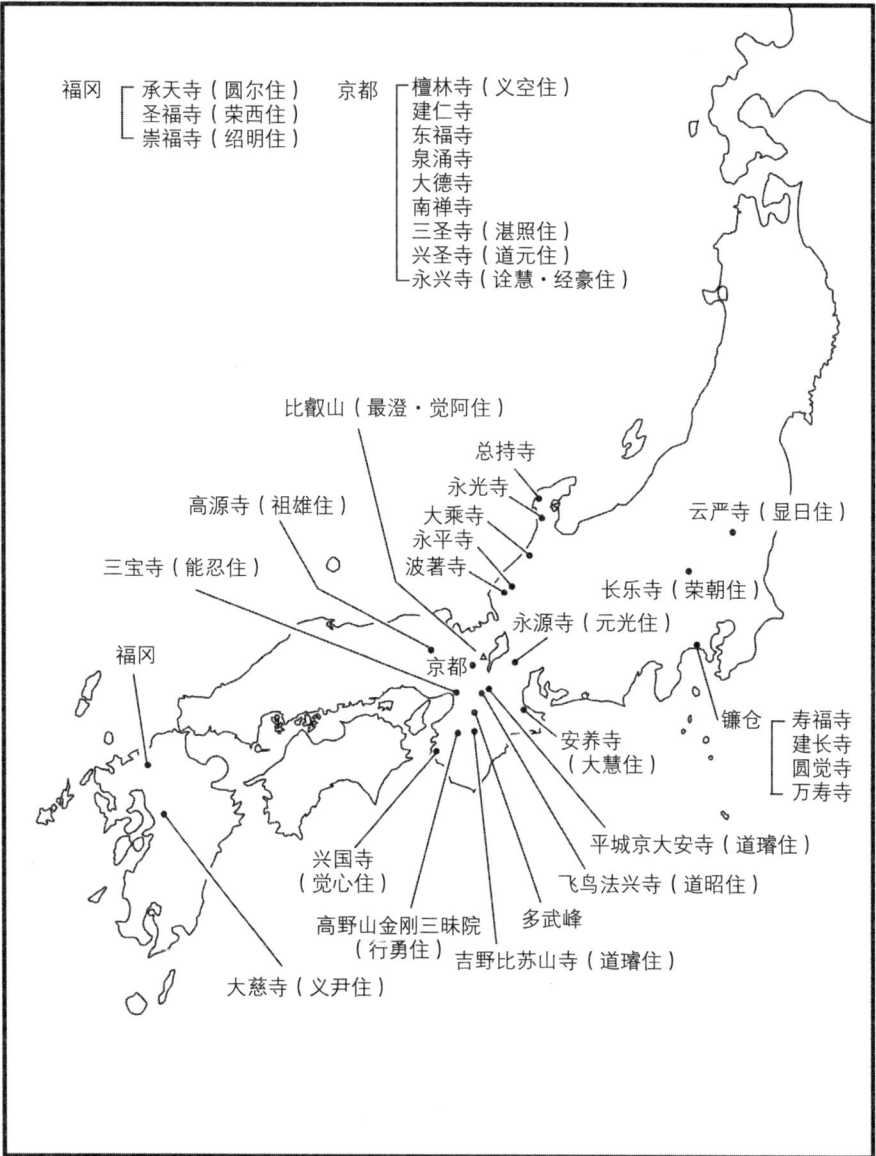

福冈 ┌ 承天寺（圆尔住）
　　├ 圣福寺（荣西住）
　　└ 崇福寺（绍明住）

京都 ┌ 檀林寺（义空住）
　　├ 建仁寺
　　├ 东福寺
　　├ 泉涌寺
　　├ 大德寺
　　├ 南禅寺
　　├ 三圣寺（湛照住）
　　├ 兴圣寺（道元住）
　　└ 永兴寺（诠慧・经豪住）

比叡山（最澄・觉阿住）

总持寺

高源寺（祖雄住）

永光寺
大乘寺
永平寺
波著寺

云严寺（显日住）

三宝寺（能忍住）

长乐寺（荣朝住）

永源寺（元光住）

福冈

京都

镰仓 ┌ 寿福寺
　　├ 建长寺
　　├ 圆觉寺
　　└ 万寿寺

安养寺
（大慧住）

平城京大安寺（道璿住）

兴国寺
（觉心住）

飞鸟法兴寺（道昭住）

高野山金刚三昧院
（行勇住）

多武峰

吉野比苏山寺（道璿住）

大慈寺（义尹住）

禅的历史

# 第三章
# 禅的扩大与渗透

## 第一节　五山与林下——室町前期

### 一、室町幕府的成立与安定

1334 年，后醍醐天皇亲政，出现所谓建武（1334–1336）的中兴。但由于朝廷实行不得人心的政策，招致武士的不满，足利尊氏伺机向天皇发难。1336 年足利尊氏打败楠木正成，控制京都。在足利尊氏的操控下，后醍醐天皇被废，光明天皇（1336–1348 在位）即位。足利尊氏制定"建武式目"，于京都开创了室町幕府（1336年）。但逃往吉野的后醍醐天皇仍然自称正统的天皇，于是在日本形成南北期对峙的时代（1336–1392）。

足利尊氏在 1338 年被任命为征夷大将军（1338–1358 在职），但与其弟直义（1306–1352）的对立招致"观应之扰乱（1350–1352）"，最后直义被毒杀。这种混乱到三代将军义满（1358–1408，1368–1394 在职）时代结束，足利氏的政权得到巩固。幕府任命门下有实力的守护为管领，辅佐将军。同时仿效北条氏往各国派遣守护，还设置了镰仓府，让镰仓公方和关东管领统治关东，从而实现了对全国的统治。

义满在京都建造了花之御所（1378 年），从朝廷手中夺取了京都的支配权和外交权，并通过与明朝的勘合贸易，积累了大量财富。义满还依靠强大的军事力量讨伐土岐康行（？ –1404）、山名氏清（1344–1391）、大内义弘（1356–1399）等地方割据势力，完成了南北朝统一（1392 年），成为历史上首位成为太政大臣的将军，权势熏天。

之后的义持（1394–1423 在职）时代比较安定，但第六代将军义教（1429–1441

在职）由于实行专制政治，引起社会不安，被有力守护赤松满祐杀害（嘉吉之乱），从而动摇了幕府的权威。八代将军义政（1436–1490，1449–1473 在位）时，围绕次任将军由谁继任问题，在细川胜元（1430–1473）和山名持丰（宗全，1404–1473）之间发生争执，并最终在 1467 年爆发将全国守护卷入其中的全面战争（应仁之乱，1467–1477）。

## 二、足利尊氏、直义与梦窗疏石

禅僧梦窗疏石（1275–1351）为北条高时和后醍醐天皇所推重。1336 年，室町幕府建立后，足利尊氏、直义兄弟皈依梦窗，并听从梦窗建议大力推进佛教事业。

从 1336 年开始在全国各地建造安国寺和利生塔，以追荐镰仓幕府崩坏后的战死者亡灵，防止战乱再起，祈祷天下太平。利生塔主要在奈良的平安时代的大寺院建造，而各地守护为了对幕府表示忠诚，纷纷捐款建造。而安国寺主要是被指定为五山派的禅宗寺院改名而成，这在五山派势力向地方发展方面发挥了重要作用。

后醍醐天皇去世后，为了追亡荐福，幕府开始规划建造巨刹天龙寺。为确保财源，1432 年以后，数次派出天龙寺船与中国进行贸易，以所得收益，完成了此寺的建造（1345 年）。

### 梦窗疏石

伊势（三重县）人，俗姓佐佐木。四岁时，随父母移住甲斐（山梨县）。九岁出家，十八岁在东大寺受戒。先学天台，后转学禅，先后在建长寺、建仁寺、圆觉寺等禅宗寺院修行。其间，曾在一山一宁（1247–1317）担任住持的建长寺担任首座，但并没有嗣其法。1303 年以后，师事镰仓万寿寺的高峰显日（1241–1316），并嗣其法。后隐居于甲斐（山梨县）的龙山庵、美浓（岐阜县）的虎溪庵（后虎溪山永保寺）、土佐（高知县）的吸江庵、上总（千叶县）的退耕庵等。1325 年，后醍醐天皇敕命担任南禅寺住持，后亦住圆觉寺等。"建武新政"之际，再住南禅寺，被授予国师号，被迎请为临川寺、西芳寺的开山

▷ 梦窗疏石顶相（妙智院藏）

禅的历史

（临川寺有梦窗的开山塔，成为后来梦窗派的本山）。天皇去世后，得足利尊氏、直义兄弟的皈依。建安国寺利生塔，为追荐天皇，建天龙寺，并被迎为开山住持。门下有春屋妙葩（1311-1388）、义堂周信（1325-1388）、绝海中津（1336-1405）等众多弟子，这些弟子后来都成为五山派寺院的中坚。因为受到历代天皇的尊崇，故有"七朝帝师"之称。有《梦窗国师语录》（1354年）、《梦中问答集》（1344年）、《谷响集》（1345年左右）、宗教随笔《西山夜话》等著作。其中的《梦中问答集》系为足利直义所著，是最具代表性的假名法语之一，梦窗生前就发行了五山版。其中有大量关于净土信仰的记述，所以招致净土宗镇西派智演的批判（《梦中松风论》）。《谷响集》是为回应智演的批判而著。其禅思想包摄了密教、净土信仰和艺术的成分，所以容易被贵族和室町武士所接受。但也正是因为这一原因，招致宗峰妙超和花园上皇的批判，认为他没有达到绝圣去智的纯禅境界。

## 三、相国寺的建立与五山十刹制度的确立

1382年，足利义满发愿创建禅寺，在与梦窗疏石的弟子春屋妙葩（1311-1388）和义堂周信（1325-1388）商议之后，建造了相国寺（1392年完成）。春屋将相国寺的开山让给了其师梦窗，自己成为二世。此寺当初实行十方住持制，绝海中津做住持时，得到义满的绝大信任，此寺遂成为梦窗派的"一流相承刹"（师徒院）。

### 日本的十方住持和师徒院

十方住持，即不是由寺院开山的门派世代继任住持，而是不问门派，从天下十方选任寺院住持的制度。与此相对，师徒院又称"一流相承刹"，即一直由开山的门派住持寺院。因为十方住持制度原本在中国的官寺中实行，所以随着"五山"制度的传入，这一制度也被日本的寺院所采用。镰仓幕府严格实行这一制度，龟山天皇创建的南禅寺也采用了十方制。但虽然是五山寺院，因为东福寺是作为藤原氏的家寺而建立，所以作为例外，成为圆尔门流的师徒院（要成为住持，需要得到摄关和幕府双方的批准）。因为有这样的前例，后来的相国寺在绝海中津以后，也成为梦窗派的师徒院。建长寺、圆觉寺、南禅寺等十方制维持得时间较长，但到后来开山门派的色彩越来越浓，而各个塔头则都是各门派的师徒院。名列"十刹"的寺院大多名义上实行十方制，但实质上却是师徒院。十方住持制实际上在日本并没有得到彻底实行。官寺和师徒院的关系比较复杂的是大德寺。大德寺最初因为与皇室关系密切，故得到后醍醐天皇和花园上皇的敕许，成为宗峰妙超一派的师徒院。但1386年位列"十刹"，故

欲担任该寺的住持，须得到朝廷和幕府双方的批准。成为官寺的初衷，是为了取得经济保障、维持寺院的运营，但与此同时必须实行十方住持制，从其他门派迎请住持。由于足利义持（1394-1423在职）强力推行这一制度，大德寺只好迎请与自己派系相近的大应派的僧人来担任住持。养叟宗颐（1376-1458）对这种状况很不满，于是在1431年向幕府提出脱离官寺，在得到批准后，重新成为师徒院。之后，大德寺走上与五山派完全不同的道路，在战国到近代初叶，势力得到很大发展。

镰仓时代末期，似乎已经仿效南宋的官寺制度制定了"五山"，经历建武中兴和南北朝时代的整备，到义满时代，五山、十刹、诸山制度得以确立。镰仓以来的名刹建仁寺、建长寺、东福寺、圆觉寺、南禅寺，以及足利建立的天龙寺、相国寺等皆名列其中。随着五山十刹制度的确立，在中国官寺中存在的僧侣出身、晋阶制度也传到了日本（不过，由于日本的门派意识很强，所以各派僧侣住自己所属派别的寺院），中国和日本的僧侣在对方的国家，也得以受到同等对待，两国的僧侣似乎超越了国界，生活在丛林这一共同的世界里。

### 日本的五山十刹制度

五山制度最初由镰仓时期的北条贞时引进日本。后来后醍醐天皇将这一制度引入京都。室町时代的天龙寺建立以后，五山的排序如下：

五山第一：（镰仓）建长寺 （京都）南禅寺

第二：（镰仓）圆觉寺 （京都）相国寺

第三：（镰仓）寿福寺

第四：（京都）建仁寺

第五：（京都）东福寺

准五山：（镰仓）净智寺

这一体制形成于1341年。之后，足利义诠在职时（1358-1367），将净智寺提升为第五位，同时也将（镰仓）净妙寺和（京都）万寿寺列为第五。义满在职时（1368-1394），创建相国寺，于京都和镰仓各设五山，南禅寺则位居五山之上（1386年）。新五山排序如下：

五山之上：（京都）南禅寺

五山第一：（京都）天龙寺 （镰仓）建长寺

五山第二：（京都）相国寺 （镰仓）圆觉寺

五山第三：（京都）建仁寺 （镰仓）寿福寺

五山第四：（京都）东福寺　（镰仓）净智寺

五山第五：（京都）万寿寺　（镰仓）净妙寺

南禅寺是仿元朝的大龙翔集庆寺而置于"五山之上"，其住持从曾经担任过其他五山住持的僧人中选任。另外，在五山中，京都的万寿寺在火灾之后的 1434 年，移到东福寺北门内，成为东福寺的一部分，五山实际上已经名不符实。相对于五山皆集中在京都和镰仓，十刹则遍布全国各地。十刹的名称在不同历史时期也有改变。1379 年时的十刹如下：（1）京都等持寺；（2）相模（镰仓）禅兴寺；（3）筑前（福冈县）圣福寺；（4）相模东胜寺；（5）相模万寿寺；（6）上野（群马县）长乐寺；（7）京都真如寺；（8）京都安国寺；（9）丰后（大分县）万寿寺；（10）骏河（静冈县）清见寺等十寺。但此时还新出现了"准十刹"制度，其中包括京都的临川寺等六所寺院。如此以来，十刹事实上取消了寺院数的限制，寺院数渐次增加，1386 年以后，全国性的十刹与镰仓的十刹分别编列。到中世末期，寺院数目超过六十个，而在十刹之下的诸山，寺院更多，中世末期达到两百三十个之多。官寺的一味增加，完全是因为幕府要确保收入而僧侣要得到名誉，是双方利益一致的结果。而且不在官寺之列的五山派寺院还有很多，其数目据推测达数千之巨。另外，在以上寺院之外，在京都和镰仓还有专为尼僧建造的"尼五山"也颇引人注目。

## 四、幕府与五山派的关系

室町幕府当初设立了"禅律方"组织，统管禅宗和律宗。1379 年，义满为管理五山设置僧录，并任命春屋妙葩为僧录。1382 年，相国寺设置鹿苑院作为管理机构（后成为足利义满的精舍）。后来因为鹿苑院主兼任僧录，所以称为"鹿苑僧录"。鹿苑僧录掌握进入官寺的"公帖"的发放、住持的选定、寺院规范的制订，以及诉讼的裁决、外交文书的起草等。

之后，鹿苑院内的书院荫凉轩，专设负责与将军联络的留守僧，称为阴凉轩主（阴凉职）。此职本来只是苑僧录的助理，但慢慢掌握了实权，而鹿苑僧录反而变得有职无权。鹿苑僧录多由梦窗派的禅僧担任，而阴凉轩主则多由以相国寺塔头为据点的一山派所把持。鹿苑僧录和阴凉职的日记（《鹿苑日录》《荫凉轩》）、义堂周信的日记（《空华日用工夫集》）以及瑞溪周凤（1392-1473）的日记（《卧云日》）等都是研究这一时期禅宗史不可或缺的资料。

因为在梦窗派的师徒院相国寺设置了管理五山派的机构，各塔头设置了各将军的菩提所（这样的塔头称为"公方塔头"），所以相国寺兼有足利氏家寺的性格。因此之故，五山派的中枢掌握在了梦窗派手中。不断有贵族子弟投入梦窗派，使其与政治势力的关系越来越密切，逐渐在五山中有了压倒性优势。

以五山为首的官寺，模仿中国，在为国家以及天皇、将军等檀越举行祈祷、忏法、葬仪、追善法要等活动（其礼仪见天伦枫隐编辑的《诸回向清规》〈1566年〉）而得到捐赠的同时，依靠将军的呵护而积极运用寺产聚财，从而积累了大量财富。这些财富又通过公帖的发行和寺院升格之际征收的官钱、"借钱"名义的课税以及参拜禅寺时给将军的献金等形式上交，成为幕府财政的一大支柱。

### 坐公文

在五山派的官寺中，要成为住持，需要得到幕府批准的"公帖"，而到后来，有些僧人虽得到公帖但并不进入寺院实际任职，只是得到"前住"的资格。这时候得到的公帖称为"坐公文"或"居成公文"。而实际入寺场合的公帖称为"入院公文"。文章形式上没有任何差别。但无论哪种格式，要得到公帖必须缴纳官钱，所以幕府依靠发放公帖可以增加收入。而禅僧为了顺着诸山→十刹→五山→南禅寺的阶位升迁，也需要这种公帖。因为有了这种坐公文，就可以在短期间内、象征性地越过一个阶梯。因此，这种公帖发放了很多（僧人实际入住寺院时，尽管原本规定要住满三年二夏，但后来逐渐缩短，所以入院公文也大量发放）。与此类似的还有称为"功德成"的文书。与坐公文不同的是，坐公文的收入要上交幕府，而"功德成"似乎是临时筹集资金时所用。因为这一制度可以很容易地筹集资金，所以大德寺等林下教团为整修寺院，常常利用这一制度，并且其金额远远高于五山。檀越为了让自己皈依的禅僧得到"大德寺前住"的资格，往往也乐意捐赠。

### 五、五山丛林的变质

五山当初也和中国的丛林一样，遵循《敕修百丈清规》而生活，中国丛林的三教一致、禅教一致的思想也得到崇仰，但因为日本佛教以及日本民族特殊性的影响，丛林逐渐发生了变化。

首先，在作为官寺代表的五山中，东福寺和相国寺等皆为特定门派师徒相承的寺院。这在中国虽然难以想象，但在重视师承关系和门派的日本，这又是极为自然的事情。这一点也可说是向平安佛教的复归。

当然，日本人的这一性格也必然影响到实行十方住持制度的南禅寺、建长寺等寺院。担任过五山住持的高僧常常在山内筑庵而居，而在他们去世后，这些庵作为塔院留存下来，这一门派的人以此为据点而活动。于是五山各寺院各门派的塔头林立，在各塔头除了开山之祖的墓塔，还设有祭祀用的昭堂、客殿和库房、书院、门等。禅僧的生活中心，逐渐从本寺（七堂伽蓝）转移到塔头。伽蓝完全按禅宗的规则建造，而塔头则按日本书院的样式建造，所以对日本人来说，在塔头生活起来更舒适。

但塔头的发展也同时意味着伽蓝的衰落。与塔头的数目不断增加形成对照的是七堂伽蓝的破败。回廊和僧堂等即使遭遇火灾等也往往得不到修复，因为以僧堂为中心的集团修行不再举行，这些建筑物失去了存在的必要。山内僧众会集一堂的机会，也仅限于在佛殿和法堂举行的仪式而已，这种生活样式的日本化带来思想的日本化，这就是"密参禅"的出现。

而文人趣味的流行又起到了推波助澜的作用。当时日中间禅僧的往来依然很盛，其中包括曹洞宗宏智派东陵永玙（1285-1365）的渡日（1351年，应足利直义之请），以及铁舟德济（？-1366，1344年左右归国）、龙山德见（1284-1358，1350年归国）、绝海中津（1368年入明）、仲芳中正（1373-1451，1401年入明）等陆续从中国归来。他们带回的大量文物，被尊为"唐物"，成为他们的保护者室町贵族们梦寐以求的宝物。留学僧的汉文学和朱子学的修养得到普遍的尊敬。与此相伴随，社会对五山禅僧们的角色期待也不再是宗教家而是文化人，塔头随之成为举行诗会等社交活动的场所。

僧堂不再举行修行活动，当然要得到开悟的体验就越来越困难。但因为五山派有大量的寺院，所以寺院住持需要生活的保障。在此背景下就出现一种风潮，即如果长时间师从某位禅师，无论是否开悟，都能得到禅师的印可而嗣其法。这一观念似乎在14世纪中叶就在禅林普遍存在。中岩圆月（1300-1375、1332年归朝）归国后，他没有承接他以前的导师东明慧日（1272-1340，1308年归朝）之法，而嗣法在中国得到印可的东阳德辉（14世纪中叶）。本来，在禅宗中，嗣法自己受到最大影响的禅师之法是理所当然的事情，圆月的行为无可厚非。但东明慧日的门下却将他视为本门派的叛徒，屡屡欲加害于他。

这样的事情之所以发生，说明在当时的禅林已经形成一种默契，即如果在一定期间跟从某位禅师修行，就一定要嗣其法。嗣法已经与开悟体验没有直接关系。这与将"悟"视为最高价值的禅宗本来的立场已经南辕北辙。从这一点来说，五山的禅是重新退回到了旧有佛教的窠臼。

五山派依靠强大的经济势力，充分发挥了作为时代的文化传承者的作用。但因为在各个方面过分依存于幕府，所以逐渐失去了精神活力。因此，到幕府势力衰退的战国时代，五山派也逐渐走上没落，地方的末寺也被其他派别所侵占。

### 塔头

也称"塔院"，是指禅寺内所建的小院。著名的禅僧在退任寺院住持以后，往往在寺内筑庵而居。在中国，前任住持在退任后，原则上与僧众一起在东堂、西堂生活，但后来往往在官寺内修筑小庵（只限于该禅僧生前使用），作为活动场所。这一风习也传到日本，而且与本寺的开山等特别重要人物的墓地合一（在中国也已经存在），成为常设的建筑，从而形成日本特有的"塔头"。在庵居的禅僧去世后，在此处建立墓塔，并有独自的在家信徒和领地，由其门人负责管理。这些塔头虽然仍然在名刹的境内，但却具有独立寺院的形态。通过将地方上的本门派的寺院变为末寺，实际上变为本门派的领导机构。但因为名刹的住持要从寺内的塔头的住持中选任，所以塔头又不能完全从本寺中独立出来。因而五山等大寺中，各门派的塔头麟次栉比，如圆觉寺内有圣一派、大拙派、兀庵派（宗觉派）、梦窗派、大觉派、一山派、大通派、宏智派、佛源派、黄龙派等门派的塔头。而梦窗派的塔头，在天龙寺、相国寺、建仁寺也存在。为此，一方面，在同一寺内不同门派的塔头围绕本寺的管理会发生斗争，而在不同寺院的同一门派的塔头又相互提携。因为这种状况会带来许多问题，所以室町幕府曾规定新设立塔头，必须经过幕府的同意，试图对塔头进行限制，但效果不彰。

## 六、林下教团的发展

在室町幕府时代，除了作为政权一翼的五山十刹等官寺，还有大德寺教团、曹洞宗教团那样不属于官寺、独自经营的禅宗寺院。这些教团通称"林下"（因为大德寺教团和妙心寺教团的本寺设在五山派的中心京都，所以也称为"山邻派"。在曹洞宗中，15世纪中叶的得翁融永曾住持五山，九州的寒岩派与五山派也关系密切）。

大德寺在后醍醐天皇时代地位与南禅寺地位一样崇高，而到室町时代被从官寺除名（1341年），受到幕府的迫害。之后，为免于废绝，以十刹第九位的形式恢复了官寺的地位（1386年），但由于足利义持（1386-1428在职）推进官寺的十方住持化、加强了幕府对官寺的控制，养叟宗颐（1375-1458）时，向幕府提出请求，脱离了官寺。

在应仁之乱（1467年）中，大德寺遭到很大破坏。后由于养叟宗颐与同样从学于养叟宗昙（1352-1428）的一休宗纯（1394-1481）的努力，大德寺得以复兴。一休宗纯以同门的师弟养叟宗颐为对象，对丛林的世俗化进行了激烈的批判。其奇言异行在京都等都市部大受欢迎，并对以都市市民为主体发展起来的茶道和能乐等新文化的形成和发展产生了很大影响。

### 一休宗纯

据说为后小松天皇（1394-1481）的庶子，六岁在京都的安国寺出家，学习诗作。后师事谦翁宗为（？-1414）、参坚田的华叟宗昙。二十七岁时，闻乌鸦声而大悟，嗣华叟之法，但却将师父的印可状烧掉。其后，辗转于京都、摄津、和泉等地，晚年，迎请为大德寺住持（四十八世、未实际赴任）。大德寺在应仁之乱中遭受破坏，一休为寺院的恢复而奔走。1481年去世，世寿八十七。号狂云子、梦闺等，著有《狂云集》《自戒集》《一休和尚假名法语》等。在大阪等地的大街上曳木刀而行、在诗中描写与侍者森之间的暧昧之事等，常有惊世骇俗之举。这些特立独行之举以后成为通俗文学的素材，催生了《一休顿智咄》等作品。另外，与连歌师杉原宗伊（1418-1485）、能乐师金春禅竹（1405-1470左右）及宗筠（子）、禅凤（孙）、茶人村田珠光（1423-1502）等文化人有密切交往，在思想上对这些人产生了很大影响，在研究禅与日本文化的关系方面是一个不可忽略的重要人物。

而在曹洞宗中，莹山绍瑾的门下有明峰素哲（1277-1350）和峨山韶硕（1275-1336）两位大德。前者在大乘寺、永光寺，后者在总持寺，皆培养了众多弟子。特别是峨山门下的太源宗真（？-1370）、通幻寂灵（1323-1391）、无端祖环（？-1387）、大彻宗令（1333-1408）、实峰良秀（？-1405）等并称"五哲"，非常活跃。他们在总持寺分别设立了普藏院、妙高庵、洞泉庵、传法庵、如意庵等"五院"（1875年废除，归入本寺），总持寺的住持由五院的住持轮流担任。

曹洞宗的永光寺等寺院也采用了这种轮住制。这种制度不只是在避免门派的分裂方面非常有效，而且各派的僧侣平等地具有成为本寺住持的资格，可以激发僧侣的荣誉心和竞争心，培养护持本寺的义务感，对教团的维持和发展极为有利。但因为曹洞宗的寺院与临济宗不同，塔头不发达，所以七堂伽蓝一直是寺院生活的中心。

曹洞宗教团虽然得到发展，但道元所创立的独特宗风却被完全舍弃。事实上，在这一时期，《正眼法藏》几乎被忽略，其研究

▷ 一休宗纯顶相（东京国立博物馆藏）

也完全没有展开。

道元对临济宗的僧人极尽批判之能事，但莹山绍瑾对临济宗则采取了融合的态度。这一倾向发展到"五哲"的弟子时代，甚至出现师从临济宗的禅师。如通幻寂灵的弟子石屋真梁（1345-1423）等，曾从众多临济宗禅师参禅，如大觉派的寂室元光（1290-1367）、佛光派的蒙山智明（规庵祖圆的弟子）和此山妙在（高峰显日的弟子）、法灯派的古剑智讷（？-1382，孤峰觉明弟子）、大慧派的中岩圆月、幻住派的大拙祖能（1273-1337）等。

因为这一缘故，公案禅也成为曹洞宗的主流，曹洞宗与临济宗的宗风几无差别。为确认曹洞宗的宗派意识，曹洞宗人经常举出"五位"说。但最初为曹洞宗所重视的"五位"说也是临济宗的石霜楚圆（986-1039）所改编的"石霜五位"（之后，太源派的杰堂能胜〈1355-1427〉、南英谦宗〈1387-1459〉师徒撰《显诀耕云注种攞摭藁》，企图恢复"曹洞五位"的原型）。

### 七、妙心寺的创建与地方的林下教团

在这一时期创建的禅宗寺院中，在"林下"派中发挥重要作用的是妙心寺。妙心寺由花园上皇于1337年创建，开山为宗峰妙超的弟子关山慧玄（无相大师，1277-1360）。花园上皇特许此寺为关山派师徒相承的寺院，所以关山去世后，其弟子授翁宗弼（1296-1380）继任住持，再传弟子无因宗因（1326-1410）时代，寺院得到发展。之后的应永之乱（1399年）之时，因支持大内义弘而被中利义满所弹压，寺院与寺领土地被没收，妙心寺因此而荒废。在此期间，关山派的僧人散居地方的寺院和南禅寺的正眼院等延续了法脉。后来，由于尾张（爱知县）犬山的瑞泉寺的开山日峰宗舜（1368-1448）及其弟子义天玄昭（1393-1462）的努力，以及管领细川胜元（1430-1473）的支持，妙心寺得以再兴。胜元还强力劝请日峰晋住大德寺，首开妙心寺僧出任大德寺住持的先例，并为义天建造了龙安寺，为妙心寺派的再兴贡献良多。在应仁之乱（1467年）时，妙心寺被烧，后依靠义天的弟子雪江宗深（1408-1486）的努力得以复兴。由于妙心寺本寺势力衰落，妙心寺教团只能向地方发展，寻求活路。

另外，以地方为据点，在官寺之外自成一派的有：以丹波（京都）的高源寺（1325年创建）为中心的远溪祖雄（1286-1344）一派（远溪派）；以越中（富中县）国泰寺（1299年创建）为中心的慈云妙意（1274-1345）一派（慈云派）；以常陆（茨城县）法云寺（1354年创建）为中心的复庵宗已（1280-1358）一派（复庵派）；以近江（慈贺县）永源寺（1361年创建）为中心的寂室元光（1290-1367）一派（圆

▷ 北海道·国泰寺·总门

应派）；以甲斐（山梨县）向岳寺（1380 创建）为中心的拔队得胜（1327–1387）一派（拔队派）；以远江（静冈县）方广寺（1384 年创建）为中心的无文元选（1323–1390）一派（圣鉴派）；以安艺（广岛县）佛通寺（1397 年创建）为中心的愚中周及（1323–1409）一派（佛德派）；以上野（群马县）泉龙寺为中心的白崖宝生（1343–1414）一派（白崖派）等。这些派别皆得到当地领主的支持而得以发展。

# 第二节　禅文化的形成与发展

## 一、五山文学与五山版

五山的文化活动包括许多领域，而其中心则是文学。正像在古林清茂（1262–1329）和笑隐大䜣（1284–1344）那里所看到的，在中国禅中，文学也占有很重要的地位。随着入元留学僧将他们的禅风传入日本，禅僧对文学的兴趣大增。另外，在五山，禅僧需要起草幕府的外交文书，而在上层武士中，能够用四六文写法语或能够做诗就会受到重视。所以为了在五山出人头地，比之禅的修行，文学的修养变得更重要。在此背景下，诞生了大量文学作品，形成了特有的文学形态——"五山文学"。

五山文学以镰仓时代的一山一宁（1247–1317，1299 来日）为先驱，继之而起的是活跃于镰仓到室町时期的虎关师练（1278–1346）、竺仙梵仙（1292–1348，1329 来日）、寂室元光（1290–1367，1326 归国）、雪村友梅（1290–1346，1329 归国）、别源圆旨（1294–1364，1330 归国）、中岩圆月（1300–1375，1332 归国）等，而在义满的时代达到极盛。当时的代表人物有龙湫周泽（1308–1388）、春屋妙葩（1311–1388,）、义堂周信（1325–1388）、绝海中津（1336–1405,1378 归国）、太白真玄（？ –

1415）等。其后，又有惟肖得岩（1360–1437）、江西龙派（1375–1446）、瑞溪周凤（1391–1473）、彦龙周兴（1458–1492）、天隐龙泽（1423–1500）、万里集九（1428–？）、横川景三（1429–1493）、景徐周麟（1440–1518）、月舟寿桂（1460–1533）、策彦周良（1501–1579）、西笑承兑（1548–1607）等活跃于禅林文坛，这一传统一直延续到了近世。

这一时代的代表性诗文集，有雪村友梅的《岷峨集》、中岩圆月的《东海一沤集》（1334年）、义堂周信的《空华集》（1359年）、绝海中津的《蕉坚稿》（1403年）、惟肖得岩（1360–1437）的《东海琼花集》、彦龙周兴（1458–1491）的《半陶藁》、横川景三（1429–1493）的《补庵京华集》、景徐周麟的《翰林葫芦集》等。

与汉文学的隆盛相关联的是出版业的发达。特别是14世纪中叶以后，春屋妙葩、东冈希杲（14世纪后半叶）等，以京都的天龙寺云居庵和临川寺为中心积极推进出版事业。另外，大喜法忻（？–1358）、伟仙方裔（1334–1414）等也在镰仓的圆觉寺续灯庵等刻版印刷，在推进禅宗典籍的普及方面贡献良多。这一时期的典籍称为"五山版"，多以传到日本的宋版和元版为底本，保留了古本的形态，具有极高的资料价值。

### 五山版

当时受到中国宋、元大量出版印行禅籍的影响，在以五山为中心的日本寺院也出版了许多禅籍，这些版本称为五山版。1287年建长寺刊行的《禅门宝训》开其先河。之后，1288年在京都三圣寺，东山湛照（1231–1291）出版了《虎丘隆和尚语录》等。1329年，中国渡日的禅僧竺仙梵仙（1292–1348）刊行了其师古林清茂的著作《拾遗偈颂集》。室町时代，春屋妙葩等出版了更多的禅籍，其中包括：《圆悟心要》（1341年）、《梦中问答集》（1344年）、《景德传灯录》（1348年）、《辅教篇》（1351年）、《禅源诸诠集都序》（1358年）、《蒲室集》（1359年）、《五灯会元》（1368年）、《佛鉴禅师语录》（《无准师范语录》，1370年）、《佛光国师语录》（《无学祖元语录》，1341年）、《宗镜录》（1371年）、《元亨释书》（1377年）、《初

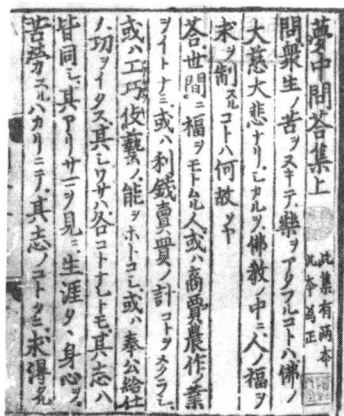

▷ 五山版《梦中问答集》（日本国立国会图书馆藏）

祖三论》(《达摩大师三论》、1387 年)、《少室六门》(13-14 世纪)等(外典有《论语》《论语集解》《毛诗郑笺》等)。出版业的中心为京都的五山，但镰仓的圆觉寺续灯庵也有开版印行。盛极一时的五山版，从应永年间(1394-1428)开始衰落，应仁之乱以后就完全绝迹。此外，在五山版之前，1198 年，大日能忍(12-13 世纪)就刊行了《沩山警策》，可以视为五山版的先驱。而在曹洞宗中，宝庆寺檀越伊自良知冬发愿刊行的《义云和尚语录》(1357 年)、《学道用心集》(1357 年)、《永平元禅师语录》(1358 年)，也值得关注。

对当时的禅僧来说，汉文学成为不可或缺的素养。但他们也清楚，这并不是禅固有的东西。为了寻求心理平衡，他们高扬中国禅宗的"诗禅一味"说进行创作活动。其中，在禅林中频频提起的是"渡唐天神"的说法。其内容是菅原道真(845-903、天神)渡宋，从径山的无准师范(1177-1249)参禅。这一说法本来荒诞无稽，但因为人们认为禅宗公案有超越时空的力量，以及在五山"诗禅一味""三教一致"思想的流行，所以得到广泛流传。"渡唐天神像"经常被描绘，同时季世灵彦(1403-1488)等做了许多《赞北野神君诗》。

五山文学最初以诗文创作为中心，应仁之乱以后学术研究成为重点。因为要作四六文，需要有关历史的丰富知识。最初的研究对象以禅籍和佛典为中心，后来受三教一致思想的影响，对儒教(朱子学)、诸子百家、史传等的研究开始流行。瑞溪周凤编有《刻楮》这样的文集，同时出版许多注释书。其中，有许多用口语书写的著作，被称为"抄物"。

代表性的注释书，有中岩圆月(1300-1375)的《蒲室集注释》，惟肖得岩的《庄子鬳斋口义钞》，歧阳方秀(不二道人，1361-1424)的《碧岩录不二钞》《中峰广录不二钞》(1420 年)、《人天眼目不二钞》，云章一庆(1386-1463)的《百丈清规钞》(云桃钞、桃源瑞仙笔录，1459-1462 年)，东阳英朝(1428-1504)的《江湖风月集注》(1494-1504 年)、桃源瑞仙(1430-1489)的《史记钞》(1476-1480 年)、《百衲袄》(《周易》注释书，1474-1477 年)，月舟寿桂(1460-1533)的《蒲室集钞》《史记钞》等。曹洞宗人的著作，则有川僧慧济(？ -1475)的《人天眼目钞》(1471-1473 年)，大空玄虎(1428-1505)的《碧岩大空钞》(1489-1492 年)等。

据说，歧阳方秀是禅林中第一位在日本讲解朱熹的《四书集注》的禅僧。桂庵玄树(1427-1508)则受萨摩岛津之邀讲儒学，成为"萨南学派"之祖。桂庵还以最早刊行《大学章句》(1481 年)等朱熹的新注而知名。歧阳方秀对《四书集注》进行了日语读法的标注，之后桂庵、文之玄昌(1555-1620)相继做了补正和改定，称为

"文之点"，成为近代四书读解的主流。东阳英朝编辑的禅林佳言集《禅林句集》，至今仍在禅林流行。

## 二、禅宗的绘画

自宋代起，大量的中国绘画传到日本，其中包括许多禅宗特有的绘画，如禅僧的肖像画（顶相）、"达摩图""十六罗汉图"等。以此为摹本，日本的画师开始创作带有宋朝风格的禅林绘画。一山一宁的绘画就属于早期的此类风格的作品。因为这类作品在丛林的管理方面有其必要性，所以后来出现了专门从事此类绘画创作的禅僧。东福寺的殿主吉山明兆（1352–1431）就是此类画僧的代表。

此外，吸取文人画传统、作为墨戏的绘画技法也由留学僧传到日本。可翁宗然（？ –1345，1326年归国）、铁舟德济等运用此技法，以雪窗普明（13–14世纪）、子庭祖柏（13–14世纪）、日观子温（？ –1293？ ）等人的作品为范本，创作了以竹、梅、菖蒲、葡萄等为主题的作品。玉畹梵芳（1348–1424）虽然未曾到中国留学，但其同类作品也非常有名。

在当时，以五山为代表的禅寺除了是修行的场所也是禅僧和室町武士社交的场所。在这里最流行的是诗文，而伴随着诗文，绘画也受到重视。许多禅僧在绘画上题诗，"诗画轴"大

▷　梵芳笔：兰蕙同芳图（东京国立博物馆藏）

禅的历史

量出现。在这些画家中，最有名的是相国寺的大巧若拙（14–15 世纪）和天章周文（15 世纪前半叶）。日本的山水画就是脱胎于"诗画轴"的"画"，其集大成者就是周文的弟子雪舟等杨（1420–1506）。他留下了《四季山水图卷》（山水长卷、1486年）、《秋冬山水图》《天桥立图》等杰作，其作品对后世影响极大，成为所有后代画家效法的目标。

雪舟以后的重要画僧，有活跃于镰仓的贤江祥启（启书记，15–16 世纪）和同样活动于关东、画风独特的雪村周继（16 世纪中叶）。但随着与雪舟相前后的小栗宗湛（1413–1481）、墨溪（15 世纪中叶）、曾我蛇足（夫泉宗丈，15 世纪后半叶）、能阿弥（1397–1471）、艺阿弥（1431–1485）、相阿弥（？–1525）、狩野正信（1434–1530）、元信（1476–1559）父子等在俗画家的抬头，画僧的地位有所下降。在这些画家中，小栗宗湛（周文的弟子）和狩野正信是将军的御用画师。"三阿弥"成就卓著，特别是艺阿弥还是祥启的老师。墨溪也是周文德的弟子，与曾我蛇足一道以大德寺（经过一休宗纯的努力已经成为文化中心）为据点开展活动。

### 三、禅宗书法（墨迹）

留学僧将在中国流行的书风传到了日本，被称为"禅宗样"。对中国人来说，本来诗书画就是知识分子必备的素养，而对禅僧来说，从禅匠手中得到印可状等墨迹，

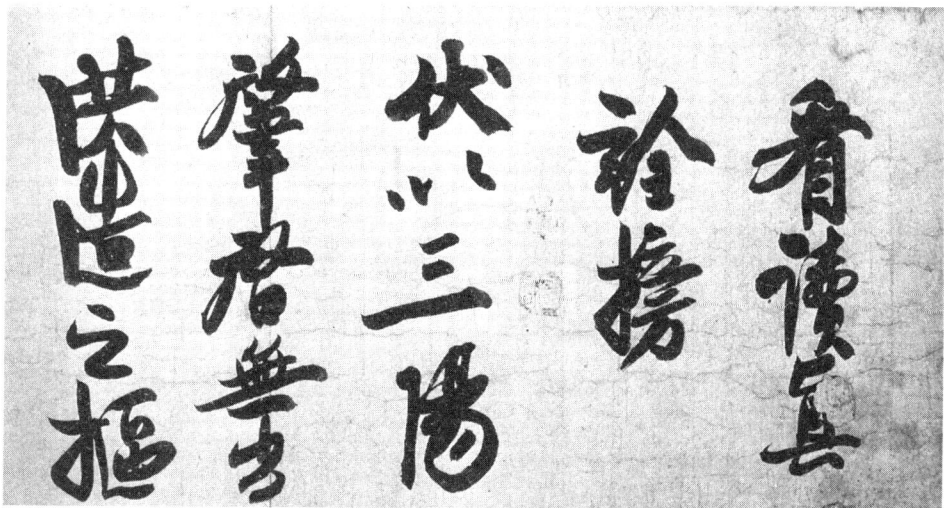

▷ 妙超书：看读真诠榜（京都·大德寺真珠庵藏）

是传法的重要凭证。渡日的兰溪道隆（1213-1278）、一山一宁等皆精于书道。而从镰仓末期到室町初期，日本僧人中也涌现出梦窗疏石、虎关师炼、宗峰妙超（1282-1336）等书法家。从他们的书风中可以看出北宋的黄庭坚（1045-1105）和张即之（1186-1266）等大家的影响。

与他们的活动相前后，雪村友梅、寂室元光等许多留学僧归国。他们带回了与元代高僧中峰明本（1263-1323）有来往的赵孟𫞩（子昂，1254-1322）的书法。特别是雪村友梅，据说在入元留学时，在赵孟𫞩面前写出李邕风格的书法，让后者惊叹不已。但后来随着明朝的建立、日中往来受到限制，禅宗书风中渗入和风书法，在禅僧中间两者折中的书风流行。这被称为"五山样"，义堂周信、绝海中津、仲芳中正等是这些书法家的代表，其中，入明的仲芳中正因为善于书道，被邀书写流通最广的明代钱币"永乐通宝"中的文字，成为书法史上一段佳话。

## 四、禅宗庭院

在中国，禅宗寺院也多建于险峻的山峰或风景胜地，这是禅宗受到老庄隐逸思想影响的结果。到宋代，禅宗寺院具有了与士大夫进行社交的场所的性质，寺院的景观更受到重视。随着建长寺等真正的禅宗寺院的建立，这样的理念也传到了日本。当时，还从天龙寺、南禅寺、相国寺等选出了"十景"，作为禅宗寺院代表性景观。

▷ 龙安寺石庭

不仅如此，当时富有艺术修养的禅僧还直接参与庭院的建造。其中最著名的是梦窗疏石，他留下了永保寺庭院（歧阜县，1313年）、西芳寺庭院（京都，1339年）、天龙寺庭院（京都，1340年）等杰作。此外，龙安寺的铁船宗熙（15世纪中叶）、以画僧知名的雪舟等杨（1420-1506）、大德寺的古岳宗亘（1465-1548）等也曾参与庭院的建造。

与梦窗疏石所建的庭院齐名的，还有宗亘所建的、枯山水风格的大德寺大仙院书院庭院（1509 年），以及作者未详的龙安寺石庭（16 世纪）等。特别是龙安寺石庭，在平坦的白砂铺设的地面有规则地配置了十五个庭石。其建设理念的象征性和抽象性在世界上赢得高度评价。

## 五、禅对诸文化形态的影响

以五山为代表的偏重艺术的宗风，从严格的意义上讲背离了宗教应有的姿态。但因为它也是当时中国禅宗的样态，所以憧憬中国文化的日本人就无批判地接受下来。这些在禅林培育出来的文化自然具有浓厚的禅的色彩，通过禅僧与上层武士的交流，这些文化又超出禅林的范围而广泛流行于社会。义满时代的北山文化、义证时代的东山文化就是其代表。在这一时期，禅宗的建筑风格也影响到一般的建筑，形成独特的"书院造"，成为后来日本建筑的原型。喝茶的风习也随禅宗的流行而普及，社会上频繁地举行茶会等活动。

禅思想还影响到和歌论和连歌论，在花山院长规（子晋明魏，1346？ -1429）的《耕云口传》（1408 年）和心敬（1406-1475）的《私语》（1463 年）中，就可以看到禅思想的影响。禅思想还影响到世阿弥元清（1363-1443）和金春禅竹（1405-1470 左右）的能乐论。在日本文学方面，著名的歌人招月庵正彻（1380-1458）曾是禅僧，担任东福寺书记。近代狂歌之祖英甫永雄（1547-1602）也曾是南禅寺的高僧。

### 世阿弥、禅竹与禅僧的交往

世阿弥与禅僧的交流，可以确定的有两点：(1) 与奈良补岩寺的二世、后来也曾住持总持寺的竹窗智严（曹洞宗，？ -1423）交往，1422 年之前曾在补岩寺出家，法名至翁善芳；(2) 出入东福寺的歧阳方秀门下，经常请教禅的问题。实际上，在世阿弥的能乐论中，不仅经常使用"公案""念笼（拈弄）""印可"等禅语，而且在说明能乐修行的不同境界"九位"时，提出"却来"的思想（虽进入最高境界，还要表现低位境界的样态）。这是基于禅宗的"悟了同未悟"之说（在说明"九位"时，还引用了自得慧晖〈1097-1183〉的《六牛图》。慧晖的语录在曹洞宗中广为流传）。其受到禅的影响是显而易见的。禅竹与禅僧、同时也是著名歌人的招月庵正彻以及五山派文学家南江宗沅（1381-1459）等多有交往，晚年亲近一休宗纯。反映禅竹能乐思想的著作有《六轮一露记》等，其间禅思想的影响很显著。一休与金春家的关系，在禅竹去世后，由其子宗筠（1432-1480）、其孙禅凤（1454-1532？）等所延续，所以一休的思想对能乐的影响也持续下来。另外，禅竹的思想中，还可以看到神道说、密教说和净土信仰的强烈影响。这一倾向，在曾向禅僧正彻学歌的心敬的《私语》中也可以看到。这在研究当时艺术家如何接受禅以及日本禅自身的思想演变问题时，非常值得关注。

# 第三节　林下的地方发展与密参禅化——室町后期

### 一、幕府的衰落与文化的地方传播

应仁之乱之后，在中央，第十代将军足利义植（1466-1523，1490-1493、1508-1521 在职）被管领细川政元（1466-1507）赶下台（明应政变，1493 年），幕府的主导权落入细川氏手中。之后，家臣三好氏、三好氏的家臣松永氏相继掌握幕府的实权，第十三代将军义辉（1536-1565）被松永久秀（1510-1577）所杀，政局陷入混乱。这种手下人的造反，也出现在地方上。本来，各地的地方首长"守护"将领地交由手下"守护代理"管理，自己到幕府担任职务。但应仁之乱以后，在地方上，各守护代理和地方武士实力渐增，并趁幕府权威的衰微而闹独立。

当时，在关东雄霸一方的是北条早云（1432-1519），在中日本是大内义隆（1507-1551）、继承大内的是毛利元就（1497-1571）。今川义元（1519-1560）控制了从骏河到三河的广大地区。甲斐是武田信玄（1521-1573）、越后是上杉谦信（1530-1578）。这些出身守护或守护代理的战国大名割据一方、逐鹿列岛，日本进入战国时代（1467-1568）。

因为应仁之乱发生在京都，所以动乱过后，京都成为一片废墟。一条兼良（1402-1481）、雪舟等杨、桂庵玄树（1427-1508）、万里集九、月舟寿桂（1460-1533）、策彦周良（1501-1579）等文化人，陆续离开京都，投奔各地大名。而各地大名，因为仰慕京城的文化，也积极地接纳他们。所以在战国时代，文化开始向地方传播。

15 世纪由关东管领上杉宪实（1410-1466）复兴的足利学校，在 16 世纪迎来最盛期，称为"坂东学校"，拥有众多的学生。另外，越前（福井县）的朝仓氏的居城、一乘谷，集聚了清原宣贤（1475-1550）和月舟寿桂、飞鸟井雅康（1436-1509）等文化名人。大内氏所统治的山口，则活跃着宗祇（1421-1502）、雪舟等杨、策彦周良等。特别是大内义隆（1507–1551）热心于文化事业，在出版事业方面也贡献很大，出版的书籍称为大内版或山口版。

## 二、大德寺教团、妙心寺教团的发展

在战国时代，五山派与幕府一起走向衰落，在这一过程中崛起的是所谓"林下"教团。这些教团由于得不到幕府的保护，所以有的在经济上很困窘，于是为了开辟生路，积极到地方弘法，逐渐蚕食旧佛教和五山派寺院的地盘，势力发展很快。

五山派在地方的支持势力是各地的守护，而林下教团的弘法对象则集中于守护下面的守护代理或当地的武士。经过应仁之乱，守护走上没落，守护代理掌握了实权，成为战国大名（封建领主）。于是五山派在地方上偃旗息鼓，而林下派趁机得到发展。而作为争取信众的最重要的手段，是举行丧葬等佛教法事和"江湖会"（僧俗一体参加的大法会），以及授戒会的传法和印可的简易化。

大德寺的运营主体是养叟宗颐的系统。养叟传法于弟子春甫宗熙（1416–1496）、再传于实传宗真（1434–1507）。实传门下有古岳宗亘（1465–1548）和东溪宗牧（1454–1517）。他们二人的弟子以大仙院和龙源院为中心，在地方发展势力（古岳的系统称为北派、东溪的系统称为南派）。通过将大应派和五山派的寺院变为自己宗派的附属寺院的方式，建立了筑前（福冈县）的崇福寺和和泉（大阪府）的禅通寺等，扩大了自派的势力。因为这一原因，大德寺的管理权从"两班"那里转移到了以塔头的代表塔主组成的组织"众评"手里。

大德寺教团的支持层，除了欲与朝廷建立关系的战国大名、在战乱中寻求精神寄托的武士之外，还有津田宗及（？ –1591）、山冈宗无（？ –1595）、神谷宗湛（1551–1635）等堺和博多等地的商人，以及宗祇（1421–1502）、宗长（1448–1532）、绍巴（1525–1602）等连歌师、观世和金春等能乐师、医师等（宗长在大德寺三门的建造〈1525–1526〉中曾发挥了关键作用）。

大德寺教团之所以能够吸引这些知识水平比较高的人，一个重要原因是他们积极对参禅的居士进行说法，并轻易给予他们"开悟"的印可，也就是所谓"付法"。在"付法"之际，寺院收取大量的谢礼，而在这些居士去世后，寺院还接受所谓"供养田"的捐赠。这种"付法"活动背离了禅本来的宗旨，变成一种变相的交易。但正是这种做法促进了大德寺派的发展。从一休宗纯对养叟宗颐的严厉批判中可以发现，养叟的门下中这种倾向很严重。《大德寺夜话》（龙谷大学藏本）就反映养叟的门下参禅的实际情景。

他们声称，大灯国师在参究了一百八十则公案、彻翁和养叟在参究了八十则公案以后才终于获得大悟。他们以此为例，宣扬参究大量公案的必要性。其目的在于将"开悟"神秘化，强调作为开悟方法的公案的价值，以此获得更多信奉者。养叟派的这一姿态，与密参禅的出现有着直接联系。

大德寺的僧人在与堺地区的商人的交流中，催生了日本的"茶道"。茶道的先驱是曾在一休宗纯门下参禅的村田珠光。在镰仓时代，则涌现出武野绍鸥（1502–1555）及其门下千利休（1522–1591）、津田宗及、今井宗久（1520–1593）等，茶道遂走上成熟。自珠光开始，茶道的大家就向禅寻求精神的依托（即茶禅一味），武野绍鸥（1502–1555）嗣法大林宗套（1480–1568）、千利休在笑岭宗䜣（1490–1568）处参透公案，参禅对茶道中人来说成为不可或缺的修行。

茶道对茶碗、茶筅、茶杓等禅道具，以及茶席中所挂的名人书法、插花等特别讲究，培养了人们独特的美学意识和美的情趣。而茶室和茶庭（称为"露地"）的建造，也为建筑和庭院的建造提供了许多灵感。禅思想通过茶道对各个文化领域都带来了深刻影响。茶道与大德寺的关系一直持续下来，茶室所挂的书法也以大德寺僧的作品为尊贵。

而在推进妙心寺派的地方发展方面，雪江宗深（1408–1486）的四位弟子景川宗隆（1426–1500）、悟溪宗顿（1416–1500）、特芳禅杰（1419–1506）、东阳英朝（1426–1504）等居功至伟。特别是宗深制定的、妙心寺住持由四位弟子三年一届轮流担任的制度设计（1475 年），在关山派向地方发展方面发挥了很大作用。各门派都以各自的塔头（龙泉庵、东海庵、圣泽庵、灵云庵，总称"四派本庵"）为中心，积极在各地扩张势力，从而形成了龙泉派、东海派、圣泽派、灵云派等诸派别。后来创设或获得的塔头和末寺（别院），皆归于四派中的某一派名下。

妙心寺派在地方发展，主要是趁其他教派的衰退，往地方上的寺院派遣住持的方式实现的。利用这种方式，骏河（静冈县）的清见寺、甲斐（山梨县）的惠林寺、伊势（三重县）的安国寺等五山派的名刹，以及丹波（兵库具）的高源寺（幻住派）、纪伊（和歌山县）的兴国寺（法灯派）等其他派别的寺院皆归入妙心寺派的系统。此派的快川绍喜（？ –1582）受甲斐的武田氏之招入住惠林寺，武田氏死后，因为开罪织田信长而被杀。其门下有南化玄兴（1538–1604）等。

妙心寺派的发展还有一个重要契机，即 1509 年天皇颁布"敕许紫衣之纶旨"。在此以前，妙心寺僧要得到天皇赐予的紫衣等，至少在形式上要首先成为大德寺的住持，而根据天皇的这道"纶旨"，妙心寺派获得了与大德寺同等的地位，所以就没有必要再依附大德寺。但此后两寺院关系恶化，相互不再往来（直到江户时代的 1716 年，这种状态才结束）。

禅的历史

### 三、曹洞宗的地方发展

在曹洞宗中，以太源宗真系统和通幻寂灵系统为中心的总持寺教团的发展最为显著。太源派的如仲天訚（1365-1440）门下形成"如仲下六派"、通幻派的了庵慧明（1337-1411）门下形成"了庵十六派"，这些宗派通过让五山派寺院改宗等方式在各地扩张地盘。

永平寺一直由寂圆（1207-1299）一派维持，虽然曾得到后圆融天皇"日本曹洞宗第一道场"的敕额，并被定为"出世道场"，显赫一时，但15世纪以后走上荒废。后来迎请寒岩派的华藏义昙（1375-1455）、峨山派的昙英慧应（1424-1504）等担任住持，影响力得以恢复。1539年后奈良天皇（1526-1557在位）再次赐予"出世道场"的称号，永平寺确立了在宗门内的地位。

永平寺虽然允许其他宗派的僧人担任住持，但寂圆派的影响力依然很大，法脉实质上由寂圆派来传承，这就出现一些混乱。永平寺十四世建撕（1415-1474）所撰、最早的道元传记《永平开山道元禅师行状》（建撕记），就是为了确立寂圆派在永平寺的正统地位而撰述的。

在曹洞宗的教义宣传中，引入了莹山绍瑾所认可的密教、土著信仰以及佛教的法要等。这种状况，可以透过各地留存的"神人化度故事"窥见一斑。而现在的曹洞宗中仍然存在大量的祈祷寺院并吸引大量的参拜者，由此也可以看出这一特征。在被称为"洞宗三祈祷寺"的最乘寺（道了尊，神奈川县）、妙严寺（丰川稻荷，爱知县）、善宝寺（龙王，山形县）等代表性寺院中，作为祈祷活动场所的镇守堂的规模，甚至超过了法堂（江户时代以后）。其他的曹洞宗寺院也重视祈祷。而各寺院的法堂改变了中国的样式，成为地上铺设榻榻米，本尊也设在法堂。这样，在中国原本作为住持说法的修行场所，变成了向大众宣传教义的会堂。这一转变的动因就是为了在此举行祈祷法会。

▷  横滨·总持寺祖院

#### 神人化度故事

这些故事的基本结构如下：（1）禅僧到某地传法，当地的神显身并指示禅僧，这里是适合传法的灵地;（2）禅僧为神授戒，接受神为弟子。神每夜来参禅，最后得到印可，誓愿护持灵地；（3）附近的村民闻讯，皆成为信者，为禅僧建立堂宇，当地的地主也主动捐赠土地，成为檀越。这样的故事在曹洞宗传播的地方皆有流传，如源翁心昭（1329-1400）之与杀生石、了庵慧明之与大山明神、如仲天闾之与白山权现、定庵殊禅（1373-1432）之与住吉明神、月江正文（？-1462）之与冰川明神等。通过这些故事的流传，使人们对当地土著神的信仰转移到对禅僧的信仰。这是曹洞宗利用土著信仰发展本宗势力的一种手段。

## 四、战国大名与禅宗

战国大名重视禅宗，一方面是林下教团有意识结交大名，另一方面，大名也认识到宣扬禅宗对治理自己的领地有好处。不仅宗教有利于大名对家臣的统帅和民心的笼络，而且禅僧所具有的高度文化修养对大名也具有很大魅力。在进行战争或遇有重大政治行动时，大名往往要征求禅僧的意见，希望其利用禅思想、儒教或易学知识提供方略。

在林下教团中，战国大名最崇奉的是与朝廷渊源深厚的彻翁派（大德寺教团）和关山派（妙心寺教团）。其内在动机，即通过加强与朝廷的关系，提高自身的权威。在与战国大名交往过程中得到最大利益的是塔头。战国末期到近代初期，与五山塔头的衰落形成鲜明对照的是大德寺和妙心寺塔头的显著增加。

这些塔头往往以大名的法号为院名，几乎成为战国大名的私人寺院，而作为禅僧塔所的功能反倒退居其次。如大德寺的塔头中，畠山义隆（1557-1574）的龙源院、六角政赖（15-16世纪）的大仙院、丰臣秀吉（1536-1598）的总见院、天瑞寺、石田三成（1560-1600）的三玄院、前田利长（1562-1614）的芳春院、细川忠兴（1563-1646）的高桐院等，就是此类塔头的代表。

这些塔头，在内部设有这些大名的墓地，并举行法事提供菩提供养。同时，为维持塔头，大名除了捐赠土地，还每月进奉祠堂钱，作为法要的报酬。各塔头通过结交大名获得经济上的保障，并通过大力弘法、将大名领地新建寺院变为末寺来扩大本宗派的地盘。可见，塔头的存在，在山邻派教团向地方发展方面发挥了非常重要的作用。

但到战国末期，这种以法系为中心的势力扩张方式受到很大限制，因为大名在自己的属地，开始建立超法系的宗教管理组织。各教团要求设立一个"触头"，明确各教团的本寺、末寺关系以及寺院与檀家的关系。一些大名，如武田信玄和今川义元（1519-1560），通过逐渐强化对佛教教团的限制，来利用佛教为领地统治服务。这一政策，也为近代的德川幕府所继承。

## 五、参禅的衰退与密参禅的流行

室町中期以后，在以五山为首的京都和镰仓的名刹中几乎已经不再参禅。于是以开悟体验为前提的印可以及由印可而嗣法的传统也难以为继。在此背景下，以继承寺院为嗣法，即所谓伽蓝法系的嗣法流行开来。在地方的林下教团，虽然还存在"遍参"以及印可、付法，但其内容也逐渐变质。公案的解释受到密教等的影响，出现了以口诀的传授为付法、嗣法的风潮（这种禅称为"密参禅"，记录传授内容的文献称为"密参录"）。密参禅随着时间的推移，逐渐风行，临济宗、曹洞宗、林下教团全部密参禅化，最后五山的寺院也渗入密参禅的风习（曹洞宗的密参禅化，是在大中寺〈下野、栃木县〉的开山快庵妙庆〈1422-1493〉以后流行开的）。

密参禅的流行，与林下教团中的幻住派的活动分不开。幻住派虽然以传元朝中峰明本（幻住庵，1263-1323）之法的丹波（兵库县）高源寺的远溪祖雄（1286-1344）为祖，但宗派的实际创立者却是战国时期的一华硕由（1447-1507）。他们的教团并不是以特定寺院为据点而形成，而是在不否定其他宗派的伽蓝法系的嗣法的同时，给予幻住派的印可，从而渗透到禅宗各派之中。利用这一方式，幻住派获得了发展。后来，此派的僧人还担任了南禅寺和建仁寺等名刹的住持，从而渗透到了五山派。幻住派的活动推动了整个禅宗的密参禅化的风习，但同时也不应忘记，在今天所见的临济宗的形成方面，幻住派发挥了极为重要的作用。

首先是五山派内的门派对立的消除。本来，在五山派的寺院中，众多门派各依自己的塔头独自开展活动，但因为不同门派都接受幻住派的法系，所以各门派之间就有了横向联系。为此，就可以以寺院为单位而进行活动，寺院的开山祖师也受到各门派的普遍尊重。这一倾向，在江户时代的本末寺制度的影响下得到强化，形成今日日本教团体制的雏形。

另一重要的方面是，在五山派中，伽蓝法系的嗣法之外，增加了幻住派的印证系的嗣法，同时存在二重的法系。印证系的嗣法，虽然后来被古月禅材（1667-1751）和白隐慧鹤（1685-1768）的法系所取代，但两种嗣法体系的并存一直流传到现在。

### 密参录

记载密参禅的文献资料，称为"密参录"（曹洞宗一般称为"门参"）。其内容是关于禅宗公案的答案，在15世纪以后，在禅僧之间秘密流传。大多数文本为口语体，夹杂假名，是"抄本"的一种。流传下来的多数属于临济宗大德寺派和曹洞宗通幻派的了庵慧明系统。最初作为日本文学研究资料受到关注，之后在禅思想史研究领域也受到重视，被认为填补了禅思想史研究的空白。其内容反映了相关门派的特色，在各门派中，它们似乎是作为传法的信物而受到重视。另外，在曹洞宗中，还流传下来许多类似的"便条"。这些便条原本用于密教或歌道，记载着师傅传授弟子的秘密。在江户时期，这些"密参录"或"便条"一起被传授，有的还编辑成了小册子。

## 参考文献

赤松俊秀，今枝爱真等 《日本佛教史Ⅱ·中世篇》（法藏馆，1967 年）

朝仓尚 《抄物的世界与禅林文学 —— 中华若木诗抄·汤山联句钞的基础的研究》
（清文堂出版，1996 年）

安藤嘉则 《中世禅宗文献研究》（国书刊行会，2000 年）

安藤嘉则 《关于中世禅宗公案禅》（《驹泽女子大学研究纪要》7，2000 年）

饭冢大展 《驹泽大学藏〈临济录抄〉——以临济录的讲义与密参的关系为中心》
（《曹洞宗研究员研究纪要》23，1992 年）

饭冢大展 《关于大东急文库藏〈碧岩录古钞〉》（《曹洞宗研究员研究纪要》24，
1993 年）

饭冢大展 《关于大德寺派系密参录（三）—— 以〈碧岩录龙狱和尚秘辨〉为中
心》（《曹洞宗研究员研究纪要》25，1994 年）

石川力山 《关于中世五山禅林的学艺 ——〈元亨释书微考〉的引用典籍》（《驹
泽大学佛教学部论集》7，1976 年）

石川力山 《中世禅宗史研究与禅籍抄物史料》（《饭田利行古稀记念 东洋学论
丛》同刊行会，1981 年）

石川力山 《中世禅宗教团与禅籍抄物资料》（《古田绍钦博士古稀记念论集 佛
教的历史的演变中所见的诸形态》，创文社，1981 年）

石川力山 《禅的送葬》（《日本学》10，1987 年）

石川力山 《洞门抄物的出现及其性格》（《财团法人 松冈文库研究年报》2，
1988 年）

市川白弦 《拔队禅的诸问题》（日本思想大系 16，《中世禅家思想》，岩波书店，
1972 年）

伊藤克己 《甲斐武田氏的禅宗支配》（《宗学研究》27，1985 年）

伊吹敦 《禅对金春禅竹的能乐论的影响 —— 以六轮一露说为中心》（《东洋学论

禅的历史

丛》26-27，2001–2002 年）

今泉淑夫 《桃源瑞仙年谱》（春秋社，1993 年）

今泉淑夫，岛尾新 《禅与天神》（吉川弘文馆，2000 年）

今枝爱真 《中世禅宗史的研究》（东京大学出版会，1970 年）

今枝爱真等 《室町佛教〈战国乱世与佛教〉》（《亚洲佛教史·日本编》Ⅵ，佼成
出版社，1972 年）

今 谷 明 《战国期的室町幕府》（角川书店，1975 年）

今 谷 明 《元朝·中国渡航记 —— 留学僧·雪村友梅的传奇人生》（宝岛社，
1994 年）

入矢义高 《中岩与〈中正子〉的思想的性格》（《日本思想大系》16，《中世禅家
思想》，岩波书店，1972 年）

入矢义高 《寂室》（《日本禅语录》10，1979 年）

入矢义高 《从中国文学看五山文学》（《五山的学艺》，大东急记念文库，1985 年）

入矢义高校注 《五山文学集》（《新日本古典文学大系》48，岩波书店，1990 年）

上村观光编 《五山文学全集》全五册（六条活版制造所出版部，1906–1915 年）

远藤宏昭 《上杉氏领国下的曹洞宗 —— 以越后国为中心》（《驹泽史学》39、
40，1988 年）

远藤宏昭 《中世末期的战乱与曹洞宗寺院的动向 —— 以北·东信浓地方为中心》
（《地方史研究》201，1986 年）

王迪 《日本老庄思想的传播》（国书刊行会，2001 年）

冈见正雄，大冢光信编 《抄物资料集成》（清文堂出版，1971–1976 年）

荻须纯道 《日本中世禅宗史》（木耳社，1965 年）

小野胜年 《雪村友梅与画僧愚中》（非卖品，1982 年）

表章，加藤周一校注 《世阿弥·禅竹》（《日本思想大系》24，岩波书店，1974 年）

荫木英雄 《中世禅林诗史》（笠间书院，1994 年）

加藤周一，柳田圣山 《一休》（《日本禅语录》12，1978 年）

金田弘 《问答体的假名抄物 ——〈密参录〉〈门参〉》（《洞门抄物与国语研究》，
樱枫社，1976 年）

镰田茂雄编集解说 《禅与武道》（丛书 《禅与日本文化》6，塘鹅社，1997 年）

川上贡 《禅院的建筑》（河原书店，1968 年）

川瀬一马 《五山版的研究》（日本书籍商协会，1970 年）

京都国立博物馆编 《禅的美术》（法藏馆，1983 年）

熊仓功夫编集解说 《禅与能乐·茶》(丛书 《禅与日本文化》3,塘鹅社,1997 年)

桑田和明 《关于战国大名今川氏领国的临济寺本末 —— 以二册的〈书上〉为中心》(《日本佛教》47,1978 年)

香西精 《世阿弥新考》(碗屋书店,1962 年)

驹泽大学文学部国文学研究室编 《禅门抄物丛刊》(汲古书院,1973-1976 年)

坂本胜成 《关于中世寺社权力的否定过程》(《立正史学》30,1966 年)

樱井景雄 《禅宗文化史的研究》(思文阁出版,1986 年)

佐々木馨 《中世国家与宗教构造 —— 体制佛教与体制外佛教的相克》(中世史研究选书,吉川弘文馆,1988 年)

铃木泰山 《禅宗的地方发展》(亩傍书房,1942 年,吉川弘文馆,1983 年再刊)

铃木大拙 《日本公案禅的传统》(《铃木大拙全集》1,《禅思想史研究 第一》,岩波书店,1968 年)

末木文美士 《关于〈碧岩录〉注释书》(《松冈文库研究年报》7,1993 年)

曹洞宗宗学研究所编 《道元思想的足迹 2 —— 南北朝·室町时代》(吉川弘文馆,1993 年)

玉村竹二 《五山文学》(至文堂,1955 年)

玉村竹二 《梦窗国师》(平乐寺书店,1958 年)

玉村竹二,井上禅定 《圆觉寺史》(春秋社,1964 年)

玉村竹二编 《五山文学新集》全六册(东京大学出版会,1967-1972 年)

玉村竹二 《五山诗僧》(《日本禅语录》8,1978 年)

玉村竹二 《五山禅僧传记集成》(讲谈社,1983 年)

玉村竹二 《日本禅宗史论集(上、下之一、下之二)》(思文阁,1976、1979、1981 年)

中尾良信 《中世后期的曹洞宗与临济宗》(《花园人学研究纪要》23,1991 年)

中田祝夫等编 《抄物大系》(勉诚社,1970-1977 年)

西尾贤隆 《中世的日中交流与禅宗》(吉川弘文馆,1999 年)

芳贺幸四郎 《东山文化的研究》(河出书房,1945 年)

芳贺幸四郎 《关于中世禅林的学问及文学的研究》(日本学术振兴会,1956 年)

叶贯磨哉 《中世禅林成立史的研究》(吉川弘文馆,1993 年)

叶贯磨哉 《洞门与神人化度的故事》(《驹泽史学》十周年记念号,1962 年)

原田正俊 《日本中世的禅宗与社会》(吉川弘文馆,1998 年)

原田正俊 《五山禅林的佛事法会与中世社会 —— 以镇魂、施饿鬼、祈祷为中

禅的历史

心》(《禅学研究》77，1999 年）

广濑良弘　《关于中·近世曹洞禅僧的活动与葬祭》(《宗学研究》27，1985 年）

广濑良弘　《禅宗在地方发展史的研究》(吉川弘文馆，1988 年）

广濑良弘　《北关东的下克上与曹洞宗寺院 —— 以结城氏·多贺谷氏、宇都宫氏·芳贺氏为例》(《驹泽史学》39、40，1988 年）

广濑良弘　《中世后期的禅僧、禅寺与地域社会 —— 以东海关东地方的曹洞宗为中心》(《历史学研究》别册特集《地域与民众》，1981 年）

藤冈大拙　《关于五山教团发展的考察》(《佛教史学》6-2，1957 年）

藤冈大拙　《关于禅院内的东班众》(《日本历史》145，1959 年）

古田绍钦　《拔队》(《日本禅语录》11，1979 年）

古田绍钦编集解说　《禅与艺术》(丛书　《禅与日本文化》1、2，塘鹅社，1996 年）

松浦秀光　《禅家的葬法与追善供养的研究》(山喜房佛书林，1969 年）

水野弥穗子　《大智》(《日本禅语录》9，1978 年）

村上直　《武田领国支配下的禅宗发展〉(《日本佛教学会年报》35，1969 年）

森克己　《日·宋元绘画交涉与雪舟的出现》(《森克己著作选集》4，《增补　日宋文化交流的诸问题》国书刊行会，1975 年）

森克己　《唐本顶相及其画稿 ——关于佛照禅师的顶相》(《森克己著作选集》4，《增补　日宋文化交流的诸问题》国书刊行会，1975 年）

森克己　《宋拓六祖像与明兆的画风》(《森克己著作选集》4，《增补　日宋文化交流的诸问题》国书刊行会，1975 年）

柳田圣山　《梦窗》(《日本禅语录》7，1977 年）

柳田圣山　《一休 ——〈狂云集〉的世界》(人文书院，1980 年）

柳田圣山　《一休·良宽》(《大乘佛典　中国·日本篇》26，中央公论社，1987 年）

柳田圣山编集解说　《禅与文学》(丛书　《禅与日本文化》4，塘鹅社，1997 年）

柳田征司　《关于大应派的〈临济录抄〉》(《松冈文库研究年报》6，1992 年）

山岸德平校注　《五山文学集·江户汉诗集》(《日本古典文学大系》89，岩波书店，1966 年）

# [禅的系谱 8]

彻翁义亨——言外宗忠——华叟宗昙——养叟宗颐——春浦宗熙——实传宗真—
　　　　　　　　　　　　　└一休宗纯

├东溪宗牧——悦溪宗悟……玉仲宗琇
└古岳宗亘——传庵宗器——大林宗套——笑岭宗䜣—

　　　　　　├一冻绍滴——泽庵宗彭
　　　　　　├春屋宗园——玉室宗珀——正隐宗知
　　　　　　│　　　　　└江月宗玩
　　　　　　└古溪宗陈……大心义统

关山慧玄——授翁宗弼——无因宗因——日峰宗舜——义天玄承——雪江宗深—

├景川宗隆——景堂玄讷……默水龙器——卍元师蛮
│（龙泉庵）
├特芳禅杰——大休宗休——太原崇孚……节岩道圆
│（圣泽院）　　　　　│
│　　　　　　　　　　└龟年禅愉——直指宗谔……东源慧等
│　　　　　　　　　　　　　　　└雪峰禅曾——竺印祖门—
│
│　　　　　　　　　　　　　　　　　　　　└无著道忠
│
├东阳英朝……………………东渐宗震——庸山景庸——愚堂东实
│（灵云院）　　　　　　　　　　　　│
│　　　　　　　　　　　　　　　　　└南景宗岳……盘珪永琢
├悟溪宗顿——独秀干才——仁岫宗寿——快川绍喜—
（东海庵）

├状元祖光——智门玄祚——大愚宗筑
└柏堂景森——虚庵慧洪——宙东默——云居希膺

太清宗渭├太白真玄
　　　　├大传有承
　　　　└叔英宗播├大圭宗价——万里集九
　　　　　　　　└季琼真蕊——龟泉集证——仁如集尧

禅的历史

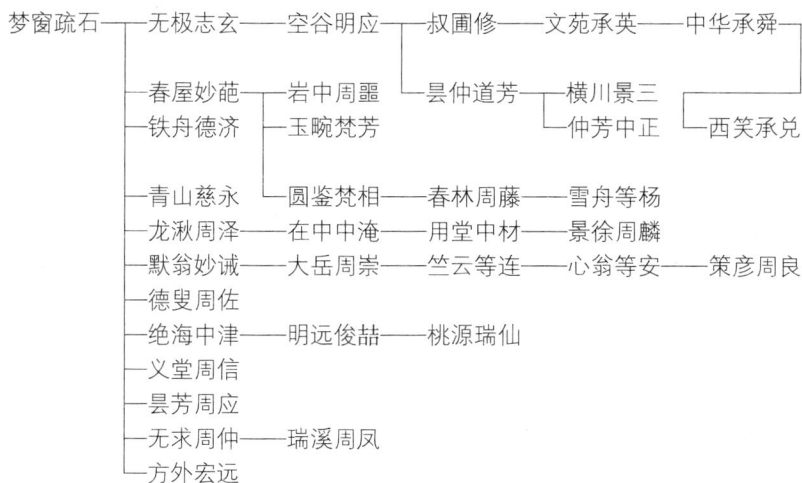

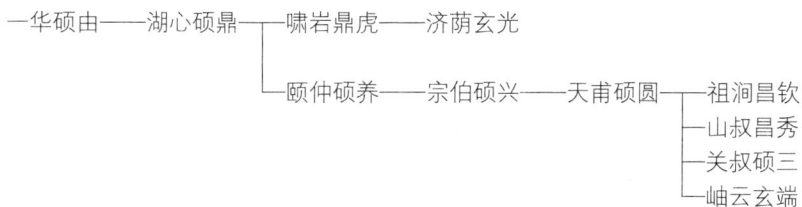

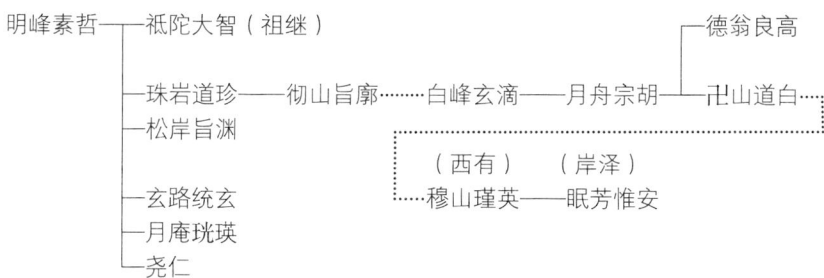

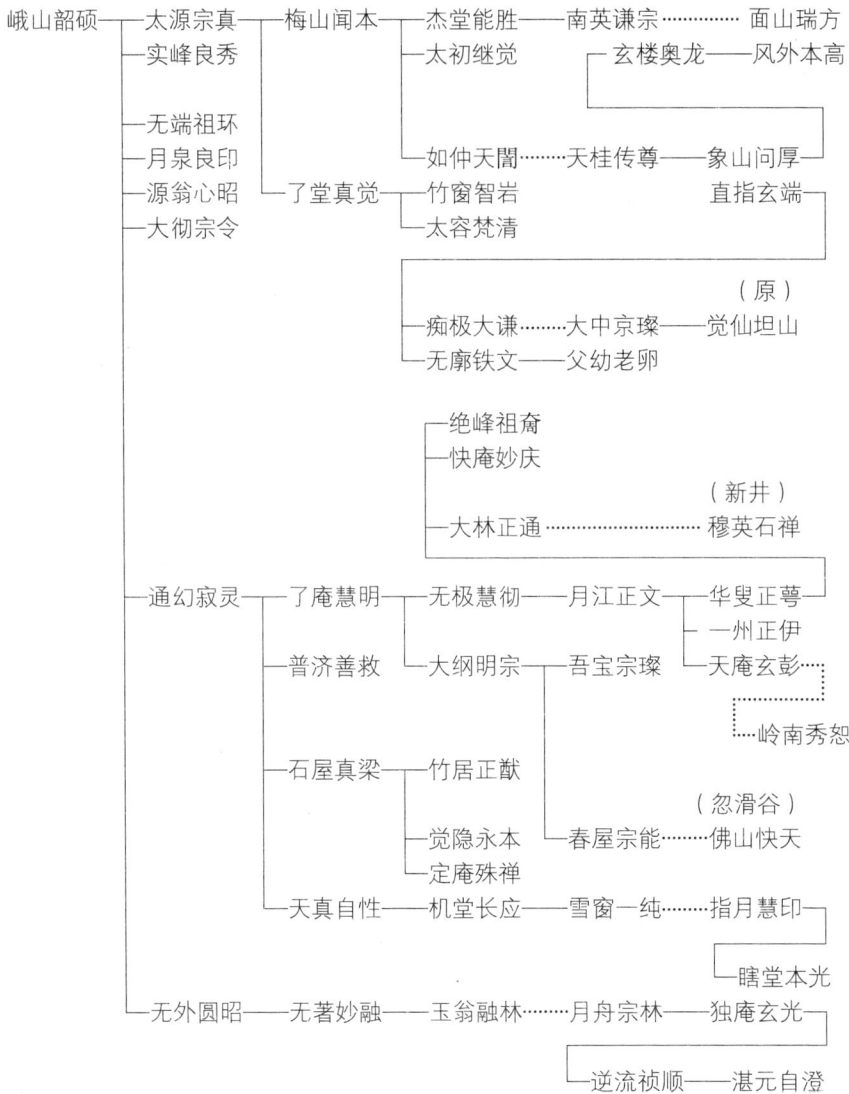

禅的历史

# ［禅关系地图 8］

京都
五山之上 ── 南禅寺
京都五山 ── 天龙寺
相国寺
建仁寺
东福寺
万寿寺
十刹 ── 等持寺
真如寺
安国寺
准十刹 ── 临川寺（疏石住·五山版）
西芳寺（疏石住）
林下 ── 大德寺
妙心寺
龙安寺（玄诏住）

太宰府 ── 圣福寺（十刹）山口 ── 常荣寺
承天寺                    乘福寺
崇福寺

总持寺
永光寺      国泰寺
大乘寺          足利学校
京都 永平寺          泉龙寺
永源寺  长乐寺（十刹）·法云寺
瑞泉寺  ·永保寺
高源寺          金泽文库
佛通寺          镰仓
方广寺
安国寺  清见寺  甲府 ── 向岳寺
兴国寺  补严寺（智严住）  （十刹）          惠林寺

万寿寺（十刹）

镰仓 ── 镰仓五山 ── 建长寺
圆觉寺
寿福寺
净智寺
净妙寺
十刹 ── 禅兴寺
东胜寺
万寿寺

第四章
# 中世晚期禅宗的发展

## 第一节　天下统一与禅——从桃山时代到江户幕府的确立

### 一、统一带来安定

　　战国时代持续了一个世纪以后，1560 年统一了尾张的织田信长（1534–1582）在桶狭间之战中打败今川义元（1519–1560）。1568 年进京，通过与朝廷谈判，立足立义昭（1537–1597）为将军。1570 年打败浅井长政（1545–1573）和朝仓义景（1533–1573）。翌年，烧毁比叡山。1573 年废黜足立义昭，室町幕府灭亡。1575 年在长条之战中，打败武田胜赖（1546–1582）。1580 年平定平民起义。1582 年明智光秀（1528–1582）叛乱，织田信长死于本能寺。

　　继信长之后，完成天下统一的是丰臣秀吉（1537–1598）。1585 年，丰臣秀吉被朝廷任命为关白，发布"总无事令"，镇压拒绝服从的大名，平定四国、九州和奥羽（1585–1590）。在实行检地和收缴刀枪（1588 年）的政策的同时，发布"人扫令"（1591 年），使国民的身份固定下来。还试图征服明朝，两次出兵朝鲜（1592 年文禄之战、1596 年庆长之战）。

　　信长火烧比叡山（1571 年）、攻击本愿寺，对佛教采取了的严厉的态度，但对基督教传教士的态度则很宽容。不过后来丰臣秀吉改变了对基督教的政策，1587 年发布对巴特莱的通缉令，1596 年又将二十六名宣教士和信徒处死。

　　1598 年丰臣秀吉去世后，德川家康（1542–1616）的地位提高。石田三成（1560–1600）等拥立毛利辉元（1553–1625）为盟主与之对抗。经过 1600 年的关之原大战，

禅的历史

东军取得了胜利。1603 年家康被任命为征夷大将军（1603–1605 在职），在江户建立了幕府。

1615 年以方广寺的钟铭事件为导火索，家康与丰臣氏发生冲突，经过大阪冬季之战和夏季之战，灭掉丰臣氏。之后，家康和第二代将军秀忠（1605–1623 在职）通过制定诸种法度和大名的改易而巩固了幕府的基础。在第三代将军家光（1623–1651在职）的时代，幕藩体制完全确立起来。

幕府制定了"武家诸法度"（1635）、"禁中并公家诸法度"（1615）、"寺院诸法度"（1601–1616）等，加强了对诸大名、天皇和公家、寺院的统制。对基督教，最初虽然采取了默认的政策，但 1612 年在直辖区颁布禁教令，翌年又将禁教令推广到全国，强制信徒改宗。1637 年爆发岛原之乱（–1638），基督教逐渐被视为危险的教派，1641 年实行了"锁国"政策，将与荷兰、中国的贸易窗口限定于长崎的出岛。

## 二、德川幕府的宗教政策

江户幕府与镰仓幕府和室町幕府重视佛教的做法不同，采取了重视儒教、特别是朱子学的政策。这是因为朱子学以大义名分论为中心，重视社会秩序，适合作为统一国家的指导原则。

受到儒者排斥佛教的影响，幕府制定了"寺院诸法度"，对佛教教团采取了严厉的态度（但与此同时，原来的寺领得到优遇，伽蓝也得到整备）。"寺院诸法度"是对寺庙各种法度的总称。关于禅宗，则有"曹洞宗法度"（1612 年）、"敕许紫衣之法度"（1613 年）、"五山十刹诸山法度""妙心寺法度""永平寺法度""大德寺法度""总持寺法度"（皆为 1615 年制定）等。特别是在"五山十刹诸山法度"中，废止了鹿苑僧录和阴凉职，在江户新设"僧录"（金地院僧录），以南山寺出身的以心崇传（1569–1633）担任。当初设想由金地院僧录来管理整个禅宗界，但实际上，其权限仅及于五山派。在崇传去世后，设置了管辖寺院的寺社奉行（1635 年），僧录的权限进一步缩小，其发挥的作用仅止于作为五山派的"触头"（窗口）。

幕府在通过"寺院诸法度"来对僧侣进行统制的同时，还通过"寺请制度"和"本末制度"积极利用佛教为自己的统治服务。"寺请制度"就是让寺院来证明居民的在家信徒身份。这一制度最初是为了排除基督教徒而设，但结果却强制每个日本人都成为隶属于特定寺院的在家信徒。另外，寺院被要求担负起教导在家信徒的责任，佛教团体成为辅助幕府实现其统治的一派势力。

"本末制度"则是将各教团分为本寺和末寺，通过这种制度使对各教团的统制变得容易。为维护这一制度，有必要禁止无本寺归属的寺院，同时使寺院的本末关系固定下来。为此，幕府于1631年禁止建立新的寺院，1632年以后，经常要求各本山（在五山派中，只有位列五山的寺院才具有本山的资格）提出末寺帐。于是各地的名刹为了配合幕府的政策，至少在形式上皆成为特定本山的末寺。通过这一制度，幕府通过设置在江户的各教团的窗口机构"触头"，将其意向贯彻到各个教团（幕府将禅宗教团分为五山派、大德寺派、妙心寺派、曹洞宗等四大派〈后加入黄檗宗〉，不属于上述派别的小门派皆归入五山派）。

在此之前，教团活动的中心是门派和塔头，而幕府的这一政策却导致门派或塔头的机能低下。因为寺请制度的设置使得教团势力的扩张变得困难，而本末制度又使得权限集中于各本山，这样就形成不是以门派或塔头，而是以本寺为主体的教团。另外，由于末寺撇开塔头而直属本寺的倾向增强，出现了本寺与末寺的二极构造。近代以后，这一构造成为日本寺院基本特征之一。特别值得关注的是，因为这种制度出现了曹洞宗这样的大教团，而为了确立宗派的自我认同，出现了对曹洞宗本身进行研究的需要，而丰富的人才又使得这种研究成为可能。

### 禅宗教团的触头与关三刹

触头的职能包括：（1）将幕府的意向传达给各宗所属末寺；（2）审查裁定宗内的争议；（3）处理末寺向寺社奉行提交的文书等。禅宗教团的触头，大德寺派是品川的东海寺，妙心寺派是被称为"江户四大寺"的牛込松源寺、芝东禅寺、汤岛麟祥院、浅草海禅寺（由于麟祥院于1738年辞退，以后触头成为三大寺）。曹洞宗则为桥场总泉寺、爱宕下元贝冢青松寺、芝高轮泉岳寺，黄檗宗为白金瑞圣寺、深川海福寺。此外，1612年，德川家康设立"关东僧录"，让曹洞宗管理宗务，具体职能由下总（千叶县）国府台总宁寺、下野（枥木县）富田大中寺、武藏（琦玉县）越生龙稳寺等"关三刹"执行。与江户三大寺合称"关府六大寺"。（江户三大寺分别为关三刹的末寺）。关三刹分别管辖全国三分之一的寺院，三刹每月轮流管理宗务。因为永平寺的住持从三刹选拔产生成为惯例，所以在宗门享有极高的权威。另外，大洞院可睡斋（静冈县袋井市）因为与德川家康的特殊关系，被命为"东海大僧录"，管理东海地区（三河、远江、骏河、伊豆）的曹洞宗寺院，享有与关三刹同等的权威。关三刹与东海大僧录在全国各地设置录所，担当当地的宗政，管理寺院。

幕府通过"寺请制度"和"本末制度"，保障了各教团和各寺院的地位，而且也确保了各寺院的经济地位，所以对佛教教团来说，这是求之不得的。因为这些制度的确立，学问取得了很大进展，佛教进一步向一般民众渗透，在禅思想等方面出现了日本化的思想。这些都是值得肯定的积极的方面。但同时也不得不承认，佛教徒失去了弘法的热情和批判精神，满足于在既定规范内从事丧葬祭奠等仪式化的活动，出现了严重的依附现存体制的倾向。

为防止不良分子混入禅宗教团，幕府规定禁止没有法嗣的僧侣担任住持。依据伽蓝法的嗣法的形式得以完备。在一部分禅宗教团中，传法形式完备的幻住派的嗣法受到推崇。幕府还规定各派需向幕府提出记载自派法系（伽蓝法）的宗派图，于是出现了东福寺派的"慧日山东福寺宗派图"（1819年）、大德寺派的"正灯世谱"（1708年）、妙心寺派的"正法山宗派图"（1660年初编）、曹洞宗的"日本洞上宗派图"（1744年）等，之后这些宗派图还不断得到增补。

由此可见，江户幕府的宗教政策，给各佛教教团带来很大变化，而参与这些政策制定的，实际上是相国寺出身的西笑承兑（1548-1607）和南禅寺出身的以心崇传等五山的禅僧。他们作为德川家康的政治顾问，参与奖励学问、寺院神社行政政策的制定，起草诸法度和外交文书，在幕府的政策形成过程中有很大影响力。此外，江户初期的藤原惺窝（1561-1619）和林罗山（1583-1657）等朱子学者也是五山出身，在江户幕府的创立方面，五山的禅僧所发挥的作用是非常大的。

### 西笑承兑与以心崇传

西笑承兑，伏见（京都府）人，幼年出家，于一山派的仁如集尧（1483-1574）等处参学。1584年，在住相国寺时，于中华承舜（生卒年不详）处拜塔嗣法，转入梦窗派，翌年成为鹿苑僧录。后曾住南禅寺等，又再次担任鹿苑僧录，作为丰臣秀吉的政治顾问而活跃于政坛，与秀次（1568-1595）、秀赖（1593-1615）、德川家康等交往密切。出版伏见版的《周易》（1605年），成为近世易学隆盛的契机。以心崇传的家族为足利义辉（1546-1565在职）的家臣一色氏。足利氏灭后，在南禅寺出家，师事塔头金地院的靖叔德林（生卒年不详）并嗣其法。1605年住建长寺和南禅寺。1607年，西笑承兑亡后第二年，崇传受家康之招赴骏府，担任外交和宗教事务的政治顾问。起草"寺院诸法度""禁中并公家诸法度""武家诸法度"等，也参与了成为丰臣氏灭亡契机的方广寺钟铭事件和对基督教的查禁。1619年成为新设的金地院僧录（金地院僧录此后为崇传系所占据）。在南禅寺的金地院和江户新设的金地院间往返执行政务，与天台宗的天海（1536-1643）一起被称为"黑衣宰相"。崇传复兴了南禅寺和建长寺，还积极进行资料收集和出版事业等。其日记《异国日记》和《本光国师日记》是了解当时政治状况的重要资料。

### 三、紫衣事件与杂学事件

　　幕府在推行对佛教进行统制的政策过程中，发生了与天皇的冲突，其导火索即"紫衣事件"。1623 年颁布的"敕许紫衣之法度"规定，朝廷在敕许紫衣之际，必须事前向幕府报告。后水尾天皇（1596–1680，1611–1629 在位）当政的朝廷一直无视这一规定。为此，1627 年当朝廷向大德寺百七十二世的正隐宗知（1588–1629）敕许紫衣时，幕府宣布，自颁布"禁中并公家诸法度"的 1615 以后的紫衣敕许以及对五山十刹的朝廷通令一律无效。翌年，大德寺的泽庵宗彭（1573–1645）和玉室宗珀（1572–1641）、妙心寺的东源慧等（生卒年不详）、单传士印（生卒年不详）等，因为对此提出强烈抗议，遭到幕府制裁。1629 年，泽庵与单传被流放到出羽、玉室和东源被流放到陆奥。后水尾天皇为表示抗议，突然让位于女帝。

#### 后水尾天皇

　　1611 年，受德川家康的拥立而即位。幕府于 1613 年颁布"公家众法度"和"敕许紫衣之法度"、1615 年颁布"禁中并公家诸法度"，并于 1620 年送德川秀忠的女儿和儿子（1607–1678）入内廷，欲干预朝政。天皇对此强烈不满，以紫衣事件为契机，未征得幕府同意而突然退位。后来五十年间作为上皇而执政。博学多艺，宫廷有本阿弥光悦（1558–1637）、小堀远州（1579–1647）、俵屋宗达、鸟丸光广（1579–1638）等艺术家，以及茶人和禅僧出入。还亲自设计和督造了修学院离宫（1655–1659）。有歌集《鸥巢集》。与花园天皇（1297–1348）一道以禅学造诣而知名。曾皈依泽庵宗彭、愚堂东实、云居希膺、龙溪性潜（宗潜）、一丝文守等禅僧，参禅问道。在万福寺创建时，捐赠佛舍利五颗和舍利塔等。

　　1632 年，泽庵得到赦免（1632 年），以此事件为契机，泽庵反而得到德川家光和柳生宗矩（1571–1646）的皈依，被迎请为在品川创建的东海寺的开山之祖。泽庵写给宗矩的书简集《不动智神妙录》，因主张"剑禅一味"而知名。

　　在曹洞宗内部，1653 年发生了"杂学事件"（代语讲录事件）。当时，青松寺等六寺院在安居中的十位僧人，宣讲违背幕府的法度和曹洞宗风仪的典籍，遭关三刹的处罚。僧人不服，发展为诉讼案件。虽然关三刹的主张没有道理，但最后僧人败诉，三十六寺院遭处罚（当时，致力于佛教复兴的万安英种也受到牵连）。在这场诉讼中，幕府明显偏袒参赞幕府政治的关三刹，其目的就在于维护幕府的权威。

### 《不动智神妙录》

泽庵写给剑道家柳生但马守宗矩的法语集，成立时期不明。由"无明住地烦恼""诸佛不动智"等十数篇构成。将剑道视为禅中的修道，杂心停歇，才有自由的功用，此即"不动智"。通过锻炼达到这一境界，就可以"无心无念"，绝一切作为，返回初心。这种心的锻炼（理之修行），必须常伴身体的动作，强调"事之修行"的必要性。并认为不仅是剑道，这一道理通一切道。禅在马祖道一（709-788）以后演变为重视日常性的大机大用禅。这是禅为宋代新兴士大夫阶层所广泛接受的重要原因。日本的禅继承了宋代禅的精神，而该书这样的著作之所以能够问世，则是由于武士这一特殊群体的存在。但该书将佛教视为一种修道论和精神论，背离了佛教的根本精神。日本佛教徒后来成为战争的帮凶，其思想的原点可以追溯到这里。

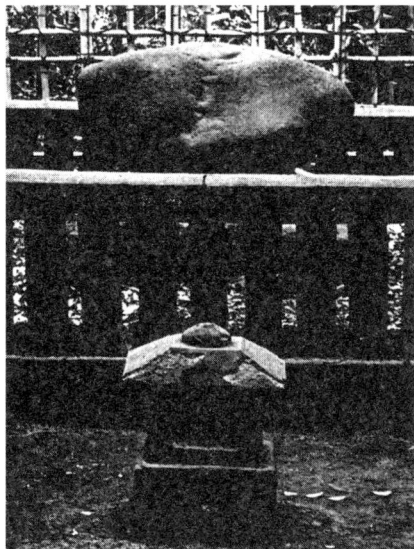

▷ 泽庵的塔

## 四、佛教复兴运动的兴起

随着江户幕府的成立，社会安定，伽蓝得以整备，在佛教者中间出现了对佛教进行反省的思潮，进而兴起了跨宗派的追求佛教再生的"佛教复兴运动"。在禅宗内部，有识之士对战国以来坐禅废弛、密参禅大行其道的现状进行了批判，并重新提倡"遍参"，即为求开悟而云游诸方，访师参禅。如关山派的愚堂东实（1577-1661）、云居希膺（1582-1659）、大愚宗筑（1584-1669）等"结盟参禅"（1606年）就是一例。后来，他们因为立场的不同而分道扬镳，但皆为禅宗的复兴做出了贡献。愚堂以妙心寺为中心坚守关山慧玄以来的传统，云居提倡念佛禅，接受伊达政宗（1567-1636）的皈依，入住陆奥（宫城县）松岛的瑞岩寺。

"结盟参禅"之后又涌现出倡导"仁王禅"、鼓吹念佛禅的铃木正三（1579-1655），倡导持戒禅、复兴近江（滋贺县）永源寺的一丝文守（1608-1646），宣扬融合禅、净土、律的"持戒念佛禅"的雪窗宗崔（1589-1649）等。这些富有个性的禅僧，各擅胜场，其共同的思想基础，是将"悟"视为绝对价值。另外，正三与雪窗在岛原之乱后，秉承幕府之意，在九州排斥基督教，也广为人知（正三的《破吉利支丹》、雪窗的《对治邪执论》，以及由禅转入基督教复又回归禅的伊留满·不干斋·巴鼻庵〈1565-1621〉的《破提宇子》是最有代表性的著作）。特别是雪窗的感化力很强，在师从他的净土真宗的僧人西吟（1605-1663）和月感（1600-1674）等人的思想中，禅的影响很显著。

一丝文守和稍微晚出的盘桂永琢（1622-1693）等没有明确的师承，事实上是无师独悟。铃木正三等参访临济宗和曹洞宗两宗的禅师，从独自的立场出发导入念佛等修行法，不仅对法系而且对宗派也无所拘泥。从中可以看出，他们尊奉的价值观，已经与重视纯形式的嗣法传承的日本前期禅宗有很大不同。

以上主要是临济宗的佛教复兴运动。实际上曹洞宗也同样出现了这一改革风潮，如复兴道元弘法道场兴圣寺的万安英种（1591-1654）就名噪一时。万安英种，与愚堂东实、云居希膺、大愚宗筑、一丝文守、铃木正三、龙溪宗潜（原属妙心寺派后转入黄檗宗，1602-1670）等皆有交往。

## 铃木正三

三河（爱知县）人，俗姓穗积氏（也称铃木氏），本名重三。铃木正三是其笔名。生于三河武士之家，在关原大战中立有功勋，并参加大阪的冬季战役和夏季战役。年轻时即慕佛道，历参诸寺，四十二岁始得出家，历参临济宗的大愚宗筑和愚堂东实、曹洞宗的万安英种等。后回故乡创建石平山恩真寺。晚年移居江户，以四谷的重俊院、浅草的了心院为中心展开弘法活动，树立了独特禅风——仁王禅。其思想包含多种要素，值得注目的是，其思想中包摄净土信仰、三教一致思想，另外，通过文艺而对庶民进行教化、对后世文学的影响、与幕藩体制的密切关系、佛教的实学化等，也构成其思想特色。著述甚多，代表作有《盲安杖》（1651 年）和《驴鞍桥》（1660 年）等。此外还有为劝导民众信佛而写的假名草书、《二人比丘尼》（1632 年）、《因果故事》（1661 年）、为特定人物所说的法语集《反故集》（1734 年）、以"世法即佛法"为根据宣扬"职分佛行说"的《万民德用》（1661 年）、反基督教的《破吉利支丹》（1662 年）、鼓励念佛的《念佛草纸》等。这些著作内容多样，引起多方面的关注。其弟子有编辑《驴鞍桥》的慧中（生卒年不详）等。

# 第二节 隐元东渡与佛教复兴运动的发展——江户中期

## 一、幕府政治的安定与元禄文化

从第四代将军家纲（1651-1680 在职）到第七代将军家继（1713-1716 在职）的时代，幕藩体制处于安定期，外国文化的影响衰微，日本独特的文化形态"元禄文化"繁荣一时。浮世草子的井原西鹤（1642-1693）、诽谐的松尾芭蕉（1644-1694）和上岛鬼惯（1661-1738）、净琉璃的近松门左卫门（1653-1724）等非常活跃；伊藤仁斋（1627-1705）、荻生徂徕（1666-1728）等创立日本化的儒学，也是在这一时代。儒家之外，在佛教、自然科学等各领域也出现了学问的隆盛。出现这一盛况的外部要因是隐元隆琦（1592-1673，1654 年东渡）和朱舜水（1600-1682，1659 年东渡）等明代一流文化人亡命日本。

"元禄文化"繁荣的背景是政治的安定所带来的经济的显著发展。加之出版业正迎来隆盛期，文化得以被社会各阶层所广泛接受。得益于出版业的发展，佛教与儒教之间以及佛教内部关于各种问题的争论很活跃。另一方面，武士集团中也出现了穷困阶层，大名和幕府的财政也日趋紧张。

## 二、隐元的东渡与黄檗宗的形成

这一时期，临济宗的道者超元（1599-1662，1651 年来日，1651 年归国）、隐元隆琦（1592-1673）、曹洞宗的心越兴俦（1639-1695，1677 年来日）等禅僧陆续东渡。当时在中国，满族建立的清政权勃兴，最终招致明朝的灭亡（1644 年）。这些禅僧就是在这样的背景下来到日本的。甚至有一种说法，认为隐元的东渡是明朝遗臣郑成功（1624-1662）为了得到日本的支援而策划的外交战略的一环。

他们带来了风格迥异的明朝禅，不仅给因为密参禅化而陷入停滞的日本的禅界带来了新鲜的刺激，而且在佛教之外的文化领域也产生了巨大影响。

### 中国僧的渡日与三福寺

在长崎有许多中国人生活，随着寺请制度的实施，中国人也需要拥有檀那寺，于是人们根据出身地建立了各自的寺院。这就是被称为"三福寺"的东明山兴福寺（1620 年真圆开山创建）、分紫山福济寺（1628 年觉海开山创建）、圣寿山崇福寺（1629 年超然开山创建）。随着明朝灭亡、高僧东来，这些寺院成为他们活动的重要据点。特别是住兴福寺的默子如定（1597-1657）、逸然性融（浪云庵主，1601-1668），福济寺的蕴谦戒琬（1608-1673），崇福寺的道者超元等学殖深厚。但隐元渡日以后，三福寺被黄檗僧所掌握（蕴谦戒琬也成为隐元的弟子），成为从中国到宇治的万福寺的中转站。逸然性融作为药商渡日，在长崎随默子如定（1597-1657）出家，在迎请隐元来日时发挥了重要作用，隐元来日后，被迎请为兴福寺住持。他还擅长绘画，将南画技法传给了日本人。

### 渡日僧人与日本僧人

参于道者超元座下的有：临济宗的贤岩禅悦（1618-1696）、盘桂永琢、曹洞宗的独庵玄光（1630-1698）、月舟宗胡（1618-1696）、铁心道印（1593-1680）等。特别是被推崇为天桂传尊（1648-1735）的先驱的独庵，在道者门下修行八年，又与心越兴俦相交往，还通过书信与中国的为霖道霈（1615-1702）交流。参于隐元座下的有：曹洞宗月舟宗胡和卍山道白（1636-1715）、临济宗的龙溪宗潜（1602-1670）和铁牛道机（1628-1700）等。龙溪宗潜和湛月绍圆（1607-1672）、秃翁妙周（生卒年不详）、竺印祖门（1610-1677）等曾为迎请隐元担任妙心寺住持而奔走。特别是龙溪迎请隐元入住自己所住的摄津（大阪府）的普门寺。此事在妙心寺引起激烈争论，最终由于愚堂东实（1577-1661）等人的反对而作罢。龙溪被临济宗开除，转入黄檗宗，改名"性潜"。妙心寺的反黄檗宗的主张，可以在无著道忠（1653-1744）的《黄檗外记》等中看出。曹洞宗中，倾向黄檗禅的人也很多，如著述颇丰的月坡道印（1637-1716）等。

特别是在明朝就是知名禅师隐元的东渡，影响至巨。虽然因为禅风的不同，旧有的禅宗教团不接受他，但他得到将军德川家纲的护持，在宇治（京都府）创建万福寺，作为开山之祖，创立了黄檗宗。隐元在生前就将万福寺住持之位让与木庵性瑫（1611-1684），在木庵的住持下，万福寺成为具有中国独特风格的寺院。

木庵还致力于对弟子的培养，门卜涌现出铁眼道光（1630-1682）、潮音道海（1626-1695）、铁牛道机（1628-1700）等日本人禅僧。铁眼和铁牛都致力于济贫活动等社会事业，特别是铁眼积十数年之功，完成大藏经的刊行（1668-1681 年刊行。翻刻明万历版，称"黄檗版大藏经"或"铁眼版大藏经"），知名于世。同时，潮音著《扶桑护佛神论》和《催邪论》，反驳林罗山（1583-1657）和熊泽蕃山（1619-1691）等对佛教的批判。为了教化民众，在《扶桑三道权舆录》中倡导神、儒、佛的三教一致。为了宣扬佛教，基于三教一致的思想参与了《先代旧事本纪大成经》（后被定为伪书遭禁）的编辑和发行（1675-1679）。曹洞宗的德翁良高（1649-1709）受其影

▷　隐元隆琦顶相（福清万福寺藏）

响，著有《神秘壶中天》（1708 年）等。

黄檗宗以万福寺为中心，得到了幕府的护持和大名等的支援，又通过兴办社会事业，致力于对民众的教化，所以以教势逐渐扩大。万福寺的僧人统领三十三个寺院。《山城州黄檗山万福禅寺派下寺院本末帐》（1745 年）记有末寺一千零四十三个。万福寺开山以来，许多中国僧人长驻此寺，住持一职也长期由中国僧人担任，所以其禅风也长期维持着禅净一体的明朝禅的风格。

### 隐元隆琦

福建省福清人。十岁时，为究天地自然之妙理，皈依佛门。二十三岁时，参普陀山（浙江省）的潮音洞主（生卒年不详）。二十九岁，依福州（福建省）黄檗山的鉴源兴寿（生卒年不详）披剃。遍参诸方之后，回到黄檗山，辅佐费隐通容（1593-1661）指导后进、修建寺院，并嗣其法。在住持诸寺之后，1646 年回黄檗山，成为万福寺住持。1654 年，乘郑成功提供的大船，携三十名弟子一道来到日本，住长崎的兴福寺和崇福寺。后应龙溪宗潜之邀，住普门寺。1658 年到江户，晋谒第四代将军德川家纲。在其支持下，1663 年在宇治创建黄檗山万福寺，成为日本黄檗宗的开祖。1673 年入寂，世寿八十二。后水尾天皇赐"大光普照国师"之号。著作有在中国重修的《黄檗山志》（1638 年），来日后所撰《黄檗和尚扶桑语录》（1664 年）和《黄檗清规》（1672 年）等。有独特的威仪，传播以念佛禅为特色的明朝禅，与稍前来日的道者超元一道，带给当时日本的禅界以极大的思想冲击，深刻影响了临济和曹洞二宗的复兴运动。

## 三、黄檗宗的影响与黄檗文化

以隐元为代表的东渡僧最引人注目之处，是他们带来了在七堂伽蓝中集团修行的生活模式。这本来是禅宗原本的生活样式，但在日本的室町中期以后的密参禅化的潮流中被忘却了（潮音道海在《雾海南钊》〈1672 年〉中对密参禅做了严历批判）。为此，他们的活动，对开始萌动的佛教复兴运动以极大的冲击，其对丛林规范的规定《黄檗清规》对禅宗各派的行仪产生了很大影响。如各地的寺院取代原来的"僧堂"，模仿黄檗宗而建起了新型的"禅堂"。

在现在的临济宗的专门道场中，与古代的样式不同，僧人皆在面向通道处坐禅、在食堂用餐，这也正是黄檗宗的影响（过去在黄檗宗中，睡眠也在各自的寮舍）。在曹洞宗中，月舟宗湖（1618-1696）与卍山道白（1618-1696）撰述的大乘寺的规矩《椙树林清规》也受到黄檗宗的影响。后来，面山端方与玄透即中发起了古规复古运动，力图恢复古代的禅林清规（面山的《僧堂清规行法抄》〈1753 年〉与玄透的《永平小清规》〈1805 年〉成为现今曹洞宗清规的基础）。

黄檗宗的活动中另一引人注目之处是"授戒会"。隐元在 1663 年以后，在万福寺设戒坛，以自己撰述的《弘戒法仪》（1658 年）为依据举行授戒活动。弟子们也依据此法仪在各地举行授戒会。因为参加者甚众，后来其他各派建议授戒会集中在万福寺和江户的瑞圣寺举行。这对江户期的戒律复兴运动影响很大。在禅宗内部，临济宗和曹洞宗的僧人往往也在黄檗宗的戒坛授戒，甚至有的地方招聘黄檗宗的僧人举行授戒会。为了与黄檗宗对抗，卍山道白依据宗传的仪轨举行授戒。为此，在曹洞宗内部，围绕"禅戒"展开了激烈的讨论，最后，万仞道坦（1698-1775）著《洞上传戒辩》（1750 年），主张禅戒一致，争论才告一段落。

中国僧人不仅带来了禅，而且带来了明代的文人趣味，从而给日本文化带来了巨大影响。中国僧人的多方面才艺被称为"黄檗文化"。大名和知识阶层，与其说视黄檗僧为宗教家，不如说是将他们视为文化人来交往。

黄檗文化的代表性作品，包括木庵（1611-1684）和即非如一（1616-1671）、独湛性莹（1628-1706）等的绘画，被称为"黄檗三笔"的隐元、木庵、即非的书法，以独立性易为代表的篆刻，南源性派（1631-1692）的诗，高泉性激（1633-1695）的文章等。这些作品对近代的南画、唐风书法、汉文学等影响巨大。另外，致力于"煎茶"的普及、被称为"卖茶翁"的黄檗宗日本僧人月海元昭（高游外，1675-1763）的活动也引人注目。

此外，在万福寺所见到的中国风格的寺院建筑（黄檗建筑）、明朝风格的梵呗（佛教音乐）、普茶料理（素斋）等也是黄檗宗独自的东西，对日本的建筑样式和素食等影响颇大。这些都是"禅文化"之外的文化贡献。

另外，虽然不属于黄檗宗，但心越兴俦在传播明代的文人趣味方面也做出了贡献。他应德川光圀（1628-1700）之邀在水户活动，以篆刻和书法而闻名。

### 四、佛教复兴运动的发展

愚堂东实、大愚宗筑、万安英种等发起的禅宗复兴运动，在这一时期得到进一步发展，涌现出临济宗关山派的盘珪永琢、曹洞宗的卍山道白两位禅僧。盘珪师事道者超元，卍山是月舟宗胡的弟子，而月舟曾于道者和隐元处参学。这充分说明，当时的佛教复兴运动持续受到明朝东渡僧的影响。

盘珪永琢是无师独悟，据说因为没有日本僧人给以印证，于是请求道者给以确认。倡导"不生禅"，以平易浅显的日本语说法，在对一般民众教化方面业绩显著。盘珪的法语说明，不用专门术语而用平易的日本语，同样也能够表现禅思想的核心。禅宗传入日本以后，僧人对禅的理解一直依赖汉文典籍和公案，而盘珪的做法，说明他已经脱离了这一窠臼，克服了这一局限。

## 盘珪永琢

出身于播磨（兵库县）揖西的医家。十一岁丧父，十七岁在赤穗随鸥寺的云甫全详（1568-1653）处得度。对《大学》的"大学之道，在明明德"一义有疑惑，遂在二十岁时走上苦行之旅。二十四岁时，回到云甫处，闭关修行而得悟，倡导"一切事不生而整"的"不生禅"。参1651年来到日本的明朝禅僧道者超元，得到印可。寓居吉野（奈良县）、冈山之后，又回到长崎的道者处。在遍游平户（长崎县）、加贺（石川县）、江户、伊豫（爱媛县）之后归乡，1657年得牧翁祖牛（？-1694）的印可。1659年住妙心寺。1661年在故乡创建龙门寺，1669年在伊豫大洲开创如法寺。1672年再住妙心寺，获赐紫衣。1678年于江户麻布创建光林寺，成为开山之祖。1690年东山天皇赐"佛智弘济禅师"号。1693年于龙门寺入寂。因为用平易的日本语说法，所以得到从藩主到一般庶民的广泛支持。四十四年间在各地弘法，执弟子礼者超过五万人。积极对女性进行教化，活跃于禅界的贞闲禅尼就是以服膺盘珪而知名。与曹洞宗的天桂传尊和临济宗的古月禅才（1667-1751）等也有交往。其法话结集为《盘珪法师法语》和《盘珪法师说法》等。从这些语录可以看出，盘珪对禅僧、儒者、庶民等各色人等的疑问和烦恼，从自己达到的境地出发，用日常语言耐心加以指导。其表现虽然通俗，但整体上有唐代语录之风。

另一方面，卍山道白与梅峰竺信（1633-1707）等推进"宗统复古运动"。战国以来，禅僧的法系、师承陷于混乱，卍山等力图将法系复归到道元之前的明晰状态。在此之前，比之师弟关系，僧人更重视寺院的传承关系。在寺院住持升座时，往往轻易改变师承关系（称为"依院易师"），卍山等人力图改变这一风潮，但他们的主张违反宗门的传统，加之有只重视"面授"等形式而不注重"悟"本身等问题，所以引起激烈的争论。许多僧侣参与了争论，出版了许多相关的书籍，但卍山得到幕府的支持，其主张得以推行（1703年），即不承认师承的变更，确认了"一师印证"的原则（依据卍山的弟子三洲白龙〈1669-1760〉的口述所著的《宗统复古志》〈1760年〉记录了此事的始末）。此外，卍山还以整顿吉祥寺的栴檀林而知名，此后，栴檀林人材辈出。

禅的历史

## 卍山道白

备后（广岛县）人，俗姓藤井。十岁随一线道播（生卒年不详）出家，十七岁时，于文春（生卒年不详）处开悟。后参月舟宗胡（1618-1696），四十二岁时，嗣其法。继月舟之后为加贺（石川县）大乘寺住持，定《椙树林清规》。又先后住其师创建的摄津（大阪府）的兴禅寺和山城（京都府）的禅定寺，播扬禅风。1700年，与梅峰竺信一道吁请幕府改革宗门弊端，1703年得到承认，之后号"复古老人"。著作有《卍山和尚广录》（1740年）等。还编辑《正法眼藏》的"卍山本"（八十九卷，其中本辑八十四卷、拾遗五卷），并最先将《正法眼藏》的一部（"安居"和"面授"）出版。由于这些业绩，后世也被称为"曹洞宗中兴之祖"。

这期间，中国的永觉元贤禅师（1578-1657）的《洞上古辙》（1644年）传入日本。以此为契机（1680年，梅峰竺信重新刊刻《洞上古辙》），在曹洞宗内部，对"五位"思想的研究成为显学。先后有太白克醉（？-1700）《洞上古辙口弁》、卍室祖价（默隐祖价，？-1681）《洞山五位抄》《洞山五位抄或问》等著作问世（此后，"五位"作为曹洞宗的核心思想受到重视，先后有天桂传尊〈1648-1735〉《报恩编》"曹洞宗五位辩"〈1721年〉、面山瑞方《五位旨诀闻书》、指月慧印〈1689-1764〉《不能语偏正五位说》、瞎堂本光〈1710-1773〉《曹山解释洞山五位显诀钞》、全苗月湛〈洞水、1728-1803〉《五位显诀元字脚》〈1792年〉等著作问世）。

在这一时期，永平寺第三十世的光绍智堂（？-1670）将道元的"典座教训""弁道法""赴粥饭法""众寮箴规""对大己五夏阇黎法""知事清规"等，编为《永平清规》出版（日域曹洞初祖道元禅师清规，1667年），这成为曹洞宗古规复兴运动的重要契机。

随着禅出现复兴的气象，出现了各种僧传，执其先鞭者仍然是黄檗僧人。最早是高泉性激（1633-1695）著《扶桑僧宝传》（1675年）和《东国高僧传》（1688年），之后临济宗的卍元师蛮（关山派，1626-1710）著《延宝传灯录》（1678年）、《本朝高僧传》（1702年），曹洞宗的湛元自澄（？-1699）著《日域洞上诸祖传》（1694年），德翁良高著《续日域洞上诸祖传》（1708年），岭南秀恕（1675-1752）著《日本洞上联灯录》（1727年）等。这些僧传在对日本禅的传统再确认的同时，也期许禅在未来获得进一步发展（禅僧对僧传的编辑工作一直延续到近代，如独园承珠〈荻野独园，1819-1895〉收集古月、白隐系统的禅师传记编为《近世禅林僧宝传》〈1890〉，小畠文鼎〈1870-1945〉著有《续近世禅林僧宝传》〈1928-1938〉）。

# 第三节　宗学的发达与白隐禅的形成

## 一、德川幕府的没落与化政文化

纪州起家的德川家族的第八代即德川吉宗（1716-1745 在职）大胆选拔人才，整顿司法制度，增收节支，力图改善幕藩的财政状况，实行了诸种改革，史称"享保改革"。之后，由于货币经济的渗透和天灾频仍，以农业为基础的幕府财政陷入困境。虽经宽政改革（1787-1793）、天保改革（1841-1843），采取了种种措施，但没有取得预期效果。当时武士阶层恶弊丛生，以武士为社会基础的禅宗寺院也陷入困境。此外，俄罗斯和英国等列强势力也从外部威胁到日本，号称强固的幕藩体制出现危机。同时，萨摩、长州、土佐等诸藩的改革却获得了成功，为幕末诸藩的崛起奠定了基础。

进入 19 世纪，以江户为中心的平民文化"化政文化"繁荣一时，并随着出版、流通、交通的发达而扩大到全国。在文学领域有上田秋成（1734-1809）、十返舍一九（1765-1831），在美术领域有南画家池大雅（1723-1776）、与谢芜村（1716-1783）、田能村竹田（1777-1835），浮世绘领域有葛饰北斋（1760-1849）、安藤广重（1797-1858）等大家出世。在禅宗界，有以诗人、和歌家、书法家知名的曹洞宗僧人大愚良宽（1758-1831），以及以独特的禅画而闻名的临济宗僧人仙崖义梵（1750-1837）等。

在学问和思想方面，科学的、实证的研究在广泛的领域获得进展。在国学方面，涌现出贺茂真渊（1697-1769）和本居宣长（1730-1801）。在医学领域，出现了作为中医医师却重视临床的山胁东洋（1705-1762），其开放的精神为前野良泽（1723-1803）、杉田玄白（1733-1817）等所继承，后者努力引进西方的医学。另外，在天文历法、测量学等方面，西方的学术也渐次被引进。另外，在学习儒学的人们中间也出现了富永仲基（1715-1746）和山片蟠桃（1748-1821）等富有批判精神的思想家。前者著有《出定后语》（1745 年），后者著有《梦之代》（1820 年），皆对佛教采取了激烈批判的立场。

富永论述了佛教思想的演变，进而论证大乘佛教不可能是释迦所说，此即"大乘非佛说"。依据此说，自身所属宗派的价值将遭否定，所以各宗的学僧口诛笔伐，群起而攻之。另外，山片在《梦之代》中吸取了荷兰学学者本木良永（1735-1794）所译的《天地二球用法纪》《太阳穷理了解说》等书中的地动说。因为此说从根本上否定了以须弥山说为中心的佛教宇宙观，对佛教徒构成很大威胁。为此，天台宗的普门圆通（1754-1834）等做了抗辩，但在实证的近代科学面前几乎没什么效用。

虽然儒家对佛教的批判并不是始于此时，但他们的批判纯粹从学问的立场出发，与基于儒佛立场的不同而进行的批判，完全是不同层次的论述，所以其影响力也极大。这一时期，还有太宰春台（1660-1748）的《弁道书》（1735年）、中井竹山（1730-1804）的《草茅危言》（1791年）等排佛著作的出现，集复古神道之大成的国学者平田笃胤（1776-1843）也力排佛教。德川幕府的末期，迎来一个排佛论的高潮。特别是在水户、冈山、会津、鹿儿岛等诸藩，断然推行关闭寺院和强令僧侣还俗等措施，成为明治时期废佛毁释的先导。

德川幕府的末期，物外不迁（曹洞宗，1785-1867）、晦岩道廓（临济宗，1798-1872）等勤皇僧很活跃。在他们的思想中，除了护国意识和对于基督教的对抗意识之外，反对排佛论的护法意识也占相当的成分。

## 二、宗学的发展

在这一时期，在其他宗派中，涌现出了凤潭僧濬（华严宗，1659-1738）、普寂德门（净土宗，1707-1781）、慈云饮光（真言宗，1718-1781）等学问僧。在禅宗教团，学术的研究也取得了很大进步。临济宗的学僧中，有著《正灯世谱》等著作的大心义统（大德寺派，1657-1730）、著《禅籍志》（1716年）的江南义谛（大德寺派、生卒年不详）等。继他们之后闻名于世的是无著道忠（妙心寺派，1653-1744）。

无著是江户时代禅宗界学问僧的代表人物，他确立了诸多版本的对校等绵密的研究方法，著述宏富。其学术兴趣不限于禅宗，对佛教学、国学、中国学、汉文学等也多有研究。关于禅宗的著作，即使在今天看来，也仍然有重要的学术价值，常常以影印的方式出版，为学者所用。

之后，临济宗的桂洲道伦（五山派，1714-1794）、高峰东晙（五山派，1714-1779）等学僧，受无著的影响也对禅籍等进行了考证性的研究。

### 无著道忠

但马（兵库县）人，俗姓熊田。八岁到京都出家。曾为妙心寺龙华院竺印祖门（1610-1677，曾以迎请隐元到妙心寺而知名）的弟子并嗣其法。二十五岁时，继其师之后成为龙华寺住持。早年即出入禅籍的讲席，曾于大愚宗筑的弟子默印（生卒年不详）等处参禅。一生三次住妙心寺。年轻时，从学于各地硕学，禅籍、佛典、汉籍、历法、中国小说、日本古典等无不涉猎，还抄写古版本和古写本，对诸本进行校勘。并时常举行禅籍的讲义，著有大量的注释书和辞书。其著作据说有三百七十四种、九百十一卷之多。代表性的著作有:《禅林方语》《中国俗语》《禅林象器笺》(1715年)《葛藤语笺》(1744年)等事典和辞典;《临济慧照禅师语录疏瀹》(1726年)、《虚堂录犁耕》(1727年)等注释书;《古尊宿语要》(1731年)、《少林三论(达摩大师三论)》(1735年)等校订本。这些著作风格严谨、论述细腻，至今仍受到高度评价。另外，

▷ 无著道忠顶相 ( 京都·妙心寺龙华院藏 )

引人注目的著作还有作为今天临济宗丛林清规基础的《小丛林略清规》(1684年)、批判黄檗宗的《黄檗外记》(1720年)、对道元的《正法眼藏》进行严厉批判的《永平正法眼藏拈鞞》。无著是最早研究《正法眼藏》的僧人，其机缘是他与曹洞宗的梅峰竺信等的交往。

　　在曹洞宗中，比卍山道白晚出的有天桂传尊(1648-1735)。相对于卍山重视从特定禅师接受"面授"的形式主义，天桂认为内在的"悟"才具有绝对价值，两者对传法的立场不同。为此，他们的门下曾长期展开争论，后来因为服膺卍山的面山端方的活跃，卍山的立场成为正统(天桂一派则受到正统派的激烈排斥，甚至被称为"天桂地狱"，但从这一系统也涌现出父幼老卯(1723-1805)等优秀学僧)。

　　面山参考长久以来不为人知的经豪的《正眼法藏御闻书抄》，继承从月舟宗胡到卍山道白的《正法眼藏》的研究，使《正法眼藏》的研究更加缜密。同时对道元的事迹及五位说进行研究，刊行《正法眼藏随闻记》(1769年)，奠定了后来以道元研究为中心的曹洞宗学的基础。通过卍山和面山的努力，曹洞宗更加关注对《正法眼藏》的研究。1816年，作为道元圆寂五百五十周年纪念活动的一环，《正法眼藏》全卷得以刊行(九十五卷本，称为"本山版")。

从室町时代到江户初期，曹洞宗的发展轨迹大体与临济宗一致。但因为曹洞宗的复兴表现为向道元的复归，所以在宗风上就与临济宗分道扬镳了。此后，在临济宗中，为了更容易得"悟"，公案的体系逐渐得以完备。以"悟"为基础的印证系的禅的传承逐渐受到重视。与此相对，在曹洞宗中，随着对公案禅持批判立场的道元的思想逐渐明晰，重视"面授"的伽蓝法系的禅的传承成为主流。在修行中，对公案的使用越来越慎重。僧堂的行仪，曹洞宗标榜古代样式，努力排除黄檗宗的影响，形成了面壁坐禅、在僧堂用餐等与临济宗迥异的仪轨。

曹洞宗不重视"悟"的证得，但学术研究进步显著。其中的重要原因是以江户的"三学林"（驹达的吉祥寺的栴檀林、芝之青松寺狮子窟、高轮的泉岳寺佛学院）为代表的佛学院制度的完备。在佛学院中，除了佛典和祖师语录，还教授汉文典籍和诗文的写作。典籍的出版也很兴盛。

曹洞宗的知名学僧，有在江户的栴檀林弘化、注释了诸多曹洞宗典籍的指月慧印、瞎堂本光师弟，以及站在道元思想的立场批判三教一致说的万仞道坦和甘雨为霖（1786-1872）。还有著有知名公案集《铁笛倒吹》（奥龙颂古评唱、本高著语）的玄楼奥龙（1720-1813）、风外本高（1779-1847）师弟等。风外除了《铁笛倒吹钞》和《碧岩录耳林钞》（1840年）等注释书之外，还著有主张神儒佛三教一致的《三教鼎足谈》等著作。

江户时代学问的隆盛除了幕府的奖励之外，还有一个重要原因，即随着寺请制度的确立，教团的经济地位得以确保的同时，教团对外发展的路途也被阻断。对僧侣来说，学问成为他们能够专心为之的少数领域之一。为此，虽然学问取得了长足的进步，但另一方面，宗教的感情和体验、众生的救济等宗教最重要的功能有被忽视的倾向。实际上，他们的学问主要以文献学为主，与实际生活的现实世界几乎没有任何交涉。总之，当时的僧人享受着优裕的生活，有条件把精力倾注到学问方面。

当时，佛教界的世俗化常常受到批判。如武阳隐士在《世事见闻录》（1816年）中就指出，本来在曹洞宗中，要成为长老和大和尚需要二十年的修行，但实际上即使没有任何修行而只要十两钱就能成为和尚，而成为永平寺的住持则需要二千两钱。所以并不是一心向道、专心修行的杰出禅僧才能就任。对学问的关心可以说是一种高级精神娱悦，是丛林世俗化的一环。


### 三、五山中参禅的复活与古月禅材

在临济宗中，应仁之乱以后，许多毁坏的寺院迟迟不得重建。这一方面是经济的原因，但更重要的原因恐怕是随着密参禅的流行，参禅走向衰微，使得禅寺的重建失去了意义。进入江户时代以后，状况也没有根本改变。但由于道者超元的努力，以及黄檗宗的影响，在地方上，僧堂修行逐渐复活。这一动向最后也波及临济宗的本山系统。1729 年，时值东福寺开山东福圆尔（圣一国师，1202–1280）圆寂四百五十周年，东福寺为纪念中世留存的唯一僧堂，邀请在地方僧堂活跃的象海慧湛（1682–1733）主持"千人结制"。以此为契机，在京都的五山也渐次开设了僧堂（只是这些僧堂规模较小，且都设在塔头之中，并不是七堂伽蓝的规制。另外，大德寺和妙心寺的专门道场开设得更晚，是明治以后的事情）。1734 年以后，南禅寺、天龙寺、相国寺、建仁寺、东福寺等轮流举行结制，称为"连环结制"。这一做法还影响到镰仓，建长寺（1733 年）和圆觉寺（1735 年）分别于 1733 年和 1735 年邀请定山寂而（1676–1736）举行了同样的结制大会（在镰仓，其他的五山寺院衰微，静妙寺和寿福寺成为建长寺的末寺，而净智寺成为圆觉寺的末寺）。

在这种结制大会中不可或缺的，是指导僧人修行的师家（当时称"前版"）。当时能够担当此任的仅限于关山派的僧人，包括贤岩禅悦（1618–1696，曾参于道者超元）的弟子定山寂而和古月禅材（1667–1751）、贤岩的同门大梦宗忍（生卒年不详）系统的象海慧湛等。其中最活跃的是师事盘珪永琢、在万福寺求学过的古月禅材。他受岛津惟久（1675–1738）之招，住日向（宫崎县）的大光寺，又受有马氏之招于筑后（福冈县）的久米留开创了福聚寺，培养了北禅道齐（？–1723）、兰山道隆（1713–1792）、海门元东（？–1759）等众多弟子。其中，海门进入建长寺，北禅道齐的再传弟子诚拙同樗（月船禅慧〈1702–1781〉弟子）入圆觉寺，他们成为关山派僧人进入五山寺院的先驱。

古月派僧人利用五山僧堂复兴的机会扩大了势力，但随着白隐慧鹤（1685–1768）的出世，古月的门下大多改换门庭，到明治时代，古月的法系几乎断绝。其理由大约是禅风的差异。两者虽然都依靠公案而求开悟，但古月派受五山派和黄檗宗的影响，多少带有知解禅学的倾向，而白隐派只强调参禅修行，并且在公案的体系化和对僧人的指导等方面有独到之处，故作为宗教的魅力更胜一筹。

当今，古月的法系已经不存，但古月派对临济宗禅法传承体系带来的变化却极为重要。由于古月派的活跃，临济宗的印证系的传承体系，逐渐为关山派所独占。但由于本寺末寺制度完整地保留下来，所以临济宗的传承就有了依据伽蓝法和依据印证的两个系统。古月以后，在临济宗中，依据印证的传承逐渐受到重视，指导者（师家）有义务发现培养自己的嗣法者。但因为得到印可者只能是极少数人，所以大多数寺院都是根据伽蓝法的嗣法而得以传承。

禅的历史

## 四、白隐禅的形成与发展

白隐慧鹤嗣法道镜慧端（1642-1721），其传法系谱为愚堂东实—至道无难—道镜慧端—白隐慧鹤。愚堂东实主张妙心寺所传的宋朝禅才是正统，对隐元隆琦进行了批判。白隐作为佛教复兴运动的先驱，直接承续了愚堂的传统。

白隐是器宇恢宏的禅僧，其思想内蕴丰富，不拘一格。其中最引人注目的是将各类公案根据内容进行分类，重新进行组织，以期对禅僧的指导更有效率。宋代以后，在公案禅中公案成为开悟的手段。白隐的做法可以说将公案禅的思想推向了极致，从整个禅思想史来看极为重要。

### 白隐慧鹤

出生于骏河国（静冈县）骏东郡。十五岁，在原之松荫寺的单岭祖传（生卒年不详）处出家，师事沼津的大圣寺息道（生卒年不详）。1703年，于清水的禅丛寺的僧堂挂锡，但对禅失望，沉浸于诗文。后来，接触到云栖袾宏的《禅关策进》（1600年）而发心修行，遍参诸方。1708年在越后（新泻县）高田的英岩寺性彻（生卒年不详）处以"赵州无字"公案而得悟，然陷入增上慢。后在信州（长野县）饭山的道镜慧端（正受老人，1642-1721）的指导下大悟，并嗣其法。1710年，罹患禅病，从隐栖京都北白川的仙人白幽子（生卒年不详）学内观法，得以完治（《夜船闲话》〈1757年〉对此有详细记载）。1712年以后，遍参诸方，1716年，回松荫寺。此后以此为中心在各地讲学的同时，有大量著作问世。代表性的著作有汉文所著的《槐安国语》（1750

▷ 白隐慧鹤顶相（静冈·松荫寺藏）

年 )、《荆丛毒蕊》（1758 年），和文所著的《远罗天釜》（1751 年）、《息耕录开筵普说》（1743 年）、《薮柑子》（1760 年）、《丑女郎粉引歌》（1760 年左右）、《坐禅和赞》等。白隐还精于书画。他严格区分禅和念佛，在继承宋朝以来公案禅的传统的同时，对公案的类型和运用法进行了整理，并新创出了"只手音声"等新的公案，被称为日本公案禅的集大成者。因为其教导后进有方，故门下龙象辈出，今日的临济宗几乎全部由白隐的系统占据。但另一方面，在《三教一致之辨》等著作中鼓吹三教一致和诸宗等同，以封建的身份制为前提劝导庶民顺从，某种意义上可以说是幕藩体制佛教的典型。

白隐的门下弟子众多，其中最重要的是遂翁元庐（1717-1789）、东岭圆慈（1721-1792）、峨山慈棹（1727-1797）等。他们原来皆曾在古月禅材的道场参学。遂翁继承了白隐曾住过的骏河（静冈县）的松阴寺。东岭圆慈常驻伊豆（静冈县）的龙泽寺（三岛市，白隐为开山之祖），著有《宗门无尽灯论》（1748 年）、《神儒佛三法孝经口解》（1785 年）、《五家参详要路门》（1788 年）等，祖述白隐的思想。峨山慈棹则培养了隐山惟琰（1754-1817，复兴歧阜县的瑞龙寺）和卓洲胡仟（1760-1833）两位风格迥异的弟子（据说，隐山的禅风"机锋峻严，豪放不羁"；而卓洲则是"道行绵密"），奠定了白隐的法流席卷临济宗的基础。

隐山的门下有太元孜元（1769-1837）和棠林宗寿（？ -1837），卓洲的门下有苏山玄乔（1769-1837）和良忠如隆（1793-1868）。良忠原是黄檗宗僧人，师事卓洲十余年而嗣其法，后来成为万福寺的第三十三代住持，弘法度众，被称为万福寺的中兴之祖。可见在当时，白隐禅的影响渗透到了黄檗宗中。

之后，太元的门下仪山善来（1802-1878）和大拙承演（1797-1855），以及棠林的门下雪潭绍璞（1812-1873）等，住持以妙心寺为中心的大德寺、相国寺、美浓的正眼寺（美浓加茂市）等，举扬宗风。明治以后，维系临济宗命脉的正是他们的门下。

## 参考文献

青盛透　　《铃木正三的近世佛教思想的形成过程》（《佛教史学研究》18-1，1976 年）

安藤嘉则　《关于铃木正三的佛法治国论》（《日本佛教学会年报》58，1993 年）

安藤嘉则 《关于曹洞宗的〈法问〉》(《曹洞宗研究员研究纪要》25，1994 年)

池见澄隆 《从〈耻〉的视点看铃木正三的佛·儒观》(《日本佛教学会年报》62，
　　　　　1997 年)

市川白弦 《泽庵》(《日本禅语录》13，讲谈社，1978 年)

伊藤古鉴 《日本禅的正灯　愚堂》(春秋社，1969 年)

入矢义高 《良宽》(《日本禅语录》20，讲谈社，1978 年)

宇高良哲 《江户幕府的佛教教团统制》(东洋文化出版，1987 年)

大桑齐 《日本近世的思想与佛教》(法藏馆，1994 年)

大桑齐编著 《资料与研究　雪窗宗雀》(同朋舍，1984 年)

大谷哲夫 《近世洞门的排佛论批判》(《北海道驹泽大学研究纪要》20，1985 年)

大谷哲夫 《近世洞门的徂徕学批判》(《印度哲学佛教学》2，1987 年)

镜岛元隆 《天桂传尊的思想》(《道元禅师及其门流》，诚信书房，1961 年)

镜岛元隆 《天桂派下的思想》(《道元禅师及其门流》，诚信书房，1961 年)

镜岛元隆 《无著道忠与洞门的交涉》(《道元禅师及其门流》，诚信书房，1961 年)

镜岛元隆 《卍山·面山》(《日本禅语录》18，讲谈社，1978 年)

镜岛元隆编 《独庵玄光与江户思潮》(塘鹅社，1995 年)

柏原祐泉，吉田久一等 《日本佛教史Ⅲ　近世·近代编》(法藏馆，1967 年)

柏原祐泉 《铃木正三的庶民教化》(《近世庶民佛教研究》法藏馆，1971 年)

柏原祐泉 《护法思想与庶民教化》(《日本思想大系》57，《近世佛教的思想》，
　　　　　岩波书店，1973 年)

镰田茂雄 《白隐》(《日本禅语录》19，讲谈社，1977 年)

川口高风 《曹洞宗古规复古运动推进者的著作与〈禅规略述〉的翻刻》(《禅学
　　　　　研究》61，1982 年)

河野省三 《关于旧事大成经的研究》(艺苑社，1952 年)

驹泽大学八十年史编纂委员会 《驹泽大学八十年史》(驹泽大学八十年史编纂委
　　　　　员会，1962 年)

佐藤俊晃 《德翁良高的神道思想 —— 以河野文库所藏〈神秘壶中天〉为中心》
　　　　　(《宗学研究》41，1999 年)

心山义文 《白隐的三教一致论》(《国文学研究》10，1984 年)

铃木省训 《关于月船禅慧传 —— 传记与法系》(《宗学研究》34，1992 年)

曹洞宗宗学研究所编 《道元思想的足迹 3 —— 江户时代》(吉川弘文馆，1993 年)

曹洞宗出版部编 《曹洞宗近世僧传集成》(曹洞宗宗务厅，1986 年)

玉城康四郎 《盘珪》(《日本禅语录》16，讲谈社，1981 年)

圭室文雄 《江户幕府的宗教统制》(《日本人的行动与思想》16，评论社，1971 年)

常盘义伸 《白隐》(《大乘佛典 中国·日本篇》27，中央公论社，1988 年)

常盘义伸 《白隐慧鹤的〈偏正回互秘奥〉理解与〈只手音声〉公案》(《驹泽大学佛教学部论集》18，1987 年)

丰田武 《宗教制度史》(吉川弘文馆，1982 年)

永井政之 《曹洞宗寿昌派的成立与演变 —— 寿昌正统录本文的绍介，附年谱》(《驹泽大学佛教学部论集》18，1987 年)

中山成二 《〈代语讲录事件〉考》(《曹洞宗研究员研究生研究纪要》11，1979 年)

林雪光编 《黄檗文化》(黄檗山万福寺，1972 年)

林雪光编 《黄檗美术》(黄檗山万福寺，1982 年)

林雪光，加藤正俊，大槻干郎编著 《黄檗文化人名辞典》(思文阁出版，1988 年)

平久保章 《隐元》(人物丛书，吉川弘文馆，1962 年)

藤林槌重 《贞闲禅尼 —— 出家后的俳人田舍女》(春秋社，1977 年)

藤吉慈海 《正三》(《日本禅语录》14，讲谈社，1977 年)

船冈诚 《白隐禅的思想史的意义》(圭室文雄、大桑齐编《近世佛教的诸问题》，雄山阁，1979 年)

船冈诚 《泽庵》(中公新书，中央公论社，1988 年)

古田绍钦 《禅宗假名法语》(《佛典讲座》40，大藏出版，1971 年)

古田绍钦 《道者超元的来朝及其影响》(《古田绍钦著作集》2，《禅宗史研究》讲谈社，1981 年)

古田绍钦 《潮音道海的临济、曹洞禅批判》(《古田绍钦著作集》2，《禅宗史研究》讲谈社，1981 年)

古田绍钦 《潮音道海的坐禅论》(《古田绍钦著作集》2，《禅宗史研究》，讲谈社，1981 年)

古田绍钦 《潮音道海的神道思想》(《古田绍钦著作集》2，《禅宗史研究》，讲谈社，1981 年)

古田绍钦 《月舟宗胡的思想》(《古田绍钦著作集》2，《禅宗史研究》，讲谈社，1981 年)

古田绍钦 《德翁良高的宗弊改革思想的渊源 —— 与黄檗潮音道海的关系》(《古田绍钦著作集》2，《禅宗史研究》，讲谈社，1981 年)

禅的历史

前川万里子　《从贞闲禅尼看不彻庵尼众的发展》(《花园史学》13，1992 年）

村井早苗　《幕藩制成立期的排耶活动 ——以禅僧为中心》(《日本史研究》182，
　　　　　1977 年）

《幕藩制成立与基督教徒的禁制》( 文献出版，1987 年）

源了圆　《铁眼》(《日本禅语录》17，讲谈社，1979 年）

柳田圣山　《一休·良宽》(《大乘佛典　中国·日本篇》26，中央公论社，1987 年）

柳田圣山　《无著道忠的学问》(《禅学研究》55，1966 年）

　　　　　《荣西禅师与临济宗》( 吉川弘文馆，1985 年）

陆川堆云　《无难·正受》(《日本禅语录》15，讲谈社，1979 年）

柏原祐泉，吉田久一等　《日本佛教史Ⅲ　近世·近代编》( 法藏馆，1967 年）

# ［禅的系谱9］

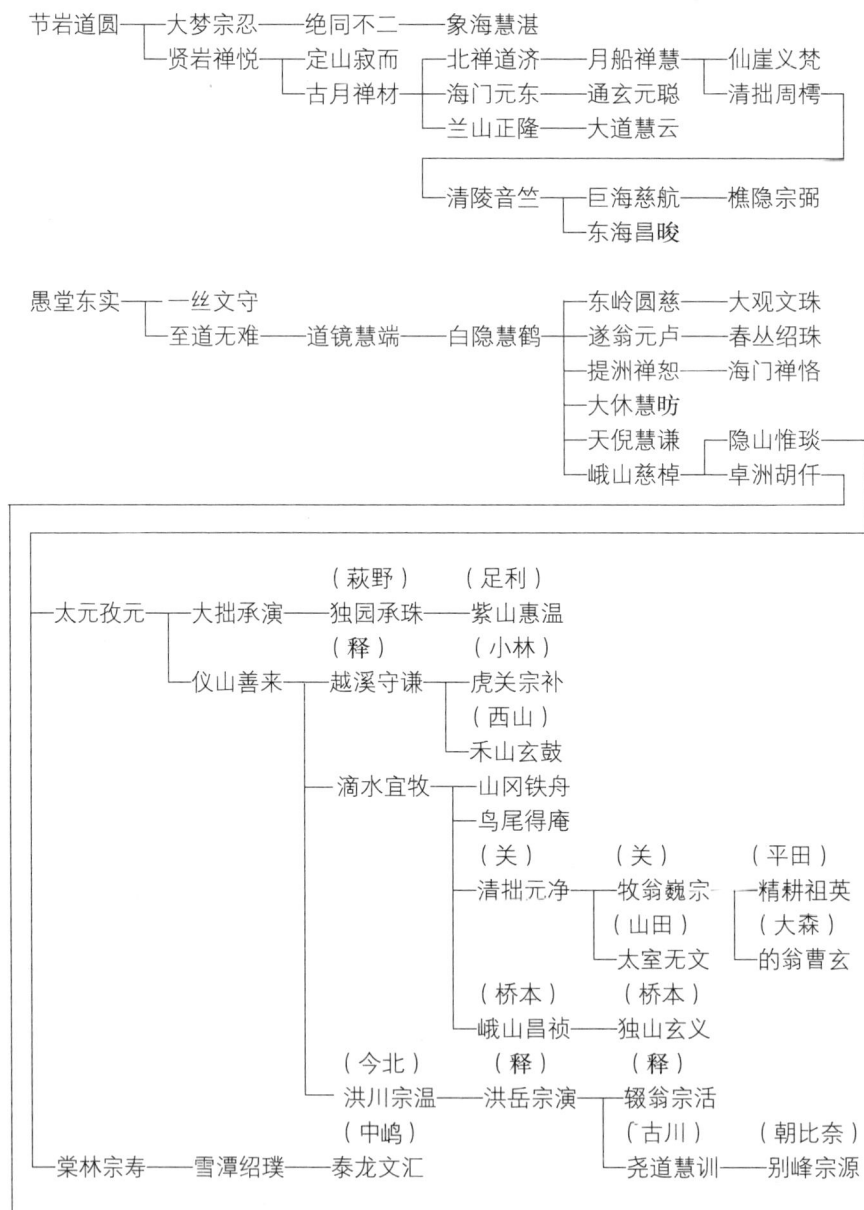

禅的历史

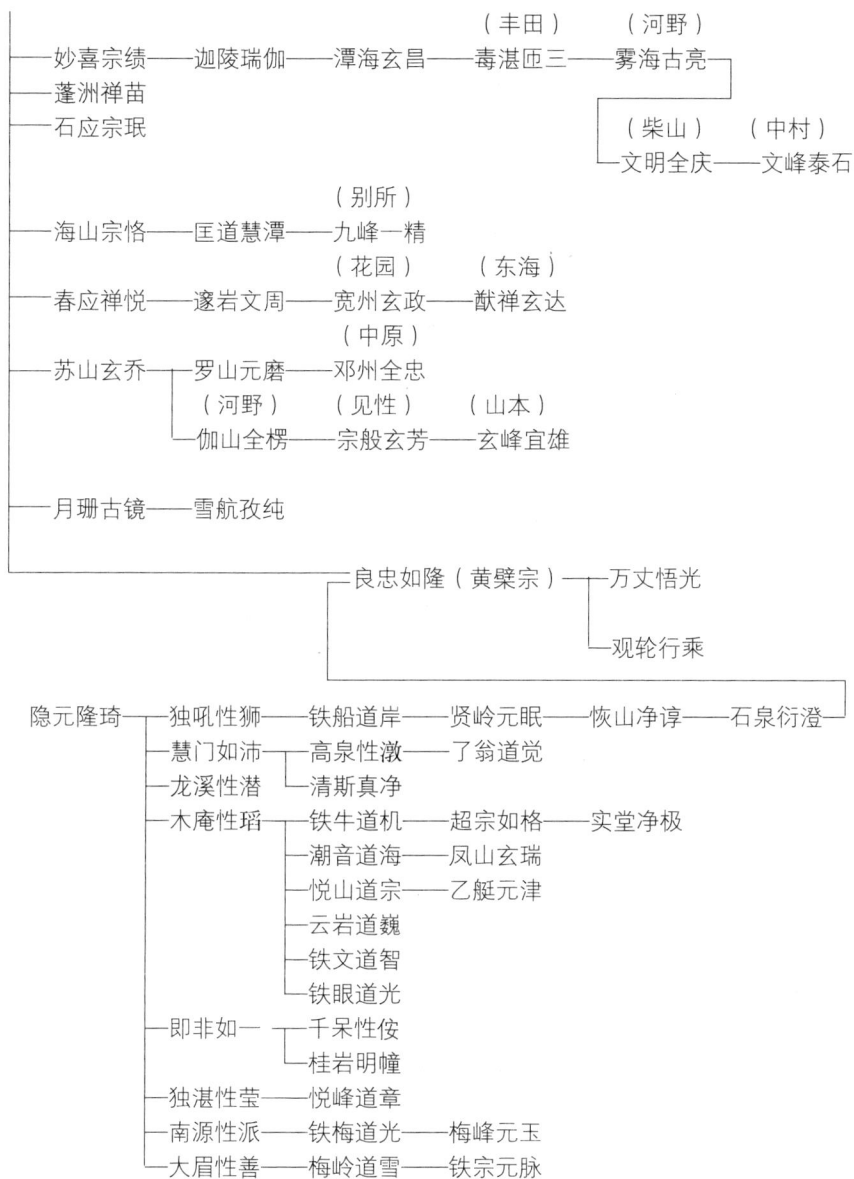

# [ 禅关系地图 9 ]

江戸 ┌ 五山派触头 ── 金地院（崇伝住）
　　│ 曹洞宗触头 ── 总泉寺
　　│　　　　　　　青松寺（狮子窟）
　　│　　　　　　　泉岳寺（学寮）
　　│ 大德寺派触头 ─ 东海寺（泽庵住）
　　│ 妙心寺派触头 ┌ 松源寺
　　│　　　　　　　│ 东禅寺
　　│　　　　　　　├ 麟祥院（峨山住）
　　│　　　　　　　└ 海禅寺
　　│ 黄檗派触头 ┌ 瑞圣寺
　　│　　　　　　└ 海福寺
　　│ 光林寺（盘珪住）
　　│ 重俊院・了心院（铃木正三住）
　　└ 吉祥寺（栴檀林）
　　　　（卍山・指月・瞎堂住）

曹洞宗关三刹 ┌ 下总总宁寺
　　　　　　├ 下野大中寺
　　　　　　└ 武藏龙稳寺

曹洞宗
东海大僧录 ── 可睡斋

京都 ┌ 南禅寺金地院（崇传住）
　　├ 东福寺（定山结制）
　　├ 相国寺（大拙住）
　　├ 大德寺（泽庵住）
　　└ 妙心寺（愚堂・无著・卓洲・苏山・仪山住）

正受庵（道镜住）

瑞严寺（云居住）

大乘寺（月舟・卍山住）

五合庵（良宽住）

祇园寺（心越住）

长崎 ┌ 三福寺 ┌ 圣福寺
　　│　　　　├ 福济寺
　　│　　　　└ 崇福寺
　　└ 圣福寺

大云寺（天桂住）

大中寺

龙门寺（盘珪住）

瑞龙寺（隐山・棠林住）

龙稳寺　总宁寺

正眼寺（雪潭住）

镰仓　　江戸

福聚寺（古月住）

宝福寺（象海住）

京都

香积寺（风外住）

江戸

可睡斋

龙泽寺（东岭住）

恩真寺（铃木正三住）

松荫寺（白隐・遂翁住）

永源寺（一丝住）

禅定寺（月舟・卍山住）

如法寺（盘珪住）

万福寺（隐元・木庵・良忠住）

普门寺（龙溪・隐元住）

兴禅寺（月舟・卍山住）

镰仓 ┌ 建长寺（海门住）
　　└ 圆觉寺（诚拙住）

大光寺（古月住）

# 第五章
# 近现代的禅

## 第一节　明治维新与禅

### 一、门户开放与现代化

1853 年，马修·佩里率美国船队到达日本，强烈要求幕府开放门户。翌年，幕府不得不签订日美友好条约，日本的锁国局面被打破。元老井伊直弼（1815–1860）因为不经天皇的敕许就签订了不平等的日美友好通商条约（1858 年），在樱田门外事变（1860 年）中被暗杀。之后，以朝廷和幕府以及萨摩、长州、土佐等实力雄厚的藩邦为中心，兴起了公武合体、尊皇攘夷的舆论。1867 年，幕府将大政奉还朝廷，朝廷发布王政复古的号令，树立了新的政府。

1868 年，朝廷改年号为明治，迁都东京，接着通过版籍奉还和废藩置县，确定了中央集权的统治机构。之后又通过征兵制度而创设现代的军队（1873 年），通过设置银行（1872 年）、制定邮政制度（1871 年）、铺设铁路（1872 年）、设置官营工场、制定现代的法律等而大力推进富国强兵的政策。

与此相并行，为建立统一国家的思想基础，树立以神道为中心的国民教化体系，朝廷下达神佛分离令（1868 年）和大教颁布诏（1870 年），还设立了神祇省（1872 年改为教部省，1875 年废止）。通过这些措施，推进了天皇的神格化。

作为富国强兵政策的一环，明治政府重视国民教育。1871 年设置文部省，1872 年公布新学制，1890 年建立义务教育制度。另外为了提高学术水平、充实高等教育，政府鼓励引进欧美的学术，积极招聘外国人教师，并向海外派遣国费留学生。1886

年于东京成立国立大学（现东京大学）之后，又于1897年成立京都帝国大学（现京都大学），1907年成立东北帝国大学（现东北大学）等。

在民间，福泽谕吉（1834-1901）的庆应义塾（1868年）、新岛襄（1843-1890）的同志社（1875年）、大隈重信（1838-1922）的东京专门学校（现早稻田大学，1882年）、井上圆了（1858-1919）的哲学馆（现东洋大学，1887年）等相继成立。另外还出现了圣保罗学校（现立教大学，1874年）等基督教系的大学，以及津田梅子（1864-1929）的女子英学塾（现津田塾大学，1900年）等。

随着欧风东渐，在日本社会中产生了欲与列强比肩必须制定宪法和建立议会的思想。1874年，板垣退助（1837-1919）等提出设立民选议院的倡议书，自由民权运动随之高涨。政府不得不顺应历史的潮流，于1889年颁布了大日本帝国宪法。依据宪法设立了帝国议会，日本成为立宪国家。但信教没有获得完全的自由，政教分离原则也没有得到确立。不仅如此，1890年发布"教育敕语"规定奉仕天皇（国体）的教育是教育的根本，政教一致反而得到进一步强化。

得益于政府的富国强兵政策，经济产业得到迅速发展。以纺织业为中心的资本主义诞生，形成了三井、三菱等为首的财阀。但劳动条件的恶劣也引发了劳工运动，社会主义思想得到传播。1910年发生了幸德秋水（1871-1911）等社会主义者企图暗杀天皇而遭逮捕的"大逆事件"（1910年）。也出现了足尾铜山矿污染事件（1891年）等社会问题。

随着现代化带来的国力的增强，日本开始向海外扩张，并使日本成为帝国主义列强的一员。首先通过日清战争（1894-1895），将中国台湾变为殖民地，接着通过日俄战争（1904-1905），使俄罗斯割让桦太的南半部，承认日本对朝鲜的指导、保护、监督权，并于1910年吞并朝鲜。在完成这些扩张的基础上，1911年修订了日美不平等条约，使日美间多年的悬案得到了解决。


### 二、废佛毁释与禅

明治初年（1868年），明治政府颁布以神道实现祭政一体的神佛分离令。以此为契机，"废佛毁释"的风潮遍及全国，各地的很多禅宗寺院也成为废寺，禅宗遭到沉重打击。

对此，禅宗教团与其他宗派一起，成立"诸宗同德会盟"（1868年）、"诸宗同德会"（1868年）展开向政府上书等活动。之后，在民部省设置寺院寮（1870年），对寺院进行一元化管理，废佛毁释才得到收敛。

1871 年，政府发令没收所居住区域以外的寺产，寺院经济出现危机。由于临济宗的寺院多依存幕府或藩主布施的朱印地和黑印地，所以遭受的打击尤大，许多塔头被合并而消灭。

在这种危机状况下，以塔头为中心的教团运营模式发生改变，即末寺有护持本山的义务的同时也具有了参与宗务行政的权利。现在的教团运营模式得以确立。

### 三、教导职的设置和禅宗教团的确立

之后，政府改变了对佛教进行限制的政策，转而利用佛教为自己的统治服务。1872 年，政府在教部省设置了"教导职"，任命神官和僧侣，对国民进行以"敬神爱国""奉戴皇上"为基本原则的"三条教则"的教育。进而为了管理担任教导职的僧侣，各宗派设置了"管长"。禅宗当初被视为一宗，1874 年，承认临济宗（包含黄檗宗）和曹洞宗二宗的分离。1876 年，先是黄檗宗从临济宗分离出来，后来临济宗也分裂为九派。

因为佛教各宗要求设置培养"教导职"的机构，于是在东京设置了"大教院"，在地方设置了"中教院"，在神社和寺院设置了"小教院"。但因为这一制度以神道为中心，没有体现佛教的立场，故招致佛教界的批判。

教部省 1875 年被废止，但其后各宗派皆有培养教导职的义务，故独立设置了各自的教育机构。禅宗教团有临济宗的般若林（1872 年，现花园大学）、曹洞宗的专门学本校（1875 年，现驹泽大学）。禅宗僧侣养成机构的新设，虽然主要是由政府政策主导，但对教团自身来说，培养适应现代社会需求的僧侣人才也是当务之急。

#### 禅宗的宗立学校

是继承江户时代学林的传统而成立。宗门考虑到，单纯的僧堂教育难于培养出适应一般社会要求的人材，长此以往，宗门将难于兴盛起来。其背景为：(1) 很多佛教僧侣缺乏宗教家教养；(2) 政府出于对列强的让步，允许基督教传播（1873 年），佛教如何因应基督教的挑战成为急迫课题；(3) 社会上的近代教育制度在不断健全，等等。以下为禅宗的宗立学校的代表花园大学与驹泽大学的沿革：

花园大学（临济宗）
1872 年　在妙心寺内设立"般若林"。
1875 年　临济宗在东京设立"联合总黉"，"般若林"关闭。

1877 年　"联合总黌"移往京都时，妙心寺派从中脱离关系，在妙心寺内设立"大众寮"。

1894 年　"大众寮"改称"普通学林"，分为岐阜县的灵松院和京都的龙安寺二处。

1898 年　合并"普通学林"，移到京都府中京区。

1903 年　改称"花园学林"。

1907 年　改称"花园学院"。

1911 年　改称"临济宗大学"。

1934 年　改称"临济学院专科学院"。

1949 年　成为新制大学，改称"花园大学"，最初只有佛教学部佛教学科。

1966 年　改组为文学部，设佛教学、社会福祉学、史学、国文学等四学科。

1992 年　设立社会福祉学部学科（1999 年撤销文学部社会福祉学科）。

1994 年　设立研究生院文学研究科（佛教学专业、日本史学专业）的硕士课程。

1997 年　在研究生院文学研究科硕士课程设立日本文学专业。

1998 年　在研究生院设立社会福祉研究科（社会福祉学专业）。

2000 年　在研究生院文学研究科设立佛教学专业博士课程。


驹泽大学（曹洞宗）

1592 年　曹洞宗在江户骏河台的吉祥寺设立"学林"（栴檀林）。

1875 年　永平寺、总持寺两本山在芝之青松寺的狮子窟，创设僧侣教育机构"曹洞宗专科学校"。

1876 年　移往吉祥寺的"栴檀林"。

1882 年　移往麻布，改称"曹洞宗大学林专科本校"。

1904 年　依据专科学校令，得到政府认可，改称"曹洞宗大学"。

1913 年　移往现在学校所在地驹泽。

1925 年　依据大学令，改称"驹泽大学"。最初是只有文学部（佛教学科、东洋文学学科、人文学科）的单科大学。

1949 年　改制为新制大学，设立佛教学部、文学部（哲学科、日本文学科、中国文学科、英美文学科、地理历史学科、社会学科）、商经学部（商经学科）

1952 年　设立研究生院人文科学研究科（现在拥有十二个专业）。

1964 年　设立法学部。

1969 年　设立经营学部。

之后，在临济宗中，各本山相继独立，1905 年已经成立了"临济宗十四派"。这样就形成延续至今的曹洞宗、临济宗各派、黄檗宗的禅宗格局。

在曹洞宗中，虽然永平寺和总持寺之间存在对立，但 1872 年双方达成以两寺为本山而永平寺地位在上的共识。之后，曾出现总持寺谋求独立的运动，但没有成功。管长每年由两寺的贯首轮流担任，1882 年确立了两寺贯首的公选制。1895 年，两寺贯首经协商认定两本山一体不二，总务厅设在东京。这就形成以两本山为顶点的曹洞宗教团。不过能登（石川县）的总持寺在 1898 年失火烧毁，1911 年，在神奈川的鹤见重建，能登则留有"祖院"。

### 临济宗十四派的成立

1876 年 2 月，黄檗宗独立，9 月，临济宗分裂为天龙寺派、相国寺派、南禅寺派、建仁寺派、东福寺派、建长寺派、圆觉寺派、大德寺派、妙心寺派等九派。1880 年，从东福寺派分出永源寺派。1903 年，从南禅寺派分出方广寺派。1905 年，从天龙寺派分出佛通寺派，从相国寺派分出国泰寺派。1908 年，已经实质上独立的向岳寺派完全从南禅寺派中独立出来，从而形成了现在的临济宗十四派。

## 四、教团的现代化

禅宗各派各自设置了管长，随着 1884 年教导职的废止，各管长被委以制定和执行各宗规章制度的重任。这些制度包括宗制和寺法、僧侣的分限和称号、住持的任免和教师等的进退、寺院财产的保存等。由此奠定了当今以管长为中心管理教团模式的基础。后来，教团的体制和行政机构得到完善，形成现今教团的组织形式。

已经完成组织的现代化转型的各教团，为了适应新的时代要求，整顿教义、礼仪和修行法，推进教团思想和制度的统一。特别是作为最大教团之一的曹洞宗在这方面采取了许多措施。如在 1889 年颁布了关于出家人的修行法和行事规则——《洞上行事规范》，1890 年又颁布了关于在家化导标准的《曹洞教会修证义》（修证义）（在这一时期，从曹洞宗中分化出以观音信仰为基础的大道长安〈1843-1908〉的救世教和信奉释迦佛的高田道见〈1858-1923〉的法王教等新兴宗教，这说明教团的分化一直未停止）。

《洞上行事规范》规定"废止一切奇怪的供物"等，根据这一规定，废止了各地存在的烧纸钱等民间信仰的种种行事。另一方面，《修证义》是以道元的《正眼法藏》为基础、对其节要重新编辑而成的典籍，直到今日仍被广泛读诵。此书虽为在家教化而编，但其内容却是道元宣扬的出家至上的思想，所以中间有很大矛盾。矛盾的根源

# 禅宗各派的本山所在地

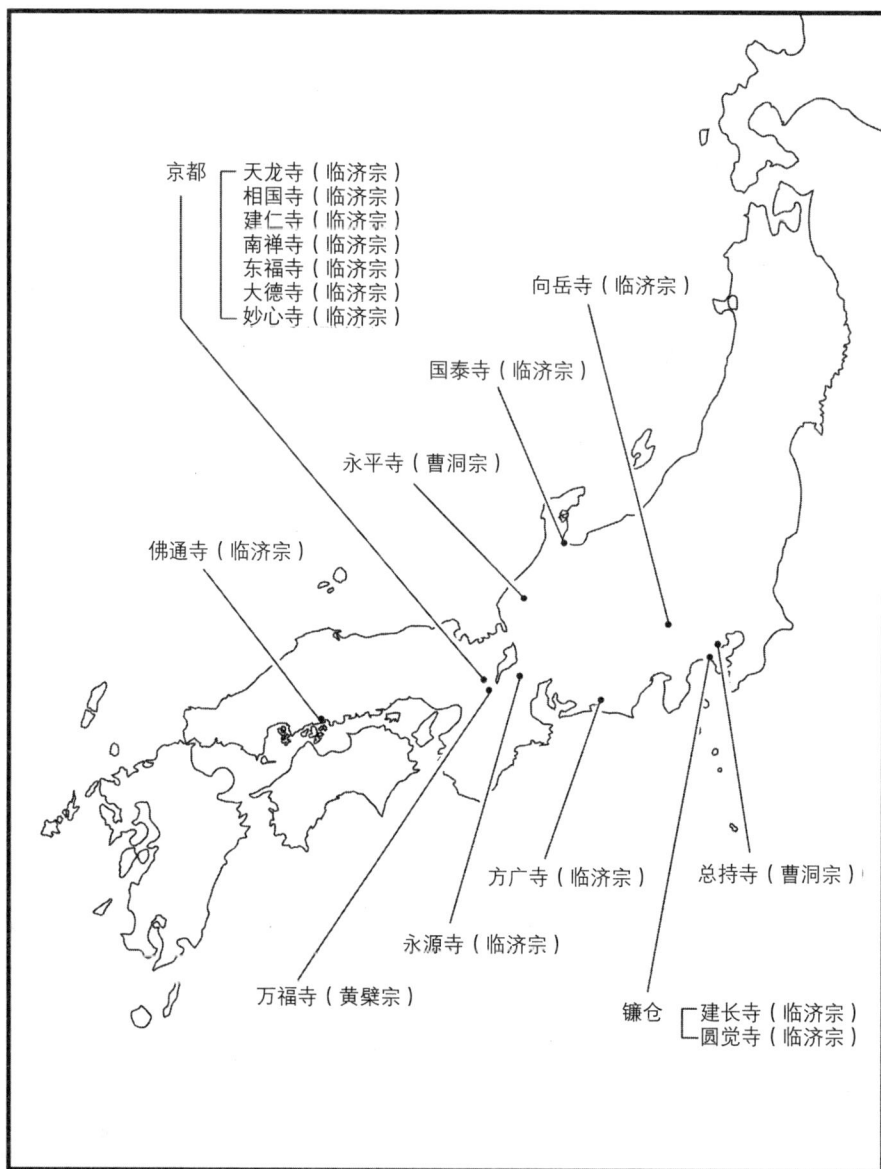

京都 ┌ 天龙寺（临济宗）
　　　 相国寺（临济宗）
　　　 建仁寺（临济宗）
　　　 南禅寺（临济宗）
　　　 东福寺（临济宗）
　　　 大德寺（临济宗）
　　　└ 妙心寺（临济宗）

向岳寺（临济宗）

国泰寺（临济宗）

永平寺（曹洞宗）

佛通寺（临济宗）

方广寺（临济宗）

总持寺（曹洞宗）

永源寺（临济宗）

万福寺（黄檗宗）

镰仓 ┌ 建长寺（临济宗）
　　　└ 圆觉寺（临济宗）

禅的历史

在于莹山以后的民众化路线与近代江户宗学回归道元立场之间的矛盾。虽然依赖民众化路线形成了曹洞宗的庞大教团，但构成曹洞宗学基础的江户宗学以回归道元、确认宗派的自我认同为旨归，两者的立场大相径庭。

但如果说曹洞宗教团一味依据《修证义》中的道元的思想教化一般信徒，似乎也不是事实。要求在家人去体悟以出家主义为中心的道元的思想，本来就十分勉强。《修证义》由四大项构成，即忏悔灭罪、受戒入位、发愿利生、行持报恩。在实际的弘法中仅强调忏悔和授戒。当时盛行的授戒会虽然已经形式化，但主持授戒会仍然被认为是管长的重要职责。

## 五、出家制度的改变

政府的政策不仅对近代佛教教团的成立有很大影响，而且也给教团各个成员的生活方式带来很大变化。出于全国统一的户籍登记这一实际需要，1872 年，太政官发布文告，承认僧侣食肉、娶妻、蓄发以及取名的自由。

由于这项规定，在制度上，僧侣与俗人之间已经完全没有差别，僧侣的身份逐渐淡化。对佛教来说，这本来应该是很严重的问题，但在僧俗之间并没有引起任何波澜。此后，僧侣生活的世俗化成为潮流，而寺院的世袭也成为常例（不过在禅宗中，师家原则上不得结婚）。

随着户籍制度的完备，寺请制度被废止，寺院纷纷脱离本宗的统治机构而独立。但 1898 年实施的民法中，户主与家族共同体的制度得以保留，寺院与在家信徒的关系几乎没有变化，佛教教团与僧侣的意识也没有太大变化。

## 六、禅僧和居士的活跃

这一时期出现许多杰出的禅僧，受时代大潮的影响，还出现了在诸多领域表现卓越的人物。在临济宗中，古月系统衰落，白隐系统一统天下。白隐系统中，仪山善来的门下涌现出创建妙心寺僧堂开单（1878 年）的越溪守谦（1810–1884），复兴圆觉寺僧堂（1877 年）的今北洪川（洪川宗温，1816–1892），重建毁于兵火的天龙寺的由利宜牧（滴水宜牧，1822–1898）等。大拙承演的门下则有住持相国寺、担任"禅宗"管长的荻野独园（独园承珠，1819–1895）。越溪守谦的弟子有禾山玄鼓（1837–1917）等，今北洪川的弟子有最初到美国弘禅的释宗演（洪岳宗演，1859–1919）等。

卓洲系中，苏山玄乔（1799–1869）的门下有罗山元磨（1815–1867）等，罗山的法嗣中原全忠（邓州，1839–1925）被称为"南天棒"，为测试各地僧堂师家的实力，到各地遍参，知名一时。妙喜宗织（1774–1848）系统的丰田毒湛（毒湛匝三，1840–1917）复兴虎溪山永保寺，历任南禅寺派、妙心寺派管长。

### 释宗演

福井县大饭郡高滨村人。俗姓一濑氏。十二岁从妙心寺的越溪守谦得度。先后在建仁寺、曹源寺（冈山县）等处修行，1878年嗣法圆觉寺的今北洪川。1887年，毕业于庆应义塾，在福泽谕吉和山冈铁舟（1836–1888）的劝说下，赴英属印度留学，归国后，成为神奈川县久良歧郡宝林寺的住持。1892年，三十四岁成为圆觉寺派管长，住圆觉寺。翌年，在福泽谕吉等的资助下，赴美出席在芝加哥召开的世界宗教大会，会后周游列国，经印度回国。1902年，在圆觉寺指导美国人参禅（这在日本是首次），1903年，兼任建长寺派管长。1905年，辞去管长一职，成为东庆寺（镰仓）住持。同年，和翻译铃木大拙（1870–1966）一起赴美，指导美国人参禅。1914年，担任临济宗大学校长，1916年，再次成为圆觉寺派管长。其著作收入《释宗演全集》十卷。特别值得一提的是，他曾担任德富苏峰（1863–1957）等设立的碧岩会的讲师，而夏目漱石（1867–1916）、河野广中（1849–1923）等皆曾参加此会的活动。

▷ 释宗演

曹洞宗中值得注目的人物有原坦山（1819–1892）和西有穆山（1821–1910）等。原坦山被帝国大学（现东京大学）所聘，最早在大学讲授佛教，为确立佛教的学术地位，他主张佛教是"心性哲学"而非"宗教"，对佛教做了理性主义的解释。现在所说的"佛教学"的基础就是由原坦山所奠定。西有以《正眼法藏》的研究者（眼藏家）而知名，著有《正眼法藏启迪》三卷（1930年）。其研究为其门下秋野孝道（1858–1934）、丘宗潭（1860–1921）、岸泽惟安（1865–1955）等所继承。但正像安谷白云（1885–1973）所批判的那样，他们的解释看起来极为浅薄。

在那个激烈变动的时代，如何保持心灵的安宁成为时代的课题，加之今北洪川和由利宜牧等积极对在家信徒进行指导，故参禅在各界名士中流行，居士表现得很活跃。他们充分发挥居士身份的优势，通过结社、出版、教育等多种活动积极在社会上发挥影响力。

从学于今北和由利的居士，有担任幕府和官军调解人而知名的剑豪山冈铁舟（1836-1888）、设立护国协会展开教化活动的鸟尾得庵（1847-1905）等。被尊为名人的落语（日本单口相声）演出家三游亭圆朝（1839-1900）也在由利的道场参禅，号为"无舌居士"。曹洞宗的著名居士有受教于原坦山的大内青峦（1845-1918），他在创设尊皇奉佛大同团、展开爱国护法运动的同时，积极参与了《修证义》的编辑。

在这种潮流中，出版了许多弘扬禅思想的杂志，如《禅宗》（1894 年创刊）、《禅学》（1895 年创刊、后改为《禅》）、《和融志》（1897 年创刊、后改为《禅学杂志》、《第一义》）、《禅道》（1910 年创刊）等。

## 七、禅宗的国际化

也是在这一时期，佛教界开始把眼光投向日本之外的世界。其背景是明治初期的文明开化以及日本的向外扩张。前者表现为佛教徒远赴欧美求学，后者表现为在殖民地展开的弘法活动。

在临济宗中有释宗演等的海外游学（1887 年，斯里兰卡、印度；1893 年、1905 年，美国。另外，在释宗演的推荐下，铃木大拙于 1897-1909 年赴美留学）。在曹洞宗中，1901 年以后以"曹洞宗海外留学生"的名义，教团向美国、欧洲和印度派出学僧和传导师。这些僧人包括大森禅戒（1871-1947）、忽滑谷快天（1867-1937）、宇井伯寿（1882-1963）等。这些留学僧归国后带回了欧美的科学研究方法论，从佛教学、宗教学、历史学和哲学等更广阔的视野来审视和定位禅。另外，对西方文明有很深造诣的学人，为突破西方文明的界限也将目光转向了禅。如夏目漱石（1867-1916）在《门》（1910 年）、西田几多郎（1870-1945）在《善的研究》（1911 年）等书中，分别从文学和哲学的立场对禅做了阐释。

随着日本向外扩张，与其他宗派一样，禅宗也以临济宗妙心派和曹洞宗等大教团为中心积极在海外进行弘法活动。弘法的对象主要是殖民地和移居美国的日本人。但因为当地人也是弘法对象，所以从结果看，这些活动成为殖民地政策的一环。例如，曹洞宗在中国和朝鲜设置的弘法会或讲习所，在 1914 年达到四十四所（在中国有二十所，在朝鲜有二十四所）。

向欧美人传播禅，始于 1893 年释宗演出席在芝加哥召开的世界宗教大会。到昭和初期，先后有释宗演的门下铃木大拙（1870-1966）、释宗活（1872-1961，1906-1909 滞美）、古川尧道（1872-1961，1931-1932 滞美）、释宗活的门下佐佐木指月（1882-1944，1904 年渡美）等在美国弘禅。

### 八、政府的政策和禅宗教团

这一时期，在佛教界出现了喧腾一时的"佛教公认运动"。这一运动的契机，是佛教为谋求国家的保护而向议会提交的宗教法案（1899）。此法案吁请改正不平等条约，平等对待基督教和佛教等本土宗教。这场运动表现了佛教对基督教强烈的警戒心，同时也说明教团没有能够脱却自古以来的国家主义佛教的窠臼。

佛教教团的这一性格在对外战争和重大事变中也表现出来。如在日清和日俄战争中，教团通过派遣从军僧、美化战争、捐赠物资等积极参与战争，充当向外扩张的急先锋。在"大逆事件"之后，政府为防止危险思想，利用教派神道、佛教和基督教，提倡"三教会同"（1912 年），诸教团亦积极参与。佛教教团把这些活动视为证明佛教符合国家利益的绝好机会。

禅宗教团之所以积极参与"三教会同"，也还因为在"大逆事件"中受牵连的人中包括了临济宗和曹洞宗的僧侣。例如在这次事件中被判处死刑的曹洞宗僧侣、社会主义者内山愚童（1874-1911），以僧侣的自觉为贫民的救济而奔走。在这一点上，他比起处在教团权力中枢的僧人更具有宗教家的品格。另外，在这次事件中受到怀疑的曹洞宗的井上秀天（1880-1945）也以在《新佛教》杂志上批判忠君爱国论、主张和平主义而知名。


# 第二节　军国主义化与禅


### 一、第一次世界大战与世界经济危机

1914 年，以萨拉热窝事件为导火索，爆发了席卷全欧的第一次世界大战（1914-1918）。日本同英国结盟参加了大战，攫取了德国在东亚的各种权益。并趁全世界将眼

光集中到欧洲、无暇他顾之机，向刚成立不久的中华民国提出"二十一条"的要求，企图扩大在中国的势力范围。

在第一次世界大战中，日本几乎独占了中国市场，所以造船、海运、电力、钢铁、化学、纺织等工业空前繁荣。特别是重化学工业快速发展，工厂劳动者增加，人口向都市集中。由于经济的繁荣，日本从债务国变成债权国，战后成为国际联盟的常任理事国之一，国际地位得以确保。但由于列强开始对日本产生警戒心，中国也强烈反对，日本被迫暂时收敛，做出与外国协调的姿态，缩小军备。

第一次世界大战战况正酣，以经济繁荣为背景的民主主义在世界流行。在日本出现了吉野作造（1878-1933）的民本主义和美浓部达吉（1873-1948）的天皇机关说。报业的发展带来社会言论的活跃，实行以议会为中心的政治和举行议会选举的呼声高涨。1918年，原敬（1856-1921）创立政党，日本进入政党政治的时代。

同时，劳动运动、社会主义运动、农民运动、妇女运动、少数族群解放运动、国家主义运动等也蓬勃发展。受俄国革命（1917年）的影响，1922年，以马克思主义为思想基础的日本共产党成立，马克思主义对学术、政治、文化等带来巨大影响。

但进入20世纪20年代，日本经济出现危机。1920年日本股票爆跌，1927年爆发金融危机，1929年世界经济危机波及到日本，引发了昭和经济危机。在一连串的危机打击下，企业的垄断和集中加快，成立了四大财阀（三井、三菱、安田、住友）和五大银行（三井、三菱、住友、安田、第一）。1923年发生的关东大地震也加剧了社会的不安。

1925年，在实施议会选举的同时，政府颁布治安维持法，强化了对社会主义、共产主义和无政府主义的取缔，被称为"大正民主"的民主化运动告一段落。

1931年，对政府的协调外交持批判立场的关东军，无视内阁的意向，发动了"九·一八事变"（"满洲事变"），1932年，迎请清朝最后的皇帝宣统帝溥仪（1906-1967）建立"满洲国"。不承认"满洲国"的犬养毅内阁在"五·一五事件"中倒台，政党政治终结。次年，日本退出不承认"满洲国"的国际联盟，在国际上进一步孤立。

爆发"二·二六事件"的1936年，日德签订防共协定（次年，签订"日德意三国防共协定"），强化了与轴心国的协作。1937年7月7日，"卢沟桥事变"爆发，中日进入全面战争状态。1938年，政府发布国家总动员令，实行物价控制、大米的配给制和定量供应，在各地组织产业报国会。

1939年，德国进攻波兰，欧洲重启战端。1941年，日本向美国宣战，战火扩大到全世界（第二次世界大战）。战争初期，轴心国虽然占优势，但战况逐渐发生变化。1943年意大利投降，1945年德国和日本投降。战争以同盟国的胜利而告终。

"满洲事变"以后，将天皇视为绝对存在、反对政党政治、资本主义和国际协调的法西斯主义势力占了上风。在法西斯主义甚嚣尘上的背景下，政府强化了对言论、思想、学术的钳制。其取缔对象，不限于共产主义和社会主义，还扩大到了自由主义。先后出现了泷川事件（1933 年）、天皇机关说问题（1935 年）、矢内原事件（1937 年）、人民战线事件（1938 年）、河内荣次郎事件（1937–1938 年）、津田左右吉著作查禁事件（1940 年）等。在这种高压政策下，在共产主义和社会主义者中间也出现了背叛自己的信仰，甚至走上法西斯主义道路的人物。

## 二、大正民主化与禅

大正民主化促进了各领域的学术进步，在佛教学领域也不例外。其中，成果最突出的是关于佛教基本资料的校勘出版和辞书的编辑。明治末年以后出版的代表性成果包括：《大日本校订大藏经》（卍藏经，1902–1905 年）、《大日本校订续藏经》（卍续藏，1905–1915 年）、《大日本佛教全书》（1912–1922 年）、《大正新修大藏经》（大正藏，1924–1934 年）、《望月佛教大辞典》（1906–1937 年）、《织田佛教大辞典》（1917 年）等。小野玄妙（1883–1939）的《佛书解说大辞典》（1933–1978 年）的出版发行也是始于这一时期。这些成果的共同特征是不拘于一宗一派，而是站在整个佛教的立场来编撰。1928 年设立的日本佛教会也具有这一性格。

与此相并行，各宗各派也相继编辑刊行了各自宗派的基本典籍。禅宗方面代表性的成果有：

国译禅宗丛书刊行会的《国译禅宗丛书》（1919–1921 年）、国译禅学大成编纂会的《国译禅学大成》（1929–1930 年）、曹洞宗全书刊行会的《曹洞宗全书》（1929–1938 年）、泽庵和尚全集编纂会的《泽庵和尚全集》（1928–1930 年）、驹泽大学图书馆的《禅籍目录》（1928 年）等。这些典籍的刊行，推动了禅在一般民众中的普及。

由于佛教界整体上历史研究的风气很盛，所以这一时期禅宗研究的成果集中在禅宗史方面。代表性成果有孤峰智璨（1879–1967）的《印度·中国·日本禅宗史》（1919 年）、忽滑谷快天的《禅学思想史》（1923–1925 年）等。另外，上村观光（1873–1926）的《五山文学小史》（1906 年）和《五山文学全集》（1906–1915 年）虽然属于文学领域，但也为划时代的重要著作。学术的发达也催生了禅学杂志的创刊，如发行至今的《禅学研究》（1925 年创刊）、《驹泽大学研究纪要》（1931 年创刊，现《驹泽大学佛教学部研究纪要》）、《大乘禅》（面向一般信众，创刊于 1924 年）等。

伴随着学术的发展，基于信仰的"宗学"的研究与从西洋传入的学术研究方法之间就产生了矛盾。在禅宗、特别是曹洞宗内部，佛教研究方法论备受瞩目。明治

禅的历史

末年，忽滑谷快天（1869-1934）著有《批判解说·禅学新论》（1907年），大正时代则有冈田宜法（1882-1961）的《禅学研究法及其资料》（1918年）、卫藤即应（1888-1958）的"关于佛教的宗教学研究"（《日本佛教学会年报》2，1930年）等。在这些著述中，作者提出在佛教研究中要导入历史学、伦理学、心理学、哲学、宗教学等方法。这一立场是与西田畿多郎和铃木大拙为代表的一般知识分子对禅的关注相呼应的。

但这种学术研究和典籍整理等基础工作是否真的有助于修行开悟这一禅的本来宗旨，似乎是值得怀疑的。在学者忽滑谷快天和实践者原田祖岳之间展开的"正信论争"，其根底就是两者对这一问题的不同见解。这一争论使曹洞宗分成两派，在忽滑谷快天去世后，争论仍然持续不断。

冈田和卫藤等从教团的立场出发力图调整两种不同的立场，但真正引起一般民众对禅思想关注的，是与教团完全无缘的和辻哲郎（1889-1960）的"沙门道元"（《日本精神史研究》，1926年）。这篇论文将作为一宗派之祖的道元放入日本思想史的大背景下考察，极大地推进了后来的道元研究。

在这一时代，作为禅的实践家而活跃的禅僧有临济宗的山本玄峰（1866-1961）

▷ 山本玄峰

等。山本幼年生活极端艰苦，几乎目不识丁，但他却以自己的人格感召力吸引了各种思想倾向、各阶层的信奉者。他还复兴白隐禅师曾住持过的龙泽寺和松荫寺，1936年，在所谓"满洲"的新京（长春）创建了妙心寺别院。但宗派的社会影响力越大，越容易卷入社会的是非和纷争中去。1932年发生暗杀前财政大臣井上准之助、三井合名的理事长团琢磨的血盟团事件（1932年，成为后来的"二·二六"事件的伏线）。因为主犯井上日召（1886-1967）一度在其座下修行，山本也不得不作为证人出庭。1935年发生皇道派将校相泽三郎斩杀统制派少将永田铁山的相泽事件（1935年），在审判过程中，山本也站在了证人台上。

当时，还出现了一部震撼临济宗丛林的重要著作，即破魔法王所著《现代相似禅评论》（1916年）。"破魔法王"是假名，真正的作者不明。此书公开了白隐之下内室所传公案的解答法，在禅林内部引起巨大反响。

在曹洞宗中，涌现出了原田祖岳和泽木兴道（1880-1965）等实践家。修行家辈出可以说是当时曹洞宗的特色。原田最初师事丘宗潭和秋野孝道而未契，后参临济宗的丰田毒湛等诸师而见性开悟。为此，他在将公案禅导入曹洞宗的同时，从视"悟"为最高价值的立场出发，与忽滑谷快天等经常进行争论。原田在小滨（福井县）的发心寺设立专门道场，指导后进，其周围汇集了饭田党隐（1863-1937）、今成觉禅（1871-1961）、安谷白云等众多修行者。当时，在曹洞宗内部弥漫着一种关于修证的绝望感。即使总持寺的贯主渡边玄宗（1869-1963）也让弟子到临济宗的僧堂去学习。原田周围集聚了饭田槭隐（1863-1937）、今成觉禅（1871-1961）、安谷白云等众多修行者。原田因为对自身的"觉悟"抱有绝对的自信，因而对不重视"见性"的祖师道元也表示不满，声称"道元禅师是未完成品"。后来，由于宗门的压力，原田不得不在公开的场合撤回此言，但其基本立场丝毫没有改变。其禅风被今成和安谷等弟子所继承。虽然属于曹洞宗，但在他们所领导的僧堂中，看话禅也堂而皇之地大行其道。

与此形成对照，恪守曹洞宗"只管打坐"传统的是泽木兴道。泽木被称为"无宿兴道"，在日俄战争中负伤退伍后，在全国行脚，指导参禅，赢得众人的尊敬，被称为"移动丛林"。但他自己在回顾过去时，曾得意地说过"通过日俄战争，我们尽情地杀人"，其思想有堕入单纯的精神论的危险。

此外，在曹洞宗中还涌现出在台湾地区、夏威夷等地传播禅的新井石禅（1864-1927），在曹洞宗的寺院出家、漂泊各地并创作出大量俳句的歌人种田山头火（1882-1940）等。


## 三、战争年代的禅

"满洲事变"以后的禅宗教团的足迹，基本上是翼赞战争的历史。1939年，"宗教团体法"在国会成立，1940年开始实施。根据以"一宗一派"为目标的宗派统合政策，临济宗再次被合为一派。禅宗各教团参加了佛教联合会（1941年发展为大日本佛教会）和佛教护国会，1944年，参加了统合一切宗教的大日本战时宗教报国会。

在这种状况下，有必要调整宗门本来的思想和在现实中的行动，于是出现了以禅僧和宗学者为中心而开展的"战时教学"。其典型就是山崎益州（1882-1961）和杉本五郎（1900-1937）师弟倡导的皇道禅（天皇宗）。正如杉本的《大义》（1938年）中所说："要透彻大义，须先深入禅教去我执"，"统合诸宗诸学，救济人类，实奉持天皇御一神"，皇道禅就是力图将禅思想统合到尊皇思想中去。《大义》影响很大。在今成觉禅在这一时期所著的《古事记与道元·亲鸾》中也可以见到同样的思想。

即使在这样的时代，也有白隐和尚全集编纂会的《白隐和尚全集》八卷（1934-1935 年）、孤峰智璨编《常济大师全集》（1937 年）等著作的出版。而以历史研究为中心的学术成果仍然不断面世。代表性的著作有关于中国禅宗的宇井伯寿的《第二禅宗史研究》（1941 年）、《第三禅宗史研究》（1943 年），松本文三郎（1869-1944）的《达摩研究》等。关于日本禅宗，则有辻善之助（1877-1955）的《日本佛教史》（1944-1945 年）、樱井景雄（1909-1991）的《南禅寺史》（1936 年）、栗山泰音（1860-1937）的《总持寺史》（1938 年）、铃木泰山（1907-1996）的《禅宗在地方的发展》（1942 年）等。对江户时代的盘珪永琢做了重新评价的铃木大拙的《禅思想史研究　第一》（1943 年）也是这一时期的著作。

这一时期学术研究的一大特色，是以日本向大陆扩张为背景，日本学者对中国佛教古迹的勘查和相关研究成果的问世。其中包括常盘大定（1870-1945）的《中国佛教史迹》（1930 年）和《中国佛教史迹踏查记》（1938 年）、鹫尾顺敬（1868-1941）的《菩提达摩嵩山史迹大观》（1932 年）等（《日华佛教研究会年报》〈1936-1943〉等杂志中也有一些相关的报告）。这些报告中包括了大量禅宗相关的佛教史迹和碑文资料，对禅宗的研究有很大影响（在此之前，朝鲜总督府编辑出版了《朝鲜金石总览》〈1919-1923〉在韩国佛教研究方面也发挥了同样的作用）。

但带来更大冲击的是敦煌文书的介绍。因为大部分敦煌文书都与佛教有关的，而其中又有许多后代佚失的初期禅宗的文献。

开敦煌文书研究先河的是矢吹庆辉（1879-1939）的《鸣沙余韵》（1930 年）、《鸣沙余韵解说》（1933 年），以及胡适（1891-1962）的《神会和尚遗集》（1930 年）。之后，先后有铃木大拙的《敦煌出土神会录》（1932 年）和《少室逸书》（1935 年）、朝鲜金九经（生卒年不详）的《姜园丛书》四册（1934 年）、《大正新修大藏经》的"古逸部"（1932 年）、宇井伯寿的《禅宗史研究》（1939 年）等著作出版。

### 敦煌文书

20 世纪初，在敦煌（甘肃省）的莫高窟一代传教的王圆箓道士，在第十七窟密封的石室中，偶然发现古文书的文献（也有一些刊本），这些文献的书写年代横跨南北朝时代到宋朝初期。这一发现传开以后，自 1907 年，外国的觊觎者接踵而来，并将主要的东西带走。注意到这一动向的清政府，1910 年，急忙将剩下的文书保护下来，运到了北京。但在此期间，有相当数量的文书被王道士藏匿或流向民间。这部分许多被日本人和俄国人掠去。因为这样的情况，被称为世纪大发现的敦煌文书就被分散于世界各地保管起来。主要的部分包括:（1）1907 年斯坦因带走的伦敦大英图书馆的藏本;（2）

1908年佩里奥带走的巴黎国立图书馆藏本;(3)1914年奥尔汀布鲁格带走、现存于圣彼得堡的国立艾米尔塔日博物馆藏本;(4)北京图书馆藏本。敦煌文书的大部分为佛教文献，但也包含道教、汉籍、户籍等公文书。因为是在地下所藏，所以其中保存了许多后世佚失的文献以及一些文献的古老的版本，对整个中国学的研究带来了深远的影响。而其中对禅研究的冲击尤其巨大。由于新发现了敦煌本的《六祖坛经》《菩提达摩禅宗定是非论》《南阳和上顿教解脱禅门直了性坛语》《南阳和尚问答杂征义》等荷泽神会（684-758）的著作以及《楞伽师资记》《传法宝纪》等北宗的灯史、《绝观论》等牛头宗的纲要书，所以彻底改写了初期禅宗的历史。

这些初期禅宗文献的发现和介绍，也引起大家对古代传到日本或朝鲜的古写本和古版本的关注。铃木大拙主持刊行了《兴圣寺本法宝坛经》和《大乘寺本法宝坛经》（1933年、1940年），这些资料的面世，极大地促进了初期禅宗研究的发展。由铃木大拙支持的、基于新资料的研究业绩，反映在战后出版的《禅思想史研究 第二》（1951年）和《禅思想史研究 第三》（遗稿、1968年）。

在学术研究繁盛的同时，由于思想的统制，这一时期禅僧的活动却几无可观之处。反倒是在一般知识分子的著作中可以见到禅的亮光，他们吸收禅的思想作为思想营养，以与当时的现实相对抗。

在战争风云激荡的时代背景下，出现日本学者在禅思想中追寻日本人的自我认同的倾向。久松真一（1889-1980）所著的《东洋的无》（1939年）、铃木大拙所著的《禅与日本文化》（1940年）、《日本的灵性》（1944年）等，皆引起很大反响。这一时期，和田利彦（1885-1967）所编《禅的讲座》（6卷，1937-1939年）、长坂金雄（1886-1973）所编《禅》（8卷，1941-1942年）等大部头的讲座著作相继出版也与当时的这种思想状况相适应。此外，对道元的评价和关注持续升高。秋山范二（生卒年不详）的《道元研究》（1935年）、田边元（1885-1962）的《正眼法藏的哲学史观》（1939年）等先后出版。曹洞宗内部，禅僧卫藤即应（1888-1958）也出版了《宗祖道元禅师》（1944年）。

**铃木大拙**

金泽市（石川县）出身，原名贞太郎。"大拙"为释宗演所起法号。出身于医生之家。第四高等中学退学后，担任小学英文老师。二十二岁到东京，先后就学于东京专门学校（现在的早稻田大学）和东京帝国大学的预科。从圆觉寺的今北洪川、释宗演参禅。1897年赴美，担任出版社的编辑。在此期间，出版《大乘起信论》的英译

禅的历史

本（1900年）和英文《大乘佛教概论》。1909年回国后，在继续从事禅研究的同时，在东京大学、学习院大学和大谷大学等大学担任教职。1921年，创办英文杂志《佛教》。与同乡、哲学家西田畿多郎交往密切。战后，在镰仓设立松岗文库。经常赴美国访问，并通过英文著作，向海外传播禅。1949年在夏威夷召开的第二届东西方哲学家大会上，围绕禅的研究，与胡适（1891-1962）展开论辩。1950年至1958年，居住在美国，在夏威夷大学、耶鲁大学、哈佛大学、普林斯顿大学等举办佛教思想讲座。1949年成为日本学士院会员，被授予文化勋章。主要著作包括《禅思想史研究》四册（1943-1968年）、《禅与日本文化》、《日本的灵性》等。著述收于《铃木大拙全集》三十卷、别卷二卷（1968-1971年）。

# 第三节　战后的动向

## 一、禅宗的再出发

1945年，随着日本的战败，日本被置于联合国军最高司令部（GHQ）的统治之下，实行了承认妇女参政权、释放政治犯、解散财阀、土地改革、劳动改革、教育改革等各种改革措施。

1946年，颁布了基于主权在民的象征天皇制、基于和平主义的战争放弃、以尊重基本人权为基本精神的新宪法，翌年开始实施。新宪法决定了新生日本的发展道路。

之后，美国与苏联的对立激化，世界分裂为以英美为中心的资本主义世界和以苏联为中心的共产主义世界（冷战）。将日本置于自己支配之下的美国，作为对苏联政策的一环，希望日本经济的复兴，逐渐将占领军的权限移交给日本政府。

1950年爆发的朝鲜战争带来特需繁荣，矿业生产很快恢复到了战前的水平。1951年"洛杉矶和平条约"签订，1956年日本加入联合国。之后，在保守政权之下，出现了"神武繁荣"（1955-1957）、"岩户繁荣"（1958-1961）、"伊奘诺繁荣"（1965-1970），经济持续高度成长。1964年举办奥运会、1970年举办了世界博览会，日本成长为世界第二经济大国。

持续多年的冷战，也于1989年由戈尔巴乔夫和布什宣布终结，东欧诸国先后发生"颜色革命"。1990年，德国实现统一，世界进入了新的时代。但另一方面，人类又面临着核武器和地球环境问题、医学和遗传工程的发展带来的生命伦理等前所未有的严峻课题。

## 二、战败与禅

日本战败给佛教界带来很大影响。在都市地区，寺院遭毁或檀信徒罹灾而离散。在农村地区，由于土地改革失去了农地和山林，许多寺院陷入经济上的困顿（相反，那些历史悠久的大寺院却得到政府转让的神社寺院境内的、原本由贵族将军等捐赠的大量土地）。

同时，1946年颁布的新宪法确立了信教的自由和政教分离的原则（1951年实施的"宗教法人法"又将这一原则具体化），1947年，根据民法的改定，基于户主权的家制度被废止，佛教教团面临着新的冲击。因为如此以来，佛教教团必须从对国家和寺檀关系的依存中解脱出来，宗教必须植根于个人的精神需求。为适应新的时代需求，禅宗各派都订了"宗制"（1952年），为推进对在家信徒的教化，设立了临济宗妙心寺派的花园会（1947年）、曹洞宗的梅花讲（1951年）等组织，出版了《禅文化》（1955年创刊）等杂志。但教团的意识改革非一朝一夕的事情。实际上，除了积极参加和平运动的朝比奈宗源（1891-1979）和致力于战死者追悼活动的山田无文（1900-1988）的活动，关于教团的战争责任问题，很少有人提及（市川白弦〈1902-1986〉等少数人除外）。

根据"宗教法人法"，宗教活动得以自由地进行，加之寺院从所属宗派离脱（单立化）变得容易，战后新的教团相继成立。在禅宗方面，临济宗系有兴圣寺派、一畑药师教团、人间禅教团、洗心教团等；曹洞宗系则有如来宗（后改名为"如来教"）、一尊教团、三宝教团等。其中，释宗活的门下立田英山（1893-1979）主持的人间禅教团，继承了今北洪川的两忘会和释宗活的宗教两忘禅教会的精神，标榜在家主义，吸引了众多入门者，引人注目。另外，以安谷白云为中心而设立的三宝教团则吸收临济系的看话禅，积极在海外弘扬禅教。

## 三、学术的发展

战后禅的一个重要特征是禅僧的社会活动和社会影响逐渐衰微。当然，随着欧美人对禅的关注度越来越高，为适应这一形势，临济宗的柴山全庆（1894-1974）和中川宋渊（1907-1984）以及曹洞宗的安谷白云、弟子丸太仙（1914-1982）等积极向

禅的历史

海外传播禅，颇引人注目。但在国内，虽有立田英山、久松真一（1958 年创立 FAS 禅协会）、藤吉慈海（1915-1993，参考台湾佛教，提倡新的念佛禅）等的活动，但总起来看，其影响在逐渐衰微。其背景是随着欧美的价值观流行，年轻一代对于禅的传统很难无批判地接受。

### 战后欧美的弘法

在美国传播禅的，除柴山、中川、安谷以外，还有临济宗的关雄峰（1900-1982）、铃木宗忠（1921-1990）等。久松真一也受哈佛大学等大学之邀举办禅的讲座。这些人之所以能够在美国活跃，得益于战前铃木大拙等的活动，以及 20 世纪 50 年代美国的"禅学热"。当时人们对禅的关心是在嬉皮士文化背景下形成，与摇滚乐等相关联，人们未必能理解禅的本质。日本禅师在美国的活动，提高了美国人对禅的认知，开辟了真正认识禅、认真实践禅的道路。此外还有铃木俊隆（曹洞宗，1904-1971）和岛野荣道（临济宗，1950-）等长期生活在美国，指导美国人参禅。1967 年，以铃木为中心，在加利福尼亚州的禅心寺设立禅学中心，培养美国人的禅师，这是在美国建立的最初的禅宗丛林（岛野荣道也在纽约郊外卡茨基尔山设立了国际山大菩萨禅堂）。此外，还有来日本从学于中川宋渊、原田祖岳、安谷白云等的菲利浦·卡普罗（1912-）设立的罗切斯特禅学中心。直到现在，在美国还有许多坐禅会或禅学中心在开展活动。另外，在美国从佐佐木指月学禅的佐佐木鲁丝女士，战后在大德寺山内设立塔头龙泉庵，指导来日本的外国人坐禅，作为禅的国际化的一环，引人注目。其弟子丸泰仙活跃在欧洲弘法，经过长年的努力，1980 年在罗纳河畔开设了"泰西佛教第一道场"。

在这种状况下，逐渐兴盛起来的是学术研究的领域。战后，1951 年成立的日本印度学佛教学会，会员数不断增加，其中关于禅宗的研究所占的比例很大。此外，以战前就创刊的《禅学研究》为代表，《宗学研究》（1956 年创刊）、《禅文化研究所纪要》（1969 年创刊）、《禅研究所纪要》（1971 年创刊）等以禅宗研究为主的学会会刊和纪要等每年定期刊行，研究成果颇丰（其中的许多研究是有僧籍的"禅僧"所完成）。

如果对战后最重要的研究成果做一概观（原则上截止于 70 年代末），则基本资料的整理方面有：驹泽大学图书馆的《新纂禅籍目录》（1962 年）、曹洞宗全书刊行会的《续曹洞宗全书》（1974-1977 年）、平久保章编《新纂校订隐元全集》（1979 年）、赤尾龙治编《盘珪禅师全集》（1976 年）、筑摩书房的《禅的语录》系列（1969-1981 年）、《日本的禅语录》系列（1977-1978 年）等。关于禅宗史的研究则有：关口真大的《达摩大师的研究》（1957年）和《禅宗思想史》（1964年）、柳田圣山的《初期禅宗史书的研究》（1970年）、芳贺幸四郎的《东山文化研究》（1945年）和《关于中世禅林的学问及文学的研究》（1956年）、今枝爱真的《中世禅宗史的研究》（1970年）、玉村竹二的《日本禅宗史论集》（1976-1981年）和《五山文学新集》（1967-1972年）、玉村竹二和井上禅定编《圆觉寺史》（1964年）、川濑一马的《五山版的研究》（1970年）等。

道元的研究也持续活跃，但曹洞宗学者的文献学研究与哲学学者的哲学研究泾渭分明。文献学的研究有永久岳水的《正眼法藏的著述史的研究》（1972年）和《正眼法藏异本与传播史的研究》（1973年）、大久保道舟的《道元禅师传的研究》（1953年）和《道元禅师全集》二卷、别册《道元禅师真笔集成》（1969-1970年）、中世古祥道的《道元禅师传研究》（1979年）等。哲学研究则有寺田透的《道元的言语宇宙》（1974年）、春日佑芳的《道元的思想——《正眼法藏》的逻辑构造》（1976年）等。此外，家永三郎（1913-2002）在《中世佛教思想史研究》（1960年）中，纯粹从思想史的立场出发论及道元，对其大众性的缺乏提出批判，颇引人注目。而田岛毓堂的《正眼法藏的国语学研究》（1977-1978年），从语言学的角度进行研究，开拓了道元研究的新领域。

这一倾向并不限于道元的研究。战后禅宗研究的重要特征是随着其他学术领域的发展，不再局限于一直以来的思想、文化的视野，而是出现了从各个侧面重新审视禅的动向。竺沙雅章（1930-2015）的《中国佛教社会史研究》（1982年）、道端良秀的《中国佛教社会经济史的研究》（1983年）等，从社会史和经济史的角度，给禅宗史的研究带来新的刺激。铃木大拙和弗罗姆的《禅与精神分析》（1900-1980年），则试图对禅和精神分析做出比较研究。秋重义治和笠松章、平井富雄对坐禅时的脑电波和呼吸的测定等自然科学研究也引人注目。近年，还出现了利用禅宗的抄本对中世的方言所进行的研究，以及从教育学的角度对僧堂的指导法所进行的研究等。

### 四、面临的新课题

这种专注于学术的研究，学术味道越是纯粹就越容易与信仰产生矛盾。而且对僧堂的修行敬而远之，助长了禅游离于现实社会之外的倾向，消弱了禅作为宗教的活力。战后禅僧在学术活动之外，未有其他显著的表现可能就与此有关。战前还有像山本玄峰和泽木兴道那样，以通过修行而陶冶出的人格而影响社会的人物，战后这样的人物几乎不存在了。

战后的这种倾向招致了禅僧地位的低下。伴随着经济的成长和升学率的上升，像江户或战前那样，僧侣就意味着知识人的时代宣告结束。不错，关于佛教或禅，直到今天在宗派内部仍然有很多优秀的学者，但随着佛教在社会上地位的下降，僧人已经很难对社会提供任何有效的建设性意见。而且，教团内所进行的公案解释，在入矢义高等汉文学专家的解构下，其信赖性也受到怀疑。

近年，驹泽大学的一些学者展开了"批判宗学"的运动。他们着眼于中国佛教、特别是禅受到中国传统思想的影响这一点，对之进行了严厉的批判。但以禅为代表的中国佛教，本来就不是印度的佛教，这是不言自明的事实，所以这种批判并不是什么新的东西。不仅如此，他们的议论并不是基于对文献材料的分析而得出结论，而是极为独断的、随意的论述。

所以他们的主张在学术上大多无可观之处，但这种思潮出现的背景可以说是对于佛教研究脱离人们存在的现实、为学问而学问这一现状的不满。实际上，在他们的论述中，时常可见他们对佛教现状的忧虑和期望。但他们既没有传统的基于禅修行的人格陶冶，也没有社会的实践，其主张近于一种视印度佛教为正统的原教旨主义，与现实存在的佛教少有交接，所以虽然在教团内部多少受到注目，但在社会上可以说影响甚微。

受惠于经济的高速增长，在日本，贫困问题可以说基本得到了解决。但在世界的其他国家，仍然有很多国家存在深刻的贫困问题。宗教界不能对此熟视无睹。即使在日本，高龄化社会与临终关怀问题、青少年的心灵颓废问题、邪教猖獗问题等也日益凸现。而且无论经济如何富足，"心"的问题也不可能自然解决，这可以说是宗教的中心课题。但对这一问题，无论是禅宗还是其他佛教教团都几乎没有给出任何有效的解决途径和办法。

如果各教团拘囿于过去的传统，满足于仪式或固定化的修行生活，最多只是沉浸在宗派内通用的"学问"中，空发议论，那么，教团自身失去存在意义就大概只是时间问题了。因为面对核武器和地球环境问题、世界贫富差距问题、生命伦理问题等全新的问题，传统宗派的意义已经变得前所未有的无足轻重了。

## 参考文献

石川力山　《近代高僧素描 —— 内山愚童》(《日本佛教史学》20，1985 年）

市川白弦　《佛教的战争责任》(《市川白弦著作集》3，法藏馆，1993 年）

市川白弦 《宗教与国家》（《市川白弦著作集》4，法藏馆，1993 年）

入矢义高 《求道与愉悦 —— 中国的禅与诗》（岩波书店，1983 年）

布莱恩·维多利亚，路易丝·迁本译 《禅与战争 — 禅佛教是否是战争的帮凶？》（光人社，2001 年）

恩斯特·本特喔，柴田健策等译 《禅 ——从东方到西方》（春秋社，1984 年）

上田闲照，堀尾孟编 《禅与现代世界》（禅文化研究所，1997 年）

荻须纯道 《明治时代的禅宗》（《禅文化》47，1968 年）

柏原祐泉，吉田久一等 《日本佛教史Ⅲ 近世·近代编》（法藏馆，1967 年）

柏原祐泉 《日本佛教史 近代》（吉川弘文馆，1990 年）

工藤澄子 《全庆老师的美国禅行脚》（《禅文化》75，1974 年）

驹泽大学八十年史编纂委员会 《驹泽大学八十年史》（吉川弘文馆，1962 年）

小室裕充 《近代佛教史研究》（同朋舍，1987 年）

酒井得元 《禅界的现状及其问题（曹洞宗）》（讲座禅 8，《现代与禅》，筑摩书房，1968 年）

酒井得元 《泽木兴道谈访录——禅者的生涯》（讲谈社学术文库，讲谈社，1984 年）

筱原寿雄 《明治与禅僧》（《讲座 近代佛教》2，法藏馆，1961 年）

禅文化编集部编 《明治的禅匠》（禅文化研究所，1981 年）

曹洞宗选书刊行会 《正信》（《曹洞宗选书》8，同朋社，1981 年）

高木苍梧 《玄峰老师》（大藏出版，1963 年）

玉置弁吉 《回想 —— 山本玄峰》（春秋社，1980 年）

常光浩然 《近代佛教界的人物》（世界佛教协会，1962 年）

常光浩然 《日本佛教渡美史》（佛教时事社内佛教出版局，1964 年）

弟子丸泰仙 《一名禅僧的欧洲游记》（春秋社，1971 年）

西谷启治编 《现代与禅》（《讲座禅》8，筑摩书房，1968 年）

西村惠信 《铃木大拙的原风景》（大藏出版，1993 年）

日本佛教研究会编 《日本的佛教④ 近世·近代与佛教》（法藏馆，1995 年）

原田祖岳 《大云祖岳自传》（大云会，1960 年）

春见文胜 《生活在禅中的杰出僧人 —— 南天棒》（春秋社，1963 年）

古田绍钦 《铃木大拙其人与其思想》（春秋社，1993 年）

堀冈智明 《美国的禅〉（《禅文化研究所纪要》10，1978 年）

米切尔·玛尔 《南天棒及其思想》（《近代佛教》7，2000 年）

峰岸孝哉 《曹洞宗学的一视点 —— 教学·宗门的展开与差别事象》（《驹泽大学

禅的历史

佛教学部纪要》43，1985 年）

村上护　《种田山头火》（新潮社，1993 年）

山内舜雄　《宗学研究的方法论再考察》（《驹泽大学佛教学部研究纪要》24，1966 年）

山冈铁舟　《剑禅话》（高野澄编译，德间书店，1971 年）

临济会编　《昭和·平成 禅僧传 —— 临济·黄檗篇》（春秋社，2000 年）

吉田久一　《日本近代佛教史研究》（吉川弘文馆，1959 年）

吉田久一　《日本近代佛教社会史研究》（吉川弘文馆，1964 年）

吉田久一　《近现代佛教的历史》（筑摩书房，1998 年）

第Ⅲ篇

禅的现状

# 第一章
# 禅宗教团的现状

　　在第一篇和第二篇中，我们对中国禅和日本禅的历史做了概述。今天日本的禅就是走过了千数百年历史的禅的延续。它既然由历史上的禅发展演变而来，自然受到这一历史的制约。我们今天能够关心禅，接触到禅的思想，不能不说是得益于禅宗教团对禅的维系和赓续。所以，即使是禅宗教团之外的人，对禅宗教团的状况以及教团中的修行法也会有很大兴趣。以下就此做一概观。

## 第一节　禅宗教团及其势力分布

### 一、禅宗教团的三派

　　关于从中国传到日本的禅的系统，有"二十四流四十六传"之说。其中，二十一流四十二传为临济宗，三流四传为曹洞宗。

#### 二十四流四十六传

　　江户初期的释半人子（生卒年不详）在《二十四流宗源图记》中将从中国传到日本的禅宗门派分为二十四流。之后，大冥团（生卒年不详）在《本朝传来宗门略列祖传》（1808 年）中增加了隐元的黄檗宗等，分为四十六传。以下为"二十四流"的名称及各流的初传祖师：(1) 千光派：明庵荣西，1192 年归国；(2) 道元派：永平道元，1227 年归国；(3) 圣一派：东福圆尔，1241 年归国；(4) 大觉派：兰溪道隆，1246 年来日；(5) 法灯派：心地觉心，1254 年归国；(6) 兀庵派（宗觉派）：兀庵普宁，1260 年来日；(7) 法海派：无象静照，1265 年归国；(8) 大应派：南浦绍明，1267 年归国；(9) 大休派（佛源派）：大休正念，1269 年来日；(10) 西涧派（大通派）：西涧子昙，1271 年来日；(11) 镜堂派（大圆派）：镜堂觉圆，1279 年来日；(12)

无学派（佛光派）：无学祖元，1279 年来日；（13）一山派：一山一宁，1299 年来日；（14）东明派：东明慧日，1309 年来日；（15）佛慧派：灵山道隐，1319 年来日；（16）清拙派（大鉴派）:清拙正澄,1326 年来日；（17）古先派:古先印元,1326 年归国；（18）明极派（焰慧派）：明极楚俊，1330 年来日；（19）竺仙派：竺仙梵仙，1330 年来日；（20）中岩派：中岩圆月，1332 年归国；（21）别传派：别传妙胤，1344 年来日；（22）愚中派（佛通寺派）：愚中周及,1351 年归国；（23）东陵派：东陵永玙,1351 年来日；（24）大拙派：大拙祖能，1358 年归国。其中，只有道元派、东明派、东陵派为曹洞宗，其余皆为临济宗。

现在活跃的宗门基本上属于此二宗。不过，相对于曹洞宗结成单一的教团，临济宗则分成妙心寺派、大德寺派、圆觉寺派等众多小教团（被称为"临济宗十四派"）。这种状况的形成有其特定的历史背景，即相对于曹洞宗道元系统的一家独盛，临济宗则名僧辈出，且多与当权者关系密切，因此以京都和镰仓的五山为代表的巨刹也多属临济宗。

### 临济宗十四派

其派名、本山（创建年代）、开山祖师、大护法、所在地列举如下：

| 天龙寺派：灵龟山天龙寺（1345 年） | 梦窗疏石 | 足利尊氏 | 京都市右京区 |
| --- | --- | --- | --- |
| 相国寺派：万年山相国寺（1384 年） | 春屋妙葩 | 足利义满 | 京都市上京区 |
| 建仁寺派：东山建仁寺 （1203 年） | 明庵荣西 | 源赖家 | 京都市东山区 |
| 南禅寺派：瑞龙山南禅寺（1291 年） | 无关普门 | 龟山上皇 | 京都市左京区 |
| 妙心寺派：正法山妙心寺（1337 年） | 关山慧玄 | 花园上皇 | 京都市右京区 |
| 建长寺派：巨福山建长寺（1249 年） | 兰溪道隆 | 北条时赖 | 神奈川县镰仓市 |
| 东福寺派：慧日山东福寺（1255 年） | 东福圆尔 | 九条道家 | 京都市东山区 |
| 大德寺派：龙宝山大德寺（1319 年） | 宗峰妙超 | 后醍醐天皇 | 京都市北区 |
| 圆觉寺派：瑞鹿山圆觉寺（1282 年） | 无学祖元 | 北条时宗 | 神奈川县镰仓市 |
| 永源寺派：瑞石山永源寺（1361 年） | 寂室元光 | 佐佐木赖 | 滋贺县神崎郡 |
| 方广寺派：深奥山方广寺（1384 年） | 无文元选 | 奥山朝藤 | 静冈县引佐郡 |
| 国泰寺派：摩顶山国泰寺（1328 年） | 慈云妙意 | 后醍醐天皇 | 富山县高冈市 |
| 佛通寺派：御许山佛通寺（1397 年） | 愚中周及 | 小早川春平 | 广岛县三原市 |
| 向岳寺派：盐山向岳寺 （1380 年） | 拔队得胜 | 武田信成 | 山梨县盐山市 |

但临济宗的分立只是根据"伽蓝法"即教团组织而形成，至于"传灯相承"，即在专门道场师徒间的印可证明的传承关系则全为"应、灯、关之一流"。此即依赖江户期的白隐慧鹤（1685-1768）的活动而确立的大应国师（南浦绍明）— 大灯国师（宗峰妙超）— 关山慧玄的谱系。因此，诸派之间在思想和修行法上几乎看不到任何差异。

此外，还有虽然属于临济系但在宗风等方面与临济宗其他诸派有所不同的黄檗宗。不过，江户末期的良忠如隆（1793-1868）以后，白隐系的禅法流入，成立了"临黄合议所"的组织，双方加强了相互交流（并称"临黄十五派"）。

综上所述，现在活跃在日本的"禅"，根据法系和宗风的不同，可以分为临济宗、曹洞宗、黄檗宗三派，这三派分别传承从中国传入的看话禅、默照禅和念佛禅，从而构成各自宗派的特色。从思想史的角度看，这是非常有意义的现象。以下介绍作为教团的"禅宗"的概要。

## 二、各派的教势

首先，就禅宗各派的教势而言，如图表1所示，虽然不及净土宗系、日莲宗系和真言宗系，但也拥有仅次于以上诸宗的众多信徒。从禅宗教团内部看，特别引人注目的是，无论寺院的数目还是信徒的数量，单独形成一个宗派的曹洞宗都占有压倒性的优势。临济宗最大的宗派妙心寺派，其寺院和信众数目尚不及曹洞宗的五分之一。甚至临济宗诸派与黄檗宗合在一起，也远不及曹洞宗一宗的势力。造成这一状况的主要原因，主要不是各宗的思想因素，而是因为在江户以前，临济宗诸派主要以当权者为弘法对象，而曹洞宗则积极在农民等一般大众中弘法。

## [ 图表 1 ]

| | 教团名 | 寺院数 | 教师数 | 信者数 | | 教团名 | 寺院数 | 教师数 | 信者数 |
|---|---|---|---|---|---|---|---|---|---|
| 禅系教团 | 临济宗 妙心寺派 | 3,400 | 3,422 | 331,460 | 南都系 | 律宗 | 39 | 23 | 29,500 |
| | 临济宗 建长寺派 | 406 | 368 | 263,300 | | 法相宗 | 169 | 288 | 561,125 |
| | 临济宗 圆觉寺派 | 211 | 177 | 108,498 | | 华严宗 | 455 | 1,484 | 760,044 |
| | 临济宗 南禅寺派 | 427 | 424 | 41,237 | 天台宗 | 天台宗 | 3,342 | 4,228 | 1,531,528 |
| | 临济宗 方广寺派 | 171 | 167 | 20,631 | | 天台寺门宗 | 234 | 1,163 | 376,620 |
| | 临济宗 永源寺派 | 129 | 109 | 15,171 | | 天台真盛宗 | 415 | —— | —— |
| | 临济宗 佛通寺派 | 50 | 45 | 37,900 | | 本山修验宗 | 217 | 1,195 | 4,330 |
| | 临济宗 东福寺派 | 365 | 322 | 43,271 | | 修验道 | 193 | 537 | 106,237 |
| | 临济宗 相国寺派 | 93 | 86 | 6,712 | 真言系 | 高野山 真言宗 | 3,620 | 6,291 | 5,486,000 |
| | 临济宗 建仁寺派 | 70 | 72 | 26,550 | | 真言宗 醍醐派 | 1,084 | 4,298 | 562,530 |
| | 临济宗 天龙寺派 | 105 | 100 | 89,701 | | 真言宗 智山派 | 2,894 | 4,181 | 1,512,488 |
| | 临济宗 向岳寺派 | 69 | 28 | 26,250 | | 真言宗 丰山派 | 2,648 | 3,044 | 1,207,302 |
| | 临济宗 大德寺派 | 201 | 209 | 97,952 | | 信贵山 真言宗 | 196 | 191 | 522,300 |
| | 临济宗 国泰寺派 | 34 | —— | —— | 净土宗 | 净土宗 | 7,074 | 10,229 | 6,021,900 |
| | 临济宗 兴圣寺派 | 8 | 7 | 874 | | 净土宗西山 禅林寺派 | 367 | 514 | 217,700 |
| | 一畑药师教团 | 53 | 106 | 263,131 | | 净土真宗 本愿寺派 | 10,479 | 30,544 | 6,940,852 |
| | 洗心教团 | ? | 293 | 51,185 | | 净土真宗 大谷派 | 8,846 | 17,046 | 5,533,146 |
| | 人间禅教团 | —— | —— | —— | | 真宗高田派 | 637 | 1,420 | 221,862 |
| 曹洞宗 | 曹洞宗 | 14,685 | 16,578 | 1,556,773 | 日莲宗 | 日莲宗 | 5,205 | 8,079 | 3,854,986 |
| | 如来教 | 58 | 42 | 21,580 | | 日莲正宗 | 712 | 747 | 338,000 |
| | 一尊教团 | 3 | —— | —— | | 本门佛立宗 | 337 | 808 | 414,642 |
| | 三宝教团 | 14 | 24 | 2,622 | | 灵友会 | 2,972 | 2,901 | 1,754,535 |
| | 黄檗宗 | 463 | 471 | 350,000 | | 立正佼成会 | 625 | 77,193 | 5,856,939 |

摘自文化厅编《宗教年鉴（平成十二年〈2000〉度版）》

禅的历史

根据 1964 年开始实施的宗教法人法，禅宗的各宗各派皆为宗教法人。各宗有各自宗派的"宪法"（即宗规，如曹洞宗称为"宗宪"，临济宗妙心寺派称"宗纲"），并有基于这些规则的个别规定（曹洞宗有"曹洞宗规则""曹洞宗规程"，临济宗妙心寺派有"临济宗妙心寺派规则""临济宗妙心寺派规程"）。这些总称为"宗制"，其中对各宗派的宗旨和仪式（法要），大本山、门迹寺院、一般寺院等的等级划分和作用，管长、贯首等职位，僧侣的地位和序列，僧侣的义务和与檀信徒的关系，宗派内诸机构的作用，对违反规则者的惩戒等，皆有详细规定。

# 第二节 禅宗教团的组织

下面，对禅宗各宗派的宗门组织做一概观。如图表 2 所示，曹洞宗与临济宗妙心寺派的组织机构非常相似，即以管长为顶点的三权分立体制，这显然是模仿日本的国家组织形式。以下，以曹洞宗与临济宗妙心寺派为中心，略述其主要机构的概要。

管长：各宗派的象征，兼任本山的住持。负责宗制的制定和改定、宗议会的召集和解散、住持和总部干部的任免等。但一切事物皆由宗务厅负责。妙心寺派的宗务总长由管长推举委员会（由宗务总长、宗议会议长、宗务所长会会长组成）的表决决定，任期四年（可以连选连任，但临济宗的许多派别则是终身制）。曹洞宗因为有两个本山，所以管长每两年由两本山的住持（贯首）轮流担任。

宗议会：由全国的选举区选出的议员构成，负责宗制的制定和改定、审查预算和决算。曹洞宗的议员数为 72 名，临济宗妙心寺派为 31 名（任期皆为四年）。另外，在曹洞宗的各选举区中，永平寺系与总持寺系各选出议员一名。

宗务厅（曹洞宗的称呼，妙心寺派称"宗务本所"）：以宗务总长（曹洞宗的宗务总长由宗议会指名，任期两年。妙心寺派则由全体僧侣从三名候选人中选出，任期四年）为中心，由各部部长等组成"内局"（曹洞宗称"厅议"，妙心寺派称"内局会议"），统管总务、教学、财政（财务）等各部，执行宗务，并负责管理各地设置的宗务管区（妙心寺派称"教区"）的宗务所。各宗务管区（妙心寺派称"教区"）下设教区（妙心寺派称"部"），各教区设立教区事务所（妙心寺派称"宗务支所"），统辖教区内（妙心寺派称"部"）的寺院。宗务所长和教区长（妙心寺派称"宗务支所长"），由各地区的住持选举产生（曹洞宗的宗务管区以都道府县为单位划分，在宗务管区之上又在全国范围内设立九个"管区"，管区长由各管区内的宗务所长通过选举产生）。

在家信徒有护持会（妙心寺派称"花园会"）的组织，此组织负责寺院的修缮、宗费的收缴、寺族的福祉保护、对大本山的团体团拜等。护持会（妙心寺派称"花园会"）虽然以各寺院为基础，但教区（妙心寺派称"部"）、各宗务管区（妙心寺派称"教区"）和宗门（妙心寺派称"本部"）也皆有不同级别的护持会。它们由选出的檀信徒代表负责开展活动。但檀信徒一般对禅宗的宗旨不甚了了，而寺院也只是关心寺院的经营。在许多时候，两者只是通过祖灵的祭祠而保持经济上的联系而已。在一般寺院，住持通常也几乎不坐禅。

审事院（曹洞宗的名称，妙心寺派称"审查会"）：负责对教团内的违规、纷争等进行调查和审判，对不正当的行为进行调查和制裁（在曹洞宗的"审事院"也对"宗制"进行解释）。在妙心寺派中，初审在内局的统务院会议进行，只有再审才在审查会进行。其构成，曹洞宗为10人，妙心寺派为5人，任期皆为两年。

宗务检查委员会（曹洞宗的名称，妙心寺派称"检查会"）：对预算的执行情况进行审计。其构成，曹洞宗为6人，妙心寺派为3人，任期曹洞宗为一年，妙心寺派为两年。

各宗派皆根据宗议会通过的预算而推进各项宗务，其预算一般由"宗费"和"义财"（曹洞宗的名称，妙心寺派称"冥加金"）等来筹集。

宗费由各寺院和教师缴纳，寺院根据檀信徒数和不动产、教师根据获得的资格而负担一定金额。义财（冥加金）是在寺格和教师资格等升迁、住持任命之际的特别缴纳金。另外，办理各种手续时的手续费也打入预算。

# ［图表2］

曹洞宗机构图

临济宗妙心寺派机构图

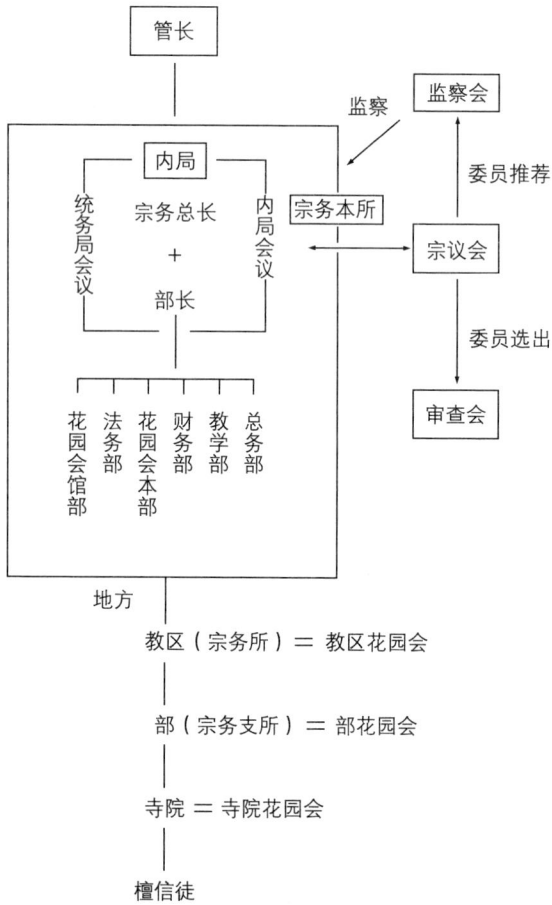

```
                        ┌──────────┐
                        │   管长    │
                        └──────────┘
                              │
                                        监察      ┌──────────┐
                   ┌──────────────────┐           │  监察会   │
                   │     ┌──────┐     │           └──────────┘
                   │     │ 内局 │     │                 ↑
               统  │统   宗务总长  内  │ ┌──────┐        │ 委员推荐
               务  │务            局  │ │宗务本所│        │
               局  │局    ＋      会  │ └──────┘  ┌──────────┐
               会  │会            议  │ ←──────→  │  宗议会   │
               议  │议    部长       │           └──────────┘
                   │   ┌──┬──┬──┬──┐ │                 │
                   │   │  │  │  │  │ │                 │ 委员选出
                   │  花 法 花 财 教 总│                 │
                   │  园 务 园 务 学 务│           ┌──────────┐
                   │  会 部 会 部 部 部│           │  审查会   │
                   │  馆    本        │           └──────────┘
                   │  部    部        │
                   └──────────────────┘
                              │
                           地方 │
                              │
              教区（宗务所）＝ 教区花园会
                              │
               部（宗务支所）＝ 部花园会
                              │
                寺院 ＝ 寺院花园会
                              │
                          檀信徒
```

　　　　　　　　　　　禅的历史

## 参考文献

现代佛教大事典编集委员会 《现代佛教大事典》( 金花舍，1980 年 )

曹洞宗宗务厅 《曹洞宗宗制》( 曹洞宗宗务厅，1999 年 )

曹洞宗宗务厅 《昭和新订曹洞宗行持规范》( 曹洞宗宗务厅，1999 年 )

奈良康明，西村惠信编 《禅宗》(《日本佛教基础讲座》6，雄山阁，1979 年 )

文化厅编 宗教年鉴（平成十二年度版 )》( 行政，2001 年 )

妙心寺派宗务本所 《临济宗妙心寺派宗制》( 妙心寺派宗务本所，1997 年 )

# 第二章
# 禅宗寺院的机构和管理

## 第一节　寺院的构成和组织结构

### 一、寺院的构成

禅宗寺院的伽蓝构成，根据宗派不同和规模不同而各种各样。下文的图表 3，为曹洞宗的本山永平寺的构成。像各宗的本山这样的巨刹，一般由很多的建筑物组成，但主要有以下建筑：

**佛殿**

多为三开间带台阶的建筑（镰仓时代的佛殿规模更大，为五开间带台阶），殿顶敷石片或瓦。殿内设须弥坛，上置本尊。本尊通常为释迦佛、文殊、普贤三尊，或者释迦佛和阿难、迦叶两肋侍。此外，还有在释迦佛的两肋供奉达摩和土地神（有的寺院将供奉土地神的土地堂设在别处）等。寺院各种仪式在这里举行，平时装饰长明灯、鲜花和香炉，旁边设置木鱼和太鼓等。在黄檗宗中，佛殿沿用明代以后的名称，称为"大雄宝殿"。

**法堂**

住持说法（称为"上堂"）的场所，一层建筑付台阶（过去也有二层建筑）。为禅宗寺院中最重要的建筑。过去即使没有佛殿也需要有法堂。在临济宗中，多为敷瓦的土间。虽然设有须弥坛，但不是为了安置佛像，而是为了住持登坛说法。但在曹洞宗中，多铺设榻榻米，类似临济宗的方丈室。在内室还设置观音等本尊的须弥坛，举行祈祷和传法等仪式。

▷ 福井·永平寺航空写真（法堂·光明藏·库院）

### 三门（山门）

寺院的入口。五开间的二层建筑，下面安置持国、多闻二天，楼上供奉十六罗汉（或五百罗汉）和释迦佛。"三门"指空、无相、无作的三解脱门。三门的前面，通常设放生池。在黄檗宗中，在此位置设"天王殿"，供奉四天王和布袋、韦陀天。

### 僧堂

修行僧的生活和修行的场所。在临济宗的本山等地，许多已经没有僧堂，而另设"专门道场"的设施，供僧众修行。有些寺院称为"禅堂"，这是受到黄檗宗的影响。在黄檗宗中，僧众的饮食和睡眠在外面进行，在这里只从事坐禅，所以才有这一称呼。到江户时代，其他宗派也称为"禅堂"。僧堂分为供一般僧侣修行的"堂内"（坐禅堂）和担任寺职者（每半年轮换）居住的"常住"。堂内地面敷瓦或土面，中央供奉圣僧（文殊菩萨）。其周围是分割成"单"的坐禅席位。"单"宽百厘米，深两百厘米，高五十厘米，背后还有称为"函柜"的行李厢（临济宗称"单箱"，只存放日用品，另在头顶上方设蒲团棚，其下有存放持钵的棚〈带窗帘〉），存放寝具和钵。各单挂有写着坐禅僧侣名字的"单票"。此外，还有写有警策语句的台、坐禅时用的钟、太鼓、板（也称"版"，上书"生死事大，无常迅速，光阴可惜，时不待人"）等。僧众在此坐禅、经行、礼拜文殊等。其构造如图表4所示。

[图表3]

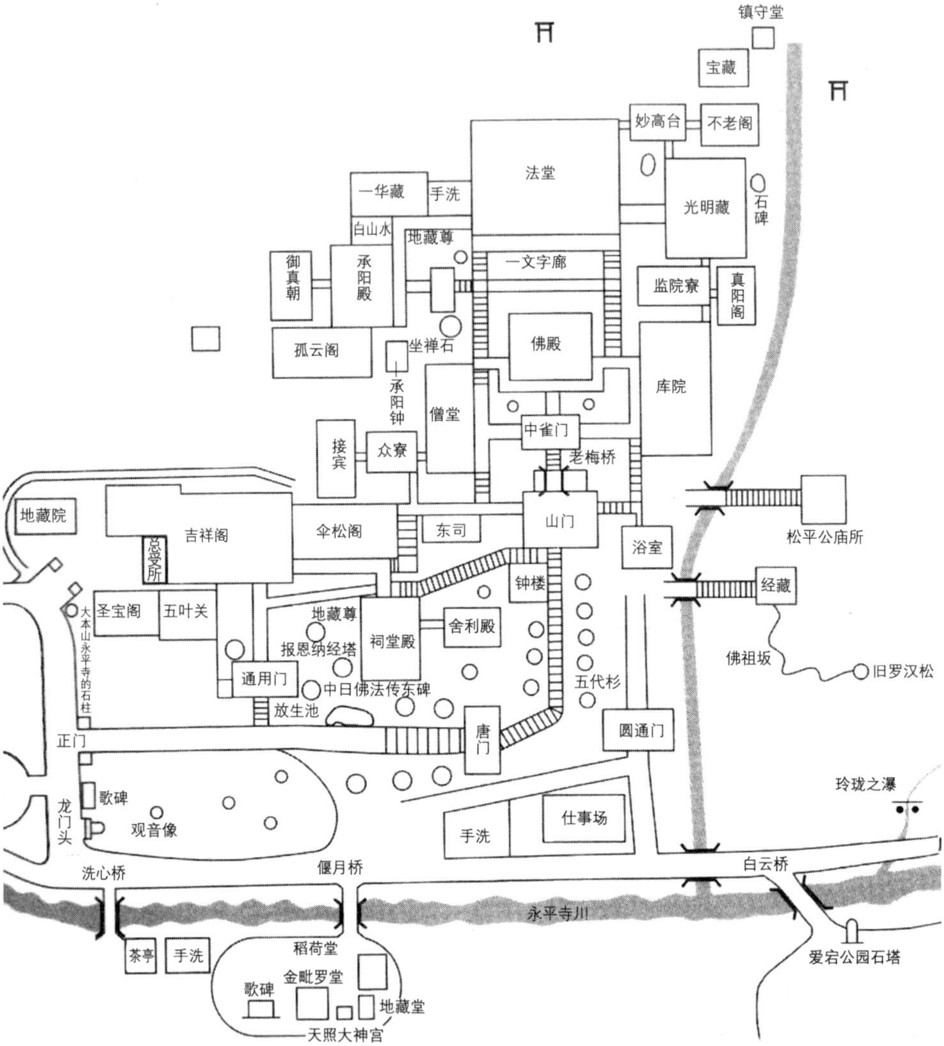

镇守堂

宝藏

妙高台　不老阁

法堂

一华藏　手洗

光明藏　石碑

白山水　地藏尊

御真朝　承阳殿　一文字廊

监院寮　真阳阁

孤云阁　坐禅石

佛殿

承阳钟　僧堂　库院

接宾　众寮　中雀门

老梅桥

地藏院　吉祥阁　伞松阁　东司　山门　浴室　松平公庙所

慈爱所

圣宝阁　五叶关　地藏尊　钟楼　经藏

大本山永平寺的石柱　报恩纳经塔　祠堂殿　舍利殿　佛祖坂　旧罗汉松

通用门　中日佛法传东碑　五代杉

放生池　圆通门

正门　唐门

玲珑之瀑

龙门头　歌碑

观音像　仕事场

手洗　白云桥

洗心桥　偃月桥　永平寺川　爱宕公园石塔

茶亭　手洗　稻荷堂

歌碑　金毗罗堂　地藏堂

天照大神宫

禅的历史

# [ 图表 4 ]

僧堂的构造（曹洞宗）

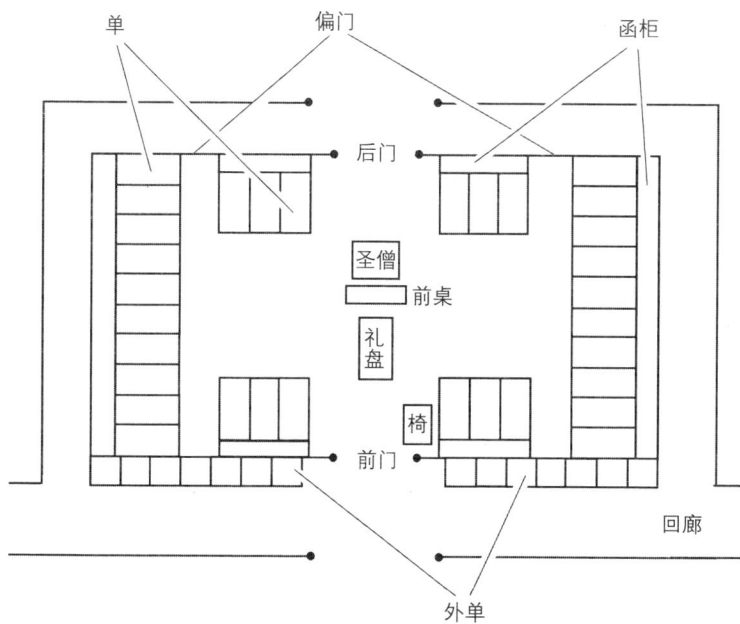

单　　　偏门　　　　　　　函柜

后门

圣僧
前桌
礼盘

椅

前门

回廊

外单

单的构造（曹洞宗）

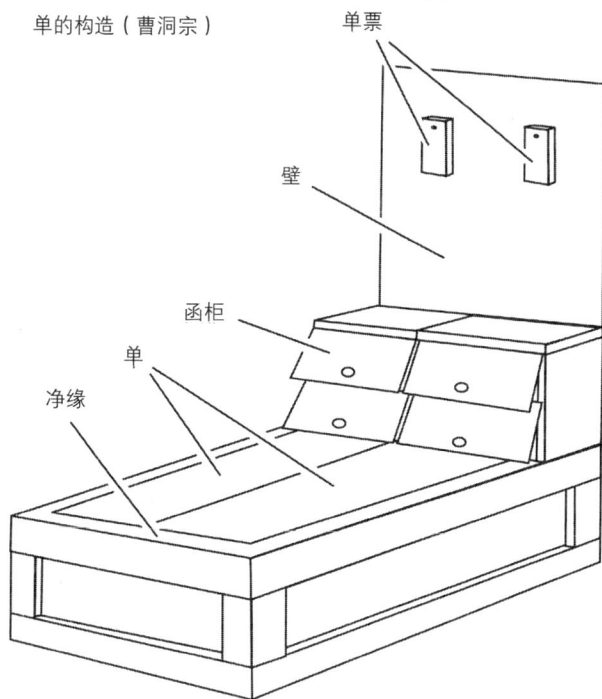

单票

壁

函柜

单

净缘

### 库院（斋堂、厨库）

即厨房和食堂。正面供奉韦驮天。通常厨房为砖瓦房，而食堂多为木板房。设置有云版，到时候通知僧众就餐。只有临济宗的修行僧在食堂用餐，这是受了黄檗宗的影响。曹洞宗则遵守古式在僧堂用餐。

### 东司

厕所。供奉乌枢沙摩（或写为"乌刍沙摩"）明王。设置有挂袈裟和直裰的竹棒。

### 浴司

浴室（在江户时代之前，似乎以桑拿为主流）。供奉跋陀婆罗尊者。设置有礼拜用的垫子，入浴前须五体投地。与食堂、东司一起称为"三默堂"，僧众入内，不得发声。如果要调节浴室的温度，要敲室内所挂的版，版上写有"一声添汤、二声添水、三声则止、以此为节"。

### 总门

三门外所建的门，在南都六宗中称为南大门，古来安置二金刚。在中小寺院，三门兼有总门的职能。

### 方丈

住持的住所，通常在法堂的斜后方。开始，仿照宋代的样式，分为"前方丈"和"内方丈"，前者为举行公开仪式的场所，后者则是住持个人生活的场所。现在则只有"内方丈"（大德寺和妙心寺的"寝堂"则仍有"前方丈"的影子）。方丈的前庭有围墙，中间有中门，但中门一般只在住持就任的晋山式才开门（通常从方丈室一端的廊下或前面的小门出入）。在中小寺院称为本堂。

### 众寮

在中国原为修行者在饭后读书和喝茶的场所。曹洞宗在复古运动中，永平寺和总持寺设置的众寮就是这样的用途。构造与僧堂几乎相同，只是略窄，中间设有茶几。供奉观音菩萨和虚空藏菩萨。在临济宗中，这种意义上的寮废弃，担任寺职的僧侣起居的寮舍称为"众寮"。

### 隐寮

师家和长老的居室。

### 延寿堂

治病养病的设施。

### 开山堂

祭祀寺院开山祖师的堂屋。多为佛殿的形式，中间没有须弥座，而是设一祭台，上面供奉祖师的木像或画像。在中国一般是达摩居中，百丈居右，各寺的开山居左。

但在日本的临济宗中，有的中央供奉荣西和达摩；而曹洞宗大多中央供奉道元，莹山和寺院的开山分列左右。另，在黄檗宗的万福寺，除了祭祀达摩的祖师堂，还有祭祀隐元的开山堂。

**钟楼**

悬挂寺钟的设施。

**经藏**

收藏经典和禅籍的设施。

**回廊**

连接伽蓝的通路。奈良时期的寺院，起回廊作用的是中庭的花木。这种回廊，在过去的大寺院中普遍存在，但现在的临济宗寺院中已经见不到。而曹洞宗和黄檗宗的寺院中则处处可见，永平寺和万福寺是其代表。

**敕使门**

宣达天皇命令的使者通行的门，南禅寺、建仁寺、相国寺、大德寺、妙心寺、永平寺等设有此门。

**塔**

各寺的形制不同，有三重塔、五重塔等。过去见于建仁寺（三重塔）、东福寺（五重塔）、南禅寺（多宝塔）、圆觉寺（三重塔）、建长寺（五重塔）等。这些塔的建造，据说受到旧佛教的影响，而且多模仿元末以后中国寺塔的造型。

**镇守社**

作为三门镇护的神，供奉于总门和三门附近。一般为神社建筑，而且各寺院所供奉的神有所不同。如相国寺供奉伊势神宫、八幡大神、春日明神、天神等。而曹洞宗多供奉白山权现和稻荷。

在这些建筑物中，佛殿、法堂、库院、东司、浴司最重要，禅宗称为"七堂伽蓝"（这一说法始自一条兼良〈1402-1482〉，是中世日本禅林的说法，在中国似乎并不存在。而在黄檗宗中，将本堂〈大雄宝殿〉、禅堂、斋堂、祖师堂、伽蓝堂〈祭祀护伽蓝神的场所〉、鼓楼〈设置大鼓的楼阁，与钟楼相对〉、钟楼，称为"七堂伽蓝"）。东司、浴司在南都六宗中不属于七堂伽蓝，而在禅宗中，基于清规，这些也是修禅办道的场所，所以被列入七堂伽蓝。其配置，以模拟人体为最理想，如图表 5 所示（见于江户时代木匠的秘本"匠明"〈1608 年〉和曹洞宗的"禅林七堂"等）。

具足七堂伽蓝的只是诸宗的本山等少数的大寺院，在中小寺院，通常将几种建筑的功能集约到一处，以减少建筑物的数量。如将众寮与东司、浴司并入库院（库里），将佛殿与法堂合为本堂等。所以一般寺院通常由本堂、库里、开山堂（许多寺院兼有供奉檀信徒牌位的"牌位堂"的功能）、钟楼、三门等构成。

## [图表5]

北

| | 法堂<br>（头） | |
| --- | --- | --- |
| 僧堂<br>（右手） | 佛殿<br>（心） | 库院<br>（左手） |
| 东司<br>（右脚） | 三门<br>（阴） | 浴司<br>（左脚） |

西 ← → 东

南

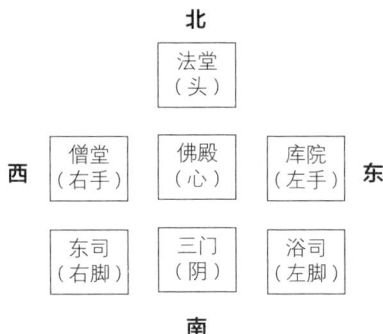

另外，在临济宗的大寺院中还时常看到其境内的小寺院"塔头"（从前曹洞宗的总持寺也有此"塔头"）。过去南禅寺有百零一、天龙寺九十五、相国寺七十六、建仁寺六十六、东福寺百二十、大德寺一百、妙心寺百六十五的塔头寺院存在。现在塔头最多的妙心寺有四十五个（如图表6所示。但在妙心寺境内的有三十九个，六个在境外）。

塔头各有开山塔、祭祀开山的昭堂、方丈（客殿）、库里、书院等，作为末寺独立存在（图表7为大德寺大仙院的格局。不过在大德寺的塔头中，开山塔设在客殿内部，故图中没有表现出来）。特别是妙心寺系统中，全国的末寺皆从属于龙泉庵、东海庵、圣泽院、灵云院四个塔头（称为"四派本庵"，其住持由各派内寺院住持五人推荐，管长任命）。

## 二、寺院的寺职

在设有专门道场的代表性禅宗寺院中，修行者（禅宗称为"云水"）通过各司其职而管理寺院，显然这其中体现了在日常生活中求悟的禅宗的基本思想。重要的职责由资格老的云水担任，称为"常住"或"役位"（未担任寺职的称为"堂内"）。常住之中有以下寺职（大多源于宋代的丛林组织"两班"）：

师家：得到传灯印可，指导参禅者的僧人，也称"老师"。

侍者：随侍住持或师家的职位。

隐侍：照顾住持或师家以及所有僧人日常生活的僧人，也称"三应"。

禅的历史

## [图表6]

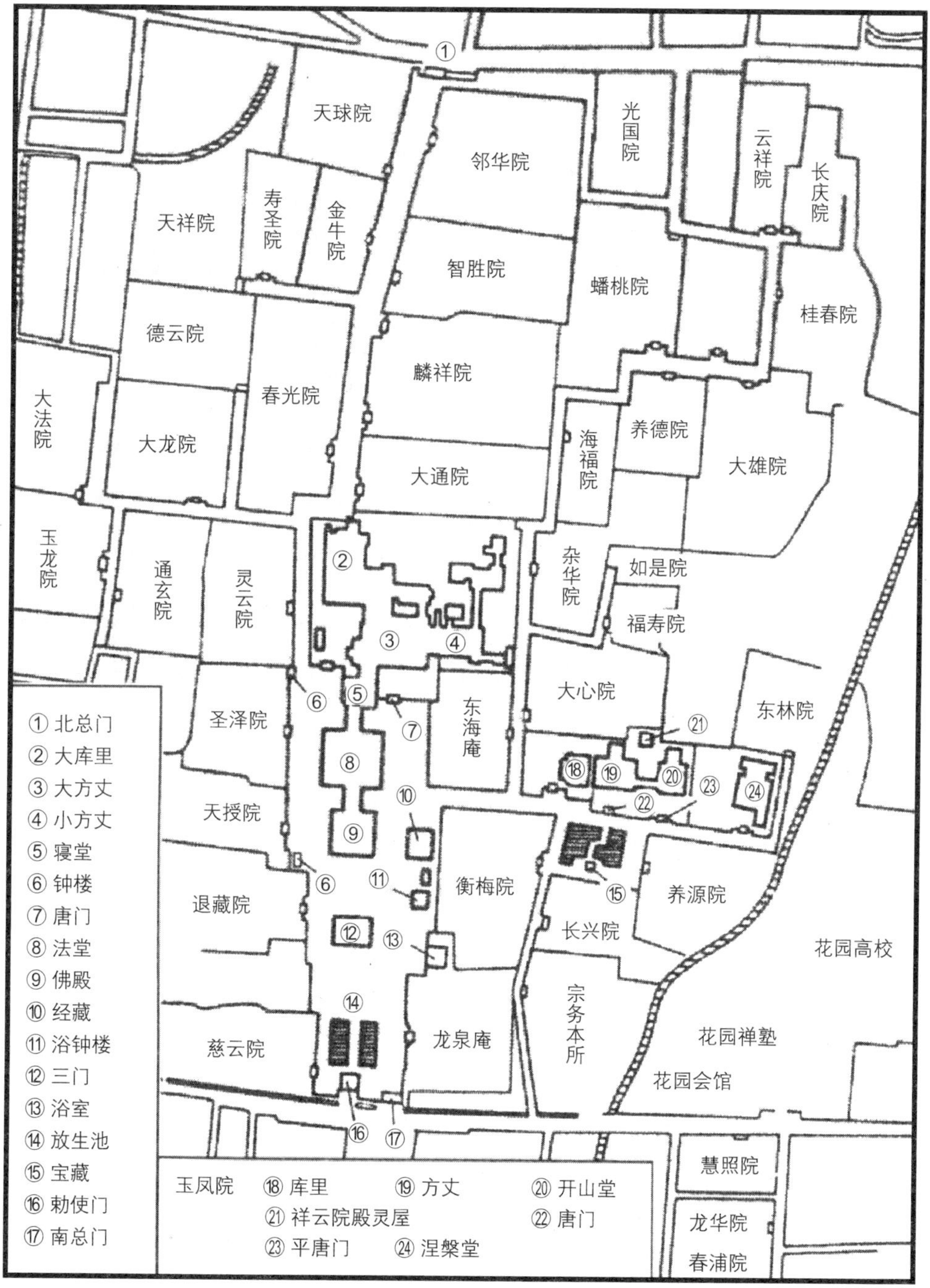

①
天球院
邻华院
光国院
云祥院
长庆院
天祥院
寿圣院
金牛院
智胜院
蟠桃院
桂春院
德云院
麟祥院
春光院
大法院
大龙院
海福院
养德院
大雄院
大通院
玉龙院
通玄院
灵云院
②
杂华院
如是院
福寿院
③
④
圣泽院
⑥
⑤
东海庵
大心院
东林院
⑦
⑧
㉑
⑱
⑲
⑳
㉓
㉔
天授院
⑩
㉒
⑨
退藏院
⑥
⑪
衡梅院
⑮
养源院
长兴院
⑫
⑬
花园高校
⑭
宗务本所
慈云院
龙泉庵
花园禅塾
花园会馆
⑯
⑰
慧照院
龙华院
春浦院
玉凤院
① 北总门
② 大库里
③ 大方丈
④ 小方丈
⑤ 寝堂
⑥ 钟楼
⑦ 唐门
⑧ 法堂
⑨ 佛殿
⑩ 经藏
⑪ 浴钟楼
⑫ 三门
⑬ 浴室
⑭ 放生池
⑮ 宝藏
⑯ 勅使门
⑰ 南总门
⑱ 库里
⑲ 方丈
⑳ 开山堂
㉑ 祥云院殿灵屋
㉒ 唐门
㉓ 平唐门
㉔ 涅槃堂

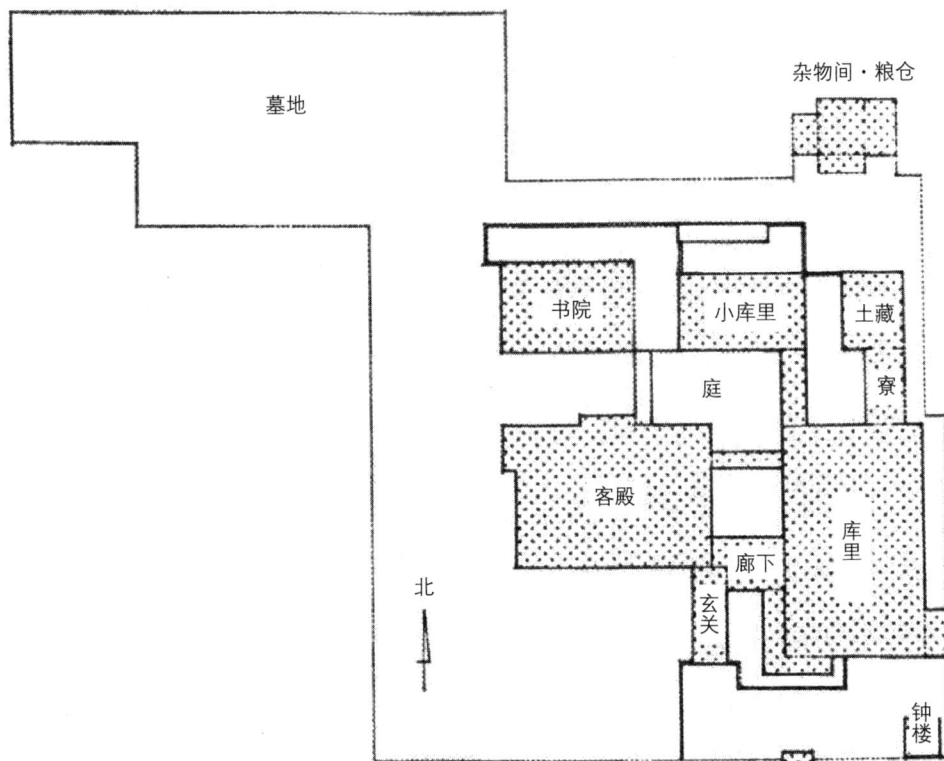

**[图表7]**

墓地

杂物间·粮仓

书院

小库里

土藏

庭

寮

客殿

廊下

库里

北

玄关

钟楼

（摘自川上贡《禅院的建筑》）

禅的历史

知客：原来是负责接待来客的职位，现在则掌管一堂的纪律，也称"纲纪寮"。

直日：原本负责一天的作务等活动、相当于干事的职位，现在则指在禅堂指导监督坐禅的职位，其助手称为"助警"。

圣侍：侍奉圣僧（文殊）的僧人。转指行茶礼时负责送茶等服务工作的僧人。

浴司（浴主、知浴）：掌管浴室所有事务的职位。

典座：负责购买食品和安排伙食的职位。因为著名禅师雪峰义存（822-908）曾担任此职，故也称"雪峰寮"。

园头：管理菜园的职位。

殿司：负责佛殿一切事务的职位，也称"知殿"。

副司：会计，其助手称为"副随"。

常住一般是轮流担任，原则上半年（一夏）一换。其间，生活在僧堂之外的"寮舍"，根据职位的不同，这些寮称为"侍者寮""知客寮"和"副司寮"等。

此外，堂内轮流担任的职位还有以下几种：

振铃：宣布起床时间的僧人。

供给：吃饭时负责分饭的僧人，也称"看饭台"。

发头：理发之日，负责准备水和盆等用具的僧人。

浴头：浴室的服务僧，负责为入浴者冲背。

守夜：入睡前负责巡逻的僧人，检查防火和锁门。

值夜班：夜间负责警戒火灾等的僧人。


# 第二节　寺院的功课和节日


说起"禅宗寺院"，我们可能马上就想到严格的坐禅修行。确实严格的修行是禅宗固有的重要特征，也是最应该重视的部分；不过这种修行只在特定的"僧堂"或"专门道场"进行，一般的僧侣，大多数情况下，只是人生的一个时期在僧堂度过。

禅宗纵然有特异的思想和修行法，但依然是一种"宗教"，所以也有着基于独自理念的许多宗教礼仪。在禅宗寺院中，毋宁说这些日常的宗教礼仪规范着僧人生活的方方面面。以下简单介绍这些礼仪的代表性部分。

## 一、每日的功课

禅宗寺院每天的修行项目，有朝课（早上四点左右）、午课（曹洞宗称为"日中"，上午十一点左右）、晚课（下午四点以后），即所谓"三时诵经"。朝课念诵《观音经》（《法华经》"普门品"）、"大悲咒"和"消灾咒"等（曹洞宗也念诵《参同契》和《宝镜三昧》等），回向开山祖师、历代住持、大檀越等。午课念诵《金刚经》和"大悲咒"（曹洞宗也念诵"尊胜陀罗尼"，但夏季也念诵《楞严咒》等）、晚课读诵《金刚经》《般若心经》、"尊胜陀罗尼""沩山警策""大悲咒"等（在曹洞宗中也读诵《法华经》和面山瑞方〈1683–1769〉根据《莹山清规》编辑的《甘露门》）。

这种"诵经"也在每个月的特定之日进行。如在每月的初一和十五的早上祈祷天皇长寿，称为"祝圣"（曹洞宗称为"祝祷"，祝圣之后是"小参"，即云水僧向住持咨问平日的疑问）。临济宗有土地堂诵经（二日、十六日）、祖师堂诵经（三日、十七日）等。曹洞宗则有达摩大师月忌（五日）和两祖大师月忌（二十九日）等。另外还有在特定的月份举行的法事。如在临济宗中，一月、五月和九月被称为"善月"，在这三个月的十六日举行"善月祈祷般若"，讲读《大般若经》；十八日举行"般若忏法"。此外，为了策励修行，还要读诵"忏悔文""大慧禅师发愿文""中峰国师座右铭"（后二文为临济宗所用）等。

## 二、节日与纪念活动

| | |
|---|---|
| 一月一日 | 元旦 |
| 一月一日至三日 | 修正会（讲读《大般若经》） |
| 二月十五日 | 佛涅槃会 |
| 四月八日 | 佛降诞会 |
| 七月十五日 | 盂兰盆会（施饿鬼） |
| 十月五日 | 达摩忌 |
| 十二月八日 | 佛成道会 |
| 十二月二十二日 | 冬至 |
| 十二月三十一日 | 除夕 |
| 各宗各派开山祖师的忌日 | 开山忌 |
| 天皇的生日 | 祝圣 |

最重要的纪念活动为"二祖三佛忌"。三佛忌为佛降诞会、佛成道会、佛涅槃会，这是各宗共通的活动。二祖忌在临济宗中指达摩忌和百丈忌（一月十七日）；在曹洞宗中则为达摩忌和两祖忌（九月二十九日，永平寺道元和总持寺绍瑾的忌日）。

在开山忌中，除了当日的"半斋"还有前夜的"宿忌"，有时在这些场合也要诵经回向，一般诵"大悲咒""楞严咒"和"消灾咒"等。另外，在临济宗还有临济忌（一月十日）等，在曹洞宗有高祖（道元）降诞会（一月二十六日）和太祖（莹山绍瑾）降诞会（十一月二十一日）等。

各宗派的开山忌：二月二十日（向岳寺派）、三月二十二日（方广寺派）、六月三日（国泰寺派）、七月五日（建仁寺派）、七月二十四日（建长寺派）、八月二十五日（佛通寺派）、九月一日（永源寺派）、九月三日（圆觉寺派）、九月二十九日（曹洞宗两祖忌）、十月十六日（东福寺派）、十月三十日（天龙寺派）、十二月十二日（南禅寺派，妙心寺派）、十二月二十二日（大德寺派）。

以上这些纪念活动，在专门道场修行的云水僧与一般寺院的僧众一样，都要参加。此外，在信徒的葬礼和各种法会的场合，也按照事先规定的仪式而举行诵经等。特别是七月十三日到十五日要举行"棚经"，即到各檀家去诵经供养。

## 参考文献

佐藤义英　《云水日记 —— 画中所见禅的修行生活（第二版）》（禅文化研究所，1997 年）

曹洞宗宗务厅教学部编　《昭和修订 曹洞宗行持规范》（曹洞宗宗务厅，1988 年）

奈良康明，西村惠信编　《禅宗》（《日本佛教基础讲座》6，雄山阁，1979 年）

西村惠信　《禅僧的生活》（《生活史丛书》32，雄山阁，1983 年）

# 第三章
# 禅修行

## 第一节　禅宗僧侣的一生

### 一、修行过程

现在，在日本禅宗中，僧侣娶妻已很普遍，很多情况下寺院靠世袭而得以继承和维持，所以禅宗僧侣大多是与禅宗寺院有关系者（称为"宗门"）的子弟。由于在寺院中长大，所以他们很自然地就获得了关于禅宗的宗旨、宗派组织以及特有礼仪等方面的基础知识。到了一定年龄，要成为正式的僧侣，就找一位师父，由师父（受业师）主持"得度"仪式，从而成为教团的一员。

在禅宗中，要成为禅师，在一定期间内必须要到各地所设的专门道场（也称"僧堂"或"禅堂"）参禅办道。因为学历越高，这一修行期间越短，所以即使是僧侣的弟子，往往也是在高中、大学甚至是研究生毕业、拿到学位以后，才去过僧堂生活。因为如果在本宗派的大学毕业会得到更多的照顾，所以一般情况下都选择到宗立大学、大学院就读。

### 专门道场

主要是临济宗用语，曹洞宗则称为"本山僧堂""地方僧堂"。曹洞宗的僧堂，受古规复兴运动的影响，其结构和样式等多留古风；而临济宗的专门道场，在幕府末年到明治年间，多为白隐系统的僧人重建，所以受到黄檗宗的影响而有所变化。禅宗各派的本山与各地的主要寺院并设。本山之外的主要寺院有：祥福寺（妙心寺派，兵库县神户市）、德源寺（妙心寺派，爱知县名古屋市）、正眼寺（妙心寺派，岐阜县美浓加茂市）、永保寺（南禅寺派，歧阜县多治见市）、梅林寺（妙心寺派，福冈县久留米市）、圣福寺（妙心寺派，福冈县博多市）、发心寺（曹洞宗，福井县小滨市）等。一般只有得度的僧侣才能到僧堂修行。而居士除了在"摄心"（特别坐禅期间）之外，不能"通参"（在僧堂修行），一般在家者只允许"外单"坐禅。

通过在僧堂参禅办道获得开悟，如果得到师父的承认，就算得到"印可"。但即使经过了僧堂修行，也未必能获得觉悟。而是否获得"印可"，除特定情况外，也并不与僧侣的级别相联系。所以，一般是一到所定的年限，僧人就离开僧堂。不过要成为僧堂的师父，即要获得对弟子进行"印可"的资格，师父本人绝对首先需要得到"印可"，所以有的人会在僧堂度过漫长的岁月。

## 二、僧阶的获得

在禅宗中，一般寺院都有各自的"寺格"，要成为其住持，僧人要有与寺格相当的僧阶。即使是在寺院长大的僧侣的子弟，要继承寺院，也要有相应的僧阶，所以必须在学业和僧堂修行方面付出努力。

关于僧侣的僧阶，各宗派皆有不同的规定。在曹洞宗中，分为"法阶"和"僧阶"。"法阶"是按照在僧团中的资历而分为上座（尼上座）、座元（尼座元）、和尚（尼和尚）、大和尚（尼大和尚）四级（括号内为尼僧的法阶），如果满足相应的条件，经过特定的仪式，就被任命为一定的法阶。

而"僧阶"则按照学识、修行经历和年龄分为八级，即三等教师、二等教师、一等教师、正教师、权大教师、大教师、权大教正、大教正（从三等教师到正教师由本人申请就能得到认定，而从权大教师到权大教正则由宗务厅内的"经历审查会"选考。大教正只有贯首、前贯首才有资格获得）等。另外在曹洞宗中，还有弘法团体"梅花讲"，其成员也有"教阶"。

在临济宗妙心寺派中，僧侣分为"教师"和"教师候补"，而前者又分为九等，即从"大教师""一等教师"到"八等教师"，所以此派的教阶有十阶。另外，根据在专门道场修行的年数、学历以及出家的年数（僧腊），授予相应的"法阶"。如大教师授予"特住职""历住职""再住职"三种；以下，从"一等教师"到"八等教师"，分别授予"前住职""住持职""准住职""东堂职""西堂职""塔主职""前堂职""首座职"；教师候补则授予"藏主""知客""沙弥"。

# 第二节 僧堂生活

在日本主要的禅宗寺院中，常常并设修行的"专门道场"（僧堂、禅堂）。如果不在这里经过数年严格的修行，在宗门内就不能成为一名合格的僧侣。不仅如此，对生长在寺院的僧侣的子弟来说，不在这里修行一个时期，就连继承自己所在寺院的资格都没有。所以在禅宗诸派中，剃度的僧侣在人生的某个时期，一定要在僧堂专心修行。

或许对社会上关心"禅"的人来说，最感兴趣的就是专门道场中禅僧修行的实态。无论僧侣是出于什么动机而参加僧堂生活，僧堂生活毕竟是"禅"所固有的东西，也是"禅"生活的核心。以下对僧堂生活做一简单介绍。

## 一、走向僧堂的旅程（行脚）

在得度以后，僧侣如果下决心到僧堂修行，就请求师父向僧堂提出申请，在得到"挂搭"（过僧堂生活，又称"挂锡"）的许可后，即可踏上去僧堂的旅程（选择何处的僧堂是自由的，但大多在自己所属宗派所设立的僧堂中选择）。此时要带上受戒证明书、挂搭申请书（需要有本人和受业师的署名）、誓愿书、履历书等。因为古代常以"行云流水"形容在各地行脚、刻苦修行的僧人，所以这一旅程称为"行脚"，也称为"云水"。

行脚限定在一定的时期进行，因为僧堂的活动以每年两次"安居"期（即"雨安居"和"雪安居"。前者又称"夏安居"，每年的四月十五日至七月十五日；后者又称"冬安居"，从十月十五日到一月十五日。实际上，不同地方的僧堂对"安居"的时间安排有所不同）为中心来安排，而安居期间禁止从僧堂出入，所以行脚的期间就自然受到限制。

云水僧出发时，要身着深色木棉衣，肩挎头陀袋，头戴斗笠，脚穿草鞋，系白鞋绳，胸前挂袈裟文库（又称"袈裟行李"，里面放入袈裟、剃刀、小钱、禅籍等僧堂生活必需品。钵装入袋子里绑在"袈裟行李"之上），后面背衣服包（内装雨衣、白衣）。

## 二、僧堂入门（入众）

到了僧堂，在门口递交了挂单申请书、誓愿书、履历书，并不能马上被接纳，知

▷ 坐禅（临济宗）

客会以道场已经满员为由拒绝入内。但实际上并不是真的满员，而是对入门者意志的考验。故意拒绝入门，是自古以来延续下来的一种习惯。"新到"（新到僧堂来的云水）如果不经过一定程序，是不能进入僧堂挂单的。这些程序包括以下内容：

1. 庭诘。因为被知客拒绝入门，于是在大门口坐下，将袈裟行李放在前面，两手置于行李之上，捧着头，除了吃饭和上厕所，要一直保持低头的姿势。到下午，又被从大门赶出，所以只好在外边坐禅。到傍晚，知客会通融说，只允许住一晚，明天就回去。此夜就在临时僧寮（旦过寮），作为投宿僧过夜。但当夜不能睡眠，要一直坐禅到天明。这样的做法要重复一两次（过去曾经有过整整持续一周的。另外有的道场，当天不能投宿，僧人要到近处的小庵过夜，第二天再来，才允许投宿。曹洞宗没有庭诘，直接从旦过诘开始）。

2. 旦过诘。在旦过寮的小屋住三天到一周，每天面壁坐禅。之后，接到知客允许入门的通知，以及关于僧堂规矩等的忠告以后，在第二天早上才能进入僧堂。

3. 新到参堂，即入门仪式。在僧堂入口处，参拜了圣僧（通常为文殊菩萨）像后，被引领到分配给自己的坐禅处，并被告知自己得到入门许可、已经是"新到参堂"，然后举行"茶礼"（大家一起喝茶的仪式）。

4. 与老师相见。入门仪式之后数日，会安排与老师见面。三拜之后，进入老师的房间，举行"茶礼"，此时要焚香，以证明师弟关系，称为"相见香"。

## 三、僧堂中的生活

僧堂的日常功课，虽然各道场有所不同，但大同小异（而在临济宗中，拂晓坐禅、黄昏坐禅之际有"唤钟"〈入室参禅〉仪式，与曹洞宗不同）。以下为永平寺的功课表：

| | |
|---|---|
| 凌晨三点半 | 开静（起床，也称"开板""振铃"）、洗脸 |
| 凌晨四点 | 晓天坐禅（也称"晓天打坐"） |
| 凌晨五点 | 朝课诵经（早课，在法堂进行） |
| 早晨七点 | 粥座（早餐，也称"行粥"） |
| 上午八点 | 扫除等作务、朝坐（坐禅）或法益（讲义，也称"提唱""讲座"）（逢四、逢九，九点以后理发） |
| 上午十一点 | 中午诵经（午课，在法堂进行） |
| 上午十一点半 | 斋座（午餐） |
| 下午一点半 | 作务、读书或法益（逢四、逢九，入浴） |
| 下午五点 | 晚课诵经（晚功课，在法堂进行） |
| 下午五点半 | 药石（晚餐） |
| 下午七点 | 黄昏坐禅（也称"夜坐"） |
| 下午九点 | 开枕（就寝，也称"解定"） |

道场不同，修行的科目也有不同，如有的地方在早餐后进行拂晓坐禅，午后不是作务，而是坐禅（昼坐）等。在临济宗中，在就寝的时间之后，许多人还要各自坐禅（也称"夜坐"）。

此外，每月的初一、十五的祝圣，还举行"小参"。还有预先决定日期而举行的"法益"（提唱）和"托钵"（又称"分卫""集米"），例如在妙心寺派的僧堂中，原则上逢一、六、三、八的日子上午不进行作务而是托钵；逢二、七、五、十的日子，则举行提唱。此外在一般禅宗寺院举行的佛教节日活动也是僧堂活动的一部分。

下面，对以上内容再做一简单的介绍和说明（对僧堂生活最重要的参禅办道，留待后面一节说明）。

"粥座"和"斋座"：即饮食。曹洞宗是在僧堂内以坐禅的姿势进行，而临济宗则在称为"五观堂"的食堂中正坐而食。在就餐之前，要诵《般若心经》、"十佛名""施粥偈"（或"施斋偈"）、"五观""三匙偈"。就餐时禁语。餐毕，一面诵偈文，一面洗钵，然后擦干，用布包起。通常，"粥座"是粥和咸菜；"斋座"（御斋）是米饭、酱汤和咸菜。在"斋座"前，举行施饿鬼仪式。因为佛教规定过午不食，所以晚餐称为"药石"，通常是"斋座"的剩菜（因为不是正式的晚餐，所以不唱偈文）。不仅是就餐，在洗漱、如厕、入浴时也有种种事无巨细的规定。在这些场合，都不允许私语（浴室、东司和食堂〈曹洞宗为僧堂〉称为"三默堂"），只能一边诵念"洗面偈""入浴偈"，一边如法行事。

▷ 托钵

"作务"（劳动）：基于唐百丈怀海的"一日不作、一日不食"的精神，通过劳动，在日常生活中求得觉悟。主要有扫除、农活、砍柴、除雪等所有僧人都参加的劳动，称为"普请"。

"开枕"：云水在诵念《般若心经》（或"尊胜陀罗尼"）、礼拜文殊菩萨之后，以坐垫为枕入睡。在值日的时候，在确认众僧入睡后，向圣僧文殊菩萨上香，关闭警策入睡。

"小参"：云水为了解开平日的疑问而向老师请教。当日，僧堂的众僧齐集一堂举行"茶礼"，一面饮茶，一面听老师的开示。

"提唱"：即老师关于禅宗典籍的讲义，云水全员参加。老师与侍者一道来场，在向本尊、开山、诸祖等上香后，行三拜礼，僧众则唱诵"大悲咒"、开山的"遗偈"等。老师端坐椅子之上开讲，一般持续一个小时以上。之后，僧众唱着"四弘誓愿"而归僧堂。有时也在僧堂内举行，特殊的场合，还向在家的居士开放，这时会在三门等处贴出告示。

"托钵"（行乞）：当日一早，僧众全体出动，或者分成数拨出发。头戴斗笠，口中发出"哞"声，在村里静静地走动，接受的钱、米等施舍品放入胸前的袋子里。得到施舍时，要诵经以表示感谢。为维持僧堂的生活，有固定的施主每月施舍僧人一定数额钱粮，僧众托钵就是到这些施主处。

在僧堂，逢四、九之日（四九日）是休息日，要打扫堂内卫生、洗衣补衣，进行针灸治疗等。还要相互剃头（净发）、入浴（开浴，现在七月到九月的三个月，逢二、七之日，还要入浴，称为"淋汗"）。此外，国家所定的节日、二祖三佛忌日、大摄心前后之日（称为修衣针灸）是休息日（除策）。而冬至（十二月二十二日前后）的前一天晚上，是唯一可以从各种限定中解放出来的日子，称为"冬夜除策"（只有这一天才允许饮酒抽烟）。

## 四、参禅办道

在临济宗中，新到道场的僧侣在报到后，到了夜间坐禅的时刻，会被告知到老师那里去。在那里老师会给他一个最初的公案，通常为"赵州无字"或"只手音声"（这是临济宗的通常做法，而在曹洞宗中大多回避公案）。公案是要破除修行者的常识性分别，引导禅僧开悟，所以一般多意义不明之语。初入禅门者要有所体悟（称"见解"），通常需要很长时间。所以在得到公案之后，修行者无论坐禅还是作务，都要时刻凝神思考，以求得到自己的"见解"。

一般认为，对公案的理解需要以超越常识的开悟体验（所谓"见性"）为前提。即修行者在坐禅等活动中不断参究公案，某一天忽然得到见性体验，完全悟到了公案的意蕴。

但有时这种体验也可能是修行者自以为是的想法，所以修行者需要将自己对公案的见解呈示给老师，以求得到印证。如果对公案的见解得到承认，老师会提出新的公案，要求修行者继续去参究。这样经过几次反复，修行者的见性体验就渐渐深入。原则上，修行者可以随时向老师呈示自己的见解，但通常一日之内有两次这样的机会，皆在老师的屋内进行（称为"唤钟""入室参禅"等）。

另外，在每年两次的安居期间，僧堂每月要举行一次"大摄心"（也称"大接心"），时间为一星期。在这一特别的修行期间，停止作务和托钵等活动，除了饮食和每天一次的提唱，从早三点到晚九点半、十点，集中坐禅，以期见性。特别是配合佛成道日的"腊八大摄心"，从十二月一日到八日早上，不休不眠，一直坐禅，连早晚的钟磬等也消声。

大摄心中的功课，在不同道场也有所不同，以下列出的是圆觉寺僧堂一天中的功课。云水僧在参加这些活动之外，一切时间都在专心坐禅（曹洞宗与临济宗的坐禅方法有所不同。曹洞宗是面壁而坐，而临济宗则是背对墙壁而坐）。

| 凌晨三点 | 开静（起床）、粥座（朝食）、朝课诵经（早课） |
| --- | --- |
| 天明 | 唤钟（入室参禅） |
| 上午八点 | 讲座（提唱）、佛饷（上佛供诵经）、唤钟（入室参禅） |
| 上午十点 | 斋座（午餐） |
| 下午两点 | 晚课诵经（晚课）、唤钟（入室参禅） |
| 下午三点半 | 药石（晚餐） |
| 晚七点 | 唤钟（入室参禅） |

晚九点　　　　　　　　茶礼（休憩）

晚十点　　　　　　　　解定（就寝）

▷　唤钟

入室参禅有"独参"和"总参"之分。"独参"即自发地到老师的室内，向老师呈示自己的见解，所以如果没有实际的体悟就没必要入室参禅。但在"大摄心"中三次举行的"总参"，则必须参加，向老师呈示自己的见解（在曹洞宗中，摄心不用公案，所以不进行入室参禅）。

入室参禅按以下程序进行：钟声响起，僧侣从休息室出来，在进入师父的房间前敲钟，告知自己到来。在进入室内时，在门口礼拜，进入室内再行三拜之礼，之后呈示自己的见解。呈示自己的见解不限于语言，有时也用奇异的行动或无意义的叫声来表达。但在用语言表达时，一般要求遵从禅宗的传统，有一定汉文学的修养，所以云水僧需要阅读和背诵《禅林句集》（句双纸）等代表性的诗文集。不过，因为在"大摄心"期间禁止阅览一切读物，所以只能躲在厕所中偷偷地看。

经过多次入室参禅，如果其见解得到师父的承认，就被称为"饱参者"，将得到"印可状"（开悟的证明书、也称"嗣书"）。

## 五、离开僧堂

二度的安居结束后，修行者要向师父报告安居中（称"制中"）的行动，并汇报自己今后的打算。留在僧堂还是到其他僧堂，都是个人的自由（但是根据安居中的表现，有时也拒绝某些僧人继续留在僧堂）。

安居期结束（称为"解制"），常住的僧人也要轮换，原来的常住得到三天左右的休假。到下一次安居的时期称为"制间"。即使那些留在僧堂的僧人，在此期间如果得到知客的许可，也可以回老家或出去旅行（原本云水僧在此期间就是过四海为家的生活）。如果有人决心离开僧堂，僧堂里所有的人都将送到大门口。而留在僧堂的僧人，总有一天也会离去。

# 第三节 坐禅的具体方法

僧堂生活的中心是"坐禅"。通过坐禅使心安定，从而能够一心参究公案（特别是在临济宗）。这一修行法源于印度，但在当今的中国和日本，它几乎成为禅宗专有的修行法，在佛教的其他派别中基本上不再存在。以下考察坐禅的具体方法及其功用。

## 一、坐禅仪

要了解坐禅时的心境以及坐禅的意义和方法，看一下宗赜（生卒年不详，11–12世纪人）所著、至今仍在丛林中广为传诵的"坐禅仪"（收于《禅苑清规》），应该是最简便的方法。现存最古老的版本是兰溪道隆（1213–1278）和道元（1200–1253）书写"坐禅仪"时的原本。其全文如下：

夫学般若菩萨，先当起大悲心，发弘誓愿，精修三昧，誓度众生，不为一身独求解脱。尔乃放舍诸缘，休息万事，身心一如，动静无间。量其饮食，不多不少；调其睡眠，不节不恣。欲坐禅时，于闲静处，厚敷坐物，宽系衣带，令威仪齐整。然后结跏趺坐，先以右足安左腿上，左足安右腿上。或半跏趺坐亦可，但以左足压右足而已。次以右手安左手上，左掌安右掌上，以两手大拇指面相拄，徐徐举身前欠，复左右摇振，乃正身端坐，不得左倾右倾，前躬后仰。令腰脊头顶骨节相拄，状如浮屠。又不得耸身太过，令人气急不安。要令耳与肩对，鼻与脐对，舌抵上颚，唇齿相着。目须微开，免致昏睡。若得禅定，其力最胜。古有习定高僧，坐常开目。向法云圆通禅师亦呵人闭目坐禅，以谓黑山鬼窟，盖有深旨，达者知焉。身相既定，气息既调，然后宽放脐腹，一切善恶都莫思量，念起即觉，觉之即失，久久忘缘，自成一片。此坐禅之要术也。坐禅乃安乐法门，而人多致疾者，盖不得其要。得其要则自然四大轻安，精神爽利。法味资神，寂而常照。寤寐一致，生死一如。但办肯心，必不相赚。然恐道高魔盛，逆顺万端。若能正念现前，一切不能留碍。如《楞严经》《天台止观》、圭峰《修证仪》，具明魔事皆自心生，非由外有。定慧力胜，魔障自消矣。若欲出定，徐徐动身，安详而起，不得卒暴。出定之后，常作方便，护持定力。诸修行中禅定为最。若不安禅静虑，三界流转，触境茫然。所以道探珠宜静浪，动水取应难。定水澄清，心珠自现。故《圆觉经》云，"无碍清净慧，皆依禅定生"。《法华经》云，"在于闲处，修摄其心。安住不动，如须弥山"。是知超凡越圣，必假静缘。坐脱立亡，须凭定力。一生取办，尚恐蹉跎。况乃迁延，将何敌业。故古人云："若无定力，甘伏死门。掩目空归，宛然流浪。"幸诸禅友，三复斯文，自利利他，同成正觉。

## 二、当今的坐禅方法

"坐禅仪"已经将坐禅的基本理念做了详尽说明，以下根据禅僧的著作等，概述在僧堂坐禅的具体方法。按照诸家的说明，坐禅一般分为"调身"（调整身体）、"调息"（调整呼吸）、"调心"（调节心）三个阶段，其概要如下：

### 调身

1. 结跏趺坐（半跏趺坐）：在蒲团上盘腿而坐，右足盘于左腿之上，左足盘于右腿之上，此即结跏趺坐。有时候只需半跏趺坐，即右足置于左腿之上（降魔坐）或左足置于右腿之上（吉祥坐）。

2. 结法界定印：右手在下、左手在上，掌心向上，叠放于下腹前，两拇指相接。

3. 调整姿式：两肩放松，挺胸收腹，平视前方，将身体前后左右摇动，以安定重心。舌抵上颚，双目自然睁开（半睁），以能看到一米左右的前方的地板为限。

### 调息

1. 张口缓缓吐气，之后自然吸气，不断反复。

2. 闭口静静地绵绵地吸气，从下腹部缓缓吐气（理想的境界是不吹动鼻前放置的羽毛）。

### 调心

1. 数息观：在心中数呼吸数，从一到十，周而复始（吐气时发出"嘿"，吸气时"兹"）。

2. 随息观：专念于吐气、吸气，不再数息。

3. 参公案：参"赵州无字""只手音声"等公案，以期开悟。

在僧堂坐禅过程中，值日僧与助手在道场巡回，为防止修行者打瞌睡和偷懒，常常会用扁平木棒（警策）击打修行者的左右肩（修行者也可以主动提出要求）。持续坐禅（止静）一般持续一炷香的功夫（三十到四十分钟），之后有十五分钟左右的休憩时间（抽解），可以去如厕（二便往来）。如果足疼，也可以倒换脚。坐禅一段时间后进行"经行"，即僧众站成一列，绕堂行走。其目的在于驱除睡魔，解除腿疼，放松精神。僧众听从值日僧的指令，调整呼吸，"叉手当胸"（是吸收中国礼法的丛林规矩，两手叠放于胸前，左上右下，曹洞宗则右上左下），绕道场内外步行（曹洞宗中是慢行，而临济宗则快步行进）。

结束坐禅时。两手掌心向上，置于两膝之上，身体左右轻微晃动七八次，然后张口吐气，两手撑地，慢慢站起。

### 三、对坐禅的科学见解

"坐禅"源于印度，在中国禅宗成立后，成为丛林中世代相传的修行法。在当今日本禅宗中，标榜"只管打坐"的曹洞宗当然极为重视坐禅，即使传统上重视开悟体验、主张在现实社会中积极行动的临济宗，其修行法的核心也仍然是坐禅。这一修行法到底有什么样的功效呢？

根据科学测定，坐禅时的脑电波虽然降低，但也不是降低到睡眠的程度，而是维持在一定的水平。坐禅中的肌肉活动的强度，介于站时和躺时的中间状态。肌肉的刺激与脑的活动应该有密切关系。

而且，经过测定可以看出，通常一分钟十几次的呼吸，在坐禅时会减至二到五次，吸气一次五秒、呼气一次十秒，呼气比吸气用时更长。呼吸次数的减少，表示新陈代谢的降低。这与坐禅中脑电波的 α 波和 θ 波的出现一样，表示大脑活动水准的降低。还有，坐禅前后的深呼吸以及中间进行的经行，可以有效地消除坐禅时的供氧不足。

可以推测，坐禅中出现的大脑活动水准的降低，在克服作为开悟障碍的自我意识和分别意识方面是非常有效的。不难想象，在临济宗中老师让弟子参究的公案加强了这种效果，因为这些公案本质上是不可索解的。

# 第四节　禅宗寺院念诵的偈语

最后，将现在禅宗寺院经常念诵的偈文列举如下（各个宗派所用偈文以及名称、字句、读法等多有不同，以下为临济宗寺院所用偈文）：

## 忏悔文

往昔所造诸恶业

皆由无始贪嗔痴

从身口意之所生

一切我今皆忏悔

（出自《华严经》普贤行愿品）

## 大慧禅师发愿文

唯愿道心坚固，长远不退。四体轻安，身心勇猛。众病悉除，昏散速消。无难无灾，无魔无障。不向邪路，直入正道。烦恼消灭，智慧增长。顿悟大事，续佛慧命。度诸众生，报佛祖恩。

次冀临命终时，少病少恼。七日之前，预知死至。安住正念，末后自在。舍了此身，速生佛土。面见诸佛，受正觉记。分身法界，遍度众生。

南无十方三世一切诸佛、诸尊、菩萨摩诃萨、摩诃般若波罗蜜多

（《大觉禅师坐禅论》所收）

## 中峰国师座右铭

末世比丘

形似沙门，心无惭愧

身着法衣，思染俗尘

口诵经典，意忆贪欲

昼耽名利，夜醉爱著

外表持戒，内成密犯

常营世路，永忘出离

执于妄想，已掷正智

一、道心坚固，见性为要。

二、疑著话头，如咬生铁。

三、长坐蒲团，肋勿着席。

四、看佛祖语，常自惭愧。

五、戒体清静，身心勿秽。

六、威仪寂静，勿恣暴乱。

七、小语低声，勿好嬉笑。

八、虽无人信，勿受人谤。

九、常携苕帚，扫堂舍尘。

十、行道无倦，饮食勿饱。

## 菩萨愿行文

弟子某，谨观诸法实相，皆是如来真实妙相。尘尘刹刹，一一无非不思议光明。因此，古来先德，鸟类畜类，亦合掌礼拜，以心爱护。故十二时中，养护吾等身命之饮食衣服，素为高祖皮肉权现，慈悲分身，敢不恭敬感谢。无情器物犹然，而况人乎。愚痴者，怜悯眷念。恶仇怨敌，毁訾打骂，亦是菩萨权化之大慈悲。为大方便，消灭解脱无量劫来，我见偏执所造罪业。若一心归命，言辞谦让，深发净信，则一念头上莲花开，一花现一佛。随处庄严净土，见彻如来光明脚下。愿以此心普及一切，共诸众生，圆满种智。

（间宫英宗〈1871–1945，释宗演的法嗣〉作）

## 甘露门
### 【奉请三宝】

南无十方佛

南无十方法

南无十方僧

南无本师释迦牟尼佛

南无大慈大悲救苦观世音菩萨

### 【招请发愿】

是诸众等，发心奉持一器净食，普施十方穷尽虚空，周遍法界，微尘刹中所有国土一切饿鬼。先亡久远，山川地主，乃至旷野诸鬼神等，请来集此。我今悲悯，普施食汝。愿汝各各受我此食，转持供养尽虚空界诸佛及圣、一切有情。汝与有情，普皆饱满。亦愿汝身，乘此咒食，离苦解脱，升天受乐。十方净土，随意游往。发菩提心，行菩提道。当来作佛，永无退转。前得道者，誓相度脱。又愿汝等，昼夜恒常，拥护我等，满我所愿。愿施此食，所生功德，普以回施法界有情，与诸有情平等共有。共诸有情，同以此福，悉将回向真如法界，无上菩提，一切智智。愿速成佛，勿招余果。（法界含识）愿乘此法，疾得成佛。

（以下，"云集鬼神招请陀罗尼""破地狱门开咽喉陀罗尼""无量威德自在光明加持饮食陀罗尼""蒙甘露法味陀罗尼"，各诵七遍；诵"毗卢舍那一字心水轮观陀罗尼"

二十一遍；"五如来宝号招请陀罗尼"一遍；"发菩提心陀罗尼"七遍；"授菩萨三摩耶戒陀罗尼"七遍；"大宝楼阁善住秘密根本陀罗尼"三遍；"诸佛光明真言灌顶陀罗尼"七遍；"拨遣解脱陀罗尼"十遍）

## 【回向偈】

以此修行众善根
报答父母劬劳德
存者福乐寿无穷
亡者离苦生安养
四恩三有诸含识
三途八难苦众生
俱蒙悔过洗瑕疵
尽出轮回生净土

## 四弘誓愿

众生无边誓愿度
烦恼无尽誓愿断
法门无量誓愿学
佛道无上誓愿成

## 杨枝偈（洗脸取杨枝时）

手执杨枝
当愿众生
皆得妙法
究竟清净

（出自《华严经》净行品）

## 洗面偈（洗脸时）

以水洗面
当愿众生
得净法门
永无垢染

（出自《华严经》净行品）

## 十佛名

清净法身毗卢遮那佛

圆满报身卢遮那佛

一千百亿化身释迦牟尼佛

当来下生弥勒尊佛

十方三世一切诸佛

大圣文殊师利菩萨

大行普贤菩萨

大悲观世音菩萨

诸尊菩萨摩诃萨

摩诃般若波罗蜜

## 施粥偈（早餐前）

粥有十利

饶益行人

果报生天

究竟常乐

## 施斋偈（午餐前）

三德六味

施佛及僧

法界人天

普同供养

## 生饭偈（用餐前）

汝等鬼神众

我今施汝供

此食遍十方

一切鬼神共

（出自《涅槃经》卷十六）

五观（用餐前）

> 一计功多少量彼来处
> 二忖己德行全缺应供
> 三防心离过贪等为宗
> 四正事良药为疗形枯
> 五为成道业方受此食

三匙偈（用餐前）

> 一口为断一切恶
> 二口为修一切善
> 三口为度诸众生
> 皆共成佛道

折水偈

> 我此洗钵水
> 如天甘露味
> 施与鬼神众
> 悉令得饱满

粥毕偈（早餐后）

> 若吃粥已
> 当愿众生
> 所作皆办
> 具诸佛法

食毕偈（午餐后）

> 饭食已讫色力充
> 威震十方三世雄
> 回因转果不在念
> 一切众生获神通

**登圊偈咒（如厕时）**

大小便时
当愿众生
弃贪嗔痴
蠲除罪垢
咒曰
唵很噜陀耶莎诃

（出自《华严经》净行品）

**清水偈咒（厕所洗手时）**

以水洗手
当愿众生
得清静手
受持佛法
咒曰
唵主伽罗哉莎诃

（出自《华严经》净行品）

**剃发偈（理发时）**

剃除须发
当愿众生
永离烦恼
究竟涅槃

（出自《华严经》净行品）

**澡浴偈（开浴之前）**

沐浴身体
当愿众生
身心无垢
内外清静

（出自《华严经》净行品）

# 参考文献

大森曹玄 《参禅入门》（讲谈社学术文库，讲谈社，1986 年）

佐藤义英 《云水日记——画中所见禅的修行生活（第二版）》（禅文化研究所，1997 年）

岛田春浦 《禅堂生活》（平河出版社，1983 年）

铃木大拙监修，筱原寿雄，佐藤达玄 《图说禅的一切——现实中的禅》（大耳社，1989 年再版）

铃木大拙 《禅堂的修行与生活／禅的世界》（《新版铃木大拙禅选集》6，春秋社，1991 年）

奈良康明，西村惠信编 《禅宗》（《日本佛教基础讲座》6，雄山阁，1979 年）

西谷启治编 《禅的实践》（《讲座禅》2，筑摩书房，1967 年）

西谷启治编 《现代与禅》（《讲座禅》8，筑摩书房，1974 年）

西村惠信 《禅僧的生活》（《生活史丛书》32，雄山阁，1983 年）

平井富雄 《座禅的科学——从脑波看其机制》（讲谈社，1982 年）

秒重义治 《禅的心理学——开悟的构造》（法政大学出版局，1986 年）

# 附　录

## 参考文献补充

因为本书涉及的内容很广泛，所以各章末尾的"参考文献"中不能涵盖的书籍尚有很多，兹列举如下：

### a. 关于整个禅宗史的参考文献

今枝爱真编　《禅宗的诸问题》（雄山阁，1979 年）

荻须纯道　《禅宗史入门》（色拉丛书 22，平乐寺书店，1977 年）

镰田茂雄　《什么是禅？》（讲谈社学术文库，讲谈社，1979 年）

驹泽大学图书馆编　《新纂禅籍目录》（驹泽大学图书馆，1962 年）

驹泽大学内禅学大辞典编纂所编《新版禅学大辞典》（大修馆书店 1985 年）

曹洞宗青年会　《禅入门》4 卷（大东出版社，1991 年）

田上太秀　《禅的思想——从印度的源流到道元》（东书选书，东京书籍，1980 年）

田中良昭编　《禅学研究入门》（大东出版社，1994 年）

西谷启治编　《禅与文化》（《讲座禅》5，筑摩书房，1968 年）

芳贺幸四郎　《禅入门》（柑橘教养文库，柑橘出版，1995 年）

藤吉慈海　《禅净双修》（春秋社，1974 年）

古田绍钦　《什么是禅？》（NHK 丛书，NHK 出版，1996 年）

### b. 关于中国禅宗史的参考文献

阿部肇一　《增订　中国禅宗史的研究》（研文出版，1986 年）

石井修道　《禅系的佛教》（东亚佛教丛书 3，《新佛教的兴起 —— 东亚佛教思想 Ⅱ》春秋社，1997 年）

镰田茂雄　《中国的禅》（讲谈社学术文库，讲谈社，1980 年）

泽田瑞穗　《佛教与中国文学》（国书刊行会，1975 年）

铃木哲雄　《中国禅宗史论考》（山喜房佛书林，1999 年）

高峰了州　《华严与禅》（南都佛教研究会，1956 年）

土田健次郎　《通向三教图之路 —— 中国中古的心的思想》（《东亚佛教》5，《东亚社会与佛教文化》春秋社，1996 年）

西谷启治编　《禅的历史 —— 中国》（《讲座禅》3，筑摩书房，1967 年）

西谷启治编　《禅的古典 —— 中国》（《讲座禅》6，筑摩书房，1968 年）

平野显照　《唐代禅宗与文学的研究》（朋友书店，1978 年）

柳田圣山　《无的探求——〈中国禅〉》（《佛教的思想》7，角川文库，1997 年）

柳田圣山　《禅思想及其原型》（中公新书，中央公论社，1975 年）

### c. 关于日本禅宗史的参考文献

东隆真　《日本曹洞宗史》（禅书系列，平河出版社 1983 年）

今枝爱真　《禅宗的历史》（至文堂，1962 年）

今枝爱真编　《曹洞宗》（日本的佛教 7，小学馆，1985 年）

镜岛元隆，玉城康四郎编　《道元禅的历史》（《讲座道元》2，春秋社，1980 年）

川上孤山，荻须纯道增补　《增补　妙心寺史》（思文阁，1975 年）

川上贡　《禅院的建筑》（河原书店，1968 年）

河村孝道，石川力山编　《道元禅师与曹洞宗》（《日本佛教史论集》8，吉川弘文馆，1985 年）

樱井景雄　《南禅寺史》（南禅寺，1936 年）

樱井景雄　《续南禅寺史》（南禅寺，1953 年）

铃木大拙　《禅与日本文化》（岩波新书，岩波书店，1964 年）

关口贞通　《向狱寺史》（大本山向狱寺，1972 年）

高木宗监　《建长寺史　开山大觉禅师传》（大本山建长寺 1989 年）

竹内道雄　《日本的禅》（春秋社，1976 年）

竹贯元胜　《日本禅宗史》（大藏出版，1989 年）

竹贯元胜　《日本禅宗史研究》（雄山阁，1993 年）

竹贯元胜　《新日本禅宗史》（禅文化研究所，1999 年）

玉村竹二 《日本禅宗史论集》全 3 卷（思文阁出版，1976–1981 年）

玉村竹二 《临济宗史》（春秋社，1991 年）

玉村竹二，井上禅定 《圆觉寺史》（春秋社，1964 年）

玉村竹二，叶贯磨哉 《平林寺史》（新座市金凤山平林寺，1987 年）

圭室谛成 《日本佛教史概说》（《现代佛教名著全集》8，日本的佛教（3），隆文馆，1960 年）

辻善之助 《日本佛教史》全 10 卷（岩波书店，1944–1955 年）

中尾良信 《日本禅的特质》（东亚佛教丛书 4，《日本佛教论 —— 东亚佛教思想Ⅲ》春秋社，1995 年）

西谷启治编 《禅的历史 —— 日本》（《讲座禅》4，筑摩书房，1967 年）

西谷启治编 《禅的古典 —— 日本》（《讲座禅》7，筑摩书房，1968 年）

西村惠信编 《临济宗》（《日本的佛教》6，小学馆，1985 年）

平野宗净，加藤正俊编 《荣西禅师与临济宗》（《日本佛教史论集》7，吉川弘文馆，1985 年）

古田绍钦 《日本禅宗史的诸问题》（大东出版社，1988 年）

柳田圣山 《禅与日本文化》（讲谈社学术文库，讲谈社，1985 年）

横山秀哉 《禅的建筑》（彰国社，1967 年）

禅的历史

# 登载图片一览

少林寺　著者摄影

雪舟笔：慧可断臂图（齐年寺所藏）　渡边明义《水墨画一雪舟及其流派》（"日本的美术"335，至文堂，1994年）

双峰山·毘卢塔　冈岛秀隆"湖北省的古塔"（"爱知学院大学禅研究所纪要"24，1995年）

大智禅师（义福）碑阴记（741年，阳伯成撰·史惟则隶书）拓本（北京图书馆所藏）　北京图书馆金石组编《隋唐五代16》（北京图书馆藏中国历代石刻拓本汇编24，中州古籍出版社，1989年）

南阳和上顿教解脱禅门直了性坛语（法国国立图书馆所藏敦煌本）　黄永武主编《敦煌宝藏113卷》（新文丰出版公司，1985年）

南岳怀让塔　古田绍钦《什么是禅》（NHK出版，1996年）

药山李翱问答图（南禅寺所藏）　铃木大拙监修/筱原寿雄·佐藤达玄《图说　禅的全貌——现实中的禅》（大耳社，1989年）

宋太祖　陈舜臣监修/冈春夫编《宋·元》（中国历史纪行4，学习研究社，1998年）

苏轼像（四川省三苏祠）　同上

五山版《碧岩录》扉（大东急记念文库所藏）　川濑一马《五山版的研究（下卷）》（日本古籍商协会，1970年）

大慧宗杲墨迹（东京国立博物馆所藏）　东京国立博物馆编《东洋美术150选》（东京国立博物馆运营协力会，1998年）

无准师范顶相（东福寺所藏）　梶谷亮治《僧侣的肖像》（"日本的美术"388，至文堂，1998年）

《十牛图》见迹·得牛（京都大学人文科学研究所所藏）　松下隆章监修《水墨画》（"别册太阳"23，平凡社，1978年）

太白山天童寺　《中国佛教之旅　第4集》（美乃美，1980年）

中峰明本顶相（选佛寺所藏）　参见《僧侣的肖像》

默庵笔：布袋图（MOA 美术馆所藏） 海老根聪郎《水墨画 —— 从默庵到明兆》（"日本的美术" 333，至文堂，1994 年）

云栖袾宏（《佛祖道影》） 藤吉慈海《禅关策进》（禅的语录 19，筑摩书房，1970 年）

雍正帝 Ann Paludan ／稻畑耕一郎监修／月森左知译《中国皇帝历代志》（创元社，2000 年）

胡适与铃木大拙 冈村美穗子，上田闲照《大拙的风景 —— 谁是铃木大拙》（灯影社，1999 年）

正仓院 大山邦兴编《东大寺》（"周刊古寺巡礼"，小学馆，2001 年）

比叡山延历寺根本中堂 延历寺执行局编《比叡山的历史与文化》（比叡山延历寺，1993 年）

德光授能忍的达摩像（个人藏） 德永弘道 "关于南宋初期的禅宗祖师像（上） —— 以拙篆德光赞达摩像为中心"（"国华" 929，1971 年）

道元顶相（永平寺所藏） 大本山永平寺编《永平寺》（大本山永平寺，1998 年）

建长寺・三门 阿部理惠《禅寺 —— 临济宗・黄檗宗十五本山与开山禅师》（禅文化研究所，1996 年）

无学祖元顶相（圆觉寺所藏） 同上

宗峰妙超顶相（大德寺所藏） 古田绍钦，入矢义高监修《禅》（"别册太阳" 31，平凡社，1980 年）

莹山绍瑾顶相（永光寺所藏） 石川县立历史博物馆编《永光寺的名宝》（五老峰永光寺复兴奉赞会，1999 年）

梦窗疏石顶相（妙智院所藏） 参见《僧侣的肖像》

一休宗纯顶相（东京国立博物馆所藏） 同上

国泰寺・总门 著者摄影

五山版《梦中问答集》（国立国会图书馆所藏） 参见《五山版的研究（下卷）》

梵芳笔：兰蕙同芳图（东京国立博物馆所藏） 海老根听郎《水墨画 —— 从默庵到明兆》（"日本的美术" 333，至文堂，1994 年）

妙超书：看读真诠榜（大德寺真珠庵所藏） 参见《禅》

龙安寺石庭 著者摄影

总持寺祖院 著者摄影

泽庵的塔 参见《禅》

隐元隆琦顶相（万福寺所藏） 参见《禅》

禅的历史

无著道忠顶相（妙心寺龙华院所藏）　柳田圣山主编《无著校写　古尊宿语要》（中文出版社，1973 年）

白隐慧鹤顶相（松荫寺所藏）　参见《禅》

释宗演　西村惠信《铃木大拙的原风景》（大藏出版，1993 年）

山本玄峰　临济会编《昭和·平成·禅僧传 —— 临济·黄檗篇》（春秋社，2000 年）

永平寺航空写真（法堂·光明藏·库院）　参见《永平寺》

坐禅（临济宗）　杉全泰·临济会《照片·曼佗罗　坐禅入门》（佼成出版社，1988 年）

托钵　参见《昭和·平成·禅僧传 —— 临济·黄檗篇》

唤钟　同上